자동차에 관한
거의 모든 이야기

DICTIONNAIRE AMOUREUX DE L'AUTOMOBILE
Copyright © PLON, 2024

All Rights Reserved.

No part of this publication may be used or reproduced in any form or by any means without written permission except in the case of brief quotations embodied in critical articles or reviews.

Korean Edition Copyright © 2025 by Miraebook Publishing Co.
Korean edition is published by special arrangement with PLON, France

이 책의 한국어판 저작권은 저작권자와 독점계약한 (주)미래의창에 있습니다.
저작권법에 의해 보호를 받는 저작물이므로 무단 전재와 복제를 금합니다.

벤츠에서 테슬라까지,
150년 역사에 담긴
흥미진진 자동차 문화사전

자동차에 관한 거의 모든 이야기

루카 데 메오 Luca de Meo 지음
유상희 옮김

미래의창

이 책은 자동차 마니아 분들을 위한 책입니다.
제가 이 책을 쓰며 느꼈던 즐거움을
여러분도 읽는 내내 함께 느끼시길 바랍니다.

– 루카 데 메오

살아오며 나를 성장시켜 준 모든 이들에게.
나의 가족에게.

서문

내 인생 최고의 크리스마스 선물이자 내 삶을 바꾼 결정적인 계기가 있다. 바로 자동차와 관련된 일을 해야겠다고 마음먹은 순간이었다. 그때 나는 겨우 일곱 살이었지만, 그날 이후 내 마음은 한 번도 흔들리지 않았다.

1973년 12월 말, 우리 가족은 아프리카 대륙에 있는 코트디부아르의 아비장에 살고 있었다. 당시 나는 아름다운 자동차에 매료된 어린 소년이었다. 아버지는 나를 기쁘게 해주려고 이탈리아 출신의 유명한 레이싱 드라이버 아르날도 카발라리Arnaldo Cavallari가 몰던 란치아 풀비아Lancia Fulvia를 타볼 특별한 기회를 마련해주셨다. 카발라리는 매년 열리는 반다마 랠리에 출전하기 위해 아비장에 와 있었다. 당시, 이 랠리에는 세계적인 자동차 스타들이 대거 참가할 예정이었다. 아버지는 란치아 브랜드가 속한 피아트 그룹과 각별한 인연이 있었기에, 카발라리와 그의 팀은 우리 집에서 머물렀다. 그 덕에 얻은 그날의 드라이브는 숨이 멎을 만큼 감격스러웠고, 그 여운은 오래도록 가슴에 남았다. 무엇보다도 잊을 수 없는 순간은 카발라리가 자신의 레이싱카 사진에 직접 사인을 해 내게 선물했을 때였다. 나는 그 사진을 지금도 소중히 간직하고 있다. 그날 이후로 나는 매일 자동차를 그렸고, 그 습관은 지금까지도 이어지고 있다. 어린 시절엔 자동차를 만드는 사람이 디자이너라고 믿었기에, 언젠가 꼭 디자이너가 되리라 다짐했다. 그리고 평생 자동차 산업 속에서 살아오면서, 결국 어린 시절의 꿈을 이뤘다.

밀라노 보코니 경영대학교를 졸업한 후, 나는 유럽의 여러 주요 그룹에서 다양한 직책을 맡으며 경력을 쌓았다. 르노에서 커리어를 시작했고, 이후 토요타 유럽으로 자리를 옮겼다. 말하자면, 본격적인 경영자로 성장하기 전의 예행연습 같은 시기였다. 2002년에는 35세의 나이에 피아트 그룹에 합류했다. 피아트의 인사 담당자들이 내 능력을 높이 평가해준 덕분이었다. 당시 회사는 심각한 위기 상황이었지만, 내 모국 이탈리아의 대표 기업에 몸담게 돼 무척 기뻤다. 피아트 그룹에서의 내 첫 직책은 란치아의 사장이었다.

부임 직후 뜻밖의 일이 나를 기다리고 있었다. 비서는 내게 서류와 우편물을 전달하면서 흥미로운 이야기를 들려줬다. 란치아의 경주차 컬렉션이 차고에서 먼지가 수북이 쌓인 채 방치돼 있다는 것이었다. 호기심이 생긴 나는 일정을 조정해 직접 그 차들을 보러 가기로 했다. 역사의 흔적을 간직한 그 차들이 언젠가는 박물관에 전시될 수 있겠다고 생각했다. 실제로 차고에 들어서는 순간, 나는 완전히 매료됐다. 스트라토스Lancia Stratos HF처럼 내가 어린 시절부터 좋아하던 명차들이 눈에 들어왔다. 그러다 한쪽 구석에 조용히 놓여 있던 한 대의 풀비아가 문득 시선을 사로잡았다. 알 수 없는 이끌림에 가까이 다가가자 심장이 뛰기 시작했다. 믿을 수 없었다. 어린 시절 아르날도 카발라리와 함께 탔던 바로 그 풀비아였다. 이렇게 다시 마주하게 될 줄이야! 그것은 마치 운명의 신호처럼 느껴졌다.

어쩌면 그 일은 행운의 별이 늘 내 곁을 지켜주고 있다는 증거였을지도 모른다. 자동차를 좋아했던 어린 시절 때의 마음처럼, 내 원동력은 야망이 아니라 순수한 열정이었다. 그 열정은 산도 움직일 수 있을 만큼 강력했고, 내 커리어의 모든 순간마다 나를 이끄는 큰 힘이었다. 그 덕분에 나는 자동차업계의 전설적인 인물들과 만났고, 그들과 함께하며 많은 것을 배우고 성장할 수 있었다.

가장 먼저 떠오르는 인물은 세르지오 마르키온네Sergio Marchionne이다. 그는 이탈리아의 피아트와 미국의 크라이슬러를 동시에 회생시킨, 이탈리아의 영웅 같은 존재였다. 그런 그가 아넬리 가문의 대표 기업인 피아트를 나에게 맡기는 대담한 결정을 내렸다. 그의 곁에서 나는 전설적인 모델 친퀘첸토의 화려한 부활을 성공적으로 이끌 수 있었다.

두 번째 인물은 독일의 엔지니어 페르디난트 피에히Ferdinand Piëch다. 그는 포르쉐 가문의 일원이자 아우디의 창립자이며, 훗날 폭스바겐 그룹의 회장을 지낸 인물이다. 나는 그에게서 신차 개발 시 기술적 세부 사항 하나하나에 얼마나 세심한 주의를 기울여야 하는지를 배웠다. 한 번은 아프리카 남부의 칼라하리 사막 한가운데서, 작열하는 태양 아래 고무 부품의 팽창 현상을 몇 시간이고 관찰하는 그의 모습을 지켜봤다. 또 한 번은 경쟁사의 기술 혁신에 대한 경각심을 일깨워주기 위해 테슬라 차량을 직접 몰고 임원 회의장에 나타나기도 했다.

세 번째 인물은 장도미니크 세나르Jean-Dominique Senard다. 그는 세계 최고의 타이어 기업 미쉐린의 전 CEO로, 회사를 모범적으로 성장시켰다. 그리고 르노가 깊은 위기에 빠져 있던 시기에 과감히 회장직을 맡는 결단을 내렸다. 그의 섬세함과 품위, 넓은 아량 그리고 리더십과 경영에 대한 탁월한 통찰력은 내가 이 험난한 회생 과제에 도전하게 된 결정적 계기였다. 만약 그가 아니었다면, 나는 이 사명을 받아들이지 않았을 것이다.

그렇게 나는 여러 나라를 넘나들며 커리어를 이어왔고, 그 과정에서 자동차에 대한 깊이 있는 지식을 쌓아왔다. 그 지식은 지금도 여전히 깊어지고 있다. 나의 호기심은 언제나 더 많은 것을 알고 싶게 만든다. 단지 유명한 자동차 모델뿐만 아니라, 자신의 아이디어를 끝까지 밀어붙이기 위해 온갖 위험을 감수했던 엔지니어, 정비사, 기업가들에 대해 더 알고 싶다. 이 책을 쓰게 된 이유도 여기에 있다. 이 책은 자동차의 세계가 얼마나 감동적인 순간들과 놀라운 일화들 그리고 세상을 바꾼 잘 알려지지 않은 혁신들로 가득한 지를 보여준다. 이는 곧 현대 세계의 발전사를 따라가는 일종의 시간 여행이기도 하다.

자동차는 우리 삶의 중심에 자리 잡고 있으며, 절대 사라지지 않을 것이다. 자동차는 우리가 휴가를 떠나거나 장을 보러 갈 때 느끼는 자유, 어디든 마음 가는 곳으로 달려갈 수 있는 자유의 상징이다. 그 중요성은 정치 무대에서든, TV 토론에서든, 프랑스 특유의 매력을 풍기는 비스트로의 바 카운터에서든 언제나 격렬한 논쟁의 주제가 된다. 과속 제한, 도로와 다리의 상태, 교통 체증을 유발하는 공사, 통행료, 회전교차로 문제 등으로 인해 자동차는 때때로 비판의 대상이 되기도 한다. 하지만 나는 그 모든 논쟁 속에서 오히려 자동차를 향한 깊은 애정을 본다.

자동차 산업의 탄생은 19세기 말, 지금도 널리 기억되는 위대한 인물들의 굳은 의지에서 비롯됐다. 전쟁, 1930년대 대공황, 석유 파동 등 숱한 위기 속에서도 굴하지 않고 늘 다시 일어섰다. 수많은 직종과 전문 기술이 이 산업에 집결돼 협업을 이뤄냈고, 오늘날에도 자동차는 우리의 산업적 운명을 움직이는 핵심 동력으로 자리하고 있다. 한 대의 자동차가 양산되기 위해서는 정교한 기술들의 강인함과 경쟁력이 입증돼야 한다. 나아가, 최근에는 차량 개발 과정에서 소프트웨어와 인공지능의 중요성이 점점 커지고 있다. 전기 구동 방식으로의 전환은 기술적 진화의 상징이자, 자동차 산업이 여전히 미래를 여는 산업임을 증명한다. 혁신을 이끌고, 창출한 가치를 다른 경제 주체들과 나누는 역할을 계속 수행하고 있는 것이다.

'나눔', 바로 이것이 내가 이 책을 혼자 쓰지 않기로 결심한 이유다. 이 프로젝트는 내게도 새로운 도전이었고, 그 여정에 경험 많은 언론인 레미 데사르Rémy Dessarts가 함께했다. 그는 잘 알려지지 않은 정보를 파헤치고, 잊힌 역사적 문서를 발굴하며, 생생한 증언을 되살려내는 집요한 취재로 이 작업의 완성도를 끌어올렸다. 또한 자동차에 대한 열정을 함께 나누는 사람들로 구성된 공동체도 동참했다. 이 공동체는 기술 분야의 구글과 모터스포츠, 음악 그리고 미쉐린, 포르쉐, 폭스바겐 등 자동차업계의 동료들에 이르기까지 다양한 분야로 확장됐다. 기업가, 모터스포츠의 지도자, 전직 레이서, 광고 전문가, 크리에이터, 디자이너 등 수많은 이들이 목소리를 보탰다. 이를테면 재키 익스Jacky Ickx를 통해 르망 24시 레이스의 전율을 다시 느꼈고, 모리스 레비Maurice Lévy와는 한 시대를 풍미했던 광고 명장면들을 회상했다. 포드 CEO 짐 팔리Jim Farley는 14세 때 처음 머스탱을 구매했던 이야기를 들려줬고, 장미셸 자르Jean-Michel Jarre와는 음악과 자동차가 맺는 특별한 연결고리를 함께 탐색했다. 이처럼 각자의 경험과 통찰을 나눠준 이들은 이 여정이 단지 개인의 기록이 아니라, 공동의 이야기임을 보여줬다. 전 세계 각지에서 모인 다양한 배경의 사람들이 하나의 대가족이 되어 자동차를 기념했고, 나 또한 그 가족의 일원이라는 사실이 무척 자랑스럽다. 당신도 이 책을 읽으며 이러한 기분을 함께 느끼고, 자동차에 대한 매력과 애정을 더욱 오래 간직하길 바란다.

루카 데 메오

차례

서문 ● 7

66번 국도 ·· 21
F1 ··· 27
SUV ·· 30
Z세대 ··· 33

[ㄱ]

가죽 ·· 35
광고 ·· 37
구글 ·· 45
기아 ·· 51

[ㄷ]

다치아 ·· 54
다카르 ·· 62
독일 ··· 71
디자인 ·· 77
디트로이트 ·· 85
땡땡 ··· 87

[ㄹ]

람보르기니 ·· 96
로봇 ··· 99
로터리 ·· 102
롤스로이스 ·· 109
루이 르노 ·· 117
르노 ··· 123
르노 5 ·· 132
르망 24시 ··· 144
리 아이아코카 ·· 151

[ㅁ]

무게 ·· 156
무면허 ·· 158
미니 ·· 163

[ㅂ]

반도체 ·· 166
배터리 ·· 168
번호판 ·· 171
범죄 ·· 178
범칙금 고지서 ·· 185
볼프스부르크 ··· 190
부가티 ·· 194
브랜드 ·· 205
비틀 ·· 207

[ㅅ]

색 ··· 210
서킷 ······································· 214
세르지오 마르키온네 ················ 218
수소차 ···································· 223
수집가 ···································· 226
순환 경제 ······························· 234
시계 ······································· 238
시동 키 ·································· 242
시트로엥 2CV ························ 244
실패 ······································· 252

[ㅇ]

아녤리 가문 ··························· 262
아우디 ··································· 268
안전 ······································· 274
알파 로메오 ··························· 281
알핀 ······································· 288
앙드레 시트로엥 ···················· 294
에스타페트 ····························· 302
여행 ······································· 308
영화 ······································· 311
오징어 게임 ··························· 318
우고 자가토 ··························· 320

우버 ·· 323

운전 ·· 329

유럽 ·· 335

음악 ·· 340

이재용 회장 ······································ 344

이퓨얼 ·· 346

인공지능 ··· 347

일본 ·· 351

[ㅈ]

자동차 딜러 ····································· 355

자율주행차 ······································ 359

전기차 ·· 363

제네시스 ··· 366

제임스 본드 ····································· 368

주차 ·· 373

중국 ·· 377

지프 ·· 381

[ㅊ]

차 고장 수법 ··· 387
친퀘첸토 ··· 392

[ㅋ]

카를 아바스 ··· 400
칼 벤츠 ··· 407
콘셉트카 ··· 409
클랙슨 ·· 413
클리오 ·· 415

[ㅌ]

타이어 ·· 422
테슬라 ·· 427
토요타 ·· 433
트라반트 ··· 442
트윙고 ·· 449

[ㅍ]

페라리 ··· 457
포르쉐 ··· 464
푸조 ·· 470
품질 ·· 475
프랑수아즈 사강 ··· 478
피아트 ··· 481

[ㅎ]

하이브리드 카 ·· 485
핸들 ·· 488
허세 ·· 492
현대 ·· 496
혼다 소이치로 ·· 499

감사의 말 ● 502

66번 국도

세계에서 가장 감성적인 국도

66번 국도Route 66를 어디에서 진입하든 상관없다. 로스앤젤레스든, 플래그스태프든, 앨버커키든, 아니면 오클라호마의 작은 마을 텍솔라에든, 이 국도로 들어서며 느끼는 감정은 언제나 같다. 마치 하나의 역사적 기념물 앞에 다가서며, 전설의 문턱을 조심스레 넘는 듯한 기분이다. 물론 시속 65마일(약 100km)로 제한돼 있어 마음 놓고 달릴 순 없지만, 길을 따라 수 킬로미터를 지날 때면 미국의 역사책 한 페이지를 차근차근 넘기는 듯한 기분이 든다.

시카고에서 캘리포니아의 산타모니카까지 이어지는 3,942km의 긴 도로가 '마더 로드'라 불리는 데는 다 그만한 이유가 있다. 이 길은 서부 개척의 발자취를 들려주고, 나라를 일궈온 주요 장소들을 가로지르며, 자동차 산업의 폭발적 성장을 몸소 증언한다. 우리 마음속엔 실제로든 상상으로든 늘 66번 국도의 작은 조각이 자리하고 있다.

그 길은 언제나 압도적이다. 세상에서 66번 국도만큼 문학과 영화, 음악에 영감을 준 길은 없을 것이다. 존 스타인벡의 『분노의 포도』, 잭 케루악의 『길 위에서』, 영화 〈이지 라이더〉(1969), 〈바그다드 카페〉(1987), 〈델마와 루이스〉(1991), 〈포레스트 검프〉(1994), 픽사의 〈카〉 시리즈, 냇 킹 콜의 재즈, 롤링 스톤스, 척 베리, 브루스 스프링스틴의 노래들까지…. 수많은 신화가 만들어졌다. 하지만 현실은 어떨까? 늘 그렇듯 미국의 길은 가혹하고 무자비하면서도 장엄했다.

대서양과 태평양을 연결하는 대규모 동서 횡단 도로망의 개념은 20세기 초에야 비로소 싹을 틔웠다. 그전까지는 1869년에 완공된 철도가 거의 유일한 대륙 횡단 수단이었다. 철도로도 꼬박 2박 3일을 달려야 했다. 초기 단계의 당시 도로망은 여기저기 얽혀 있었고, 전체적으로는 뒤죽박죽이었다. 도시와 마을을 잇는 도로가 있긴 했으나, 포장도로는 드물었고 많은 도로가 사막이나 평원, 산악 지대에서 끝나곤 했다. 반면 자동차의 존재감은 날이 갈수록 커져만 갔다. 헨리 포드가 조립 라인을 발명해 T형 모델을 내놓으며 대중적인 개인 교통 수단의 시대를 열어젖힌 것이다. 1910년에는 미국에서 등록된 자동차가 18만 대에 불과했지만, 10년 뒤에는 무려 1,700만 대로 치솟았다. 그야말로 눈부신 성장 속도였다.

마침내 1916년, 연방 정부는 본격적인 조치를 내렸다. 우드로 윌슨 대통령은 전반적인 교통 정책을 구상하면서, 미국 최초의 주간州間 도로망 구축을 향한 첫걸음을 내딛었다. 이 거대한 사업은 오클라호마 주 털사 출신의 사업가 사이러스 에이버리에게 맡겨졌고 1925년 최종 승인됐다. 이듬해부터 66번 국도의 공사가 본격적으로 시작됐다. 그런데 왜 '66'이라는 번호를 달았을까? 논리적으로 따지자면, 이 도로의 번호는 '60번'이어야 맞다. 미국의 도로 체계에서 짝수 번호는 동서축, 홀수 번호는 남북축을 의미하며 숫자는 서쪽에서 동쪽으로, 남쪽에서 북쪽으로 차례대로 매겨지기 때문이다. 하지만 60번은 이미 켄터키와 버지니아를 가로지르는 도로에 사용되고 있었다. 62번도 고려됐지만, 사이러스 에이버리는 결국 '66번'를 택했다. 발음이 좋았고, '더블 6'에는 행운이 깃든다는 믿음도 한몫했다. 그렇다면 왜 로드Road가 아니라 루트Route였을까? '인도 항로'나 '비단길'처럼 '루트'라는 단어가 탐험과 긴 여정, 모험을 떠올리게 하기 때문이었다.

그래서일까, 그 시작은 정말 한 편의 이야기 같다. 수천 명의 노동자가 철로를 따라가며 구간마다 길을 닦았다. 비포장 흙길 구간이 많아, 비만 오면 금세 진창이 되곤 했다. 66번 국도를 널리 알리기 위해 관계자들은 1928년에 전례 없는 대규모 도보 경주를 기획하기도 했다. 프랑스 '투르 드 프랑스'에서 영감을 받은 이 경주는 하루에 26~130km씩 이동하며, 서커스단처럼 따라붙는 지원 차량까지 동원됐다. "역사상 가장 경이로운 운동 경기"라며 대회 측은 대대적으로 홍보했다. 참가자들은 텐트 야영지에서 잠을 자며 극심한 더위와 혹독한 추위를 견뎌야 했다. 예상대로 포기자가 속출해 275명 중 55명만이 결승선을 통과했다. 87일간의 고통 끝에 우승한 앤디 페인Andy Payne은 당시로서는 큰돈인 2만 5,000달러의 상금을 가족 농장에 투자했다. 처음엔 주목받지 못했지만, 대회가 진행될수록 열기는 달아올랐다. 마지막에는 온 미국이 이 '66번 국도의 전사들'을 열광적으로 응원했다. 단 몇 주 만에 66번 국도는 전설이 됐다.

하지만 1929년의 대공황으로 이 대담한 모험도 일시 정지될 수밖에 없었다. 그 후 이 길은 더 나은 삶을 꿈꾸며 서부로 떠나는, 파산한 가족들의 긴 행렬로 가득 찼다. 몇 년 뒤, 가혹한 가뭄과 모래 폭풍이 중서부의 수천 가구를 고향에서 내쫓았을 때도 사정은 똑같았다. 이들의 목적지는 캘리포니아였다. 존 스타인벡이 '난민의 길'이라 불렀던 66번 국도는 그렇게 미국인의 집단적 상상 속에 더 깊이 자리 잡았다. 하지만 그때까지도 전 구간이 완전히 포장된 상태는 아니었다.

  1938년에 전 구간이 아스팔트로 덮이자, 66번 국도는 20년간 미국 경제를 이끌 막강한 간선도로로 자리 잡기 시작했다. 이 길은 곧 현대성, 자유, 이동성, 윤택한 삶의 변화를 나타내는 상징이 됐다. 무엇보다 자동차에 바치는 찬가였다. 오토바이든, 트럭이든, 캠핑카든, 바퀴와 엔진이 달린 모든 것의 찬가였다. 도로를 따라 식료품점, 주유소, 다이너, 드라이브인, 모텔('모터'와 '호텔'의 합성어)이 우후죽순 생겨났다. 투기 열풍도 불었고, 새로운 도시들이 솟아났으며, 네온사인들이 번쩍이며 서로 경쟁했다. 가게 주인들은 순식간에 생겨난 정글 같은 환경 속에서 눈길을 끌기 위해 5~10m 높이의 유리 섬유로 된 광고 조형물을 세웠다. '머플러 맨'이라 불린 이 거대한 인형들은 손에 든 소품이나 외형으로 가게 업종을 나타냈다. 오늘날엔 각각 이름을 가진 채 도로의 아이콘으로 남아 있다. 내 마음에 남은 건, 거대한 핫도그를 든 '톨 폴', 도끼를 든 '폴 버니언', 닭 머리를 쓴 '치킨 보이'다. 이렇게 66번 국도는 약간의 무질서 속에서 예외적인 번영을 누렸다. 달러는 끝없이 쏟아져

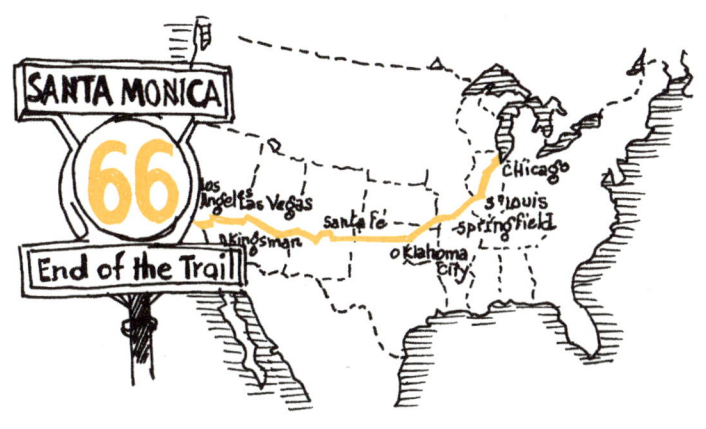

들어왔다.

　빠르게 번성했던 66번 국도는 순식간에 쇠퇴의 길로 접어들었다. 결정적 한 방은 드와이트 아이젠하워 대통령에게서 나왔다. 그는 독일의 고속도로에서 영감을 받아 1956년에 '국가 고속도로 계획National Highway Program'을 내놨다. 주간 고속도로를 광폭으로, 잘 관리된 직선 도로로 깔겠다는 야심 찬 구상이었다. 새로운 도로망은 도시 중심을 우회해 교통을 원활하게 만들었고, 66번 국도보다 훨씬 안전했다. 사실 66번 국도는 '블러디 하이웨이Bloody Highway', '데스 앨리Death Alley'라 불릴 만큼 위험한 상태였다. 도로가 좁고, 표지판은 부실하고, 보행자 보호 구간도 없었으며, 대규모 정체까지 겹쳤으니 당연했다.

　결국 66번 국도는 점차 격하돼 1985년에는 공식적으로 '국도' 자격을 잃었다. 오늘날 일부 구간은 잡초에 뒤덮이고, 광고판들은

'유령 간판'으로 남아 있다. 버려진 모텔만 해도 3,000곳에 달한다고 한다. 길가엔 녹슨 미국 차들이 방치돼 있고, 폐허가 된 주유소와 선술집, 잡화점들이 스산하게 늘어서 있다.

그런데도 66번 국도의 상징적 힘은 무적처럼 살아남았다. 매년 수천 명의 열정적인 여행자들이 이 전설적인 도로를 달린다. 버려진 유령 도시는 오히려 낭만적인 무대가 됐다. 시 당국과 기업가들은 기발한 아이디어로 고풍스러운 매력을 살려내며 손님맞이에 나선다.

66번 국도는 여전히 '세계에서 가장 감성적인 도로'라는 타이틀을 지키고 있다. 물론 다른 수식어들은 다른 나라 도로들에 양보했다. 예를 들어 '세계에서 가장 긴 국도'는 호주의 1번 고속도로다. 퍼스와 브리즈번, 시드니, 멜버른까지 연결된 이 도로는 무려 1만 4,500km에 달한다. '세계에서 가장 높은 도로'는 인도에 있다. 해발 5,602m의 카르둥 라 고개를 지나는데, 영화 〈미션 임파서블〉 제작진도 소름 돋을 만큼 아찔한 급커브 구간이 이어진다. 그렇다고 해서 이곳이 '세계에서 가장 위험한 도로' 타이틀을 거머쥔 건 아니다. 그 영예는 볼리비아 융가스 도로에 돌아간다. 해발 4,000m 고지의 60km 구간은 낭떠러지 위를 스치듯 달리는 도로와 헤어핀 커브로 악명 높다. 매년 수십 건의 사고가 발생하며 '죽음의 도로'라는 불명예를 더욱 굳히고 있다.

반면, 사우디아라비아 하라드에서 아랍에미리트 국경까지 이어지는 직선 도로는 훨씬 안전하다. 263km를 한 번의 커브도 없이 쭉 뻗은 이 도로는 '세계에서 가장 긴 직선 도로'로 꼽힌다. 또 중국 구이저우성의 베이판장 대교 위에는 '세계에서 가장 높은 도로'가 펼쳐진다. 케이블로 지탱되는 이 대교는 지상 565m 높이에 있어, 아래를 내려다보면 아찔하기 그지없다.

그렇다면 '세계에서 가장 비싼 도로'는 어디일까? 말하기도 민망하지만, 여러 조사에 따르면 프랑스의 신 해안도로 nouvelle route du Littoral가 그 영예를 차지했다. 레위니옹섬 해안을 따라 지어진 이 도로는 수많은 방파제와 고가교 덕분에 낙석으로 인한 차량 정체를 피할 수 있게 됐다. 기술적으로 대단한 진보였지만, 12km짜리 도로에 들어간 25억 유로의 어마어마한 비용은 감사원과 몇몇 정치인들의 간담을 서늘하게 했다. 66번 국도를 만든 사람들이 보면 눈을 의심했을지도 모른다.

F1

혁신은 계속 달린다, 그 이름은 포뮬러1

Written by 스테파노 도메니칼리 Stefano Domenicali, F1 그룹 최고경영자

전설적인 서킷이 있는 것으로 유명한 이탈리아 도시 이몰라 Imola에서 자란다면, 모터스포츠에 빠지는 건 어쩌면 자연스러운 일이다. 내 커리어는 선택이라기보다 나의 삶 그 자체였고, 그 여정을 지나올 수 있어 행복했다. 나는 페라리, 아우디, 람보르기니를 거

처 현재는 F1Formule 1에서 일하고 있다. 이몰라 출신의 한 소년에게 이보다 더 큰 행운이 또 있을까.

F1의 CEO가 된 이후 마주하게 된 모터스포츠의 폭발적인 성장세는, 솔직히 말해 나는 상상도 해본 적 없는 일이었다. F1은 단언컨대, 전 세계 모터스포츠의 정점에 군림하는 종목이다. 수십 년 동안 전 세계 스포츠 팬들의 마음과 정신을 사로잡은 이 스포츠는 제2차 세계 대전 이후 유럽에서 자동차 경주의 열정을 되살리려는 노력 속에서 출발했다. 그리고 오늘날에는 전 세계 5억 명의 팬이 열광하는, 다섯 대륙을 무대로 한 글로벌 이벤트로 성장했다. 그 과정에서 F1은 끊임없이 진화했으며, 언제나 혁신과 엔터테인먼트의 경계에 서 있으려 노력했다.

이처럼 눈부신 성장이 중요한 만큼, F1은 경기가 열리는 모든 지역에 긍정적인 영향을 남겨야 한다는 책임 또한 깊이 인식하고 있다. 우리가 내세우는 핵심적인 약속 중 하나는 2030년까지 넷제로Net Zero를 달성하는 것이다. 지속 가능한 발전은 이제 모든 스포츠의 미래에서 필수적인 요소이며, 이는 우리 비즈니스의 모든 측면에서 중요한 핵심 가치다. 나는 우리가 기술 리더로서의 입지를 활용해, 단순한 자동차 경기를 넘어 사회 전체의 탄소 배출을 실질적으로 줄이는 데 이바지할 수 있어야 한다고 믿는다.

F1은 100% 지속 가능한 연료의 사용과 2026년 도입 예정인 차세대 하이브리드 엔진을 통해 사회 전반에 긍정적인 파급 효과를 일으킬 수 있다. 현재도 전 세계에는 14억 대 이상의 내연 기관 차

량이 도로를 달리고 있으며, 그 수는 여전히 증가하고 있다. 우리가 개발 중인 드롭인 연료는 별도의 개조 없이 기존 내연 기관 차량에 그대로 사용할 수 있도록 설계됐다. 이 기술이 사회에 미칠 잠재적 영향은 실로 막대하다.

F1은 자체적인 탄소 배출 감축을 위해 다양한 조치를 단계적으로 시행하고 있다. 예를 들어 2023년부터 바이오 연료 기반의 전용 화물 트럭을 도입해 유럽 지역 물류 이동 시 발생하는 탄소 배출량을 최대 83%까지 줄이는 성과를 거뒀다. 또한 서킷 내에서는 대체 연료와 태양광 에너지를 활용한 차세대 저탄소 발전기를 사용하고 있으며, 오스트리아에서 진행된 테스트에서는 피트박스와 팀 활동에 따른 이산화탄소 배출량을 90% 이상 감축하는 효과를 입증했다. 우리는 이러한 신기술들을 도입함으로써 단순히 탄소 발자국을 줄이는 데 그치지 않고, F1을 넘어 더 넓은 산업 분야로의 기술 확산을 가속화하고 있다. 이는 잠재적으로 매우 큰 영향을 불러올 수 있는 일이다.

우리는 여기서 멈추지 않을 것이다. 다음 단계는 F1의 전 세계 도시 간 이동 방식을 재검토하는 것이다. 이미 2024년 시즌부터는 물류 이동을 최적화하기 위해 경기 일정을 조정했으며, 향후 수년간 이 방향을 더욱 강화할 계획이다. 예를 들어, 항공과 해상 운송의 장단점을 비교 및 평가하고, 경기별로 반드시 운반해야 할 장비를 재정의하며, 일부 장비는 현지에서 구매해 보관하는 방안도 검토하고 있다.

이 모든 변화는 우리가 공언한 넷제로 목표 실현을 더욱 굳건히 다지는 데 기여하고 있다. 작은 부분 하나까지도 세심하게 점검하며 우리는 이 목표를 향해 한 걸음씩 나아갈 것이다.

SUV

가장 사랑받는 동시에 논쟁적인 차

비판을 받을수록 더 잘 팔리는 차가 있다. 바로 SUV다. 환경론자들이 눈살을 찌푸릴수록, 유럽 각국의 소비자들은 오히려 더 열광하고 있다. 그 인기가 워낙 높다 보니 'SUV'라는 영어 약어 'Sport Utility Vehicle(스포츠 유틸리티 차량)'은 이제 일상어처럼 자리 잡았고, 2018년부터는 권위 있는 『라루스 사전』에도 당당히 이름을 올렸다. 『라루스 사전』은 SUV를 이렇게 정의한다. '차체가 높고 강력한 엔진을 갖춘 대형 차량으로, 오프로더와 미니밴 중간 형태의 자동차'. 하지만 이 정의 하나로 SUV의 세계를 다 설명하기엔 부족하다.

그 크기만 해도 소형, 중형, 대형으로 나뉘고, 성격도 도심형부터 정통 오프로더까지 다양하다. 가격대 역시 보급형에서 초고급형까지 폭넓게 분포해있다. 가장 가벼운 모델과 가장 무거운 모델 사이 무게 차이만 해도 1톤을 훌쩍 넘는다. 그중에서도 단연 시장에서 가장 큰 비중을 차지하는 건 이륜구동 기반의 패밀리카다. 생김새는 점잖은 미니밴에 가깝지만, 이 차가 중산층에서 성공을 거두는 데에는 이유가 있다. 동일한 길이의 차체에서 더 넉넉한 수납공간을 제공하고, 도로 시야 확보가 용이하며, 무엇보다 안전감을 주기 때문이다. 말하자면, 모두를 위한 레인지로버의 꿈인 셈이다.

SUV 열풍은 여느 때처럼 미국에서 시작됐다. 그 출발점은 1963년에 출시된 지프 왜고니어Jeep Wagoneer였다. 이 모델을 필두로 픽업트럭 기반의 다양한 파생 모델들이 잇따라 출시됐다. 유럽 시장에서는 1990년대 중반부터 SUV라는 이름이 본격적인 카테고리로 자리 잡았는데, 일본 브랜드들이 먼저 포문을 열었다. 토요타는 RAV4를, 혼다는 CR-V를 선보이며 콤팩트한 사륜구동 차량의 시대를 개척했다. 이후 독일의 메르세데스는 M 클래스, BMW는 X5를 통해 고급 SUV 시장에 진입했다.

대중적 SUV 붐이 본격화한 시기는 2010년부터였다. 다치아 더스터, 푸조 3008, 폭스바겐 티구안이 그 선두에 섰다. 기아, 현대

같은 한국 브랜드가 스포티지와 투싼을 앞세워 이 흐름을 더욱 가속했다. 이들 모델은 스포티한 감각은 덜하지만, 대부분 사륜구동을 과감히 생략하고 편의 사양을 대폭 강화해 더 폭넓은 고객층의 마음을 사로잡았다. 제조사들도 발 빠르게 반응했다. SUV 디자인을 전 차종으로 확장하며 라인업을 강화했다. BMW는 X1, X2, X3, X4를, 아우디는 Q2, Q3, Q5를, 푸조는 2008, 3008, 5008을 연이어 선보였다. 현재 이들 전 차종은 하이브리드 엔진을 기본으로 제공하고 있으며, 일부 모델은 이미 100% 전기차로 전환됐다. 르노 세닉 E-테크가 그 대표적인 예다.

한편, SUV는 정말 더 오염을 유발할까? 여러 연구 결과에 따르면 다른 차량 종류와의 차이는 크지 않다. 물론 크기나 무게에 따라 차이는 있지만, 일반 세단에 비해 연비 효율이 평균 5~15% 정도 낮은 수준이다. SUV는 연비 면에서는 세단보다 불리하지만, 공기 흐름을 고려한 설계에서는 미니밴보다 더 뛰어나다. 그러니 성급한 판단은 잠시 미루는 것이 좋겠다. 무엇보다 일부에서 주장하는 SUV에 대한 징벌적 과세는 사회적으로 불공정하고, 경제적으로도 부작용을 낳을 수 있다. 소형, 중형, 대형 SUV를 어떻게 구분할 수 있을까? 게다가 전기차로의 전환은 차량 크기에 영향을 미친다. 배터리를 차량 하부에 탑재하려면 최소 20cm 이상의 높이를 확보해야 하며, 이는 결과적으로 차체 전체의 높이와 길이를 늘이는 요인이 된다. 이러한 구조적 특성을 잘 보여주는 사례가 바로 테슬라다. 테슬라는 주력 모델 중 하나인 모델 Y를 SUV 세그먼트에 포지셔닝했는데, 이는 다양한 형태의 SUV가 앞으로도 꽤 오랫동안 도로 위를 지배할 가능성을 상징적으로 드러낸다.

Z세대

지금 필요한 건 다시 꿈꾸게 할 자동차

요즘 젊은 세대가 자동차에 등을 돌렸다고들 하지만, 나는 그렇게 생각하지 않는다. 이건 단순히 '세대가 변했다'는 식의 이야기로 정리할 문제가 아니다. 어디까지나 현실적인 이유들이 작용하고 있기 때문이다. 우선 학업 기간이 길어졌고, 결혼과 출산도 함께 늦어졌다. 무엇보다 자동차 가격이 폭등했다. 15년 전만 해도 연간 유지비가 3,500유로면 됐지만, 지금은 1만 유로를 훌쩍 넘는다. 게다가 보험료는 계속 오르고, 과태료도 쉴 새 없이 날아든다. 그런데 임금 상승은 그만큼 따라오지 못한다. 당연히 젊은 세대 중 상당수는 차 구매를 '잠시 보류'하는 쪽을 택할 수밖에 없다.

하지만 25세에 운전면허를 소지한 사람의 비율은 그다지 줄지 않았다. 여전히 약 80%에 달한다. 이는 환경 운동가들이 내세우는 이야기와는 상반된다. 파리, 베를린, 스톡홀름처럼 대중교통이 잘 갖춰진 대도시에서는 자동차 없이도 살 수 있지만, 카르카손이나 바레세 같은 중소 도시에서는 이야기가 다르다.

나는 젊은 세대가 자동차를 사랑하지 않는다고 믿지 않는다. 그 증거는 이미 존재한다. 넷플릭스의 F1 다큐멘터리는 젊은 층 사이에서 엄청난 인기를 끌었고, 유튜버 스퀴지가 르망에서 주최한 포뮬러4 대회 역시 마찬가지였다. 우리 자동차 제조사들이 해야 할 일은 명확하다. 스마트폰이나 컴퓨터만큼 혁신적이고, 놀랍고, 멋진 자동차를 만들어야 한다. 그들의 상상력을 자극하고, 꿈을 심어줘야 한다. 놀라운 동시에 더 저렴한 차를 만들자. 그러면 그들은 반드시 돌아올 것이다.

가죽

시간이 흘러도 사라지지 않을 아름다움

프루스트의 마들렌처럼 마음 깊은 곳을 건드리는 향이 있다. 은은하면서도 강렬하고, 절대 부담스럽지 않은, 잊을 수 없는 향, 그것은 바로 가죽 냄새다. 세월이 빚어낸 살짝 갈라진 결, 은은한 윤기를 머금은 부드러운 촉감, 하지만 절대 흐트러지지 않는 본래의 형태. 이런 감각을 느낄 때면 빛나는 이름들이 줄줄이 떠오른다. 롤스로이스, 애스턴 마틴, 다임러에 오랫동안 가죽을 공급해 온 코널리Connolly, 브리지 오브 위어Bridge of Weir, 나파Nappa 같은 명가들 말이다. 불과 반세기 전만 해도 가죽을 통해 누릴 수 있는 기쁨은 대단한 호사가 아니었다. 푸조 404 SL이나 시트로엥 DS 프레스티지의 시트에 앉기만 해도 충분히 누릴 수 있었으니까. 이들 모델의 가죽 시트는 럭셔리카 못지않은 품질을 자랑했다.

하지만 오늘날, 이런 감각은 아쉽게도 사치의 영역으로 밀려났다. 이제는 롤스로이스, 벤틀리, 페라리 같은 최상위급 차에서나 간신히 누릴 수 있는 특권이다. 전 좌석을 가죽으로 마감하는 데 드는 비용은 갈수록 높아지고 있다. 이유는 두 가지다. 하나는 원재료인 풀그레인 가죽 자체가 점점 희귀해지고 있다는 점이고, 다른 하나는 전통적인 가공 방식 때문이다. 세척, 박피, 수침, 무두질, 염색, 건조 등 이 모든 공정이 아직도 고도의 수작업이기 때문에 자동화가 쉽지 않다.

그럼에도 대중 차 브랜드들은 여기저기서 조금씩 절약해서라도 더 많은 사람들이 이 고급 소재를 경험할 수 있도록 노력한다. 왜냐하면 가죽에 대한 애정은 한 번 생기면 식을 줄 모르기 때문이다. 가죽은 고급스러움을 더하고, 질기며, 천보다 오염에 강하고 관리도 쉽다. 과거에는 겨울이면 얼음장처럼 차고, 여름이면 허벅지와 등을 데일 만큼 뜨겁다는 불만이 있었지만, 통풍 시트 기술 덕분에 그런 문제는 많이 줄었다.

가죽의 시대가 끝을 향해 가고 있다면, 그 원인은 다른 곳에 있다. 실제로 동물보호단체와 환경단체의 압박 속에서 가죽은 점점 환영받지 못하고 있다. 이들의 지적도 무시할 수 없다. 가죽 1톤을 처리하는 데 5만 리터 이상의 물이 필요하고, 수십 년에 걸쳐 규제가 강화됐지만 여전히 130가지가 넘는 화학물질이 가죽 생산에 사용된다. 이러한 현실 속에서 재활용 천연 섬유, 나무껍질, 코르크 등에서 추출한 소재로 만든 비건 가죽이 점점 주목받고 있다. 테슬라는 이 분야의 개척자로, 사과 부산물 등을 활용한 재활용 소재 시트를 가장 먼저 도입했다. 르노도 메간 E-테크 전기차에 처음으로 비건 가죽을 적용했다. 볼보, 아우디, 벤틀리도 역시 이 변화에 동참하고 있다. 이러한 변화는 불가피하고, 또 필요한 흐름이다.

그렇긴 해도, 1957년식 란치아 아우렐리아 B20의 붉은 가죽, 1962년식 재규어 MK2의 다크 브라운 코닐리 가죽의 아름다움은 아무리 시간이 흘러도 내 마음속에서 절대 사라지지 않을 것이다.

광고

차를 파는 게 아니라 삶을 보여주는 일

Written by 모리스 레비 Maurice Lévy, 전 퍼블리시스 그룹 회장

훗날 내가 광고업계에 몸담게 될 줄은, 더 나아가 르노 광고를 만들고 아이디어를 보태며, 심지어 총괄까지 맡게 되리라고는 전혀 예상하지 못했다. 하지만 이를 상상조차 못했던 시절부터 이상하리만치 나는 자동차 광고가 좋았다. 아마 그 시절 최고 스타였던 브리지트 바르도가 등장한 르노 플로리드 광고 이미지가 그 시작과 무관하지 않을 것이다.

자동차 광고를 접할수록 나는 그 매력에 점점 빠져들었다. 거기에는 현대성, 모험, 힘, 매혹, 우아함, 스타일, 럭셔리, 자유 그리고 저 멀리 수평선을 향한 탈출의 이미지가 있으니까. 내가 십 대였을 때나 막 청년이 됐을 무렵에 꿈꾸던 것들이 광고 속 포스터와 인쇄물, 영상에 담겨 있었다. 멋진 자동차 행렬, 그 옆에는 아름다운 여인들, 뒤로는 호화로운 호텔이나 장엄한 기념물, 혹은 끝없이 펼쳐진 자연 배경이 함께했다. 그 모든 건 한마디로 마법 같았다. 그 시절 자동차는 단순한 '탈것'이 아니었다. '열정' 그 자체였다.

벌써 50년이라는 세월이 흘렀지만, 여전히 자동차 광고는 내게 단순한 직업을 넘어 하나의 열정이다. 몇몇 예외를 제외하면, 자동차 광고는 흔히 말하는 차별화된 판매 포인트 Unique Selling Proposition, USP의 원칙을 따르지 않는다. 이를테면 세제 광고에 나오는 마법

의 가루나 효소처럼 고유의 강점을 앞세우는 방식과는 거리가 있다. 전통적인 마케팅 공식에도 크게 얽매이지 않는다. 외형, 라인, 디자인, 주행 성능, 운전의 즐거움, 안락함, 인상적인 '얼굴', 브랜드의 역사와 정체성, 이 모든 것이 자동차의 개성을 만들고, 광고의 톤과 스타일을 결정짓는다. 그래서일까, 정말 재능 있는 광고인들이 어떤 모델에 홀리듯 빠져들어 놀랍도록 창의적이고 자유로운 결과물을 만들어내기도 하고, 반대로 아무런 영감을 받지 못하고 지쳐버리기도 한다. 가끔은 이런 생각도 든다. 광고인이 자동차의 세계를 만들어내는 것이 아니라, 오히려 자동차가 광고인의 세계관을 만들어내는 것 아닐까 하고 말이다.

글로벌 광고회사 DDB Doyle Dane Bernbach의 'B'인 빌 번벅 Bill Bernbach이 폭스바겐 비틀 Beetle을 위해 '어글리'라는 광고를 만든 건 광고 역사에 길이 남을 사건이었다. 그는 비틀의 생김새를 감추지 않고, 오히려 있는 그대로를 이야기했다. 그 과감함 덕분에 폭스바겐만의 언어, 브랜드 특유의 커뮤니케이션 방식도 탄생했다. 이는 지금까지 미국 광고계에서 회자되는 명작 중 하나이자, 커뮤니케이션에 대한 훌륭한 교훈을 전하고 있다. 프랑스의 광고회사 퍼블리시스 Publicis Groupe가 르노 5를 처음 만났을 때도 비슷한 일이 벌어졌다. 창의력의 향연이라 할 만했다. 애니메이션 "슈퍼카"에서부터 르노 5라는 모델이 프랑스 사회에 남긴 감정과 추억을 기념하며 남긴 "안녕, 잔인한 세상이여" 은퇴 광고까지, 지금까지도 그 감성과 표현력을 따라잡은 사례가 없다.

르노의 소형 승용차 모델인 클리오Clio를 광고할 때는 좀 달랐다. 이 모델은 겉보기에 특별한 개성은 없었지만, 오히려 그 점이 강점이었다. 현대 자동차의 장점을 하나로 응축한 모델이었기에, 광고 문구도 자연스럽게 흘러나왔다. "대형차 못지않게 모든 것을 갖춘 차, 르노 클리오." 이 슬로건은 단순한 문구가 아니라 자동차가 시대에 맞게 진화하는 방식을 보여주는 하나의 지침서였다. 동시에 가장 대담하고, 동시대적이며, 풍부한 표현의 원동력이 됐다. 그 결과, 클리오는 유럽에서 가장 많이 팔리는 차로 자리 잡았다.

자동차 광고의 역사를 다시 들여다보면, 그냥 지나치기 어려운 몇몇 인상적인 장면들이 떠오른다. 그 역사의 전반, 특히 자동차 광고의 '기념비'라 할 수 있는 작품이 있다. 바로 1915년 1월 2일자 《새터데이 이브닝 포스트》에 단 한 번 실린 캐딜락Cadilac의 전설적

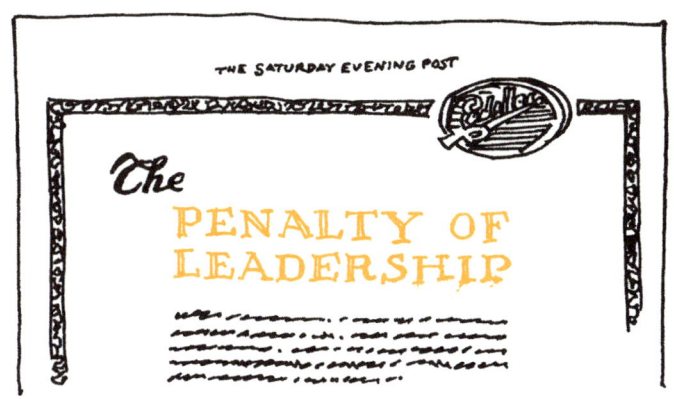

'리더십의 대가', 《새터데이 이브닝 포스트》

인 광고 "리더십의 대가Penalty of Leadership(역주 - 리더의 자리에 올랐을 때 감내해야 되는 것들이 무엇인가에 대한 글)"이다. 삽화 하나 없이 오직 글로만 채워진 이 광고는 정제된 문장들로 캐딜락에 대한 비판조차도 일종의 찬사로 전환시켰다. 그 시절은 사람들이 광고를 '읽던' 시대였고, 문장의 품격이 메시지를 한층 빛나게 하던 시절이었다. 이 광고에는 모든 브랜드에 적용될 수 있는 이런 문장도 담겨 있다. "진정한 리더는 언제나 리더로 남는다. … 선하고 위대한 것은 아무리 비판의 소음이 거세더라도 결국 스스로 그 가치를 드러낸다…."

1908년, 헨리 포드는 "검은색이면 어떤 색이든 고르셔도 됩니다"라는 익살스러운 농담과 함께 포드 T를 출시해 600만 대를 판매하는 대성공을 거뒀다. 그리고 20년 뒤인 1928년, 그는 새로운 모델 포드 A를 선보이며, 자신의 서명을 담은 두 페이지짜리 전면 광고를 내걸었다. 제목은 이랬다. "모든 자동차 소유자에게 특별한 의미가 있는 광고." 정성스럽게 쓰인 이 글에서 헨리 포드는 왜 포드 A가 더 나은 선택인지, 그 장점을 조목조목 풀어놓는다. 그중에는 지금 읽어도 놀랄 정도로 현대적인 문장도 있다. "당신은 단순히 자동차를 구매하는 것이 아닙니다. 현대적이고 경제적이며 새로운 이동 개념의 가장 진보된 표현을 사는 것입니다."

포드 A의 성공적인 출시, 여기에 캐딜락과 쉐보레를 앞세워 시장의 모든 세그먼트를 장악해가던 제너럴 모터스의 거센 공세 속에서, 크라이슬러Chrysler는 과연 무엇을 할 수 있었을까? 월터 크라이슬러는 대담하게 직접 광고 전면에 나섰다. 그리고 모든 잠재 고객을 향해 꽤 도전적인 문구로 호소했다. "세 차종을 모두 살펴보세요! 신형 플리머스를 직접 타보기 전에는 섣불리 저가형 차량을 구매하지 마세요." 경쟁사의 이름을 한 번도 언급하지 않으면서도, 신형 플리머스Plymouth의 우수함을 정중하면서도 강력하게 부각했다. 그 결과 플리머스는 단숨에 주요 브랜드들과 어깨를 나란히 하게 됐다.

이 세 편의 광고는 미적 완성도와 절제된 표현, 강력한 설득력을 두루 갖춘 광고였다. 그리고 이는 훗날 자동차 제조사들 사이에서 벌어질 치열한 광고 경쟁의 서막을 알리는 예고편이기도 했다. 이후 이어진 자동차 광고 커뮤니케이션에서는 성공과 아쉬움이 반복되는 가운데, 한층 정교해진 그래픽 기술과 최신 영상 기법을 통해 새로운 진화를 거듭했다. 그 대표적인 예가 바로 BMW를 위해 제작된 5~10분 길이의 단편 영화 시리즈다. 인터넷 시대를 겨냥해 만들어진 이 영상들은 광고를 넘어선, 진정한 영상 예술의 걸작으로 평가받는다. 캠페인은 광고 대행사 팔론Fallon의 기획 아래, 존 프랭컨하이머John Frankenheimer, 알레한드로 곤살레스 이냐리투Alejandro González Iñárritu, 이안Ang Lee, 가이 리치Guy Ritchie, 토니 스콧Tony Scott, 오우삼John Woo 등 세계적인 감독들이 연출을 맡았다. 제작된 단편 영화의 주인공은 언제나 둘이었는데 하나는 영화배우 클라이브 오언이었고, 또 하나는 궁극의 드라이빙 머신, 바로 BMW였다.

극적인 이 분위기를 이어가자면, 아우디 콰트로Audi Quattro가 스키 점프대의 가파른 경사로를 거침없이 올라가는 전설적인 광고를 떠올리게 된다. '기술을 통한 진보'라는 아우디의 슬로건을 이보다 더 잘 보여주는 연출이 또 있을까? 콰트로의 강력한 주행 성능과 독보적인 품질을 완벽하게 증명해낸 명장면이었다.

물론 자동차 광고가 늘 극적일 필요는 없다. 르노 에스파스$_{Espace}$ 광고 시리즈처럼 놀랍도록 간결한 아름다움이 더 큰 힘을 발휘하기도 한다. 장엄한 풍경을 배경으로 절제된 연출 속에서 단 한 줄의 메시지가 울려 퍼진다. "지상에서 이토록 편안했던 적은 없었다. 에스파스를 타기 전까지는." 반면, 유쾌한 유머로 방향을 틀 수도 있다. 르노의 바로 그 유명한 "그건 절대로 안 될걸" 캠페인이 그렇다. 르노가 뭔가 새롭고 기발한 기술을 들고나올 때마다 따라붙던 회의적인 시선을 이 광고는 재치 있게 되받아쳤다. 영국에서 큰 인기를 끌었던 클리오 광고 시리즈, '니콜과 파파'도 있다. 이 시리즈가 얼마나 화제였냐면, 유럽컵 축구 경기 중 해설자가 프랑스 축구선수 장피에르 파팽의 플레이를 보며 "파팽!"이라고 외치자, 관중들이 일제히 "니콜!"이라고 외쳤을 정도였다.

사람들의 기억에 강하게 남은 인기 광고 캠페인들을 이야기할 때, 2007년 신형 피아트 500$_{Fiat\,500}$의 론칭 광고를 빼놓을 수 없다. '어떻게 해야 이 작은 이탈리아 자동차의 사회적 의미와 역할을 다시 떠올리게 하고, 동시에 현대적인 감각을 느끼게 할 수 있을까?'라는 지점에서 이 론칭 캠페인은 하나의 작은 걸작이었다. 당대의 역사적 순간들을 절묘하게 되짚으며 그 안에서 제품의 매력을 감각적으로 드러냈기 때문이다.

  사람들은 어쩌면, 자동차 광고와 산업에 이제 더는 새로울 게 없다고 생각했을지도 모른다. 하지만 2018년, 세아트Seat가 그 고정관념에 도전하는 완전히 새로운 브랜드인 쿠프라Cupra를 출범시켰다. 물론 폭스바겐이 스코다Skoda를 다시 살려냈고 르노도 동유럽 브랜드 다치아Dacia를 성공적으로 재탄생시킨 적은 있다. 하지만 유럽에서 완전히 새로운 브랜드가 태어난 건 정말 오랜만의 일이었다. 세아트는 쿠프라를 통해 정체된 흐름 속에서도 과감히 시동을 걸었고, 뚜렷한 타깃, 확실한 개성, 강렬한 광고로 독자적인 브랜드 세계를 구축하며 자신만의 팬층을 빠르게 확보했다.

  하지만 자동차 광고가 진짜 특별한 이유는 따로 있다. 단지 제품을 파는 데 그치지 않고, 운전자와 함께 인생을 달린다는 점이다. 한가로운 드라이브, 꽉 막힌 도심, 첫 차를 몰던 순간, 첫 연애, 결혼, 다툼, 가족, 기쁨과 눈물. 그런 삶의 모든 순간에 자동차는 늘 옆에 있었다. 르노는 이 삶의 풍경을 "매일을 함께하는 차"라는 슬로건으로 너무도 정확하게 표현했다.

  브랜드나 모델의 개성과 성격을 표현하는 일은 단순히 자동차의 경쟁력을 드러내려는 이성적 마케팅의 범주를 훨씬 넘어선다. 여기서 말하는 것은 '여러 감정'이다. 어쩌면 여러 감정들이 아니라 단 하나의 깊은 감정일지도 모른다. 자동차는 단지 필요를 충족시키거나, 지위나 열정을 드러내는 수단에 그치지 않는다. 운전자의 인생 속 풍요로운 순간들을 함께하는 연장선이다. 기쁨과 슬품, 성공과 좌절을 함께하며 무엇보다도 자신만의 사적이고 안전한 공간 속에 있다는 감각을 안겨준다. 그 순간들을 온전히 누릴 수 있게 해주는 제2의 집이자, 어쩌면 제2의 '자아'와도 같은 공간인 것이다.

사람들은 종종 묻는다. 도대체 왜 자동차 광고에 그렇게 많은 예산을 쏟아붓느냐고. 나는 세 가지 이유를 든다. 첫째, 눈에 띄어야 하기 때문이다. 수많은 광고 속에서 살아남으려면 그만큼 높은 완성도가 필수다. 둘째, 광고비 자체가 매우 비싸졌기 때문이다. 20년 전만 해도 슈퍼볼 광고 60초에 400만 달러면 됐다. 하지만 지금은 똑같은 60초가 1,500만 달러다. 이쯤 되면 광고주나 광고회사나 실수할 여유 따위는 없다. 마지막으로 무엇보다 '보여줘야' 하기 때문이다. 보여주고, 감탄하게 만들고, 느끼게 해야 한다. 그러려면 모든 면에서 뛰어난 영상이 필요하다.

잊지 말아야 할 건, 자동차 광고란 결국 열정의 영역이라는 사실이다. 감정을 흔들어야 하고, 마음을 울려야 하며, 무엇보다 심장이 아직도 뛰고 있음을 느끼게 해야 한다.

구글

자동차가 컴퓨터가 된다면

Written by 순다르 피차이 Sundar Pichai, 구글 CEO

어릴 적부터 나는 기술, 기술의 작동 방식 그리고 기술이 어떻게 우리의 삶을 개선할 수 있는지에 깊이 매료됐다. 이러한 관심은 스탠퍼드 대학교에 입학하면서 컴퓨터로 집중됐고, 나는 컴퓨터 실험실에서 수많은 시간을 보내며 배울 수 있는 모든 것을 익히려 했다. 교통수단에 대한 호기심 또한 이에 못지않았다. 어린 시절 자주 탔던 기차와 버스부터 훨씬 나중에 경험한 자동차와 비행기에 이르기까지, 다양한 교통수단이 내 관심의 대상이었다. 하지만 당시의 내가 상상력이 풍부했던들, 이 두 가지 열정을 서로 연결해 생각해본 적은 없었고, 두 산업이 가까워질 것이라고도 전혀 예상하지 못했다. 기술 분야에서 커리어를 시작할 당시 나는 IT 산업과 자동차 산업이 전혀 다른 두 세계라고 생각했다. 컴퓨터는 나의 연구 대상이었고, 자동차는 그저 사무실까지 데려다주는 수단일 뿐이었다. 그 이상도 이하도 아니었다.

하지만 내가 구글Google에 입사하면서부터 상황은 달라지기 시작했다. 이곳에서 나는 기술과 교통이 점차 융합되기 시작했다는 사실을 실감했다. 당시 웹은 빠르게 진화하고 있었고, 단순한 콘텐츠 중심에서 풍부하고 상호작용이 가능한 애플리케이션의 시대로 접어들고 있었다. 우리는 특히 현대적인 운영 체제와 이를 구동하는 장치에 집중했고, 이러한 경험은 내가 자동차를 바라보는 방식에도 커다란 영향을 미쳤다.

정보기술 분야에서 '소프트웨어'는 일반적으로 유용한 애플리케이션을 만드는 방식을 의미하고, '하드웨어'는 이러한 소프트웨어를 사용자에게 전달하는 수단을 뜻한다. 기술에 대한 접근성은 언제나 그 시대에 이용 가능한 하드웨어의 한계 또는 가능성에 의해 결정됐다. 기술이 발전함에 따라 점점 더 많은 사람들이 데스크톱 컴퓨터, 노트북, 휴대폰 등 다양한 기기를 통해 기술에 접근할 수 있게 됐고, 이제는 웹 브라우저, 애플리케이션, 음성 비서 등을 통해 기술을 활용하는 방식도 점차 더 직관적이고 자연스러워지고 있다.

오늘날 우리는 기술이 필요할 때 원하는 장소에서, 가장 가까이에 있는 기기를 통해 즉각적인 도움을 받고 싶어 한다. 이는 이동 중일 때도 마찬가지이다. 여러 면에서 자동차는 '가장 오래된 디바이스'라 할 수 있다. 우리는 자동차와 개인적인 관계를 맺고 살아가며, 자동차는 가족의 일상적인 순간은 물론, 공동체와 도시, 경제의 작동 방식 속에 깊이 스며들어 있다. 그리고 컴퓨터 기술이 우리가 다른 디바이스를 사용하는 방식을 바꿨듯, 자동차 운전 경험 역시 점점 더 안전하고 원활하며, 쾌적하게 변화하고 있다.

구글에서는 이 모든 변화가 내비게이션에서 시작됐다. 구글 맵스는 엔지니어들이 오랫동안 품어온 "전 세계 지도를 사람들의 주머니 속에 넣을 수는 없을까?"라는 질문에 대한 답을 찾으려는 시도였다. 다른 한편으로는 A 지점에서 B 지점까지 이동하는 데 필요한 실용적인 정보를 제공하는 유용한 도구로 개발됐다. 이 두 가지 비전이 결합하면서 진정한 혁신이 이뤄졌다. 한밤중 뭄바이에 도착했을 때, 택시 기사와 함께 나눈 그 흥분의 순간을 나는 아직도 기억한다. 구글 맵스 덕분에 나는 그 누구의 도움도 없이 좁은 골목길을 통과해 친구의 집까지 가는 길을 정확히 기사에게 안내할 수 있었다.

모바일로의 전환은 단순히 운전자(또는 동승자)의 주머니에 컴퓨터를 넣는 일에 그치지 않았다. 안드로이드와 같은 스마트폰용 운영 체제의 발전은 유용한 애플리케이션들을 차량 자체에 직접 통합할 수 있는 가능성을 열었다. 자동차에 "내가 즐겨듣는 노래 틀어줘"라고 말하는 것만으로 음악이 재생되는 일은, 우리 부모 세대에게는 공상과학처럼 들렸을 법한 이야기였다. 하지만 오늘날에는 르노 메간 E-테크에 탑승해 음성만으로 스포티파이, 구글 맵스, 그리고 40개 이상의 애플리케이션을 제어할 수 있다. 이는 차량에 통합된 기술 덕분이며, 운전 중에도 정보를 얻거나 콘텐츠를 즐길 수 있는 환경을 제공한다. 오늘날 많은 사람들에게 이러한 기능이 너무도 자연스럽게 받아들여지고 있다는 사실은, 기술이 얼마나 빠르게 비범한 것에서 일상적인 것으로 전환되고 있는지를 잘 보여준다.

다음으로 도래할 가장 거대한 변화는 바로 인공지능AI이다. 현재 인류가 다루고 있는 기술 중 가장 의미 있는 분야가 AI이며, 그 영향은 삶과 산업의 모든 측면은 물론, 운전, 자동차 산업, 교통 시스템 전반까지 확산할 것이다.

이미 오늘날 우리는 AI가 운전자에게 훨씬 더 유용한 도구들을 제공할 수 있음을 목격하고 있다. 신경망 구조를 기반으로 한 첨단 운전자 보조 시스템, 실시간 대화처럼 정보를 전달하는 인터페이스가 그 대표적인 예다. 우리는 이 분야의 연구를 포뮬러E Formule E와 협력해 진행하고 있다. 미래의 자동차는 지금보다 훨씬 더 안전하고 더 강력하게 연결될 것이다. 장기적으로는 차량 내 기술은 단순한 보조 기능을 넘어 점차 자동화로 전환될 것이다. 구글의 모회사인 알파벳Alphabet을 포함한 수많은 기업이 이 가능성을 실험하고 있으며, 구글 역시 자율주행차가 도시, 경제, 환경에 어떤 의미를 갖게 될지에 대한 논의에 적극 참여한다.

AI는 자동차의 생산 방식 자체도 변화시키고 있다. 예를 들어 구글 클라우드는 르노와 협력해 공장 내 로봇부터 공급망 추적 시스템에 이르기까지 머신러닝이 모든 것을 제어하는 새로운 운영 방식을 개발하고 있다. 이를 통해 제조사는 공급망 문제를 더욱 효과적으로 해결하고, 에너지 소비와 탄소 배출을 줄이며, 차량을 더 빠르게 고객에게 전달할 수 있다. 동시에, 자동차 생산 및 유통 방식의 변화는 새로운 일자리 창출과 지역 사회에 긍정적인 영향을 미칠 수 있다. 단, 이를 위해서는 적절한 교육 프로그램이 병행돼야 한다. 예컨대 포드가 디트로이트에 조성한 '미시간 센트럴'과 같은 모빌리티 혁신 허브는 실제 산업 현장에 맞춘 유연한 역량 기반 교육 프로그램을 제공하는데, 여기에는 구글 커리어 인증 Google Career Certificates 같은 프로그램도 포함된다.

예전 같았으면 자동차 엔지니어와 컴퓨터 과학자는 서로의 전문 분야를 존중하면서도 평생 교류할 일이 없었을 것이다. 하지만 이제 AI의 도입으로 이들은 점차 협력하게 될 것이며, 함께 더 큰 도전과 더 큰 기회를 맞이하게 될 것이다.

기후변화 대응이 그 대표적인 사례다. 2023년 전기차 판매는 37% 증가했고, 전체 운행 차량 중 전기차의 비중은 5분의 1에 도달했다. 자동차 산업 전반에서 나타나는 이와 같은 선견지명적인 접근은, 기후 위기라는 과제가 아무리 크고 시급하더라도 우리가 반드시 해결책을 찾아낼 수 있으리라는 낙관을 갖게 하는 근거다. 구글에서는 이동 수단과 관련해 사람들이 더 지속 가능한 선택을 할 수 있도록 돕는다. 현재 구글 검색은 전기차 구매 시 발생하는 비용과 정부 보조금에 대한 정보를 제공하고 있으며, 구글 맵스는 주변 전기차 충전소를 표시하고, 연료나 배터리를 소모를 줄일 수 있는 친환경 경로까지 안내하고 있다.

AI의 도움을 통해 우리는 교통 시스템 전반을 새롭게 구상할 수 있다. 예를 들어, 구글은 전 세계 12개 도시와 함께 '그린 라이트' 프로젝트를 진행 중이다. 이 프로젝트는 AI를 활용해 신호 체계를 최적화함으로써 차량 흐름을 개선하려 한다. 초기 결과에 따르면 차량의 정차 횟수를 최대 30%까지 줄일 수 있었고, 이를 통해 매달 약 3,000만 건의 차량 이동에서 발생하는 배출가스를 감소시킬 수 있었다. AI는 교통망 전체를 종합적으로 파악할 수 있게 해주며, 사람과 차량이 어떻게 움직이는 게 더 효율적인지 판단할 수 있게 돕는다. 이는 앞으로 더 나은 교통 시스템을 설계하는 데 강력한 도구가 될 것이다. 더욱 친환경적인 생산 공정과 AI 기반의 효율적인 주행 시스템이 결합하면서, 자동차 산업의 에너지 전환은 이제 다른 산업들에도 지속 가능한 미래를 위한 변화를 촉진하는 청사진이 될 수 있다.

역사의 우연이겠지만, 구글과 르노는 모두 차고에서 시작된 기업이다. 1898년, 루이 르노는 불로뉴-비양쿠르의 작은 차고에서 자신의 첫 번째 차량인 부아튀레트 1CV$_{\text{Voiturette 1CV}}$를 완성했다. 그리고 100년 후인 1998년 9월, 래리 페이지와 세르게이 브린은 캘리포니아 멘로파크의 한 주택 차고에서 구글을 탄생시켰다. 당시만 해도 향후 25년간 기술이 얼마나 비약적으로 발전할지, 얼마나 많은 사람들이 기술에 접근하게 될지 예측하기란 쉽지 않았을 것이다. 혹은 르노 그룹 전 CEO 루카 데 메오의 표현처럼 '하드웨어보다 소프트웨어에 더 가까운' 오늘날의 자동차를 상상하기란 더욱 어려운 일이었을 것이다.

그리고 우리는 지금 그 변화의 최전선에 서 있다. 앞으로 우리가 걸어가야 할 길을 생각하면, 이보다 더 가슴 벅찰 수 없다.

기아

합병도, 성장도 이상적으로 이뤄낸 글로벌 그룹

1+1=3. 두 기업이 손을 잡을 때 주주와 직원, 은행가들이 그리는 이상적인 시나리오다. 하지만 현실은 꼭 그렇지만은 않다. 특히 자동차업계에서는 전설적인 브랜드들이 손잡는 순간 오히려 빛을 잃거나 아예 역사 속으로 사라지는 일도 적지 않다. 그런 점에서 1999년 기아Kia가 부도를 맞은 후 현대가 이를 인수해 함께 성장해온 이야기는 하나의 교과서적 사례로 꼽힌다. 두 기업은 합병한 이후 잡음 없이 안정적인 번영을 누리고 있다. 그룹의 지원을 받되 독립성을 유지한 기아는 눈부신 성장세를 기록해 현재 연간 300만 대 이상의 자동차를 전 세계에 판매하고 있다. 이는 르노, 피아트, 푸조보다도 많은 수치다. 작고 실속 있는 피칸토Picanto에서부터 대형 SUV 쏘렌토, 씨드Ceed와 스포티지Sportage까지 기아의 라인업은 모든 시장 세그먼트를 아우른다. 전기차 분야에서도 빠르게 시장을 넓혀가고 있다.

기아의 역사는 1944년에 시작됐는데, 이는 현대보다 3년 앞선 시기였다. 창립 당시 이름은 '경성정밀공업'이었고, 강철관과 자전거 부품을 생산하다 1951년 처음으로 '삼천리'라는 자전거를 내놓았다. 1952년에는 '기아산업'으로 사명을 변경한 뒤 수출을 본격화했다. 이후 자연스럽게 모터사이클로 사업을 확장했고, 1961년에는 첫 오토바이를, 이어 소형 삼륜 트럭 K360을 선보였다.

1971년에는 일본 마쯔다의 기술을 바탕으로 타이탄Titan 트럭을 출시하며 다시 한 번 도약했다. 타이탄은 한국 트럭 역사에서 상징적인 모델로 평가된다.

이후 몇 년 동안 자동차의 시대가 본격적으로 펼쳐졌다. 기아는 처음에는 국내 시장을 위해 피아트 124를 라이선스 생산하며 기반을 다졌다. 이후 1974년에는 첫 독자 모델인 브리사Brisa를 출시해 꽤 좋은 반응을 얻었다. 하지만 기아의 글로벌 진출을 본격화한 건 1986년부터 2000년까지 마쯔다 121을 기반으로 생산된 프라이드Pride였다. 이 모델은 200만 대 이상 생산되며 해외 시장을 열었다. 그리고 1993년, SUV 스포티지의 첫 버전이 출시되면서 본격적인 전환점이 마련됐다. 이 모델은 기아가 국제적 인지도를 쌓는 데 결정적인 역할을 했다. 이후 스포티지는 2004년, 2010년, 2016년, 2022년 등 꾸준히 진화하며 브랜드의 이미지를 한층 강화하는 데 큰 몫을 했다.

이제 기아는 전 세계적으로 그 품질과 성능을 인정받는 브랜드가 됐다. 특히 유럽 시장에서 활발히 활동하고 있으며, 독일 프랑크푸르트 인근 뤼셀스하임에 연구센터를 세운 데 이어 슬로바키아 질리나에는 생산 공장까지 마련했다. 이 두 거점을 기반으로 2006년에는 '100% 유럽산 자동차'라는 개념을 실현한 첫 모델이 탄생했는데, 그것이 바로 씨드다.

씨드는 'Created in Europe and European Design(유럽에서 개발되고 유럽 디자인으로 만들어진)'의 약자다. 2007년, 질리나 공장에서 생산된 씨드의 누적 생산량은 10만 대를 돌파했다. 기아는 시장에서의 입지를 더욱 공고히 하기 위해 마케팅 측면에서도 강력한 전략을 펼쳤다. 2010년부터 유럽 전 차종에 대해 7년 또는 15만km 보증이라는 파격적인 약속을 내걸었고, FIFA 월드컵의 공식 파트너로 참여하면서 브랜드 인지도를 폭발적으로 끌어올렸다. 라인업도 고급화해 자사의 역사상 가장 강력한 내연 기관 세단인 370마력급 트윈터보 엔진의 스팅어Stinger를 내놓았고, 동시에 전동화 전략에도 박차를 가했다. 이 전략은 수많은 수상으로 이어졌다. 우아한 크로스오버 EV6는 '2022 유럽 올해의 차'로, 7인승 EV9은 '2024년 세계 여성 올해의 차'로 뽑혔다. 게다가 EV9은 '2024 세계 올해의 차'와 '2024 세계 올해의 전기차'의 영예를 동시에 거머쥐며 기아의 저력을 다시 한 번 증명했다. 실로 존경할 만한 성과다!

다치아

"가벼운 것이 옳다"

이 이야기는 액션 영화에서 자주 볼 수 있는 설정을 떠올리게 한다. 지나치게 보수적인 참모진을 제쳐두고, 총사령관이 위험을 무릅쓰고 소수의 결단력 있는 장교들에게 특수 작전을 맡긴다. 그 과정에서 내부 절차는 생략되고, 목표물에 투입될 특수 부대가 비밀리에 조직되는 그런 이야기 말이다. 이 시나리오가 실제로도 벌어진 적이 있다. 바로 루마니아 자동차 브랜드 다치아Dacia의 부활 이야기다.

이 작전의 총지휘관은 1992년부터 2005년까지 르노 CEO를 지낸 루이 슈웨체르Louis Schweitzer였다. 작전의 실무를 맡은 특공대는 단 두 명. 프로젝트 책임자 장마리 위르티제Jean-Marie Hurtiger와 공학 분야의 최고 전문가 제라르 드투르베Gérard Detourbet였다. 이들을 중심으로, 자동차 산업 역사상 가장 무모한 도전을 해내기 위해 총력을 다할 준비가 된 팀이 있었다. 그들의 임무는, 무너진 루마니아 브랜드를 기반으로 '단돈 5,000유로짜리 제품'의 현대적인 자동차를 만드는 것이었다. 결과는 목표를 뛰어넘어 대성공이었다. 오늘날 프랑스 도로에는 다치아 산데로Sandero와 더스터Duster가 즐비하고, 다치아는 매년 판매 기록을 경신하고 있다. 2022년 프랑스 내 시장 점유율은 9%에 달했고, 이는 자동차 시장 전체가 위축된 상황에서도 단 1년 만에 4.5%P나 상승한 수치였다. 다치아는 13.8%

의 판매 증가를 기록하며, 유럽 전역에서도 몇 안 되는 성장 브랜드 중 하나로 자리매김했다.

이 모든 이야기는 1997년, 루이 슈웨체르가 러시아 출장을 갔다가 라다Lada 공장을 방문하면서 시작됐다. 그는 풀옵션 차량의 가격이 고작 6,000달러에 불과한 것을 보고 이렇게 생각했다. "왜 르노는 이런 저가형 모델을 세계 시장용으로 개발하지 못할까?" 프랑스로 돌아온 그는 이 생각을 직원들과 공유하며 덧붙였다. "오늘날 전 세계 인구의 20%만이 자동차를 소유하고 있습니다. 우리는 나머지 80%를 위한 차를 만드는 겁니다!" 하지만 반응은 냉담했다. 훗날 그가 회상한 바에 따르면 "엔지니어들에게는 실현 불가능한 일처럼 보였고, 영업팀에게는 어리석은 생각처럼 들렸다."

하지만 슈웨체르는 쉽게 포기하지 않았다. 1999년, 그는 붕괴 직전이던 루마니아의 자동차 제조사 다치아를 단 5,000만 달러에 인수한다. 다치아는 과거부터 르노의 라이선스를 보유했던 브랜드였다. 당시 다치아 공장은 잡초와 떠돌이 개들로 가득했고, 생산성은 최악이었으며, 공식 목표에 맞추기 위해 판매량을 1만 6,000대나 부풀리는 등 회계 장부는 조작돼 있었다. 이런 혼란 속에서 초저가 프로젝트 'X90'이 시작된다. 루마니아 부쿠레슈티에 파견된 프랑스 엔지니어 팀은 첫해 동안 거의 믿기 힘든 환경 속에서 일해야 했다. 그들은 러시아를 제외하고는 그 정도로 황폐한 산업 현장을 본 적이 없었다. 비양쿠르의 르노 본사에서도 이 프로젝트에 대한 시선은 회의적이었다. 지지자는 극소수였고, 대부분은 미친 짓이라며 조롱했다. 그들을 찾아오는 이도 없었고, 팀은 외로운 싸움을 이어갔다. 당시 팀의 한 책임자는 훗날 이렇게 고백했다. "이 프로젝트는 성공 가능성이 전혀 없다고 사장님께 보고했던 사람이 바로 저였습니다." 하지만 슈웨체르는 흔들리지 않았다. 그는 불굴의 신념과 확신으로 프로젝트를 끝까지 밀어붙였다.

실제로 X90 프로젝트에는 약 4억 유로가 투입됐고, 부쿠레슈티에서 120km 떨어진 피테슈티 공장의 현대화를 위해 추가로 4억 6,000만 유로가 투자됐다. 이 프로젝트의 기조는 매우 명확했다. 기존의 방식과 고정관념을 모두 내려놓고, 완전히 백지상태에서 새롭게 시작하는 것이었다. 목표는 여기저기서 조금씩 아껴 저품질의 차를 만드는 것이 아니었다. 오히려 철저한 비용 절감이라는 철학에서 출발해 완전히 새로운 모델을 설계하는 것이 목적이었다. 오늘날의 표현을 빌리면, 이는 '파라메트릭 접근법'이 아닌 '시스템적 접근법'에 가깝다. '디자인 투 코스트design to cost'라 불리는 이 방식은 자동차 개발에 완전히 새로운 방향을 제시했다. 자를 대고 그은 듯한 직선 위주의 외관 라인, 절제된 실내 디자인, 기본적이지만 효율적인 기능, 곡률이 거의 없는 평면 유리창, 일체형 부품의 대량 사용, 최소한의 전자 장치 그리고 기존 모델에서 사용된 부품의 체계적인 재활용이 핵심 요소였다. 현지에 파견된 프랑스 관리자들은 곧 '임계치 효과'라는 개념을 체득하게 된다. 이를테면 성능의 99%만 확보해도 전체 비용의 10%를 절감할 수 있다는 식이다.

당시만 해도 이러한 접근은 다소 비웃음을 샀다. 르노가 이미 존재하는 것을 새삼스레 재발명한 것처럼 보였기 때문이다. 하지만 단순하게 만든다는 것은 절대로 단순한 일이 아니다. 저비용 항공사를 봐도 알 수 있듯, 장기적으로 수익을 내는 구조를 만드는 일은 매우 어렵다. 그렇기에 르노가 이뤄낸 성과는 더욱 놀랍다. 클래식 브랜드와 저가 브랜드를 나란히 성공적으로 유지해낸다는 것은 업계에서 유례를 찾아보기 어렵다.

2004년, 루마니아에서 첫 로간Logan이 공개되자마자 주문이 폭주했다. 단조로운 데다가 딱히 매력적이라고 하긴 어려운 외관이었지만, 카르파티아 산맥에 둘러싸인 루마니아의 도로 사정에 어울리는 튼튼함과 적합한 기본 사양을 갖추고 있었다. 두 번째 기적은 이듬해 프랑스 시장에 진출하면서 일어났다. 프랑스에서는 인기가 낮은 세단형 차체였음에도 불구하고, 압도적인 가성비 덕분에 해당 세그먼트 판매 순위에서 단번에 6위에 올랐다. 2008년에는 산데로Sandero 출시와 함께 그해에만 프랑스에서 4만 대가 판매되며, 진정한 도약을 일궈냈다. 오프로드 감성을 더한 스텝웨이Stepway 버전과 LPG 모델도 인기 상승에 한몫했다. 그리고 2010년, 더스터Duster의 등장으로 진정한 전성기가 시작됐다. '진짜 SUV'라는 별명을 얻은 이 모델은 파격적인 가격 덕분에 단 1세대만으로 100만 대 이상 판매됐다. 이후 산데로와 더스터의 신형 모델들이 연이어 성공을 거두면서, 다치아는 르노 그룹 내에서 가장 수익성 높은 브랜드로 올라섰다. 이 모든 성공은 자동차 산업이 반드시

'기능 경쟁'이나 '과잉 스펙'만 추구해야 하는 것은 아니라는 사실을 증명했다. 바로 이것이 다치아 성공의 1막, 출시와 기반 다지기의 시대였다.

2막은 2020년, 내가 르노 그룹의 CEO를 맡으면서 시작됐다. 당시 나는 다치아 브랜드의 전권을 드니 르 보Denis Le Vot에게 맡겼고, 그는 브랜드에 새로운 활력을 불어넣었다. 우리는 기존의 지역별 전략과 대량 판매 중심 전략에서 벗어나 각 브랜드의 고유 가치를 강화하는 방향으로 전환했다. 이러한 전략은 다치아가 오랫동안 부딪혀온 '유리천장'을 돌파하게 했다. 과거에는 르노 모델들과의 내부 경쟁 우려가 다치아 성장의 걸림돌이었지만 이제는 아니었다. 다치아가 소형차인 B세그먼트에서 성공을 거뒀듯이, 우리는 이제 그 노하우를 바탕으로 유럽 최대 규모의 시장인 C세그먼트로 확장해야 했다. 우리는 즉시 행동에 나섰고, 지난 15년간 다치아를 성공으로 이끈 핵심 전략을 그대로 준중형급 C세그먼트에 적용하기로 했다. 그 결과물이 바로 2025년에 출시된 빅스터Bigster다. 산데로나 로간처럼 빅스터 역시 동급 모델보다 훨씬 가볍고, 가격은 대폭 낮췄다. 그 비결은 예전과 같다. 르노의 기존 라인업에서 감가상각이 끝난 부품들을 적극 활용하는 것이다.

이 전략은 시장의 흐름과도 정확히 맞아떨어졌다. 우선, 고성능 대형 엔진 경쟁이 이미 끝났던 터였다. 차량을 구매할 때 그런 엔진은 더 이상 결정적인 요인이 되지 못한다. 동시에 다치아의 새로운 고객층이 다치아로 유입되고 있었다. 여전히 예산이 한정된 소

비자들이 주요 타깃이긴 하지만, 이제는 경제적으로 여유 있는 소비자들도 그 대열에 합류하고 있다. 그들은 더 이상 가족용 차량에 4만 유로 이상을 쓰고 싶어 하지 않는다. 이 새로운 고객층의 전형적인 모습은 이렇다. 기혼에 두 자녀가 있는 독일의 대학교수, 소득은 충분하지만 지출에는 매우 신중한 사람이다. 이런 소비자에게 다치아는 합리적이고 자연스러운 선택이다. 소득 수준에 따른 소비의 경계가 점점 흐려지고 있는 셈이다. 동시에, 이러한 고객일수록 풀옵션 사양을 선호하는데, 다치아는 풀옵션이면서도 합리적인 가격대를 유지한다. 우리는 모든 장비 사양을 철저히 검토하며 예산을 최소화한다. 후방 카메라? 물론 있다. 다만 디지털이 아닌 아날로그 방식이다. 작동 속도는 다소 느릴 수 있지만 그만큼 비용이 절감된다. 에어컨? 당연히 있다. 하지만 일반 제조사들과는 달리, 보다 단순한 압축 기술이 사용된다. 전동 시트 조절? 그건 없다. 추가 케이블, 전기 모터, 전력에 맞는 발전기 등 추가 부품이 필요해 비용이 급증하기 때문이다.

디자인에서도 '필요한 비용만 쓰자'는 철학은 그대로 적용된다. 예를 들어 전면부에는 불필요한 LED 장식이 없고, LED는 하향등에만 사용된다. 다치아 조거Jogger의 후면에는 세로 형태의 Y자형 후미등이 적용된다. 이는 시각적으로도 인상적이지만, 트렁크까지 이어지는 전형적인 램프보다 훨씬 경제적이기도 하다. 일반적으로 사용되는 트렁크 연장형 램프는 전구를 두 배로 써야 하고 추가 배선을 수 미터 더 설치해야 한다. 그렇다고 디자이너의 손이 완전히 묶인 것은 아니다. 예를 들어, 산데로 스텝웨이에 적용됐던 모듈형 루프랙은 조거에도 채택됐다. 약간의 오프로드 감성을 더하는 이 시각적 요소는 강력한 매력 포인트가 될 수 있다고 판단했고, 추가 비용이 승인됐다. 또한 카키색과 구리색 같은 한층 고급스러운 색상도 도입됐고, 이는 새로운 고객층에게 좋은 반응을 얻고 있다.

생산 측면에서도 혁신은 계속됐다. 개발팀은 산데로, 클리오Clio와 캡처Captur 등 여러 모델에 공통적으로 사용할 수 있는 모듈형 플랫폼을 개발했다. 또한 다치아 특유의 기발한 접근을 상징하는 모델, 스프링Spring의 출시에도 성공했다. 시장에서 가장 저렴한 전기차 중 하나로 평가받는 이 모델은 중국에서 생산 및 판매되던 르노 시티 K-ZE를 기반으로 한다. 시티 K-ZE 역시 인도 시장을 겨냥한 내연 기관 차량인 르노 크위드Kwid를 개조한 모델이다. 스프링 개발팀은 불필요한 장비를 철저히 덜어냄으로써 차량 무게를 970kg으로 낮췄고, 그 덕분에 대형 배터리 없이도 충분한 주행 성능을 낼 수 있는 경량 전기차가 탄생할 수 있었다.

이처럼 다치아는 최대한 많은 기능과 서비스를 제공하면서도 지출은 최소화하는, 절묘한 균형을 맞추며 전진하고 있다. 어디에 투자하고, 어디서 절약할지를 둘러싼 선택과 집중은 끊임없다. 다치아의 엔지니어들은 이렇게 말한다. "정말 필요한 것만 남기는 일은, 그냥 다 넣는 것보다 훨씬 더 많은 에너지가 듭니다."

요즘엔 '다치아가 고급화되고 있다', '이제 다치아도 중산층의 차가 되고 있다'라는 말이 자주 들린다. 왜 안 되겠는가? 단, 그 변화는 신중하게 이뤄져야 할 것이다. 다치아의 판매가가 경쟁사보다 훨씬 저렴하고, 중고차 수준에서 유지되면서 말이다. 물론, 지금의 산데로, 조거, 더스터는 과거처럼 더 이상 투박하고 거친 모습이 아니다. 그게 오늘날에는 다행스러운 변화 아닐까? 그런 변화 속에서도 나는 다치아가 로터스Lotus의 전설적인 창립자 콜린 채프먼Colin Chapman의 유명한 슬로건을 잊지 않으리라 믿는다. "가벼운 것이 옳다." 가볍다는 건 좋은 것이다. 그리고 요즘 시대에는 가벼운 것이 트렌드다.

다카르

죽음과 영광의 레이스

지구상에서 가장 극한의 사막을 가로지르는 경주. 매년 수많은 자동차, 모터사이클, 오토바이, 트럭이 도전하는 파리-다카르Dakar 랠리는 단순한 경기 이상의 의미를 지닌다. 이 전설적인 랠리를 만든 인물은 티에리 사빈Thierry Sabine이다. 그는 세계적으로 명성을 얻은 몇 안 되는 자동차 경주 창시자 중 한 사람이며, 카리스마와 집념을 갖춘 비전가였다. 그의 앞을 가로막을 수 있는 것은 아무것도 없었으며, 때로는 비판조차 그를 멈추지 못했다. 그의 대담함은 불편함을 불러일으키기도 했지만, 그는 분명히 천재적인 창조자였다. 1988년, 랠리 도중 헬리콥터 사고로 갑작스럽게 세상을 떠났지만, 그가 남긴 경주의 불씨는 꺼지지 않았다. 테러 위협으로 아프리카를 떠난 후, 랠리는 남미를 거쳐 오늘날에는 사우디아라비아의 사막을 무대로 삼고 있다. 비록 장소는 달라졌지만, 파리-다카르 랠리는 여전히 전 세계가 주목하는 거대한 이벤트로서의 위상을 유지하고 있다.

첫 번째 파리-다카르 랠리는 1979년에 시작됐다. 그때 나는 열한 살이었지만 이미 자동차 경주, 특히 랠리에 푹 빠져 있었다. 그리고 티에리 사빈 역시 나 못지않게 열정적인 랠리 팬이었다. 우리는 모두 6월 13일에 태어났다. 하지만 나보다 18년 앞선 1949년에, 프랑스 북부의 해안 도시 르 투케에서 치과 외과의사였던 질베르

사빈의 아들로 태어났다.

티에리는 뛰어난 드라이버였다. 랠리 경주로 경력을 시작했고, 1976년 르 투케 랠리에서 우승을 차지했으며, 서킷 레이스에서도 여러 차례 우수한 성적을 냈다. 르망 24시 내구 레이스를 두 차례 완주한 기록도 있다. 그는 젊은 시절부터 운이 좋은 편이었다. 잘생긴 외모도 한몫했다. 프랑스의 대표적인 커뮤니케이션 전문 학교인 EFAP를 졸업한 그는, 르 투케 시청에 홍보 담당관으로 채용됐다. 그의 임무는 도시를 대외적으로 알리는 일이었고, 그는 1975년 관광지의 광활한 해변을 무대로 '앙뒤로 뒤 투케Enduro du Touquet'라는 모터사이클 대회를 만든다. 이 대회 역시 오늘날까지 살아남았다.

이륜과 사륜 모두에 열광하던 사빈은 1977년 1월, 세 명의 친구와 함께 아비장-니스Abidjan–Nice 랠리에 참가한다. 그리고 그곳에서 그의 인생을 송두리째 바꿀 사건을 겪게 된다. 그는 리비아와 니제르 국경 사이의 테네레 사막에서 길을 잃었다. 연료가 떨어져 오토바이를 버린 그는 사흘 동안 아무것도 먹지도 마시지도 못한 채 사막을 헤매다가 결국 조직 측이 보낸 비행기 조종사에게 극적으로 구조되며 죽음의 문턱에서 되돌아온다. 그 경험이 일종의 '스톡홀름 증후군'을 낳았던 걸까? 아이러니하게도, 그 극한의 시련은 오히려 그에게 사막과 아프리카에 대한 깊은 애정을 심어줬다. 그리고 1978년, 아비장-니스 랠리의 주최자 장클로드 베르트랑Jean-Claude Bertrand이 대회를 포기하자, 티에리 사빈은 그 기회를 놓치지 않았다. 그는 곧바로 유럽에서 아프리카로, 파리에서 다카르까지 이어지는 새로운 경주를 기획했다. 출발지는 바로 에펠탑 아래. 다소 과장되고 허세처럼 보일 수도 있는 선택이었지만 효과는 확실했다. 《파리 마치》와 《VSD》 등 주요 주간지를 포함해 여러 유력 매체가 강렬한 사진 한 장을 건지기 위해 1978년 12월 26일, 첫 번째 대회 출발 현장에 모여들었다. 이 날짜 역시 우연이 아니었다. 연말연시 기간의 뉴스 공백기를 파고들기 위해 정교하게 계산한 것이었다.

현장은 압도적이었다. 프로와 아마추어를 막론하고 총 182명의 참가자가 이 전례 없는 모험에 도전하기 위해 모였다. 전체 주행 거리는 6,000km에 달했다. 아프리카 대륙에 들어선 이후, 참가자들은 알제에서 아가데즈를 거쳐 다카르까지 달려야 했다. 그들은 언제든지 길을 잃거나 모래에 갇힐 위험에 처해 있었다. 그리고 그 위험은 곧바로 현실이 됐다. 첫 대회부터 다카르 랠리의 전설이 될 만한 사건들이 속출했다. 어떤 참가자들은 밤늦게서야 겨우 결승선을 간신히 통과했고, 또 어떤 이들은 사고로 중도 포기해야 했다. 사빈은 하얀색이나 연한 파란색 점프슈트에 모자를 눌러쓴 채, 전장의 지휘관처럼 매일 드라이버들을 독려했다. 그의 말은 참가자들을 고무시키는 힘이었다. 그는 모험의 서사를 강하게 밀어붙였고, 덕분에 다소 즉흥적으로 진행되는 운영 방식도 사람들 사이에서 자연스럽게 받아들여졌다. 역사적인 첫 번째 우승자는 모터사이클 부문에서 나왔다. 야마하 오토바이를 탄 시릴 느뵈Cyril

Neveu였다. 그러니까 이 첫 번째 랠리에서는 자동차보다 오토바이가 더 빨랐던 것이다.

이후 몇 년 동안 다카르 랠리의 참가자 수는 폭발적으로 증가했다. 도전을 꿈꾸는 이들이 몰려들었고, 자신의 차고에서 차나 오토바이를 직접 정비해 출전하는 아마추어 모험가들은 물론 샹탈 노벨, 클로드 브라쇠르 같은 유명 배우들까지 이 랠리에 참가하고 싶어서 안달이었다. 스폰서들 역시 앞다퉈 몰려들었다. 자사의 로고가 테네레 사막의 모래 언덕 위에서 빛나는 장면을 상상하면서 말이다. 무엇보다 자동차와 오토바이 제조사들은 다카르 랠리를 극한 환경에서 자사 기술력과 품질을 증명할 수 있는 무대로 여겼다.

고생을 마다하지 않는 열정적인 참가자들, 이들과 함께 밤을 보내는 피곤함에 찌든 스타들, 어느새 사막의 괴물로 탈바꿈하는 평범한 자동차와 오토바이들, 매일 헬기에서 촬영되는 비현실적인 풍경, 예측 불가능한 전개까지… 모든 요소가 절묘하게 어우러지며 다카르 랠리는 단숨에 세계적인 이벤트로 자리 잡았다.

때로는 비상식적이거나 비극적인 사건들이 다카르 랠리의 대중적 파급력을 키우는 계기가 되기도 했다. 그 대표적인 사례가 1982년, 영국 총리 마거릿 대처의 아들 마크 대처가 무려 닷새간 사막에서 실종된 사건이다. 당시 그는 한 스폰서의 제안으로 별다른 준비도 없이, 프랑스인 드라이버 안샤를로트 베르네가 모는 푸조 504 차량의 부조종수로 참가했다. 두 사람은 차량 행렬을 따라 주행하던 중 모래에 묻힌 장애물에 부딪혀 차체가 파손되고, 더

이상 전진할 수 없게 됐다. 다른 참가자들이 구조 요청을 해주겠다며 떠났지만, 잘못된 위치 정보를 전달하면서 구조는 이뤄지지 않았다.

결국 실종 사태는 장기화되며, 이 일로 인해 프랑스와 영국 간에 외교적 긴장이 고조됐다. '철의 여인' 마거릿 대처는 아들에 대한 애정이 남달랐고, 영국 외무장관은 프랑스 정부에 직접 항의하며 런던 내에서 불안감이 고조되고 있다고 경고했다. 심지어 미국 대통령 로널드 레이건도 마거릿 대처에게 위로의 메시지를 보냈을 정도였다. 사건이 국제적 외교 문제로 변하자, 프랑수아 미테랑 대통령은 프랑스 군을 투입하기로 한다. 정찰기 3대를 투입해 이미 수색 중이던 알제리 군과 함께 작전을 펼쳤고, 마침내 마크 대처는 구조돼 안전지대로 이송됐다. 그는 푸조 504의 라디에이터에 남은 물을 마시며 가까스로 생존했다고 전해졌다. 현장에 도착한 아버지 데니스 대처는 아들을 보자마자 뺨을 한 대 때렸다. 그리고 영국 언론의 거센 비판 여론이 일자, 마거릿 대처는 아들의 본국 송환 비용을 본인이 직접 부담하기로 한다.

다사다난했던 그 해프닝 속에서도, 스포츠적 관점에서 꼭 기억해야 할 장면이 있다. 바로 '자동차' 부문에서 우승을 차지한 르노와 마로 형제Les frères Marreau의 활약이다. '사막의 여우'라는 별명으로 불리던 이 형제는 프랑스 외르에루아르 출신으로, 정비공이었던 아버지 밑에서 자랐으며, 아프리카 랠리의 베테랑이었다. 그들은 1978년, 르노의 소형차인 4L로 첫 다카르 랠리에 도전했고, 이후 르노 20으로 출전해 라다, 랜드로버, 메르세데스 등 유명 팀들을 제치고 마침내 우승을 차지했다. 헬멧 캠에 담긴 영상에는 두 형제가 경쟁자를 추월하고 말, 소, 공사 장비 등 온갖 장애물을 아슬아슬하게 피해 달리는 모습이 생생하게 담겨 있다. 경외심이 절로 나올 정도다. 하지만 이 우승을 마지막으로 아마추어들의 전성기는 막을 내렸다. 1983년부터는 메르세데스, 랜드로버, 포르쉐 같은 대형 제조사들이 랠리를 장악하기 시작했다.

1986년 1월 1일에 열린 다카르 랠리는 베르사유의 아르므 광장에서 출발했다. 출전진은 역대급이었다. 재키 익스, 앙리 페스카롤로 등 당대 최고의 드라이버들이 출전했고, 포르쉐, 미쓰비시, 레인지로버, 라다 등 공식 팀들이 우승을 두고 치열한 경쟁을 벌였다. 당시 티에리 사빈의 명성은 절정에 달했다. 프랑스 공영방송 앙텐2에서 황금 시간대에 모험 특집 프로그램을 진행했고, 이미 녹화가 끝난 다른 방송은 2월 방영을 앞두고 있었다. 그는 이제 TV 스타이기도 했다.

가수 다니엘 발라부안은 1983년과 1985년 랠리에 직접 출전했지만, 이번 대회에는 참가하지 않았다. 대신 그는 다카르 랠리의 미디어 파급력을 인도주의 활동에 활용하기로 결심했다. 사빈은 그를 위해 자신의 헬리콥터를 제공하고 대회를 따라가며 아프리카 구호 프로젝트를 병행할 수 있도록 배려했다. 하지만 1986년 1월 14일, 운명의 비행이 벌어지고 만다. 어둠이 내려앉고 모래폭풍이 몰아치던 밤, 조종사는 짙은 안개 속에서 너무 낮게 비행하다가 모래 언덕에 부딪히고 만다. 헬리콥터는 추락했고 탑승자 다섯 명 전원이 숨졌다. 그중에는 티에리 사빈과 다니엘 발라부안도 있었다. 믿기 힘든 충격 속에 대회 전체의 행렬은 자신들과 영원히 함께할 줄 알았던 리더를 잃었다. 고향 르 투케에서 그 소식을 들은 티에리의 아버지 질베르 사빈은 곧장 현장으로 달려갔다. 그리고 그의 인생은 하루아침에 완전히 달라졌다. 그는 의사로서의 삶도, 환자들도 모두 내려놓고 아들의 유산인 다카르 랠리를 지켜내기로 결심한다.

질베르 사빈이 바톤을 넘겨받고 나서, 다카르 랠리에서는 푸조의 전성기가 시작됐다. 1987년부터 1990년까지, 푸조는 다카르 랠리에서 4년 연속 우승을 거둔다. 훗날 페라리 F1 팀 감독이자 FIA 회장직에 오른 장 토드Jean Todt는 당대 최고의 베테랑 드라이버들로 팀을 구성했고, 그가 이끄는 푸조 팀은 그야말로 무적이었다. 하지만 그 영광의 여정에도 예기치 못한 사건들은 있었다. 1988년, 핀란드 출신의 랠리 챔피언 아리 바타넨Ari Vatanen이 몰던 푸조 405 터보 16Peugeot 405 Turbo 16 차량이 말리 바마코에서 밤사이 도난당하는 사건이 벌어졌다. 차량은 결국 발견됐지만 경기에 복귀하기엔 너무 늦은 시점이었다. 이듬해, 장 토드는 말 그대로 사치스러운 고민을 안기도 했다. 자신의 두 드라이버인 아리 바타넨과 재키 익스가 초 단위로 치열하게 경쟁하며 위험을 무릅쓰고 달리고 있었다. 그의 눈에는 그 경쟁이 지나치게 위험해 보였다. 그 치열한 내부 경쟁이 결정적 사고로 이어질 수 있다는 우려에, 장 토드는 이 싸움을 끝내기로 결심한다. 이를 위해 놀랍게도 10프랑짜리 동전을 던져 우승자를 정하자고 제안한다. 결과는 아리 바타넨의 승리였다. 선두를 달리던 재키 익스는 결승선을 눈앞에 두고 차량을 멈췄고 바타넨에게 길을 열어줬다.

지금 되돌아보면, 이 기상천외한 사건들은 다카르의 한없이 태평하던 시절을 상징한다. 2000년대에 접어들면서 랠리는 훨씬 험난한 시기로 들어섰기 때문이다. 아프리카에서 이슬람주의와 테러 위협이 확산하면서, 참가자들의 안전이 직접적으로 위협받기 시작한 것이다. 결정적으로, 2008년 모리타니에서 프랑스인 관광객 네 명의 피살 사건이 일어나자 그해의 랠리는 전면 취소됐다.

다카르 랠리는 2009년 남아메리카에서 다시 도약하는데, 이는 기막힌 선택이었다. 특히 아르헨티나 대중들은 열광적인 반응을 보였고, 나 역시 안데스산맥의 환상적인 풍경 속에서 한 구간을 직접 관람하며 그 열기를 몸소 느낄 수 있었다. 여전히 '다카르'라는 이름을 유지한 이 랠리는 이제 하나의 브랜드가 됐고, 2020년까지 남미 대륙에 머문 뒤, 다시 사우디아라비아의 사막으로 무대를 옮기게 된다. 투르 드 프랑스와 파리 마라톤을 주관하는 아모리 스포츠 조직Amaury Sport Organisation, A.S.O.이 대회를 훌륭히 운영하고 있으며, 다카르는 여전히 국제 자동차 경주의 중심 무대에 서 있다. 티에리 사빈 역시 자신이 남긴 유산을 자랑스러워할 것이다.

독일

번영의 바퀴를 다시 돌리기 위해

Written by 올리버 블루메 Oliver Blume, 폭스바겐 그룹 회장

독일인들에게 자동차는 특별한 의미를 지닌다. 그것은 단순한 이동 수단이 아니라, 흔히 말하듯 사랑하는 자식과도 같은 존재다. 독일은 자동차의 나라이며, 우리 스스로도 자동차의 발상지라 믿는다. 아우디, BMW, 메르세데스-벤츠, 오펠, 포르쉐, 폭스바겐 등 세계적인 명성을 지닌 브랜드들이 모두 독일에서 태어났고, 우리는 이를 자랑스럽게 여긴다.

독일 자동차는 전 세계적으로 높은 명성을 자랑한다. 오랜 전통과 강력한 브랜드 파워를 바탕으로 수많은 상징적인 모델들을 탄생시켰고, 이 차들은 전 세계 사람들에게 꿈과 이야기 그리고 추억을 선사해왔다. 사람들이 독일 차를 선택하는 이유는 단순히 필요에 의해서가 아니라 기대치를 완벽히 충족시켜 주기 때문이다. 예를 들어, 포르쉐 911은 60년 동안 꾸준히 사랑을 받아왔고, 폭스바겐 비틀은 독일 경제 기적의 상징이 됐으며, 폭스바겐 골프Golf는 '골프 세대'라는 표현이 생겨날 만큼 시대를 정의하는 모델로 자리 잡았다. 오늘날 자동차는 역사적 건축물인 브란덴부르크 문을 비롯해 맥주, 호밀빵, 분데스리가와 함께 독일을 대표하는 문화적 상징으로 손꼽힌다. 동시에 그것은 경제적, 정치적, 환경적, 사회적, 감정적 층위를 아우르는 복합적인 주제이기도 하다.

하지만 독일 자동차 산업이 본격적으로 성장한 것은 비교적 늦은 시기, 제2차 세계 대전 이후였다. 다시 말해, 고틀리프 다임러Gottlieb Daimler, 카를 벤츠Carl Benz, 페르디난트 포르셰Ferdinand Porsche 등 선구자들이 19세기 말에서 20세기 초에 혁신적인 발명을 이룬 지 수십 년이 지난 뒤에야 그 성과가 본격적으로 현실화된 것이다. 이는 기술 수용에 보다 적극적이었던 미국이나 프랑스의 발전 속도와 비교하면 한참 늦은 것이다. 1930년대까지만 해도 독일에서 자동차는 소수 특권층만이 누릴 수 있는 사치품이었다. 대중의 이동성에 대한 갈망은 나치 정권의 선전 수단으로 이용됐고, 진정한 의미의 자동차 대중화는 제2차 세계 대전 후에야 비로소 이뤄졌다.

전후 궁핍의 시기를 지나, 자동차를 소유한다는 것은 곧 자유와 독립을 의미했다. 자동차 산업은 안정적인 일자리를 제공했고, 처음으로 폭넓은 계층의 사람들에게 소박한 번영을 안겨줬다. 온 가족이 비틀을 타고 알프스를 넘어 남부로 여름휴가를 떠나는 모습은 오늘날까지도 많은 독일인들의 기억 속에 또렷이 남아 있다.

자동차와 수출 중심의 자동차 산업은 독일 경제 기적을 이끈 핵심 동력이었다. '메이드 인 저머니Made in Germany'는 점차 전 세계적으로 신뢰받는 품질의 상징이 됐고, 전쟁으로 도덕적으로 무너졌던 독일 국민들에게 조금씩 자부심을 심어줬다. 실제로 여러 여론 조사에서도 확인되듯, 많은 독일인은 지금도 자국 자동차 산업의 세계적 위상을 자랑스럽게 여긴다.

독일에서 자동차는 단순히 이동 수단을 넘어 기술, 혁신, 일자리, 국가적 번영을 상징하는 존재이며, 자동차 산업은 독일에서 가장 중요한 산업임이 분명하다. 2022년 기준, 제조사와 부품업체를 포함해 약 77만 명이 이 산업에 종사하고 있으며, 전체 매출은 5,000억 유로를 넘어섰다.

이와 같은 성과는 독일 기업들의 개척 정신에 바탕을 두고 있다. 독일 자동차 그룹들은 탁월한 기술력과 수많은 특허, 최첨단 생산 설비 그리고 높은 수준의 숙련된 인재를 보유하고 있다. 가끔은 이러한 우리의 강점을 되새겨볼 필요가 있다. 우리는 종종 스스로를 과소평가하는 경향이 있기 때문이다.

수년간에 걸쳐 독일에서는 자동차 제조사, 부품 공급업체, 스타트업, 연구 기관이 긴밀히 협력하는 견고한 네트워크가 형성됐다. 이들은 신기술의 개발과 상용화를 위해 유기적으로 협력하고 있다. 통계에 따르면, 독일의 연구 인력 세 명 중 한 명이 자동차 산업에 종사하고 있다.

수십 년에 걸쳐 독일 자동차 제조사들은 엔진 개발을 포함해 효율성, 안전성, 승차감 향상 등에서 핵심적인 역할을 해왔다. 오늘날 대부분의 자동차에 기본 사양으로 탑재된 에어백, GPS, ABS 같은 기술은 모두 독일 자동차 기업들이 일궈낸 혁신의 결과물이다. 물론, 독일 자동차 산업의 성장이 오직 기술력에만 기인한 것은 아니다. 하지만 지금까지 축적해온 이 모든 성과는 반드시 지켜내야 할 귀중한 자산임에 틀림없다.

또한 우리가 절대 잊어서는 안 될 점은 지속 가능성은 국적의 문제가 아니라는 사실이다. 핵심은 자동차 산업 전체가 건강하게 유지되고, 공정한 경쟁 환경 속에서 우리 시대가 직면한 근본적인 도전에 대해 올바른 해답을 제시할 수 있느냐는 것이다. 나는 유럽 통합 프로젝트의 열렬한 지지자이며, 이는 폭스바겐과 같은 초국가적 기업 연합을 통해 구체적으로 실현되고 있다. 이러한 진전은 경제적 측면뿐 아니라 사회적 측면에서도 국가 간의 화합과 연대를 증진하는 데 기여해왔다.

우리는 지속 가능성을 위해 매우 야심 찬 목표를 설정해왔다. 왜냐하면 우리 세대가 직면한 가장 중대한 과제가 다음 세대에게 살기 좋은 세상을 물려주는 일이라는 사실을 깊이 인식하고 있기 때문이다. 기후변화의 영향은 이미 우리의 일상에서 체감되고 있으며, 우리는 이제 자동차의 미래와 모빌리티의 방향성에 대한 근본적인 논의를 외면할 수 없다. 그리고 우리는 언제나 이 논의에 열린 자세로 임할 준비가 돼 있다.

오늘날 우리의 자동차 산업은 그 어느 때보다 빠르게 변화하고 있다. 이러한 변화는 독일에만 국한된 현상이 아니다. 탈탄소화, 디지털화, 전기차로의 전환은 단순한 신기술 도입 이상의 의미가 있다. 이는 차량의 설계와 생산, 비즈니스 모델, 기업 내 모든 프로세스 전반에 이르기까지 사고방식의 근본적 변화를 요구하는 일이다.

하지만 분명한 것은, 개인용 자동차라는 형태의 이동 수단은 과거에도 지금도, 전 세계 많은 사람들의 삶에서 없어서는 안 될 요소라는 점이다. 원하는 시간에, 원하는 방식으로 A 지점에서 B 지점으로 이동하고 다시 돌아올 수 있다는 것은 곧 유연성과 자유, 그리고 사람들과 경험을 나눌 수 있는 가능성을 의미한다. 시골 마을에서 자라며 운전면허를 딸 수 있는 나이를 손꼽아 기다려봤던 사람이라면, 내가 무슨 말을 하는지 잘 알 것이다. 나는 이 사실이 앞으로도 쉽게 변하지 않을 것이라 믿는다. 그렇기에 21세기에도 자동차 산업은 여전히 필요할 것이며, 우리 시대의 시급한 질문들에 대해 설득력 있는 답변을 제시해야 할 책임이 있다.

최근 세계 자동차 산업은 그 어느 때보다 치열한 경쟁 속에 있다. 그 중심에는 중국 자동차 제조사들의 성장이라는 중대한 변화가 있다. 중국 자동차 산업은 오랜 시간 축적된 학습과 경험을 바탕으로 이제 e-모빌리티와 디지털 전환 분야에서 혁신의 선두주자로 부상했다. 우리는 모든 형태의 경쟁을 존중하고 긍정적으로 바라본다. 왜냐하면 경쟁은 언제나 혁신을 자극하고 그 결과는 결국 소비자의 이익으로 이어지기 때문이다. 1980년대에는 일본 자동차 제조사들이, 이후에는 한국 제조사들이 유럽 시장에 진출하며 변화를 이끌었다. 그 과정에서 독일과 유럽의 자동차 산업은 오히려 더 강해져 돌아왔다.

우리는 타인에게서 배우려는 열린 자세도 갖고 있다. 함께 발전하고 성과를 공유할 수 있는 신뢰할 만한 파트너를 찾고 있으며, 고립되기보다 활동 영역을 확장함으로써 리스크와 특정 시장에 대한 의존도를 줄이기 위해 노력하고 있다. 특히 고객의 목소리에 더욱 귀를 기울이고 있으며, 예컨대 중국 시장처럼 특정 시장의 요구에 부응할 수 있도록 개발 역량을 강화하고 있다.

이를 위해 정치적 지원이 필수적이다. 이는 독일만의 과제가 아니라 유럽 전체가 함께 감당해야 할 공동의 과제다. 우리에게 필요한 것은 누군가를 배제하거나 대립하는 정책이 아니라, 글로벌 경쟁 속에서 독일과 유럽의 입지를 더욱 공고히 할 수 있는 전략적 정책이다. 이는 에너지 정책과 재생 에너지 개발에서 시작돼 원자재의 조달과 정제를 거쳐, 전기차와 자율 주행을 위한 유럽 내 가치사슬 구축으로 이어져야 할 것이다.

독일 자동차 산업이 이 변화의 흐름을 주도하고 성공적으로 이끌어가기 위해서는 수십 년간 우리 산업의 힘과 성장을 견인해 온 강점들을 성급히 버리지 않고 지켜내는 것이 중요하다. 기존의 장점을 최대한 활용하면서 새로운 아이디어와 명확한 개념을 발전시켜 미래를 내다봐야 한다. 이를 위해서는 안정성과 계획, 장기적인 비전이 반드시 뒷받침돼야 한다. 그런 토대를 바탕으로 해야만 우리는 위에서부터 시작하는 전략적 전환을 추진할 수 있을 것이다.

우리 산업의 중요성을 지켜내기 위해서는 우리가 스스로 변화해야 한다. 나는 우리가 끊임없이 발전하고 진화해온 만큼 이번에도 반드시 성공할 것이라 믿는다. 우리는 이미 수차례 그러한 변화를 이뤘고, 그 과정에서 우리의 역량을 충분히 입증해왔다. 앞으로도 나는 우리가 다시 한 번 해낼 수 있으리라 굳게 확신한다.

디자인

차의 형태를 넘어 상상력을 설계하는 시대

Written by 루크 동커볼케Luc Donckerwolke, 현대차그룹 글로벌디자인본부
최고 디자인 책임자CDO 겸 최고 크리에이티브 책임자CCO 사장

예로부터 자동차에 감정을 불어넣는 요소는 디자인이었다. 단순히 영업용으로만 사용하는 것이 아니라면, 사람들은 차량을 선택할 때 그 형태와 미적인 매력에 먼저 끌리기 마련이다.

'아름다운 차'에 대한 열정은 나의 어린 시절로 거슬러 올라간다. 흥미롭게도, 나를 이 길로 이끈 첫 번째 디자이너는 자동차 디자이너가 아니라 만화가였다. 나는 페루 태생의 벨기에인으로, 아버지가 외교관이었던 덕분에 어린 시절을 아프리카와 남아메리카의 여러 나라에서 보냈다. 그곳의 거리에서는 자동차에 대한 열정을 느끼기 쉽지 않았다.

그러던 중 내가 네 살 때 부룬디의 경제 수도 부줌부라에서 심하게 앓은 적이 있었다. 나를 달래기 위해 아버지는 서점에서 〈땡땡Tintin의 모험〉 시리즈 만화책을 사오려 했지만 허탕을 쳤고, 대신 벨기에 만화가 장 그라통Jean Graton의 〈미셸 바이앙Michel Vaillant〉 시리즈를 들고 오셨다. 그것이 내 인생의 전환점이었다. 바이앙트Vaillante라는 이름의 멋진 레이싱카들과 그들의 영웅적인 활약 덕분에 자동차는 어느새 내 삶의 일부가 됐다.

열여덟 살에 학업을 위해 아프리카를 떠나 유럽으로 돌아왔을

때, 나는 주저 없이 자동차 디자인을 공부하겠다고 결심했다. 주변에서는 나를 만류했다. "그 꿈은 접어. 그런 직업으로 먹고사는 건 이탈리아 디자이너들밖에 없어." 그래도 나는 포기하지 않았다. 첫 학위를 마친 직후엔 안타깝게도 간염에 걸려 곧바로 일을 시작할 수 없었다. 결국 공부를 더 이어가기로 마음먹었고, 미국의 명문 디자인 학교가 운영하는 스위스 분교에 진학했다.

자동차 디자인의 역사를 짚어보면, 세 나라가 중요한 역할을 해왔다. 그중 첫 번째는 단연 이탈리아다. 내게 이탈리아 스타일은 언제나 하나의 기준점이었다. 훗날 나는 포르쉐와 독일 스포츠카를 수집하는 열성적인 컬렉터가 됐지만, 디자인에서는 라틴계 디자이너들에게 큰 영향을 받았다. 피닌파리나Pininfarina, 주지아로Giugiaro, 베르토네Bertone, 자가토Zagato 같은 거장들뿐만 아니라, 페라리 같은 명차 브랜드를 위해 맞춤형 차체를 제작하던 미켈로티Michelotti나 스칼리에티Scaglietti 같은 장인들도 빼놓을 수 없다.

이탈리아 디자인은 시대에 따라 끊임없이 진화해왔다. 1970년대에 들어서며 대중화의 길로 접어들었고, 그 흐름의 중심에는 조르제토 주지아로Giorgetto Giugiaro가 있었다. 그는 폭스바겐 골프, 현대 포니, 란치아 델타 같은 모델들을 디자인했으며 이들 모두는 공통된 디자인 DNA를 공유하고 있다. 한편 베르토네Bertone 같은 이탈리아 디자인 하우스는 주로 모터쇼용 콘셉트카에 집중했다. 그 대표작 중 하나인 람보르기니 쿤타치는 가장 대담하고 극단적인 디자인의 상징으로 남아 있다. 이 모델을 디자인한 마르첼로 간디니Marcello Gandini 역시 주지아로와 데샹Deschamps처럼 베르토네에서 수련을 쌓은 디자이너였다.

이탈리아 디자인은 오트 쿠튀르처럼 화려하고 위엄 있는 아우라를 지녔다. 이탈리아 디자이너들은 자동차 디자인의 선두 주자로 자리매김하며, 단순한 직업이 아닌 열정의 영역으로 그 일을 끌어올렸다. 나 역시 그들에게 깊은 영감을 받았고, 그 덕분에 많은 이들이 자동차 산업에 발을 들이게 됐다.

전 세계에 수많은 디자이너가 존재하지만, 자신들의 디자인 철학을 세계 곳곳에 전파한 것은 오직 이탈리아 디자이너들뿐이다. 피닌파리나는 일본의 혼다, 영국의 롤스로이스 카마르그Camargue, 프랑스의 푸조 406 쿠페, 미국의 캐딜락 알란테Cadillac Allanté 카브리올레를 디자인했고, 베르토네는 프랑스의 시트로엥과 체코의 스코다 파보리트Škoda Favorit를, 미켈로티는 영국의 트라이엄프 스핏파이어Triumph Spitfire를 선보였다.

이탈리아 디자인과 달리 프랑스 디자인은 예술가들과의 협업을 통한 완전히 다른 방식을 발전시켰다. 순수 예술, 특히 조형 예술가들의 감성을 자동차 디자인에 적극적으로 도입했다. 대표적인 예로, 시트로엥 2CV와 DS의 디자이너는 다름 아닌 이탈리아 출신 조각가 플라미니오 베르토니Flaminio Bertoni였다. 예술가를 자동차 디자인에 전면적으로 기용한 점은 프랑스 소비자들의 한층 세련된 취향을 반영하는 대목이다. 물론 프랑스는 비교적 이른 시기에 자동차의 대중화를 이뤄낸 나라다. 하지만 동시에 파나르Panhard

나 파셀 베가Facel Vega 같은 브랜드가 선보인 창의적이고 감성적인 모델들은 프랑스 자동차 산업이 한때 오트 쿠튀르의 세계와도 맞닿아 있었음을 보여준다.

세 번째로 주목할 디자인 전통은 미국이다. 미국의 자동차 디자인은 오랫동안 미래에 대한 상상력에서 출발해왔다. 미국인들은 항공기, 미사일, 로켓 등에서 영감을 받아 자동차를 만들고 싶어 했다. 모든 것이 가능하던 신대륙이었다.

각 디자인 전통마다 창작 과정은 크게 달랐다. 그중에서도 미국은 비교적 이른 시기부터 자신들만의 방식으로 새로운 기준을 만들어냈다. 그들이 도입한 핵심 기술은 클레이clay, 즉 합성 점토를 활용해 실물 크기의 자동차 모형을 만드는 것이었다. 이 재료는 50~60도로 가열하면 부드러워지고, 식으면 단단해져 조각을 할 수 있다. 표면을 매끄럽게 다듬은 뒤에는 실제 자동차처럼 도색도 가능해, 완성차에 가까운 인상을 준다. 이 기법을 처음 도입한 곳은 제너럴 모터스의 디자인 스튜디오였고, 이후 전 세계 자동차 디자인 스튜디오의 표준으로 자리 잡았다. 그 결과 '클레이 모델러'라는 새로운 직업까지 탄생했다.

미국은 디자이너 양성에서도 새로운 표준을 확립했다. 대표적인 두 교육기관이 바로 그 중심에 있다. 첫 번째는 캘리포니아 주 패서디나에 위치한 아트센터 디자인 대학Art Center College of Design으로, 이곳은 유럽 디자이너들에게조차 반드시 거쳐야 할 관문처럼 여겨질 정도로 업계에서 가장 권위 있는 학위를 수여한다. 무엇보다 현업에서 활동 중인 디자이너들이 교수로 참여해 재능 있는 학생들을 조기에 발굴할 수 있다는 점이 큰 강점이다. 두 번째는 디트로이트에 위치한 칼리지 포 크리에이티브 스터디스College for Creative Studies다. 자동차 디자인 분야에서 가장 성공적인 커리어를 쌓은 여성 중 한 명으로 꼽히는 프랑스 디자이너 앤 아센시오Anne Asensio도 이곳에서 수학했다. 르노에서 경력을 시작한 그녀는 이후 미국 제너럴 모터스를 거쳐 다쏘Dassault(프랑스의 항공 및 방산 그룹)까지 활동 무대를 넓혔다.

클레이 모델링과 전문 교육기관을 통해 미국은 오늘날 우리가 알고 있는 현대 자동차 디자인의 기반을 확립했다. 반면, 이탈리아는 2000년대 초반까지도 석고를 사용한 전통적인 모델 제작 방식을 고수하며, 자신들만의 독자적인 디자인 여정을 이어갔다.

하지만 이탈리아 디자인의 황금기는 결국 막을 내리고 말았다. 대부분의 자동차 제조사가 자체 디자인 스튜디오를 설립하기 시작했기 때문이다. 초기에는 이 직종이 그리 매력적으로 여겨지지 않았다. 몇몇 열정적인 예술가나 다른 업계에서 전향한 이들이 주문을 받아 도면을 그리는 방식으로 업무를 수행했는데, 이는 외부 디자이너에게 맡기는 것보다 비용이 덜 들었기 때문이다. 이탈리아 디자인 하우스에서 프로젝트의 산업화 과정을 담당하던 피닌파리나, 베르토네, 주지아로 같은 인력들이 르노나 푸조 같은 완성차 브랜드로 자리를 옮겨, 내부 디자인팀의 책임자가 되는 사례도 많았다. 또한 이탈리아에서 수련을 쌓고 돌아온 디자이너들도 있었다. 그 대표적인 인물이 폴 브라크Paul Bracq다. 그는 이탈리아에서 커리어를 시작한 뒤 독일로 건너가 활동했고, 이후 프랑스로 돌아와 푸조에서 일하게 된다.

자체 디자인 스튜디오의 체계가 정착되면서 자동차 브랜드들은 고유한 스타일, 이른바 '브랜드 DNA'를 구축하기 시작했다. 브랜드별로 수석 디자이너를 임명하면서 외부 디자인 하우스의 제안은 점점 채택되지 않았다. 결국 이탈리아 디자인 하우스들의 쇠퇴는 피할 수 없는 흐름이었다. 이들은 처음엔 아시아와 같은 신흥 시장에서 새로운 기회를 찾으려 했지만, 곧 아시아 자동차 제조사들 역시 자체적인 디자인 역량을 갖추기 시작했다.

하지만 내부 디자인 스튜디오들 또한 곧 한계에 봉착했다. 자동차 산업의 세계화로 인해 디자인 역시 전 세계를 겨냥한 글로벌 상품이 됐다. 차량은 각국의 규정을 모두 충족시켜야 했고, 이에 따라 디자인에도 엄격한 제약이 생겼다. 예를 들어, 범퍼의 크기나 후미등 사이 간격처럼 국가별로 상이한 기준을 모두 고려해야 했다. 무엇보다도 결정적인 변화는 '마케팅 테스트'의 도입이었다. 이로 인해 자동차 디자인은 점점 더 평준화되며 개성을 잃기 시작했기 때문이다. 오늘날 소비자에게 3~5년 후에 어떤 차를 원하는지 물어보면 대답은 언제나 같다. "지금 차와 똑같은 차요." 그래서 모든 SUV가 다 비슷하게 생긴 것이다.

미국, 프랑스, 아시아 소비자들의 취향을 동시에 만족시켜야 한다면 뭔가 튀는 요소는 제거될 수밖에 없다. 그 결과, 더 이상 혁신은 일어나기 어렵다. 실제로 소비자 테스트를 생략한다는 것은 기업 입장에서 큰 결단이 필요한 일이다. 기업이 성장할수록 점점 더 신중해지기 마련이다. 잃을 것이 많기 때문이다. 신차 한 모델의 판매 실적이 기대에 미치지 못하면 공장 하나가 문을 닫을 수도 있다. 노조의 압박까지 생각한다면 기업은 늘 신중해야 하는 위치에 서 있다.

이제는 전기차의 등장이 게임의 규칙을 완전히 바꾸고 있다. 전통적인 완성차 기업만이 차량을 생산할 수 있는 시대가 아니다. 전기 모터는 대부분의 차량에서 기술적 차별성이 크지 않고, 변속기나 복잡한 서스펜션도 필요로 하지 않는다. 이 때문에 미국의 테슬라 같은 스타트업은 자동차 시장에 진입할 수 있었다. 기존의 대형 자동차 그룹들은 예상치 못한 새로운 경쟁자들과 마주하게 됐고, 자신들의 방식을 근본부터 재검토해야 하는 상황에 직면했다. 나는 오히려 이것이 커다란 기회라고 본다. 스스로 변화할 용기나 의지가 없더라도, 생존을 위해선 결국 변화를 택할 수밖에 없기 때문이다.

전기차로의 전환은 디자인 측면에서도 상당한 변화를 수반한다. 무엇보다도 500~800kg에 달하는 배터리를 차량에 탑재해야 하는데 무게 균형을 고려할 때 배터리는 실내 하부, 즉 바닥 아래에 배치될 수밖에 없다. 이에 따라 차체는 자연스럽게 높아지고, 결과적으로 SUV 형태의 디자인이 주를 이루게 된다.

또 하나의 중요한 변화는 전통적인 부품, 특히 거대한 엔진 블록이 사라지고 있다는 점이다. 엔진이 자리하던 전면 공간이 이제 그다지 필요하지 않게 됐다. 논리적으로 본다면 미니밴이 다시 등장해도 이상하지 않을 시점이다. 하지만 현재로서는 자동차 제조사들이 과감한 디자인을 선보이는 데 주저하고 있다. 소비자들의 반응이 여전히 보수적이기 때문에 무리한 변화를 시도했다가는 시장의 외면을 받을 수 있기 때문이다. 처음 테슬라를 봤을 때, 내가 했던 생각은 이랬다. '구동 방식을 그렇게 혁신해놓고 디자인은 이렇게나 보수적이라니 정말 놀랍군.' 하지만 그것은 분명 의도된 선택이었다. 주유소에 가지 않아도 된다는 사실만으로도 소비자에게는 충분히 큰 변화였기 때문에 디자인까지 낯설게 만들 필요는 없었던 것이다.

테슬라의 이러한 행보는 결국 모든 자동차 제조사를 위해 시장을 미리 열어준 셈이다. 초창기에는 많은 이들이 비웃었다. 테슬라가 성공할 리 없다고 여긴 것이다. '개는 짖어도 카라반은 지나간다'는 말처럼 비난 속에서도 테슬라는 꿋꿋이 전진했고, 오늘날 소비자들은 테슬라를 통해 새로운 브랜드, 특히 중국 브랜드까지 쉽게 받아들일 준비가 된 것이다.

그렇다면 앞으로 전기차의 형태는 어떻게 달라질까? 아직은 조심스러운 변화만이 진행되고 있다. 예를 들어 전면 보닛의 존재를 정당화하기 위해 수납공간이나 충전 케이블 보관함을 넣는 식이다. 에어컨 블록 같은 내부 부품을 그쪽으로 옮겨, 대시보드를 얇게 만들고 탑승자의 다리 공간을 넓히는 방식도 그중 하나다. 이처럼 조심스러운 접근에는 그럴 만한 이유가 있다. 현재 판매 중인 모델의 성공이 곧 다음 세대 프로젝트의 자금원이 되기 때문이다.

업계는 이미 미래의 전기차를 향한 작업에 착수했다. 모든 위기는 디자이너에게 신의 선물과도 같다. 이제 기존의 규칙에만 안주하는 디자이너는 새로운 사냥터를 찾기를 포기한 사냥꾼과 다를 바 없을 것이다.

디트로이트

'모터 시티'의 몰락과 부활 사이

내가 처음 디트로이트Détroit에 갔을 때, 자동차의 수도로 불리던 그곳은 이미 몰락의 끝자락에 있었다. 미국 자동차 제조사들은 일본 차의 공세를 막아내지 못했고, 이어진 금융 위기는 도시 전체를 뒤흔들었다. 극심한 빈곤 속에 범죄가 들끓었고, 주민들은 하나둘씩 도시를 떠났다. 디트로이트는 마치 전쟁을 치른 도시처럼 침울한 분위기 속에 잠겨 있었다. 불타는 건물이 있어도 소방차는 출동하지 않았고, 차에서 내리는 순간 곧바로 불안과 위협이 온몸으로 느껴질 정도였다. 그러니 2013년, 디트로이트가 결국 파산을 선언했을 때도 전혀 놀랍지 않았다.

그럼에도 그 도시는 자동차 역사상 가장 위대한 한 장이 펼쳐졌던 무대였음은 부인할 수 없다. 그리고 여전히 포드, 제너럴 모터스, 크라이슬러, 이른바 빅3로 불리는 미국 자동차 산업의 핵심 기업들이 뿌리내리고 있는 도시이기도 하다. 디트로이트는 1701년 프랑스인 앙투안 드 라모트카디약Antoine de Lamothe-Cadillac이 세운 도시로, 19세기 말부터 자동차 산업의 요람으로 부상하기 시작했다. 헨리 포드는 1896년 이곳에 첫 작업장을 열었고, 1904년에는 자신의 이름을 딴 회사를 창립했다. 1900년부터 1930년 사이, 디트로이트는 눈부신 속도로 성장했고, GM의 윌리엄 크라포 듀랜트 William Crapo Durant, 다지Dodge 형제, 월터 크라이슬러Walter Chrysler 같은 자동차 산업의 개척자들이 이 도시로 모여들었다. 그렇게 디트로이트는 '모터 시티'가 됐다.

디트로이트는 1930년대 대공황을 맞으며 처음으로 큰 타격을 입었다. 미국 경제 전체가 붕괴했고 디트로이트도 예외는 아니었다. 루스벨트 대통령의 뉴딜 정책과 1950년대의 경제 호황 덕분에 도시는 다시 한 번 황금기를 맞이한 후 1960년대 초반부터는 서서히 쇠퇴의 길로 접어들었다. 1950년에는 180만 명에 달했던 인구가 오늘날에는 60만 명 남짓으로 줄었다. 이는 산업 일자리의 급감과 맞물린 변화였다. 특히 2008년의 서브프라임 모기지 사태는 디트로이트에 결정적인 타격을 안겼다. 리먼 브라더스의 파산으로 미국 금융 시스템 전체가 무너지면서, 과도한 대출로 주택을 구입했던 수많은 가정이 하루아침에 파산했고 이번엔 자동차 산업의 거인들마저 무릎을 꿇었다. 당시 버락 오바마 대통령이 직접 나서 기업들을 구제했지만, 빅3가 보유한 공장 59곳의 폐쇄를 막기에는 역부족이었다. 많은 노동자들이 일자리는 물론, 삶의 터전마저 잃는 참담한 상황에 내몰렸다.

그 이후 디트로이트는 서서히 경제 회복의 길을 걷고 있다. 미국 자동차 제조사들 역시 혹독한 구조 조정을 거치며 상황이 나아졌고, 이제는 전기차 전환에도 본격적으로 나서고 있다. 디트로이트는 여전히 자동차 산업의 상징적인 도시로 남아 있으며, 매년 열리는 모터쇼는 업계에서 중요한 행사로 자리 잡고 있다. 거리 곳곳에서는 문화를 중심으로 소소한 재생의 징후들도 보인다. 한때 찬란했던 20세기의 영광이 다시 돌아올 수 있을지 지켜볼 일이다.

땡땡

세상의 모든 자동차를 담은 만화책

〈땡땡Tintin의 모험〉 시리즈를 다시 펼칠 때마다 마치 고전 명차 전시회장을 거니는 듯한 기분이 든다. 눈부실 정도로 아름다운 자동차들이 넘쳐나고, 어디에 시선을 둬야 할지 모를 정도다. 어느 한 대를 고르기도 어려울 만큼 벨기에 만화가 에르제Hergé가 모험담 속에 심어놓은 수십 대의 차들은 하나같이 생생하고 정교하다. 강력한 세단, 스포티한 로드스터, 우아한 왜건, 거기에 밴, 오토바이, 견인차, 토르페도, 트럭, 장갑차까지… 에르제 특유의 세밀함과 재능 덕분에 이 모든 차가 더욱 빛나고 생명을 얻는다. 이 만화처럼 자동차가 이토록 대단한 지위를 부여받은 작품도 거의 없다. 나는 자신 있게 말할 수 있다. 〈땡땡의 모험〉은 수많은 어린 독자들에게 자동차와 디자인이라는 세계에 대한 꿈을 심어줬을 것이다.

〈땡땡〉 시리즈 전체에 등장하는 자동차 모델의 정확한 수에 대해서는 팬들 사이에서도 의견이 분분하다. 214대? 208대? 198대? 숫자가 뭐 그리 중요하겠는가. 정말 중요한 건, 그 작업 하나하나가 경이로울 만큼 정교하다는 사실이다. 1929년 첫 시리즈부터 1983년 마지막 권까지 에르제는 자동차 문명이 겪은 격동의 세월을 단 한 컷도 놓치지 않고 생생하게 그려냈다. 어떤 브랜드는 시대의 흐름 속에서 부상했고, 또 어떤 브랜드는 조용히 역사 속으로 사라졌다. 구체적으론 『검은 황금의 나라』에서는 에너지 위기가 주요 배경으로 등장하고, 『미국에 간 땡땡』에서는 폭증하는 교통량과 폐차 처리 문제가 다뤄진다. 『노예선』의 마지막 장면에서는 교통 체증과 현대 운전자들의 무례함을 날카롭게 풍자한다. 『땡땡, 에르제 그리고 자동차』의 저자이자 변호사인 샤를앙리 드 슈아죌 프라슬랭은 이렇게 말한다. "자동차는 기계 장치에 불과하지만, 작가의 손을 거쳐 상상 속에서 '운명의 도구'라는 존엄한 지위로 격상된다. 그것은 어린 시절의 매개체로, 장면에서 장면으로 미끄러지듯 이동하며 어른들을 불사의 존재로 만든다. 이를 통해 에르제는 제1차 세계 대전이라는 격변 이후에 등장한 인물로서, 이렇게 말하고 있는 셈이다. … '영웅들이 끊임없이 죽음의 위협을 받는 상황에서도 살아남기 위해서는 현대적인 모습의 요정이 필요하다'라고 말이다."

이제 다시 고전적인 질문, '수많은 환상적인 자동차들의 향연 속에서 단 한 대만 골라야 한다면?'으로 돌아가보자. 나는 주저 없이 란치아 아우렐리아 B20 GT~Lancia Aurelia B20 GT~라고 답할 것이다. 『투르네솔 교수 사건』에서 납치된 교수를 쫓는 장면에 등장하는 그 빨간색 쿠페 말이다. 이 경쾌한 차를 운전하는 인물은 바로 이탈리아 출신의 아르투로 베네데토 조반니 주세페 피에트로 아르칸젤로 카르토폴리 데 밀라노 경이다. 보타이에 가죽 장갑을 낀 그의 우아함은 운전 솜씨에서도 빛난다. "이탈리아 차와 이탈리아 운전자가 세계 최고란 걸 보여주겠소. 아반티! 투르네솔 교수를 쫓아가 보자고!"

이탈리아인이 세계 최고의 운전자라고? 그건 내가 한 말이 아니라 에르제의 말이다. 그리고 그는 운전에 일가견이 있었다. 어릴 적부터 기계에 푹 빠졌던 그는 1938년 31세에 비로소 첫 차의 열쇠를 손에 쥔다. 그가 처음 소유한 차는 강력하고 안락한 오펠 올림피아 카브리올레 코치~Opel Olympia Cabriolet Coach~. 에르제는 이를 『오토카 왕국의 지휘봉』에서 정성스럽게 표현한다. "그 당시 시속 140km도 거뜬히 달렸던 아주 훌륭한 소형차였다. 초현대적이었다…." 그가 소유했던 또 다른 두 대의 스포츠카도 그의 만화 속에 등장할 기회를 얻는다. 하나는 『노예선』의 마지막 컷에 은밀하게 등장하는 파란색 포르쉐 356. 또 하나는 『검은 황금의 나라』에서 벤 칼리쉬 에자브 국왕이 타고 등장하는 란치아 아프릴리아~Lancia~

Aprilia다. 에르제는 이 차를 두고 '진짜 자동차'라고 극찬한 바 있다. 에르제의 전기 작가인 브누아 페테르스는 이렇게 확인해준다. "그는 최고 속도로 운전하는 것을 즐겼으며, 종종 서킷이나 테스트 트랙에서 속도감을 즐기곤 했다."

속도감과 생동감 넘치는 활약은 땡땡 시리즈의 첫 권인 『소비에트에 간 땡땡』(1929)에서부터 나타난다. 주인공이자 젊은 기자인 땡땡의 트레이드마크조차 속도에서 비롯된다. 그는 최고 시속 115km까지 달릴 수 있는 레이싱카인 아밀카르Amilcar를 능숙하게 몰며 등장하고, 이어 경찰차를 훔쳐 요란한 소리를 내며 질주한다. 그러던 중 한 장면에서 유난히 강한 가속도가 표현되며 그의 머리카락이 바람을 타고 치솟고, 그 순간 땡땡의 상징인 '뾰족하게 솟아오른 앞머리'가 탄생한다. 이 헤어스타일은 이후 땡땡을 대표하는 상징이 된다.

에르제는 빠른 자동차 액션 연출에 천재적인 감각을 발휘했다. 추격전, 드리프트, 도로 이탈, 180도 회전까지 그는 마치 프레임 단위로 안무를 짜듯, 장면 하나하나를 정교하게 구성해냈다. 놀라운 건, 이 모든 연출이 영화 산업이 본격적으로 자동차 스턴트를 도입하기 훨씬 이전에 이뤄졌다는 사실이다. 〈땡땡〉 마니아들의 계산에 따르면 초기 17권에서만 무려 22건의 격렬한 교통사고가 등장한다. 그리고 그때마다 땡땡은 기적처럼 멀쩡히 살아남는다. 흥미로운 건 그 안에 숨은 역설이다. 보험 설계사 세라팽 랑피옹은 틈만 나면 땡땡과 아독 선장에게 보험에 가입하라고 집요하게 권유하지만, 정작 이 두 사람은 지구상에서 가장 무모한 사고 유발자라는 사실이다.

초기 몇 권에서는 선이 다소 흐릿했지만, 이후부터는 자동차 묘사가 놀라울 정도로 정교해진다. 에르제는 자료 조사를 거듭하며, 기술 문서를 뒤지고, 보도 사진을 수집하고, 현장 관찰도 수없이 반복했다. 그의 목표는 휠 하나, 계기판 하나까지도 완벽하게 재현하는 것이었다. 이 과정에서 에르제는 곧 뛰어난 조력자들의 도움을 받기 시작한다. 이들 중에는 〈알릭스와 르프랑Alix, Lefranc〉 시리즈를 쓰고 나중에 스타 작가가 된 자크 마르탱과 밥 드 무어Bob De Moor가 있었다. 예를 들어 1965년, 드 무어는 『검은 섬L'Île Noire』의 재작업을 위해 영국으로 열흘간 출장까지 다녀온다. 그는 수십 개의 스케치와 자동차 카탈로그가 가득 든 상자를 들고 돌아왔다. 이 작업을 통해 등장하게 된 차량이 바로 트라이엄프 헤럴드 1200에 견인된 에클스Eccles 카라반이었다. 하지만 여기에도 하나의 '위반'이 있다. 현실과 달리 그림 속 카라반의 문은 도로 쪽인 오른쪽에 달려 있다. 좌측통행하는 영국에서는 상상할 수 없고 매우 위험한 설정이다.

세월이 흐르며 에르제가 그려낸 자동차 모델의 수는 실로 어마어마하다. 그는 거의 한 사람으로 이뤄진 창작 스튜디오나 다름없었다. 특히 그는 거의 예외 없이 같은 자동차를 두 번 이상 등장시키지 않으려는 원칙을 고수했다. 같은 차를 반복해 사용하는 경우는 극히 드물었으며, 예외적으로 지프는 『검은 황금의 나라』와 『달

탐험 계획』에, 시트로엥 2CV는 『투르네솔 교수 사건』과 『카스타피오레의 보석』에 등장한다. 흥미롭게도 땡땡은 오랫동안 직접 운전을 하지만, 실질적으로 자동차를 '소유'한 적은 거의 없다. 예외는 딱 두 번뿐이다. 첫 번째는 『소비에트에 간 땡땡』에서 아밀카르를 구입했을 때, 두 번째는 『콩고에 간 땡땡』에서 포드 T를 손에 넣었을 때다. 포드 T를 선택한 것은 단순한 설정이 아니었다. 에르제에게 이 차는 현대 자동차 산업의 서막을 연 전설적인 존재였다. 에르제의 전기 작가 샤를앙리 드 슈아죌 프라슬랭은 다음과 같이 말한다. "에르제는 『콩고에 간 땡땡』 표지에 이 차를 당당히 내세우고, 생기 넘치게 여행을 즐기며 무엇보다도 파괴되지 않는 강인한 특성을 지닌 존재로 묘사함으로써 찬사를 보냈다."

포드와 관련해서라면, 〈땡땡〉은 디트로이트의 전설적인 이 미국 브랜드와 특별한 인연을 맺고 있었다. 1930년대 이후 몇 년간 에르제는 포드가 발행하던 고급 잡지 《포드 매거진》에 다수의 삽화를 기고했다. 이런 배경 덕분일까, 포드는 〈땡땡의 모험〉 속에서 유독 자주 등장한다. 부드러운 주행감으로 유명한 포드 V8 모델은 택시, 카브리올레 등 다양한 버전으로 등장하고, 『황금 집게발 달린 게』에서는 매트포드 견인차가 출현한다. 그 외에도 커스텀, 제퍼 등 여러 포드 차량들이 눈에 띈다.

반면, 에르제가 실제로 애정했던 몇몇 자동차들은 의외로 작품 속에서 큰 비중을 차지하지 않았다. 폭스바겐 비틀, 시트로엥 DS, 재규어 마크 I과 마크 X 같은 모델들은 등장하더라도 그저 스쳐 지나가는 수준이다. 특히 XK나 E-타입처럼 널리 알려진 쿠페 모델들은 거의 모습을 드러내지 않는다. 물론 해당 브랜드의 팬이라면 너무 걱정할 필요는 없다. 전문가들에 따르면, 이러한 차종의 등장 여부는 딱히 의미심장한 것은 아니며 단순한 우연이나 연출상의 필요에 따른 것으로 해석된다.

예외도 있다. 에르제는 메리세데스Mercedes를 '악당들의 차'로 설정해 오랫동안 땡땡의 적들만이 타도록 했다. 『소비에트에 간 땡땡』 초반, 독일 경찰이 SK 모델을 몰고 등장하고, 소련 비밀경찰 게페우는 거대한 메르세데스 24·100·140을 탄다. 『투르네솔 교수 사건』에서는 투르네솔 교수를 납치하려는 국경 요원들이 메르세데스 220과 300을 타고 나타난다.

한편, 1976년에 출간된 『땡땡과 카니발 작전』에서 독재자 타피오카가 타고 다니는 화려한 관용 리무진의 정체는 무엇일까? 사실 이 차는 특정 브랜드가 아니라 상징적인 두 대의 자동차를 합성한 것이다. 서독의 경제력을 상징하는 메르세데스 600과 쇠퇴와 몰락을 자각하지 못한 소련 관료주의를 상징하는 질Zil 114의 혼합형이다. 전기 작가 샤를앙리 드 슈아죌 프라슬랭은 이 점을 매우 날카롭게 짚는다. "이 자동차 융합은 자본주의가 만들어낸 걸작에 대한 숭배와 공산주의의 세속 종교적 신념이 뒤엉킨 것이며, 『땡땡과 카니발 작전』에 담긴 정치적 메시지를 완벽하게 상징한다. 마지막 장면에서 알카사르 장군이 타피오카를 몰아내고 집권하지만, 빈민가의 모습은 조금도 변하지 않는다. 이 독재자들은 겉으로는 대립하지만 결국 본질은 같고, 단지 자리만 바뀔 뿐 결과는 똑같다."

에르제는 자신만의 독특한 시각적 규칙, 일명 '움직임의 문법'이라 불리는 방식을 고수했다. 이 규칙은 특히 악당을 묘사할 때 효과적으로 사용되는데, 핵심은 바로 이동 방향에 있다. 땡땡이나 긍정적인 인물이 운전할 때 자동차는 항상 왼쪽에서 오른쪽으로, 즉 읽기 방향으로 이동한다. 반대로 악당이 운전할 경우 자동차는 오른쪽에서 왼쪽으로, 즉 읽기 방향을 거스르며 움직인다. 이 단순한 구성만으로도 독자는 무언가 잘못됐다는 직관적인 불안을 느끼게 된다. 그뿐만 아니라 에르제의 전기 작가들은 또 다른 규칙을 지적했다. 긍정적인 인물이 운전하는 자동차는 대부분의 경우 정면에서 묘사된다는 것이다. "영웅들이 운전하는 차량의 앞모습은 사람의 얼굴처럼 보이는데, 헤드라이트는 눈을, 라디에이터 그릴은 미소를 연상시킨다. 반면 악당이 모는 차는 뒤에서 묘사되는 경우가 많고, 이는 도망과 비겁함을 상징한다." 그래서 에르제의 자동차들은 '엄밀히 말해 의인화는 아닐지라도, 그에 가까운 어떤 성격을 띤다'는 결론에 도달하게 된다.

나는 가끔 이런 상상을 해본다. 만약 에르제가 기적처럼 돌아와 〈땡땡〉 시리즈의 마지막 한 권을 더 만든다면, 어떤 자동차들을 등장시킬까? 아마도 그 차량들은 하이브리드 또는 전기차일 것이다. 여성 운전자가 더 자주 등장했을 테고, 보행자에게 덜 위협적이고, 덜 파괴적인 모델들이었을지도 모른다. 그렇다면 어떤 브랜드를 선택할까? 떠오르는 몇 가지가 있긴 하지만, 그건 독자 여러분의 상상에 맡겨두겠다.

람보르기니

분노는 지나가고, 차는 남았다

람보르기니Lamborghini의 탄생은 믿기 어려울 만큼 테스토스테론이 넘치는 이야기에서 비롯됐다. 1960년대 초, 자존심 강하고 다혈질적인 두 이탈리아 남자가 한 판 대결을 벌였다. 한 명은 알파 로메오의 전직 레이싱 드라이버이자 매니저로, 1947년 자신의 이름을 내건 회사를 창립한 엔초 페라리Enzo Ferrari. 다른 한 명은 움브리아 지방 출신의 농부였지만 운명에 순응하지 않고 1948년부터 트랙터를 만들기 시작한, 야심가 페루치오 람보르기니Ferruccio Lamborghini였다. 페루치오 람보르기니는 자동차 경주의 열혈 팬이었고, 사업에 성공해 번 돈으로 여러 대의 페라리를 구입했다. 그는 페라리의 명성과 우아함을 부러워하면서도 어딘가 경쟁심을 품고 있었다. 1960년, 자신이 소유한 페라리 차들이 자꾸 고장을 일으키자, 불만을 품은 람보르기니는 직접 항의하기 위해 마라넬로의 엔초 페라리를 찾아간다.

보통이라면, 특히 고객이 불만을 제기할 때 공급자는 정중하게 대응하는 것이 상식이다. 하지만 이번엔 달랐다. 두 사람 사이에 곧바로 언성이 오갔고, '일 코멘다토레Il Commendatore(사령관)'로 불리던 페라리는 람보르기니를 면전에서 노골적으로 모욕했다. "페라리 말고 트랙터나 몰 줄 알지!", "트랙터나 계속 만들어라, 이 촌놈아!" 이 대화를 둘러싼 여러 가지 버전이 전해지지만 요지는 하

나다. 그날 람보르기니는 엄청난 굴욕감을 느꼈고, 그 감정은 곧 거대한 추진력으로 바뀌었다. 그리고 그날 밤, 그는 마음을 굳혔다. 바로 스포츠카 제조 사업에 뛰어들기로 한 것이다.

목표는 단순하면서도 대담했다. 페라리보다 더 아름답고, 더 빠른 차를 만드는 것. 그는 이 목표를 위해 자신의 전 재산을 아낌없이 쏟았고, 자동차 하청업체들이 밀집해 있는 볼로냐에 회사를 세웠다. 그리고 페라리 출신을 포함해 젊고 유능한 인재들을 불러 모았다. 곧 한 명의 결정적인 인물이 합류한다. 디자이너 마르첼로 간디니Marcello Gandini였다. 그는 1966년, 미우라Miura라는 전설을 탄생시켰다. 미우라는 단번에 전설적인 슈퍼카로 등극했다. 간디니는 베르토네에서 수학한 진정한 디자인 천재였다. 이후에도 우라코Urraco, 에스파다Espada, 디아블로Diablo, 쿤타치Countach 같은 걸작들을 줄줄이 탄생시켰다. 특히 1974년에 출시된 쿤타치는 내가 보기엔 지금도 세계에서 가장 아름다운 차 중 하나다. 그 차를 처음 본 건 여덟 살 무렵이었는데, 무려 1분 30초 동안 숨이 멎었던 기억이 있다.

페루치오 람보르기니는 1993년에 세상을 떠났고, 엔초 페라리는 그보다 7년 먼저 눈을 감았다. 람보르기니는 결국 제품 면에서는 자신이 세운 목표를 달성했다. 하지만 경제적으로는 훨씬 험난했다. 석유 파동을 기점으로 회사는 기울었고, 이후 여러 차례 주인이 바뀌다가 1998년, 폭스바겐 그룹에 인수된다. 이는 다양한 브랜드 포트폴리오를 구축하려 했던 당시 그룹 총수 페르디난트 피에히의 전략적 결정이었다. 그는 같은 시기 부가티와 벤틀리도 함께 인수하며 포트폴리오를 완성해갔다.

나는 2009년 폭스바겐 그룹에 합류한 뒤 아우디의 영업 총괄로 일하던 시절, 람보르기니의 이사회 위원으로 임명되는 영광을 누렸다. 특히 아우디 플랫폼을 기반으로 한 고급 SUV 개발 전략 논의에 참여했는데, 그 결과물이 바로 2017년에 등장한 우루스Urus였다. 이 모델은 페라리가 2022년에 내놓은 SUV 푸로산게Purosangue보다 몇 년이나 앞서 있었고, 출시 직후 큰 성공을 거두며 람보르기니를 명실공히 '톱 브랜드'의 반열에 올려놓았다.

현재는 F1을 이끌고 있는 스테파노 도메니칼리Stefano Domenicali와 현 CEO인 슈테판 빙켈만Stephan Winkelmann이 람보르기니를 이끌며 탁월한 성과를 거두고 있다. 그 증거는 분명하다. 매각 계획이 없음에도 불구하고 인수 제안이 줄을 잇고 있으며, 일부 투자 펀드는 폭스바겐 그룹에 수십억 유로 규모의 제안을 내놓기도 했다. 참고로 폭스바겐이 람보르기니를 인수했던 금액은 1억 2,000만 유로에 불과했다.

오늘날 람보르기니는 페라리의 성공 사례를 참고해 기업공개 IPO를 검토 중이다. 한때 트랙터를 만들던 회사가 이제는 누구도 넘볼 수 없는 어마어마한 기업이 된 것이다.

로봇

기계의 손으로 빚어내는 자동차의 미래

로봇 없이는 자동차도 없다! 자동차업계 최초의 로봇은 1960년대 초반, 제너럴 모터스와 포드의 공장에서 처음 도입됐다. 이후 제조업체들은 비용 절감과 생산성 향상을 목표로 1970년대 말부터 로봇 사용을 일반화하기 시작했다. 초기에 기계들은 동작이 비교적 느리고 단순 작업만 반복 수행했지만, 성능은 빠르게 향상됐다. 예전에는 자동차 한 대의 차체를 만들려면 3,000명의 인력이 필요했지만 지금은 80명의 작업자와 300대의 로봇이면 충분하다. 도장 공정처럼 매우 고된 작업에서도 마찬가지다. 게다가 로봇은 품질 향상에도 결정적인 역할을 했다. 사람의 실수로 인한 오류 가능성을 제거했기 때문이다. 그 덕분에 안전성 또한 크게 향상됐다. 오

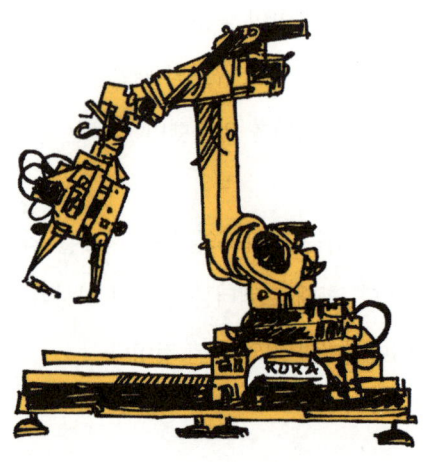

늘날 자동차 생산 과정에서 여전히 사람의 손이 필요한 단계는 대시보드나 도어 트림 설치 등 최종 조립뿐이다.

기술은 멈추지 않고 진화하고 있다. 최근에는 더욱 지능적이고 자율성이 높은 로봇들이 등장하고 있으며, 이들은 인간과 협업하는 능력까지 갖췄다. 인공지능 기술을 기반으로 사물을 인식하고 사람과 함께 작업을 수행하는 것이 가능해진 것이다. 특히 코봇cobot이라 불리는 협동 로봇collaborative robot은 정밀도가 요구되는 복잡한 용접 작업을 안정적으로 수행하도록 설계돼, 뛰어난 반복 정확도를 바탕으로 고른 품질을 유지하는 데 큰 강점을 보인다. 또한 부품을 나르는 자율 이동 로봇Autonomous Mobile Robots, AMR은 레이저 스캐너와 물체 인식 알고리즘을 통해 창고나 생산 현장을 스스로 탐색하며 움직인다. 장애물이 있을 경우 경로를 스스로 수정할 수 있어, 생산 흐름이 중단돼서는 안 되는 저재고 생산 시스템에서 안정적인 공정 운영에 중요한 역할을 한다.

이러한 새로운 장비들은 자동차 로봇 산업의 성장을 뒷받침하고 있다. 시장조사기관인 모도르 인텔리전스는 전 세계 자동차 로봇 시장이 2028년까지 연평균 11%의 성장률을 기록할 것으로 전망하고 있다. 모든 제조업체들이 로봇 장비를 교체하거나 확대하고 있으며, 그중에서도 중국이 이 분야의 '기관차' 역할을 하고 있다. 2021년, 전 세계에서 새롭게 설치된 산업용 로봇의 절반이 중국 내 전기차 기업들에 의해 도입된 것으로 추정된다. 이러한 속도라면 중국은 로봇 활용이 활발한 국가들과의 격차를 빠르게 좁힐 것으로 보인다. 한편, 국제로봇연맹IFR의 보고서에 따르면 현재 자동차 산업에서 가장 많은 로봇을 활용하는 국가는 한국이다. 근로자 1만 명당 2,867대의 로봇이 투입되고 있으며, 이는 독일(1,500대)이나 미국(1,457대)을 크게 웃도는 수준이다.

현재 전 세계 자동차 제조 공장에서는 약 100만 대의 로봇이 가동 중이다. 이는 모든 산업 분야를 통틀어 전체 산업용 로봇의 3분의 1에 해당하는 규모다. 이러한 수치는 자동차 산업이 세계 경제에서 차지하는 비중과 중요성을 단적으로 보여주는 지표라 할 수 있다.

안타까운 것은 로봇 산업의 주도권이 점점 더 유럽의 손에서 멀어지고 있는 상황이다. 스위스와 스웨덴의 합작으로 세계적인 선두주자가 된 ABB를 예외로 하면, 로봇 분야의 주요 강자 대부분은 아시아 기업들이다. 독일의 유망 기업이었던 쿠카KUKA는 이제 중국 가전 기업에 인수됐고 화낙Fanuc, 야스카와Yaskawa, 나치 후지코시Nachi-Fujikoshi 등은 모두 일본 기업이다. 국제로봇연맹에 따르면, 이러한 치열한 경쟁 속에서 스타트업의 수는 과거에 비해 줄어든 것으로 나타난다. 역동적인 내수 시장과 적극적인 산업 정책의 지원을 받는 일부 한국 기업들만이 돌파구를 모색하고 있다. 하지만 이 상황이 유럽의 자동차 제조사들에게 치명적인 장애물은 아니다. '메이드 인 유럽'이 아닌 로봇을 사용하더라도 여전히 훌륭한 자동차를 만들어낼 수 있기 때문이다.

로터리

프랑스가 선택한 원형의 질서

영국인이 로터리의 발명자라는 소문이 있다. 이는 억측이다! 물론 영국인들이 교차로에 이미 진입해 있는 차량에 우선권을 부여하는 방식으로 '라운드어바웃roundabout'이라는 개념을 정교하게 다듬은 것은 사실이다. 하지만 로터리를 발명한 주역은 프랑스인들이다. 겉보기에 단순해 보이지만 이동 방식을 송두리째 바꾼 이 놀라운 구조물로 인해 전 세계가 프랑스에게 빚지고 있는 셈이다. 프랑스는 이를 국가적 명물로, 심지어 열정적인 집착의 대상으로까지 발전시켰다.

로터리의 기원은 프랑수아 1세 시대로 거슬러 올라간다. 그는 사냥의 장관을 더욱 극적으로 연출하고 탁 트인 시야를 확보하기 위해, 샹보르 성 주변 숲속의 모든 길이 하나의 광장으로 모이도록 설계했다. 이렇게 시작된 흐름은 하나의 양식으로 자리 잡게 된다. 이후 수세기 동안 귀족들은 프랑스식 정원과 사냥터가 펼쳐진 숲 곳곳에 이러한 웅장한 규모의 로터리를 만들어 배치했다. 그 중심에는 종종 국왕의 동상이나 그의 위업을 기리는 기념물이 세워졌다. 마치 권력의 중앙집중을 시각적으로 구현한 무대 장치와도 같았다.

로터리의 두 번째 탄생은 1906년으로 거슬러 올라간다. 건축가이자 도시계획가였던 외젠 에나르Eugène Hénard는 오늘날 샤를 드골 광장으로 불리는 에투알 광장의 교통 환경을 개선하기 위한 방안을 제안했다. 개선문을 중심으로 차량이 한 방향으로만 돌게 해 흐름을 원활하게 만들고, 동시에 보행자의 통행 여건도 향상시키자는 구상이었다. 당시로서는 획기적인 발상이었지만, 곧 다른 교차로에도 적용됐다. 그만큼 당시 상황이 시급했기 때문이다. 마차와 증기 기관차가 뒤엉켜 갈등을 빚었고, 교통 체증은 날로 심각해졌으며, 도시는 혼돈에 빠지고 있었다.

그 후 수십 년 동안 프랑스는 로터리 여왕의 자리를 미국에 내줬다. 자동차 교통량이 폭발적으로 증가한 미국에서는 새로운 교통 규칙이 필요했고, 이에 따라 로터리가 활발히 도입됐다. 하지만 이것은 일시적인 현상이었다. 1970년대에 들어서자 프랑스가 다시금 로터리에 눈을 돌리기 시작했고, 그 열기는 매우 뜨거웠다. 정부는 영국식 원형 교차로에서 영감을 받아 일부 지방자치단체, 특히 프랑스 서부 지역에서 좌측 차량에 우선권을 주는 로터리를 시범적으로 도입하도록 허용했다. 이는 진입 차량으로 인한 교차로 정체를 방지하기 위해서였다. 1976년 브르타뉴 지방의 도시 캥페르Quimper에 처음 설치된 이 로터리는 즉각적인 성공을 거뒀고, 수십 개의 유사한 프로젝트가 뒤따랐다. 특히 1983년, 지방 분권법이 시행되면서 로터리 설치는 폭발적으로 증가했다. 이제는 전국 모든 시장이 자신만의 '기념비적 로터리'를 세우려 했는데, 이는 파리에 대한 지방의 자율권을 상징적으로 드러내는 수단이자 역동성과 현대성의 증거로 여겨졌기 때문이다. 동시에, 지방 도시의 확장과 상업 지구, 주택 단지의 무분별한 개발과 맞물려 로터리는 급속히 퍼졌다. 그렇게 프랑스는 단기간에 로터리 분야에서 세계 챔피언 자리에 올랐다.

오늘날 프랑스에는 얼마나 많은 로터리가 있을까? 공식 통계는 없지만 가장 신뢰할 만한 추정치에 따르면 약 6만 개에 달한다. 이는 전 세계 로터리의 절반 이상을 차지하는 수치이며 독일보다도 여섯 배나 많은 수다. 이 기묘한 '로터리 랭킹'의 정상 자리를 두고 경쟁 중인 도시는 툴루즈Toulouse와 낭트Nantes다. 지도 제작에 열정을 가진 야스민 부지드는 오픈스트리트맵 데이터를 분석해 2018년 기준 툴루즈에는 499개, 낭트에는 383개의 로터리가 있음을 밝혀냈다. 하지만 인구 대비 수치로 보면, 진정한 챔피언은 루아르아틀랑티크 주의 생테르블랭Saint-Herblain이다. 이 도시는 인구 1,000명당 3.90개의 로터리를 보유해, 낭트(1.29개)나 '핑크 시티' 툴루즈(1.07개)보다 훨씬 높은 비율을 자랑한다.

로터리에 대한 지나친 애정은 결국 뒷말을 낳기 시작했다. 일각에서는 로터리가 지방 선거 자금의 원천이 된다고 주장했으며, 그 배경에는 거액의 리베이트가 있다는 의혹도 제기됐다. 하지만 실제로 큰 규모의 스캔들이 터진 적은 없으며, 이후 정치 자금 투명성을 강화한 여러 법령이 제정돼 이러한 '뒷거래'는 사실상 불가능해졌다.

문제는 비용이다. 2014년, 라자드Lazard 은행의 글로벌 인수 합병 책임자였던 마티외 피가스Matthieu Pigasse는 자신의 저서 『비정상에 대한 찬미』에서 이 '로터리 열풍'을 강하게 비판했다. 그의 추산에 따르면 프랑스는 매년 60억 유로를 로터리에 쏟아붓고 있으며, 이 중 약 20억 유로가 오로지 조형물을 세우는 데 들어간다. 그는 로터리 한 곳당 건설 비용이 40만~100만 유로, 연간 유지비는 1만~7만 유로에 달한다고 분석하며 이렇게 결론지었다. "프랑스는 이제 로터리의 나라, 제자리걸음의 나라가 되어버렸다." 실제로 조용한 지역에 설치된 일부 로터리는 '정지 표지판'만으로도 교통 흐름을 충분히 통제할 수 있어, 그 효용성에 의문이 제기된다. 또 일부 로터리는 도를 넘은 자치단체장의 과시욕을 드러낸다는 비판도 받는다.

이를 풍자하기 위해 4년 전 시민단체인 '납세자 연합'은 '프랑스 최악의 로터리 경연 대회'를 개최하기도 했다. 수상작 중 하나는 페르피냥에 설치된 거대한 해시계로, 길이 30m, 높이 22m, 건설비는 29만 8,000유로에 달했다. 더 큰 문제는 이 시계를 읽으려면 하늘에서 내려다봐야 했다. 또 다른 사례는 오트가론 주 퀴뇨에 세워진 '하늘 나무'라는 7m 높이의 추상 조형물이다. 이는 구도심과 신도심을 잇는 상징적 연결을 표현하려 했지만 그 의미가 제대로 전달됐는지는 의문이다. 비용은 6만 8,600유로였다. 이쯤에서 멈추자. 이런 사례는 차고 넘치니까.

그렇다면 이제 굴착기를 동원해 이 '세금 낭비의 상징'들을 모조리 철거해야 할까? 그렇게 단순한 문제는 아니다. 우선, 이 로터리들에 대한 공정한 평가가 필요하다. 사실 이 로터리들은 충동적이고 성급한 프랑스 운전자들을 어느 정도 길들이는 데 성공했다. 교차로에 진입하기 전 속도를 줄이게 만들었고, 기본적인 양보의 개념을 심어줬다. 작가 장미셸 에스피탈리에Jean-Michel Espitallier는 이렇게 묘사한다. "로터리는 부드러운 형태 속에 수많은 제약을 감춘다. 그 권위는 폭력 없이 전달된다. 로터리는 이용자들이 스스로 내면화한 일련의 규칙에 따라 조율되는, 일종의 직접 민주주의 형태이다. 이용자들은 마치 자신의 자유 의지로 행동하는 듯한 미묘한 착각 속에서 규율을 따른다." 실제로 많은 도로 안전 보고서들이 이를 뒷받침한다. 잘 설계된 로터리를 설치하면 교통사고, 특히 인명 사고의 수가 감소한다는 것이다. 게다가 로터리는 에너지 절약에도 기여한다. 신호등이 필요 없고, 차량이 멈췄다가 다시 출발

하는 과정에서 낭비되는 연료도 줄일 수 있기 때문이다.

　로터리의 유용성을 역설적으로 가장 잘 체감할 수 있는 방법은 에투알 광장(개선문 광장)을 직접 경험하는 것이다. 이곳에서는 여전히 고전적인 우측 우선, 즉 진입 차량이 우선권을 가진다. 이곳에 들어설 때마다 자동차 경기장에 돌입하거나 복싱 링에 오르는 듯한 기분이 든다. 외국인에게 이곳은 일종의 통과의례다. 파리에 사는 친구들이 이렇게 충고했다. "저녁 7시에 개선문 주위를 직접 운전해보기 전까진 프랑스인의 심리를 다 이해했다고 말하지 마." 나는 용기를 내어 '프랑스식 광란' 속으로 뛰어들었다. 그건 일종의 로데오 경기 혹은 영화 〈이유 없는 반항〉(1955)의 리메이크 같았다. 누가 마지막 순간에 양보하고 방향을 틀 것인가? 도로는 그야말로 정글이었다. 하지만 놀랍게도, 몇 차례 진땀을 흘렸을 뿐

로터리　107

나는 무사히 그 혼돈을 빠져나왔고, 마침내 '진정한 파리지앵'이 됐다.

결국 로터리는 사회의 '야만화'를 막는 하나의 장치라고도 볼 수 있다. 이런 점에서 로터리는 미국이나 중국의 '인터체인지(고속도로식 입체 교차로)'와는 정반대의 철학을 지닌다. 인터체인지는 단 한 번의 실수로 잘못 진입하면 수십 킬로미터를 돌아야 하는 거대하고 공격적인 공간이다. 콘크리트와 철골로 이뤄진 비인간적이고 수직적인 구조물이다.

그에 비하면 프랑스의 로터리는 마치 시골 마을의 광장처럼 보일 정도다. 실제로 많은 로터리들이 그런 역할을 한다. 꽃이 만발한 화단과 장식물들은 그 지역의 이야기를 들려주고, 지역의 정체성과 전통을 자랑하는 공간이다. 예를 들어, 외르 주의 뤼글 입구에 있는 로터리에는 도시의 역사적 산업인 못 제조업을 상징하는 거대한 못 조형물이 서 있다. 부슈뒤론 주의 플랑도르공에서는 커다란 쟁기 뒤에 선 농부 조각상이 오래된 농경 문화를 상기시킨다. 이런 로터리들은 일종의 시적 표현처럼 다가온다. 길을 지나가는 운전자에게 한 장의 엽서처럼 지역을 요약해 보여주기 때문이다. 하늘에서 내려다보면 그 아름다움은 더욱 두드러진다. 특히 투르 드 프랑스Tour de France의 자전거 행렬이 뱀처럼 유려하게 로터리를 감아 도는 모습은 숨 막히게 아름답다.

로터리는 세월이 흐르며 서서히 그리고 거의 눈치채지 못할 만큼 슬며시 프랑스의 문화유산 속으로 스며들었다. 하지만 여전히 그 이름에 얽힌 수수께끼는 풀리지 않았다. 프랑스어로는 왜 'rond-point'일까? 왜 형용사가 명사의 앞에 와서, 말 그대로 풀면 '로터리-원형'이라는 이상한 조합을 갖게 된 걸까? '불-빨간rouge-feu'이나 '보도-횡단clouté-passage'이라고 하지는 않지 않은가? 영어라고 해서 사정이 나은 것도 아니다. 'roundabout'은 직역하면 '~에 관하여 둥근'이라는 뜻인데, 대체 무엇에 관해 둥글다는 것인가? 어쩌면 교량도로국 기술자들은 우리가 생각했던 것만큼 합리적이거나 논리적이지 않은 걸까?

롤스로이스

절대적 럭셔리 이면에 숨겨진 눈물과 영광

롤스로이스Rolls-Royce라는 네 바퀴 달린 신화는 겉으로 드러나는 것 이상을 감추고 있다. 차에 올라타는 순간, 오직 호화로움, 평온함 그리고 관능적인 여유로 가득하다는 걸 느낄 수 있다. 최고급 가죽과 광택 나는 목재, 풍성한 카펫 그리고 웅장하게 울려 퍼지는 V형 엔진이 지배하는 하나의 세계나 다름없다. 오트 쿠튀르, 주얼리, 가죽 제품 등 어느 분야를 막론하고 롤스로이스만큼 '절대적 럭셔리'와 동일시되는 브랜드는 드물다. 그것도 100년이 넘는 세월 동안 한결같이 말이다. 하지만 이 찬란한 세계의 이면에는 숱한 비극과 고통 그리고 극적인 반전의 역사가 숨어 있다.

찰스 롤스Charles Rolls는 1877년 런던에서 태어났고, 헨리 로이스 Henry Royce는 1863년 버밍엄 인근의 작은 마을에서 태어났다. 두 사람은 원래 서로 마주칠 일조차 없는 인연이었다.

찰스 롤스는 부유한 귀족 가문에서 태어난 인물로 이튼 스쿨과 케임브리지 대학을 졸업한 정통 엘리트였다. 하지만 차남이었기에 큰 유산을 기대하긴 어려웠고, 오늘날로 치면 '스페어spare', 훗날의 해리 왕자와 비슷한 입장이었다. 하지만 해리 왕자와 달리 그는 대단한 노력가였다. 자동차와 비행기를 사랑했고, 기계에 남다른 관심을 보였으며, 턱시도와 작업복을 자유자재로 넘나들 줄 아는 사람이었다. 찰스 롤스는 직접 자동차 경주에 나섰고, 고급 차 대리점을 열기 위해 빚까지 감수했다. 그의 쇼윈도에는 외국산 고급 차들이 주를 이뤘지만, 당시 영국 자동차 산업은 이제 막 첫발을 뗀 수준이었다. 수입차도 그를 만족시키지 못했다. 승차감은 거칠고, 고장은 잦았으며, 주행감도 기대에 한참 못 미쳤다. 바로 그 무렵, 그의 마음속에 하나의 생각이 조용히 자리 잡기 시작했다. 완벽함과 이상을 추구하려면 결국 직접 자동차를 만들어야 한다고 말이다.

다른 'R', 헨리 로이스의 이야기로 넘어가면 분위기는 사뭇 달라진다. 마치 찰스 디킨스의 소설 한 장면에 들어선 느낌이다. 그는 어린 시절 아버지를 잃은 몰락한 제분업자의 아들이었고, 10살 무렵부터 런던 거리를 떠돌며 허드렛일로 생계를 이었다. 굶주림에 시달리며 하루하루를 버텨내던 시절이었다. 삶의 전환점은 15살 무렵 찾아왔다. 그는 철도 회사에 수습공으로 들어가 기계와 본격적인 인연을 맺는다. 이후 타고난 근면성과 기계에 대한 열정을 바탕으로 각종 기술 교육을 이수했고, 공구 공장과 전력 회사에서 실무 경험을 차근차근 쌓았다. 1886년, 스물세 살이 된 로이스는 자신이 충분한 지식과 경험을 쌓았다고 판단하고 맨체스터에 자신의 회사를 설립한다. 처음에는 전기 기계 장비를 만들었고, 곧이어 크레인과 천장형 운반 장비로 영역을 넓혔다. 완벽을 추구하는 그의 성향은 제품 품질에서도 고스란히 드러났고, 이는 곧 성공으로 이어졌다. 로이스는 빠르게 명성을 얻었고, 적지 않은 부도 일궜다.

1900년, 로이스는 처음으로 자동차를 구매한다. 프랑스산 드코빌Decauville 2기통 모델이었다. 하지만 기대는 곧 실망으로 바뀌었다. 차는 덜덜거리고, 더럽고, 지나치게 시끄러웠다. 1902년, 결국 그는 자기가 꿈꾸던 자동차를 직접 만들기로 결심하고 드코빌을 개조하기 시작했다. 결과는 놀라웠다. 진동은 사라지고, 시동은 부드럽게 걸렸으며, 소음도 현저히 줄었다. 자동차 마니아들은 즉시 반응했고, 이어서 두 대가 더 제작됐다. 그중 한 대는 그의 동료 헨리 에드먼즈Henry Edmunds에게 전달된다.

이야기의 핵심 인물은 헨리 에드먼즈다. 그는 로이스의 재능을 존경했고, 롤스의 인맥을 잘 알고 있었다. 그래서 극과 극의 두 인물을 어떻게든 연결하기 위해 끈질기게 노력했다. 만남은 처음부터 순조롭지 않았다. 귀족 가문 출신의 롤스는 독학으로 성공한 로이스의 가치를 반신반의했고, 맨체스터까지 내려가는 일도 탐탁지 않아 했다. 그는 2기통 엔진을 살짝 깔보며, 4기통이나 6기통 엔진을 더 선호했다. 한편, 거리에서 성장한 로이스는 롤스를 그저 부유한 집안의 도련님쯤으로 여기며 별다른 호감을 느끼지 않았다. 런던으로 가는 일조차 단호히 거부할 정도였다.

하지만 에드먼즈의 끈질긴 노력 끝에 마침내 두 사람의 첫 만남이 성사됐다. 장소는 맨체스터의 미드랜드 호텔. 붉은 벽돌로 지어진 이 고풍스러운 건물은 오늘날에도 우아한 자태를 간직하고 있다. 1904년 5월 4일, 호텔 식당에서 두 명의 'R'이 처음 마주했다. 그리고 그 자리에 즉시 '우정의 번개'가 내리쳤다. 헨리 로이스는 기계에 대한 열정과 기술적 대화를 나눌 수 있는 동반자를 만났고, 롤스는 로이스의 뛰어난 설계 능력과 리마스터링된 드코빌 차량의 탁월한 품질에 깊은 인상을 받았다. 그날 저녁, 롤스는 친구에게 이렇게 말했다. "오늘 나는 세상에서 가장 위대한 엔지니어를 만났어." 이윽고 계약이 체결됐고 롤스로이스가 탄생했다. 자동차의 설계와 제작은 로이스가, 홍보와 판매는 롤스가 맡기로 했다. 롤스는 제품 기획에도 깊이 관여했는데, 그는 상류층의 안목과 기대를 누구보다 잘 알고 있었기 때문이다. 이 완벽한 조합은 곧 놀라운 결실을 맺는다. 1907년 공개된 40/50 HP 실버 고스트40/50 HP Silver Ghost는 대중을 놀라게 했다.

한편 찰스 롤스는 또 다른 열정, 바로 항공에 온몸을 바치고 있었다. 1910년 6월 2일, 그는 영국에서 출발해 프랑스로 도버 해협을 최초로 횡단한 인물로 기록된다. 그마저도 단순한 비행이 아니었다. 그는 프랑스에 착륙하지 않고 곧바로 방향을 틀어 영국으로 돌아오는 과감한 퍼포먼스를 선보였다. 이 위업으로 그는 큰 환호를 받았고, 한 달 뒤 대규모 항공 대회에 참가하게 된다. 하지만 그곳에 비극이 기다리고 있었다. 비행 도중 기체의 꼬리날개가 부러지며 추락했고, 찰스 롤스는 그 자리에서 숨을 거뒀다. 이 비극 이후 헨리 로이스는 홀로 회사를 책임져야 했다.

로이스는 회사 경영과 기술 개발에 몰두하며 점점 더 큰 부담을 짊어졌다. 결국 1911년, 어린 시절 영양실조로 인한 후유증과 과로로 인해 건강이 급격히 악화했다. 이미 소화 기관은 심각하게 손상된 상태였고, 1912년에는 대수술까지 받아야 했다. 의사들은 그의 생존 가능성에 대해 회의적이었고, 길어야 몇 달밖에 남지 않았다고 말할 정도였다. 하지만 로이스는 기적적으로 회복했다. 그리고 의사들의 만류에도 불구하고 다시 일에 몰두하기 시작했다. 거의 강박에 가까운 열정이었다. 제대로 된 식사도, 휴식도 없이 업무에 매달리자, 결국 의료진은 그를 공장에서 떼어놓으며 단호하게 조치했다. 로이스는 마지못해 조용한 시골로 거처를 옮겼다. 여름에는 서식스의 전원에서, 겨울에는 프랑스 남부의 카나델에서 요양하며 살아가는 삶이 시작된 것이다.

놀라울 정도로 유연한 '이동식 조직'이 형성됐다. 로이스가 이동할 때마다 주요 간부들과 설계팀 대부분이 함께 따라다녔고, 그의 건강 상태에 맞춘 까다로운 일정 하에 움직였다. 로이스는 단한 순간도 일을 손에서 놓지 않았으며, 때로는 전제 군주처럼 조직을 이끌기도 했다. 수천 명의 회원이 활동하는 롤스로이스 마니아 클럽Rolls-Royce Enthusiasts' Club, RREC은 이렇게 회고한다. "계절마다 이어진 이동이 가족 생활에 영향을 줬음에도, 동료들은 로이스에게 깊이 매료됐습니다. 그들은 자신들이 비범한 설계자와 함께하고 있다는 사실을 잘 알고 있었습니다."

실제로 로이스는 병상에서도 손을 놓지 않았다. 그는 실버 고스트를 지속적으로 개선했고, 이후 팬텀 I과 팬텀 II를 개발했다. 이 모델들은 호화로움과 안락함의 정점을 보여주며 세계 각국의 왕실과 부호들의 사랑을 받았다.

그의 천재성은 자동차에만 머물지 않았다. 1929년, 로이스는 항공기용 R엔진을 개발했고, 이 엔진을 장착한 비행기는 시속 576km의 세계 신기록을 세웠다. 이 업적을 인정받아 그는 66세에 조지 5세 국왕으로부터 기사 작위를 받는다.

1931년, 건강이 악화한 상황에서도 그는 다시 한 번 과감한 결정을 내린다. 재정난에 빠진 벤틀리Bentley를 인수한 것이다. 자동차 역사가이자 공학자인 폴 바드레Paul Badré는 롤스로이스 마니아 클럽을 통해 당시 상황을 이렇게 분석했다. "실버 고스트의 완성도는 찰스 롤스라는 비전가와 헨리 로이스라는 기술자 간의 탁월한 협업에서 비롯됐다. 롤스를 잃고 난 뒤 로이스는 후속 모델들을 거의 전적으로 기술적 기준에 따라 설계했다. 차들은 훌륭했지만 롤스가 불어넣던 그 기개와 반짝임은 사라졌다. 롤스로이스는 점차 '로이스로이스'가 됐고, 어딘가 한 조각이 빠진 듯한 인상을 주기 시작했다." 그에 따르면 벤틀리 인수는 다시금 롤스로이스에 '세련됨, 스포티함, 독보적인 품격'을 되살리는 화학 작용이 됐고, 그 덕분에 브랜드는 다시 '비범한 차'를 만들 힘을 되찾을 수 있었다. 결과적으로 로이스의 과감한 도전은 롤스로이스의 브랜드 정체성에 새로운 활기를 불어넣으며 성공을 거뒀다.

헨리 로이스는 1933년 4월 22일, 서식스 자택에서 조용히 생을 마감했다. 죽기 불과 몇 시간 전까지만 해도 그는 운전대에서 제어할 수 있는 후방 서스펜션 조절 시스템 고안에 몰두하고 있었다. 그가 매년 겨울을 보내던 프랑스 카나델 저택에는 지금도 한 장의 기념 명판이 남아 있다. "1911년부터 1931년까지 헨리 로이스 경,

기계공이 이 집에 거주함." 범상치 않은 인물의 유산은 오늘날까지도 이어져 롤스로이스는 BMW, 벤틀리는 폭스바겐에 인수된 이후에도 여전히 명성을 유지하고 있다.

최초의 실버 이후로 팬텀Phantom, 실버 클라우드Silver Cloud, 실버 섀도Silver Shadow, 코니시Corniche, 실버 스피릿Silver Spirit, 스퍼Spur, 그리고 스펙터Spectre에 이르기까지, 이 전설적인 모델들은 시대의 흐름 속에서도 흔들림 없이 고유한 실루엣과 고급 살롱을 연상시키는 인테리어, 기술의 정수를 보여주며 레드카펫 위를 걸어왔다. 롤스로이스의 길게 뻗은 보닛 끝에는 여전히 변함없는 우아함을 간직한 '환희의 여신Spirit of Ecstasy'상이 서 있다. 1911년, 당대 자동차 그릴을 장식하던 조잡한 장식물들에 대한 반발로 조각가 찰스 사이크스Charles Sykes에게 의뢰된 이 조각상은 지금도 롤스로이스라는 성전을 지키는 수호자처럼 자리하고 있다.

어떤 이들은 이 여신상이 웃는 걸 봤다고 농담하곤 한다. 넷플릭스 다큐멘터리에서 데이비드와 빅토리아 베컴 부부가 롤스로이스에 대한 '영국식 유머' 가득한 오마주를 바칠 때가 바로 그랬다. 데이비드는 빅토리아에게 계속 추궁한다. 부모님이 부유했다는 사실을 굳이 인정하려 하지 않는 그녀에게 그는 묻는다. "솔직히 말해봐. 아버지가 무슨 차로 학교에 데려다줬어?"

루이 르노

기술, 전쟁, 경영… 한 세기를 달린 고독한 거인

루이 르노Louis Renault를 아는 사람들은 하나같이, 말수가 적고 조용하며 고독을 즐기던 인물이었다고 회상한다. 그런 점에서 보면, 훗날 르노를 이끈 나와는 사뭇 다른 인물인 듯하다. 하지만 우리 사이에는 분명한 공통점이 하나 있다. 그 역시 나처럼 자동차에 미쳐 있던 사람이다. 그리고 그가 시작한 역사를 내가 이어가고 있다는 사실은 이루 말할 수 없는 자부심을 느끼게 한다. 루이 르노는 유럽 자동차 산업의 초석을 놓은 인물 중 한 사람이다. 동시대 사람으로 칼 벤츠, 조반니 아녤리, 헨리 포드, 페르디낭 포르쉐, 앙드레 시트로엥 같은 전설적인 이름들이 있다. 이들의 이름은 지금까지도 여전히 깊은 울림을 전하고 있다.

1899년 2월, 루이 르노는 형제인 마르셀과 페르낭의 지원을 받으며 대담한 모험에 가장 먼저 몸을 던진 인물 중 하나였다. 세 사람이 첫 번째 공장에서 찍은 한 장의 흑백 사진은 지금 봐도 가슴이 뭉클하다. 그들은 카메라를 똑바로 바라보지도 않은 채 웃음기 하나 없이 굳은 표정으로 서 있다. 잘 다듬은 콧수염과 수염, 프록코트와 중절모를 갖춘 르노 형제는 시대를 초월한 멋을 지니고 있었다.

세 형제 중 루이는 엔지니어로서 직접 자동차를 설계하고 발명한 주역이다. 1898년 크리스마스 이브, 그는 자신이 처음 만든 자동차를 직접 몰고 몽마르트르의 가파른 르피크 거리를 올라가 사람들을 깜짝 놀라게 했다. 막 군 복무를 마친 그는 군 시절의 동료 한 명과 함께 자동차를 손수 조립했다. 그리고 그날 밤, 친구들과 카바레에서 저녁을 보내는 사이 무려 12대의 차량 주문을 받아냈다. 게다가 모든 구매자가 계약금까지 지불했다. 생산이 필요해지자, 루이는 두 형제와 함께 르노 프레르Renault frères(르노 형제)라는 이름으로 회사를 설립한다. 본사는 비양쿠르에 자리를 잡았고, 이후 단 한 번도 그곳을 떠난 적이 없다.

사업의 시작은 처음부터 남달랐다. 1900년, 르노는 이미 100명의 직원을 고용해 179대의 자동차를 생산했다. 르노 삼 형제는 기술뿐 아니라 사업 감각도 뛰어났다. 한편으로는 파리-툴루즈-파리 경주 같은 자동차 경주에서 승리를 거두며 차량의 신뢰성을 입증했고, 다른 한편으로는 전 세계에 판매망을 구축하기 시작했다. 1903년, 르노는 비양쿠르 공장에서 연간 1,000대를 조립하며 세계 최대 자동차 제조사로 자리매김한다. 하지만 그해, 파리-마드리드 경주 도중 마르셀이 사고로 세상을 떠났다. 루이는 페르낭의 도움으로 회사를 이어갔고, 페르낭은 본래 가업이던 단추 사업을 정리하고 자동차 산업에 전념했다. 두 형제는 파리에 택시 1,500대를 공급하고 르노 최초의 버스를 출시했다. 1907년에는 항공기 엔진 개발에도 뛰어든다. 그들은 엔진의 동력으로 움직일 수 있는 것이라면 무엇이든 관심을 가졌다.

하지만 1908년, 페르낭마저 병에 걸려 세상을 떠나면서 루이는 홀로 회사를 이끌게 된다. 그는 지칠 줄 모르는 일벌레였다. 주 7일 내내 일했고, 노르망디 에르크빌 자택 안에도 작업장을 마련해 친구들에게 자랑하곤 했다. 성악가였던 그의 아내 잔 아토Jeanne Hatto는 그에게 잠시나마 숨 돌릴 시간을 주기 위해, 가브리엘 포레와 모리스 라벨 등 유명 작곡가들을 저녁 식사에 초대하기도 했다. 음악은 그를 일에서 떼어놓을 수 있는 유일한 주제였다. 하지만 그런 삶의 리듬은 결국 부부 사이에 틈을 만들어냈다. 제1차 세계 대전 직전, 루이와 잔은 관계를 원만히 정리하고 이혼했다.

기업의 성장 면에서는 모든 일이 순조로웠다. 1911년, 루이 르노는 자사 차량이 이미 판매되고 있던 미국을 직접 방문한다. 그의 명성은 이미 대서양을 넘어 널리 알려져 있었다. 필라델피아에서는 수평적 분업 이론을 막 완성한 엔지니어 프레더릭 윈슬로 테일러Frederick Winslow Taylor와 만났고, 디트로이트에서는 헨리 포드와 인연을 맺는다. 두 사람은 금세 뜻이 통했다. 장황한 말보다는 현장 중심의 실행을 중시한다는 철학이 닮아 있었다. 전쟁 이후에도 두 사람은 교류를 이어갔고, 그 만남은 루이에게 큰 자극이 됐다.

프랑스로 돌아온 그는 미국에서 보고 배운 것들을 지체 없이 르노 공장에 적용했다. 테일러식 분업 시스템을 도입해 생산성을 획기적으로 끌어올렸다. 하지만 이런 변화는 노동자들의 반발을 불러왔고, 진압 과정에서 그는 '냉혹한 경영자'라는 평판을 피할 수 없었다. 그럼에도 불구하고 전쟁이 발발할 무렵 루이는 이미 프랑스 최대의 자동차 제조업자가 돼 있었다. 전선 참전은 면제됐지만

그는 회사를 전시 체제로 전환해 전쟁에 기여했다. 포탄을 생산하고, 총기 제조업체에 부품을 공급했으며, 군용보다 가볍고 기동성 높은 전차를 단기간에 설계했다. 또한, 루이 브레게Louis Breguet가 개발한 항공기에 300마력 엔진을 탑재해 독일보다 빠른 전투기를 만들기도 했다.

전쟁이 끝난 뒤 루이 르노는 공증인의 딸 크리스티안 부예르 Christiane Boullaire와 재혼하고, 1920년에는 아들 장루이Jean-Louis를 얻는다. 마침내 후계자를 얻은 것일까? 루이는 일찌감치 결심했다. 아들이 자라면 기술을 가르치고 직접 공장에 보내 실습을 시킬 계획이었다. 자신이 걸어온 길이 가장 좋은 배움의 길이라고 굳게 믿고 있었기 때문이다.

르노는 꾸준히 성장했다. 국가 산업에 기여하고자 했던 회사는 자동차 생산에 그치지 않고, 트랙터와 철도 차량, 항공기 엔진 등으로 사업을 다각화했다. 1933년에는 재정난에 빠진 코드롱Caudron 항공사를 인수하며 항공 산업에도 본격적으로 진출한다.

양차 세계 대전 사이에는 특히 앙드레 시트로엥André Citroën과 치열하게 경쟁했다. 두 사람만큼 극명하게 다른 인물을 찾기도 어려울 것이다. 루이 르노는 내성적이며 기술 개발에 몰두한 엔지니어였고, 시트로엥은 외향적이고 마케팅과 이미지 전략에 집착한 인물이었다. 둘은 서로를 의식하며 경쟁하면서도 묘하게 보완적인 존재였다. 당시 프랑스 자동차 산업의 심장은 파리 외곽에 모여 있었던 만큼 비양쿠르에서 시트로엥 공장이 있는 파리 15구 자벨 강변까지의 물리적 거리도 가까웠다. 하지만 루이 르노에게는 경쟁자보다 탁월한 강점이 하나 있었으니, 바로 경영과 관리 능력이었다. 1930년대 대공황이 닥치자 그는 신속하게 구조 조정을 단행하고 고정 지출을 줄이며 위기에 대응했다. 반면 보다 낙관적이었던 앙드레 시트로엥은 1934년 끝내 파산에 이른다.

하지만 르노의 앞길도 순탄치는 않았다. 1936년 인민전선 정부가 집권하면서 르노는 거센 노동 갈등에 직면한다. 평소 루이 르노는 국정 핵심 인사들과의 긴밀한 관계를 통해 조정력을 발휘했는데, 이 새로운 정권 아래에서는 무용지물이었다. 그는 회사를 지키기 위해 고군분투했다. 설상가상으로 히틀러는 노골적으로 전쟁 준비에 돌입했고, 곧 전쟁은 현실이 된다. 당시 프랑스를 점령한 독일군은 르노의 비양쿠르 공장에서 군용 트럭을 생산하도록 강요했고, 경영 일선에 남은 루이 르노는 이에 저항하지 않았다. 그의 최우선 관심사는 무엇보다 회사의 존속이었다. 하지만 상황은 절대 간단하지 않았다. 1942년 3월, 연합군의 폭격으로 공장의 일부가 파괴됐다. 루이 르노는 사무실에 틀어박힌 채 신경질적이고 지쳐 갔으며 점점 현실 판단력조차 흐려지고 있었다. 건강도 눈에 띄게 악화했다.

그가 달리 행동할 수 있었을까? 혹은 달리했어야만 했을까? 그건 내가 판단할 일이 아니다. 파리가 해방되고 몇 주 뒤 루이 르노는 자진해서 경찰에 출두한다. 1944년 9월 27일, 그는 적과의 협력 혐의로 기소돼 프렌 교도소에 수감된다. 이미 중병에 걸려 있던 그는 가족도 없이 1944년 10월 24일, 병원에서 쓸쓸히 생을 마감했다. 그의 마지막은 외롭고 쓸쓸했지만, 그가 남긴 산업 유산은 오늘날까지도 우리 곁에 살아 있다. 그리고 앞으로도 오랫동안 이어질 것이다.

르노

프랑스 역사와 함께 걸어온 르노의 시간

르노Renault는 곧 프랑스다. 르노를 보면, 한때 쓰러져 먼지를 뒤집 어쓰고도 다시 말에 올라 전장으로 나서는 영화 속 인물처럼 느껴진다. 1898년에 창립된 이 기업은 지난 125년 동안 자동차 산업의 주연 자리를 놓치지 않았다. 수많은 고비를 겪었지만, 그때마다 스스로의 힘으로 회복하고 탁월한 아이디어를 찾아냈다. 천재성과 침체, 현대성과 오래된 관성까지 모두 품고 있다.

르노는 자동차 역사에 길이 남을 혁신적인 모델들을 여럿 세상에 내놓았다. 내가 이곳의 수장으로 부임한 건 2020년 7월이었다. 당시 장도미니크 세나르Jean-Dominique Senard 회장이 이미 회복의 기반을 단단히 닦은 터였다. 하지만 임직원들은 2005년부터 2019년까지 막강한 권한을 행사하던 카를로스 곤Carlos Ghosn의 돌연한 퇴진에 여전히 충격을 받은 상태였다. 그와 함께 닛산과의 동맹 전략도 사실상 멈춘 상태였다. 지금은 많은 것이 달라졌다. 르노는 다시 움직이기 시작했다. 그리고 나는 확신한다. 르노는 다시 한 번 과거의 영광을 이어갈 준비를 마쳤다. 그런 점에서, 지금 우리가 마주한 전기 에너지로의 전환은 르노에게 있어 결정적인 기회다.

잠시 시간을 되돌려보자. 르노의 역사는 20세기의 역사와 하나로 얽혀 있다. 1898년 페르낭, 마르셀, 루이 르노, 삼형제가 회사를 창립한 이후 르노는 두 차례의 세계 대전, 1929년 대공황, 세 번의 석유 파동까지 숱한 위기를 견뎌냈다. 르노는 처음부터 파리 인근 불로뉴비앙쿠르에 자리를 잡았고, 이후로도 그곳을 떠나지 않았다. 르노 형제가 세상에 내놓은 첫 번째 차는 삼륜차에서 파생된 소형차로, 루이 르노가 고안한 직결 변속기를 탑재하고 있었다. 기술 개발을 이끌었던 루이는 이후에도 여러 차례 획기적인 혁신을 이끌었다.

자동차 산업이 태동하던 시기에 르노는 그 성장의 중심에 있었다. 르노 형제는 판매를 늘리기 위해 끊임없이 아이디어를 냈고, 일찌감치 자동차 경주에 뛰어들어 대중의 이목을 끌었다. 그리고 제1차 세계 대전이 발발하자, 루이는 회사를 군수 산업으로 전환한다. 탄약, 항공기 엔진, 전차까지 제작했고, 그중에서도 르노 FT 전차는 역사에 남을 성과였다. 전시 수요가 폭증하자 르노는 이를 감당하기 위해 컨베이어 생산 방식을 도입했고, 몇 년 만에 프랑스 최대의 민간기업으로 성장했다.

양차 세계 대전 사이 르노는 프랑스의 또 다른 자동차 제조사 시트로엥과 치열한 경쟁을 벌였다. 이 경쟁은 두 회사의 성장을 자극하며 산업 전반에 활력을 불어넣었다. 르노는 소형차부터 트럭까지 다양한 라인업을 갖추며, 특히 6기통 및 8기통 엔진을 장착한 르노 그랑 뤽스Renault Grand Luxe 모델을 통해 고급 차 시장에서도 강한 인상을 남겼다.

1920~1930년대는 르노가 미래를 위한 토대를 다진 시기이기도 했다. 1920년, 전국 규모의 딜러 네트워크가 정비됐고, 1925년에는

상징적인 마름모꼴 엠블럼 '로장주$_{losange}$'가 브랜드의 얼굴이 됐다. 1929년에는 세갱 섬에 최신식 공장이 들어섰다. 이 공장은 자체 발전소, 전용 부두, 주행 시험로까지 갖춘 혁신의 공간이었다. 문제는 공장 문을 연 시점이었다. 전 세계를 강타한 1929년 대공황이 덮쳤고 그 여파는 수년간 이어졌다. 르노의 생산량은 급격히 추락했다. 사회 분위기 역시 급변했다. 인민전선 정부가 집권하면서 프랑스 전역으로 사회운동이 확산했고, 르노의 비양쿠르 공장은 그 중심지가 됐다. 여기서 첫 파업이 시작됐고, 공장은 이후로도 노동조합 운동의 상징적인 거점으로 남는다.

그 뒤를 이은 건 제2차 세계 대전이었다. 르노에게 또 한 번의 어두운 시기가 찾아온 것이다. 르노는 이번에도 전시 체제에 맞춰 생산을 조정했지만, 독일 점령이라는 현실은 상황을 근본적으로 바꿨다. 나치 정권을 위해 트럭을 생산해야 했고, 전쟁이 끝난 뒤인 1945년에 르노는 프랑스 레지스탕스 전국평의회$_{CNR}$의 명령에 따라 국유화된다. 그로부터 르노는 르노 국영자동차회사$_{Régie\ nationale\ des\ usines\ Renault}$라는 새 이름으로 다시 출범했고, 곧바로 창의력과 저력이 건재함을 입증했다.

1947년, 4CV 모델의 등장은 프랑스 대중에게 꿈만 같았던 자동차를 실제로 손에 넣을 수 있는 현실로 만들어줬다. '네 발 달린 차'라는 애칭으로 불리던 이 차는 같은 시기 독일에서 출시된 폭스바겐 비틀과 어깨를 나란히 하며 1955년까지 프랑스에서 가장 많이 팔렸다. 르노는 이 모델을 여러 모터스포츠 대회에 출전

시켜 눈부신 성적을 거뒀다. 르망 24시에서는 특수 개조된 버전이 해당 카테고리에서 우승을 차지했다. 4CV의 뒤를 이어 1956년 3월에는 도핀Dauphine이 출시된다. 이 모델 역시 1967년까지 200만 대 이상 생산되며 대성공을 거뒀다. 프랑스는 본격적으로 '영광의 30년' 시대로 접어들었고 르노는 이 전성기를 거침없이 누렸다. 히트작들도 연이어 터졌다. 1961년의 르노 4, 1962년의 르노 8 그리고 1965년의 르노 16까지 이 모든 모델은 프랑스 가정의 마음을 단단히 사로잡았다.

하지만 곧 두 차례의 중대한 위기가 찾아온다. 첫 번째는 1968년 5월 혁명이었다. 르노 공장은 전국에서 가장 먼저 점거된 파업 현장이 됐고 프랑스 전체가 멈춰 섰다. 사태를 수습하기 위해 드골 정부의 총리였던 조르주 퐁피두는 대규모 사회 협상을 주도했다. 그 결과 5월 27일, 역사적인 그르넬 협약Grenelle Agreements이 체결된다. 이 협약에는 최저 임금 35% 인상이라는 파격적인 조치가 포함됐고, 이는 곧 노동자들의 현장 복귀로 이어졌다. 프랑스 국민의 실질적인 구매력은 상승했지만 기업들은 그만큼 막대한 인건비를 부담해야 했다.

몇 주간의 혼란이 지나자 프랑스 경제와 르노는 다시 움직이기 시작했다. 그리고 1972년, 르노는 새로운 주력 모델, 르노 5를 시장에 선보인다. 르노 4의 뒤를 이어받은 이 소형차는 절묘한 시기에 등장한 차였다. 왜냐하면 아무도 예상하지 못했던 두 번째 위기가 닥쳤기 때문이다. 그 위기란 바로, 자동차 산업 전반에 깊은 충격을 안긴 두 차례의 석유 파동이다. 1973년의 1차 석유 파동과 1979년의 2차 파동은 서구 세계 전체를 경기 침체와 인플레이션이 결합된 위기로 몰아넣었다. 문자 그대로 유가가 폭등했고, 언론에서는 어느 순간부터 에너지 절약이라는 말만 되풀이했다. 이런 시대적 분위기 속에서 르노 5와 같은 소형차는 단숨에 주목을 받았다. 르노 5는 르노의 반등을 상징하는 모델이 됐다.

한편, 국영기업이 된 르노의 재무 상태는 갈수록 악화되고 있었다. 1984년, 회사는 무려 125억 프랑(약 20억 유로)의 적자를 기록했다. 상황을 수습하기 위해 사회당 정부는 알루미늄 기업 페쉬네이Pechiney의 구조 조정을 성공적으로 마무리한 조르주 베스Georges Besse를 르노의 수장으로 임명한다. 하지만 그는 1985년 11월, 자택 앞에서 극좌 테러 조직 악시옹 디렉트Action directe의 총격으로 비극적인 죽음을 맞으면서 개혁을 실행할 시간조차 갖지 못했다. 르노 전체가 충격에 빠졌다. 다음 날 아침, 르노 공사의 총괄 대표였던 파트릭 포르Patrick Faure는 이렇게 말했다. "그의 정책이 성과를 냈다는 사실은 모두가 알고 있었습니다. 르노의 경영진은 그가 제시한 길을 계속 따라갈 것입니다."

곧이어 후임자로 임명된 레몽 레비Raymond Lévy는 그 과업에 본격적으로 착수한다. 정부의 전폭적인 지원 아래 120억 프랑의 자본이 투입됐고, 르노는 마침내 재정 건전성을 회복했다. 제품 측면에서도 르노는 뜻밖의 성공을 거뒀다. 바로 에스파스Espace가 등장했기 때문이다. 원래 이 모델은 라가르데르Lagardère 그룹 산하마트라Matra가 1979년에 패밀리용 미니밴으로 기획했고, 르노가 1984년부터 개발을 이어받으며 시장에 선보였다.

자동차 시장 전반에도 호재가 찾아왔다. 1980년대 들어 본격화된 세계화의 흐름 속에서 시장이 빠르게 확대됐고, 각국 자동차 제조사들은 앞다퉈 제휴 또는 인수 합병을 추진했다. 폭스바겐 그룹은 1986년에 스페인의 세아트Seat를, 1991년에는 체코의 스코다Škoda를 인수하며 몸집을 불렸다. 고급 차와 대형 상용차로 잘 알려진 스웨덴의 볼보Volvo는 자신들의 규모적 한계를 인식하고 르노에 접근했다. 양사는 1990년 첫 제휴를 발표했고, 1993년 9월 마침내 합병을 공식화한다. 하지만 예상치 못한 반전이 벌어졌다. 프랑스 정부가 합병 법인의 주요 주주로 참여한다는 사실에 불안을 느낀 볼보 측 일부 주주들이 강하게 반발한 것이다. 결국 합병 발표 불과 석 달 만에 협상은 파기되고 만다.

그 사이 르노는 공공 자본이 투입된 주식회사 형태로 전환됐고 1992년에는 루이 슈웨체르Louis Schweitzer가 경영을 맡았다. 1996년, 쥐페 정부는 민영화를 단행했고 르노는 보다 자유롭게 새로운 기회를 모색할 수 있는 환경을 갖추게 된다. 그리고 1999년, 르노는 심각한 경영난에 빠져 있던 일본 닛산의 경영권을 인수하고, 루마니아의 다치아도 함께 매입한다. 이 두 건의 인수는 르노를 단숨에 글로벌 자동차 시장 상위권으로 끌어올린 결정적 계기였다. 슈웨체르는 닛산의 재건을 카를로스 곤에게 맡겼다. 곤은 불과 몇 년 전 르노에 합류해 대규모 비용 절감 프로그램을 이끌고 있던 인물이었다. 곤은 닛산을 성공적으로 정상화시킨 뒤 르노·닛산 연합의 전권을 쥔 사실상 유일한 수장이었다. 그의 목표는 분명했다. 르노를 세계 자동차 시장의 절대 강자로 만드는 것. 2013년, 러시아 아브토바즈AvtoVAZ 인수, 2016년에는 미쓰비시Mitsubishi 인수로 그 계획은 더욱 탄력을 받는다. 하지만 2018년 11월 19일, 일본 사법당국에 의해 카를로스 곤이 전격 체포되면서 모든 것이 갑작스레 멈췄다. 르노는 또다시 새로운 위기 국면에 접어들었다. 이번이 정말 마지막 위기일까?

얼마 지나지 않은 2019년, 르노 이사회 의장이자 탁월한 경륜과 품위 그리고 윤리의식을 두루 갖춘 장도미니크 세나르가 내게 르노의 최고경영자 자리를 제안했다. 나는 그를 전적으로 신뢰했고 한 치의 망설임도 없이 수락했다. 사실 내 첫 직장도 르노였다. 밀라노의 보코니 경영대학을 갓 졸업한 나는 르노 마케팅 부서에 발을 들였다. 클리오 2 프로그램을 담당했고, 7년 넘게 그곳에서 일했다. 결과적으로 나는 르노 역사상 내부의 맨 밑바닥에서부터 시작해 최고경영자 자리까지 오른 첫 번째 인물이었다. 많은 이들이 그 자리는 피하는 게 좋겠다고 조언했지만 오히려 그런 반응이 나의 동기를 더욱 강하게 자극했다.

돌이켜보면 그게 늘 내 방식이었다. 사람들이 피하려는 곳, 문제 많은 곳을 나는 늘 정면으로 마주했다. 상황이 어려울 때야말로 진정한 변화를 만들어낼 수 있다. 모든 게 술술 잘 굴러가는 시기라면 굳이 위대한 리더가 필요하겠는가? 나는 토요타, 피아트, 폭스바겐 그룹을 거치며 정말 많은 것을 배웠다. 그리고 르노를 통해 처음으로 한 회사를 이끄는 자리에 선 만큼 그동안 쌓아온 경험을 르노에 적용해보고 싶었다. 르노는 매력적인 회사지만 한편으로는 종종 일관성이 부족했다. 이를테면 전기차 분야에서 누구보다 앞서 있었지만 어느 순간 그 흐름을 놓치고 말았다.

그럼에도 불구하고 내가 르노의 반등 가능성을 굳게 믿는 데에는 두 가지 이유가 있다. 하나는 이 기업이 놀라울 만큼 풍부한 인재 풀을 갖추고 있다는 점, 다른 하나는 따뜻하고 인간적인 조직 문화를 지니고 있다는 점이다. 오랫동안 우리는 '규모가 곧 경쟁력'이라는 믿음에 사로잡혀 있었다. 덩치만 키우면 모든 일이 저절로 풀릴 거라고 여겼다. 하지만 현실은 달랐다. 폭스바겐과 르노가 각각 2012년과 2017년에 '세계 1위'라는 타이틀을 잠시 거머쥐었음에도 심각한 위기를 피하지 못했다. 이 사실 하나만 봐도 그 믿음이 착각임을 보여준다. 그 뒤를 이은 토요타조차 최근 자회사인 다이하쓰Daihatsu의 품질 문제로 거센 파고를 겪고 있다. 이제는 '크다'는 사실만으로는 더 이상 충분치 않다.

그간 자동차 산업에는 크게 두 가지 경영 노선이 있었다. 하나는 독일 기업이나 토요타식 모델로, 기술 혁신과 부품의 글로벌화를 핵심 전략으로 삼는 노선이다. 또 다른 하나는 스텔란티스Stellantis가 추구하는 방식으로, 규모의 경제를 극대화해 단가를 낮추는 전략이다(이는 카를로스 곤이 르노-닛산 얼라이언스를 이끌던 시절에도 채택됐던 모델이다). 하지만 나는 이 두 길 말고도 제3의 길이 있다고 믿는다. 바로 기민함과 혁신을 중심에 둔 전략이다. 이 같은 관점에서 르노와 닛산의 동맹 역시 완전히 새롭게 재편됐다. 르노는 전략과 조직 구조 전반에서 자동차 산업의 새로운 현대성에 부합하는 기업으로 거듭나야 한다. 전기차 전환, 소프트웨어 중심화, 순환 경제 등 급변하는 기술 환경 속에서 완전히 새로운 기술들이 등장하며 산업의 새로운 장이 열리고 있다. 시장 역시 갈수록 불확실해지고 있다. 핵심은 폭풍과 거센 파도를 마주하더라도 민첩하게 움직일 수 있어야 한다는 점이다. 우리의 조직은 유연하고, 새로운 아이디어에 열려 있으며, 과감히 위험을 감수할 준비를 해야 한다. 위기에서 막 벗어난 르노는 잃을 것이 없다. 오히려 회사를 재건하고 미래를 준비하기에 더없이 이상적인 상황이다. 이제 우리의 목표는 단 하나, 고객을 놀라게 하는 것이다.

르노 5

실용적이면서 자유분방하고, 일상용이면서 즐거운

2020년 7월 1일 수요일, 나는 새로운 일을 시작했다. 유럽의 주요 자동차 제조사 중 하나인 르노의 최고경영자로 취임한 것이다. 오랫동안 꿈꿔온 순간이었다. 밀라노의 보코니 대학교를 졸업하고 사회에 첫발을 내디뎠던 바로 그 회사로 다시 돌아오게 된 셈이다. 취임 전 나는 르노에 관한 책을 수십 권 읽었고, 나를 찾아온 수많은 전직 임원들과 대화했다. 수많은 생각이 머리를 스쳤고, 그 과정에서 이 회사의 강점과 약점에 대한 나름의 첫인상도 그렸다. 하지만 솔직히 말해, 그때의 나는 아무것도 모르는 상태나 다름없었다. 내가 보기에 승부의 핵심은 결국 제품이다. 그래서 르노 디자인 부서가 지금 어떤 프로젝트에 몰두하고 있는지가 몹시 궁금했다. 이 기반 위에서야 비로소 본격적인 핵심 과제에 착수하고, 회복 전략을 세울 수 있을 거라 판단했다. 최고경영자로서 내가 내린 첫 번째 결정은 그 프로젝트들을 직접 보여 달라고 요청하는 것이었다.

다음 날 아침, 나는 파리 남서쪽, 비양쿠르 본사에서 차로 30분 거리에 있는 기앙쿠르 테크노센터로 향했다. 이곳은 외부의 접근이 철저히 통제된 르노의 전략 거점으로, 수많은 혁신이 태어나고 실험되며, 미래 모델들이 탄생하는 곳이다. 약 1만 2,000명의 인재들이 모인, 말 그대로 두뇌 집약의 심장부다. 나는 현재 개발 중인 모든 차량을 한 공간에 모아 보여 달라고 요청했다. 그 자리엔 글로벌 시장을 겨냥한 소형차부터 대형 전기 SUV까지 다양한 모델이 있었다.

하지만 솔직히 말하자면, 어딘가 아쉬움이 컸다. 전반적인 라인업을 대대적으로 재정비해야겠다고 생각했다. 그러던 중 르노 5를 연상시키는 모형이 눈에 확 들어왔다. 형광 오렌지색이었기에 눈에 띌 수밖에 없었다. 호기심이 생긴 나는 직원들에게 물었다. "저건 뭔가요?" 그들은 이렇게 답했다. "디자이너가 개인적으로 스타일링을 연습하며 만든 실험작입니다." 그 디자이너는 정말 영리했다. 내가 반드시 보게 될 자리에 그 모형을 슬쩍 배치한 것이다. "전기차는 아니고, 소형차 콘셉트였습니다. 그런데 회사에서는 레트로 디자인에는 관심이 없어서 폐기됐습니다." 나는 그것을 한참 바라보았다. 그리고 모든 것이 선명해졌다. 나는 단숨에 결정을 내렸다. "바로 이겁니다. 이걸 해야 합니다. 이 디자인을 전기차 플랫폼에 적용해봅시다. 단, 반드시 100% 전기차여야 해요. 우리는 르노 5를 다시 만들 겁니다!"

물론 이 결정을 내리면서 나는 피아트 친퀘첸토Cinquecento의 성공적인 재출시 사례를 떠올렸다. 하지만 그것만이 내 영감의 전부는 아니었다. 오히려 훨씬 더 깊고 넓은 맥락이 있었다. 주요 자동차 제조사라면 누구나 자사의 DNA를 가장 선명하게 드러내는 대표 클래식 모델을 하나쯤은 갖고 있다. 르노에게 그것은 르노 4, 르노 5, 트윙고Twingo, 에스파스Espace, 캉구Kangoo 같은 모델들이다. 폭스바겐 골프나 메르세데스 S클래스처럼 세월에 따라 조금씩 변화하면서도 라인업에서 사라지지 않는 모델들이 있는가 하면, 피아트 500이나 미니처럼 오랜 공백 끝에 다시 등장하는 모델들도 있다. 그리고 이런 복귀는 대부분 성공을 거둔다.

르노 5도 첫 출시 당시 브랜드 역사에 깊은 족적을 남긴 모델이었다. 그리고 지금, 르노 5는 다시 한 번 성공할 수 있는 모든 조건을 갖추고 있다. 놀라운 것은, 지금 우리가 처한 상황이 1970년대와 닮아 있다는 점이다. 당시 르노 5는 석유 파동 이후 에너지 절약형 모델로의 전환을 이끌며 르노의 재도약에 결정적인 역할을 했다. 사람들은 석유가 고갈되거나 최소한 극단적으로 비싸질 것을 우려했다. 그리고 약 50년이 지난 지금, 나는 신형 르노 5가 또 한 번 도약의 상징이 되리라 확신한다. 르노를 전기차 시대의 챔피언, 그 소수의 반열로 끌어올릴 상징적인 모델이 될 것이다.

이런 직감은 나를 자연스럽게 과거로 이끈다. 이 상징적인 자동차의 기원으로 되돌아가 그 출발점을 다시 들여다보게 되는 것이다. 더 깊이 이해해야 더 제대로 영감을 받을 수 있기 때문이다.

1972년, 르노 5가 출시된 해에 나는 아프리카에 살고 있었다. 다섯 살이었지만 바퀴 달린 것이라면 뭐든 좋아했고, 이미 그것을 직업으로 삼고 싶었다. 우리 집은 줄곧 피아트만을 고집했다. 엄마가 몰던 차도 르노 5의 경쟁 모델이었던 피아트 127이었다. 하지만 우리는 프랑스어권 사회와 교류가 많았기 때문에 내 프랑스 친구들의 엄마들이 새로 나온 르노를 타고 다니는 모습을 나는 확실히 기억하고 있다. 솔직히 말하자면, 그 당시 나는 너무 어려서 그 일이 얼마나 중요한 사건이었는지는 잘 몰랐다. 몇 년이 흐른 뒤에야 나는 르노 5에 깃든 진정한 천재성을 깨달았다. 3.52m에 불과한 차체에 그렇게 많은 혁신과 대담함을 담아낸 건 정말 놀라운 일이었다. 1970년대 특유의 감성과 팝 아트적 미학을 그대로 품은 이 작은 차는 산뜻한 외형과 강렬한 색감, 오렌지색 스카이 인조가죽 시트, 3도어 차체, 플라스틱 범퍼, 측면 보호 몰딩, 일체형 도어 핸들 같은 파격적인 요소들을 전면에 내세웠다. 당시 어떤 차에서도 보기 힘들었던, 말 그대로 새로운 개념이었다.

'트렌디하다'는 말이 널리 쓰이기 전이었지만 르노 5는 이미 그 개념을 완벽하게 구현하고 있었다. 실용적이면서도 자유분방하고, 일상용이면서도 운전의 즐거움을 주는 차였다. 내게 르노 5는 마치 축소된 르노 16 같았다. 1965년에 등장한 르노 16은 해치도어를 도입한 선구적인 대형 패밀리카로, 폭스바겐 골프보다 훨씬 앞서 세단과 왜건의 중간 형태를 창조해낸 모델이었다. 그 연장선에서 신형 르노 5 역시 초기 모델과 마찬가지로 트렁크 공간의 활용성과 접근성이 큰 장점이었다. 이 차를 소유하고 있다는 사실은 그 사람의 경제력을 보여주진 않았지만 라이프스타일에 대해서는 많은 것을 말해줬다. 차량의 품격이 더 이상 크기와 비례하지 않게 된 건, 말 그대로 코페르니쿠스적 전환이었다.

그런 조합을 상상해낸다는 것만으로도 대담한 일일진대 실제로 그 일을 해냈다. 그 시작은 디자이너 미셸 부에Michel Boué에게서 비롯됐다. 그는 르노 디자인 스튜디오 소속 열 명의 스타일리스트 중 한 명이었지만, 기술연구소장의 말에 따르면 '그간 주목할 만한 성과도, 채택된 아이디어도 없던 조용한 인물'이었다. 화려한 출발과는 거리가 멀었지만 그는 열정적인 사람이었고, 산업디자인의 선구자 레이몽 루위Raymond Loewy의 제자였다. 프랑스계 미국인 루위는 쉘, 코카콜라, 스튜드베이커, 럭키 스트라이크 등 쟁쟁한 고객을 둔 스타 디자이너로 그의 디자인 철학은 "추한 것은 잘 팔리지 않는다"였다. 그는 실용성과 아름다움의 조화를 끊임없이 추구했고, 미셸 부에는 그런 철학에 깊이 영향을 받았다. 1967년 4월 26일, 부에는 극비 프로젝트 122를 위해 두 장의 스케치를 제출했다. 그 안에는 이미 모든 것이 담겨 있었다. 네모반듯한 차체, 해치백 구조, 장난기 가득한 얼굴을 한 전면 그릴, 넓은 유리면까지 그는 이 디자인을 "부드러운 곡선과 여성적 미감을 조화롭게 지닌 작은 물건"이라 표현했다. 대담하면서도 시대를 앞선 통찰이었다. 당시 여성들의 자립이 점차 확대되던 시기였고, 사회 진출이 늘어나면서 세컨드카에 대한 수요도 서서히 나타나고 있었다. 그날 공개된 모형은 거의 즉시 채택됐다. 드문 일이었다. 첫 시도가 바로 정답이었다. 결정을 뒷받침한 핵심 요소 중 하나는 르노라마Renaultrama였다. 1/5 스케일의 모형을 실제 주행 상황처럼 보여줄 수 있는 시뮬레이션 장치로, 배경이 움직이며 실제 도로에서 차가 달리는 것을 연출할 수 있었다. 가상 현실의 원형이었던 셈인 르노라마를 통해 부에의 디자인을 좀 더 깊이 이해할 수 있었다.

함께 모험을 감행한 인물은 당시 르노의 수장이었던 피에르 드레퓌스Pierre Dreyfus였다. 그는 이 새로운 소형차를 처음 본 순간 "재미있고 호감 가는 차"라며, 주저 없이 "좋아요, 진행합시다"라고 말했다. 그의 열정은 곧 르노 본사 전반으로 퍼졌고 프로젝트는 생명력을 얻었다. 르노 5는 사람들을 하나로 모으는 매혹적인 힘이 있었다. 이 경험은 내 오랜 생각을 다시금 확인시켰다. 자동차에도 카리스마가 존재한다는 것. 산업계에서는 보기 드문 특질이다. 사람(혹은 이 경우에는 사물)을 돋보이게 만드는 그 설명할 수 없는 매력, 설득력과 감정적 매혹이 어우러진 힘. 그건 지금 우리 업계에 그 어느 때보다 절실한 주제다.

우리는 스스로에게 물어야 한다.

어떻게 하면 핸들과 바퀴 네 개로 다시금 사람들의 꿈을 자극할 수 있을까?

어떻게 하면 젊은 세대가 자동차와 다시 사랑에 빠지게 만들 수 있을까?

열정과 새로운 환경 규제를 양립시킬 수 있을까?

그런 의미에서 초기 르노 5는 완벽한 영감의 원천이었다. 이 차는 제한된 예산 내에서도 과감하게 기존의 규범을 깼다. 무제한 예산으로 매력적인 차를 만드는 건 어렵지 않다. 하지만 르노 5는 그런 식으로 만들어진 차가 아니었다. 혁신적인 외형과 보수적인 기계 구조, 이 모순된 조합이야말로 진짜 강점이었다. 엔진은 가로가 아닌 세로로 배치됐고, 후면에는 가로형 토션바 서스펜션이 적용됐다. 플랫폼은 르노 4에서 가져왔으며, 측면 유리창도 평면으로 제작돼 가공이 간편했다. 하지만 르노 5는 단순한 파생 모델이 아니었다. 산업적 측면에서도 상당히 진보된 차였다. 당시 자동차업계에 처음 도입된 컴퓨터 지원 설계CAD와 산업용 로봇의 수혜 제품이었다. 이 기술적 도약은 그 자체로도 자동차 산업의 흐름을 바꾸면서도 실질적으로도 큰 도움이 됐다. 플랭 공장에 처음 적용됐을 때는 개발 비용을 효율적으로 절감해 스타일링과 제품 매력에 더욱 집중할 수 있게 해줬다.

결국 승부수는 통했다. 르노 5의 판매는 빠르게 상승 곡선을 그렸고, 1973년에는 10만 대를 돌파하며 시장 점유율 5위에 올랐다. 이듬해에는 프랑스에서 가장 많이 팔린 자동차가 됐고 그 자리를 거의 10년간 지켰다. 푸조 205가 등장하기 전까지 말이다. 르노 5는 1985년 단종될 때까지 총 350만 대가 판매됐다. 이러한 기세는 광고에서도 고스란히 반영됐다. 유머와 일러스트를 활용한 광고였는데, 당시 자동차업계에서는 전례 없는 일이었다. 헤드라이트 자리에 눈이, 번호판 자리에는 입이 그려진, 놀라울 만큼 의인화된 이미지였다. 마지막 광고 문구였던 "잘 있어라, 잔인한 세상이여"마저도 르노 5다운 멋진 퇴장이었다. 실로 어마어마한 기록이었다.

이 놀라운 기록을 달성하기까지 소형차 르노는 작은 암사자처럼 치열하게 싸워야 했다. 그 점이 내가 이 차를 사랑하는 이유이기도 하다. 르노 5는 끊임없이 자신을 되돌아보고, 새로운 버전을 시도하며 수많은 길을 개척했다. 예를 들면, 통풍이 되는 일체형 시트를 갖춘 TS, 출력을 극대화한 알핀 버전, 중앙에 엔진을 배치하고 거대한 펜더를 장착한 터보Turbo, 스페인 시장을 겨냥해 휠베이스를 늘리고 전통형 트렁크를 적용한 세단형 모델, 고급 마감을 입힌 TX, 5도어 버전, 미국 시장을 겨냥한 르카Le Car. 심지어 이미 그때 전기차 버전도 있었다. 프랑스 전력공사 EDF와 협력해 개발한 이 모델은 납축 배터리를 탑재하고 최고 시속 80km로 110km를 주행할 수 있었다.

르노 5는 절대 응석받이처럼 자란 차가 아니었다. 1973년 석유파동이 터지기 1년 전에 태어나 '영광의 30년'이 저물어가는 시기를 온몸으로 겪으며 성장했다. 당시 유럽의 많은 모델이 이 문명 전환에 가까운 격변을 버티지 못하고 사라져갈 때 르노 5는 살아남았다. 살아남은 것에 그치지 않고, 오히려 그 위기를 기회로 바꾸며 기업이 위기를 극복하도록 이끈 주역이었다. 그 기민함을 보여주는 사례가 1976년에 출시된 GTL 버전이다. 연비 개선에 초점을 맞춘 이 모델은 100km당 연료 소비량이 상징적인 기준선인 5L 이하로 떨어진 최초의 자동차였다.

이 자연스러운 계보가 내 확신을 더욱 단단하게 만들었다. 우리는 앞으로 나아갔다. 2020년 7월 2일, 기앙쿠르를 떠나기 전 나는 팀에 형광 오렌지색 모형을 가능한 한 빠르게 실제 차량으로 구현해 달라고 요청했다. 몇 가지 조정은 필요했지만 충분히 가능한 일이었다. 그 여름 동안 나는 스크린을 통해 첫 번째 스케치를 확인했고, 10월에는 이미 완성된 디자인을 눈앞에서 볼 수 있었다. 디자이너들은 빛의 속도로 반응했다. 속도를 늦출 생각은 전혀 없었다.

2021년 1월 14일, 나는 그룹의 새로운 전략 르놀루션Renaulution 프로젝트를 발표했다. 그 순간 내 뒤에는 도장 색상만 살짝 바뀐 신형 르노 5의 실물이 서 있었다. 나는 그것을 그룹의 새로운 전략을 상징하는 모델로 선택했다. 출발을 선언한 지 불과 6개월 만의 일이다. 믿기 어려울지도 모르겠지만, 그 모델은 2024년 양산형과 사실상 동일한 형태였다. 나는 과거 피아트 500의 부활 당시에도 비슷한 경험을 한 적이 있다. 어떤 제품은 정말로 마법 같은 힘을 지닌다. 여러 주 동안 회의할 필요조차 없다. 모두가 해야 할 일을 직감적으로 알고 그대로 실행한다. 거기엔 관성도, 회의도 없다. 그렇게 좋은 기억이 깃든 차를 되살리는 작업에 임할 때 팀은 그 프로젝트에 사랑을 쏟아붓는다. 그리고 고객은 그 사랑을 차를 통해 직관적으로 느끼고 알아차린다.

나는 이 자동차의 탄생 과정을 하루하루 열정적으로 지켜봤다. 이건 아우디 시절 함께 일했던 엔지니어 페르디난트 피에히와 마틴 빈터코른Martin Winterkorn에게서 배운 태도이기도 하지만, 동시에 나의 본성이기도 하다. 나는 신차의 세부 사항 하나하나에 관심을 두는 사람이다. 나는 그야말로 제품광이다. 이번 신형 르노 5도 마찬가지였다. 나는 이 차를 수십 번 살펴봤고 거의 강박적으로 분석했다. 그 피드백 과정에서 작든 크든 많은 변화가 생겼다. 예를 들면, 핸들에 달린 기어 노브의 색상을 사용자가 직접 선택할 수 있도록 한 것도 그중 하나다. 그 디자인은 립스틱 케이스에서 영감을 받은 것으로, 내가 직접 밀어붙인 아이디어였다.

개발 단계에서 가장 인상 깊었던 순간 중 하나는 차량을 처음으로 직접 몰아본 때였다. 2022년 중반, 테스트 트랙에서 신형 르노 5를 운전해볼 수 있었다. 외부에서는 아무도 알아볼 수 없도록 임시 차체로 위장했다. 프로젝트를 담당한 엔지니어 한 명과 함께 운전석에 올랐다. 순수한 기쁨의 순간이었다. 성능도, 주행 감각도 놀라울 만큼 인상적이었다. 나는 조수석에 앉은 엔지니어에게 감탄을 전했고 그의 대답은 유쾌했다. "그래도 사장님 차인데, 실수할 수는 없죠!" 순간 그런 생각이 들었다. 혹시 르노가 예전처럼 사람 냄새나는, 따뜻하고 친근한 회사로 돌아가고 있는 건 아닐까? 그 찬란했던 시절처럼 말이다. 나는 진심으로 그렇게 되기를 바랐다. 그리고 르노 5의 부활은 그 회복의 첫걸음이 될 수 있으리라 믿었다. 우리는 분명 올바른 길을 가고 있었다.

상징적이면서도 시대에 걸맞은 차. 신형 르노 5는 겉보기와는 달리 초기 모델과 전혀 다른 차다. 이 업계에서 모든 것은 플랫폼에서 시작되는데, 신형 르노 5의 플랫폼은 100% 전기 구동을 위해 완전히 새롭게 설계됐다. 몇몇 동료들은 하이브리드 엔진도 탑재할 수 있도록 유연하게 설계하자고 제안했지만, 나는 처음의 원칙을 끝까지 고수했다. 그리고 이 선택은 결과적으로 엄청난 이점을 안겨줬다. 우리는 유럽 최초의 전기차 전용 플랫폼 제조사가 됐고, 경쟁사보다 최소 2년 앞선 우위를 확보할 수 있었다. 배터리 구성 역시 혁신적이다. 경쟁 모델들이 17개의 모듈을 사용하는 데 비해, 르노 5는 단 12개 모듈만으로 무게와 공간 면에서 탁월한 효율을 구현했다.

또한 나는 이 모델을 인터랙티브 기술의 집약체로 만들어야 한다고 강하게 주장했다. 핵심은 이 차를 유용하고 생동감 있는 동반자로 만드는 데 있었다. 이 차가 '유용한' 이유는 최초로 에너지를 가정용 전력망으로 되돌려 보낼 수 있는 기능을 갖췄기 때문이다. 충전하고 남은 잔여 배터리 전력을 집안에서 활용하고, 전기 요금이 저렴한 심야 시간대에 다시 충전할 수 있는 시스템이다. 제조사 입장에서는 비용 부담이 큰 기술이지만 소비자에게는 실질적인 이점이 크다. 자체 조사에 따르면 이를 통해 가정용 전기 요금을 최대 50%까지 절감할 수 있다.

'생동감 있는' 이유는, 스마트폰 속 아바타가 차량의 계기판으로 옮겨와 운전자의 동반자가 되기 때문이다. 인공지능으로 작동하는 이 작은 캐릭터는 위험을 경고하고 주변의 멋진 풍경이나 경로를 추천하기도 한다. 마치 다마고치처럼 살아 움직이며 점점 더 운전자에 맞춰 학습한다. 이 유쾌한 요소는 자동차에 인간적인 면모와 자기 풍자의 여유를 더한다. 오직 '큰 브랜드'만이 시도할 수 있는 품격 있는 실험이다. 분명히 말하자면 르노 5는 '팝' 그 자체다!

르망 24시

끝까지 달릴 수 있다면 기적은 일어난다

Written by 재키 익스Jacky Ickx, 전직 드라이버

어떻게 보면 우리 레이싱 드라이버는 영광을 가로채는 사람들인지도 모른다. 모든 스포트라이트는 늘 우리를 향하기 때문이다. 물론 일이 잘못되면 가장 먼저 비난받는 것도 우리다. 하지만 일이 잘 풀릴 때, 우리 주변 사람들에게 건네는 몇 마디 감사 인사만으로는 이 세계의 현실을 설명하기엔 턱없이 부족하다. 나도 르망Le Mans 24시 레이스에 열두 번 출전해 여섯 번이나 우승을 맛봤지만 늘 한 발짝 물러나 있는 쪽을 택해왔다. 드라이버가 맡은 역할을 어디까지나 빙산의 꼭대기일 뿐이라고 믿기 때문이다. 한 대의 차를 세 명이 나눠 몰지만, 그 뒤에는 수십 명의 정비사와 엔지니어들이 있다. 자신의 모든 지식과 경험 그리고 열정을 아낌없이 쏟아붓는 이들이 없었다면 우승은 절대 불가능했을 것이다.

나처럼 다양한 종목을 두루 경험한 드라이버는 흔치 않다. 나는 드라이버로 활동하는 동안 트라이얼, 엔듀로, 투어링카, F1, 내구 레이스, 랠리 레이드까지 거의 모든 분야를 누비며 달렸고, 코르티나, 포드, 미라주, 페라리, 포르쉐 등 다양한 브랜드의 차를 몰아봤다. 하지만 르망에 처음 발을 디뎠을 때 나는 전혀 다른 차원의 세계에 들어섰다는 걸 단박에 느꼈다. 그곳엔 허세가 끼어들 틈이 없다. 역사의 무게가 그대로 어깨에 내려앉는다. 이제 100주년을 맞

은 르망 24시는 그 자체로 하나의 '기념비'다. 그런 위대한 시간의 흐름 앞에서 보면 인간의 삶이란 참으로 짧다.

이 전설적인 대회에 출전하는 이는 누구나, 단 한 번의 우승을 위해서라면 어떤 위험도 기꺼이 감수할 각오가 있다. 그런 점에서 열두 번의 도전 중 여섯 번이나 승리를 거뒀다는 건, 마치 카지노에 열두 번 들어가 여섯 번이나 잭팟을 터뜨린 것이나 마찬가지다. 물론, 나 이후로 더 놀라운 기록을 세운 인물이 있다. 덴마크 출신의 톰 크리스텐센Tom Kristensen은 무려 아홉 번이나 이 잭팟을 거머쥐었고, 그중 여덟 번은 아우디를 타고 우승했다. 실로 경이로운 업적이다.

가장 기억에 남는 승리가 무엇이냐는 질문을 자주 받는다. 나는 두 경기를 꼽는다. 그중에서도 대중의 기억에 가장 아름답게 남은 건 아마 1969년 대회일 것이다. 왜냐하면 위험 없이 얻은 승리는 영광도 없기 때문이다. 그해 경기는 마지막 한 바퀴까지 승부가 결정되지 않았다. 결승선에서의 격차는 르망 24시 역사상 가장 적었다. 마지막 코너, 마지막 직선 구간까지도 누가 이길지 아무도 알 수 없었다. 참고로, 이 대회는 프랑스 ORTF 방송국에도 하나의 이정표가 되는 사건이었다. 방송 화면이 흑백이었던 그 시절에 처음으로 브레게 아틀란틱Breguet Atlantic 항공기의 후방 도어에 카메라를 장착해 레이스 장면을 하늘에서 촬영하려 시도했다. 이 생생한 항공 영상이 전파를 타고 송출되면서, 르망 24시 중계는 새로운 시대를 맞이하게 된다. 세 시간 내내 긴장감은 극에 달했다. 서킷

을 둘러싼 관중들은 열광했고, 텔레비전 앞 시청자들 역시 마찬가지였다. 하늘에서 촬영한 영상 덕분에 내가 몰던 포드 GT40과 독일인 드라이버 한스 헤르만Hans Herrmann의 포르쉐 908 사이에 벌어진 치열한 접전을 단 1분도 놓치지 않고 지켜볼 수 있었다.

이 승리를 더욱 특별하게 만들어준 이유가 하나 더 있다. 당시의 나로서도 매우 파격적인 방식으로 출발을 감행했기 때문이다. 그 시절 르망 24시의 전통적인 스타트 방식은 지금 생각하면 아찔할 정도로 위험했다. 우선 드라이버들이 트랙 반대편에 서 있다가 출발 신호와 동시에 자기 차로 달려간다. 비스듬히 정렬된 차량에 뛰어올라 안전벨트도 채우지 않은 채 그대로 레이스를 시작했다. 나는 이 방식이 너무 위험하다고 생각했다. 오랫동안 고민한 끝에 결정을 내렸지만, 누구에게도 알리지 않았다. 마침내 그날의 출발 신호가 울리자, 나는 달리지 않고 천천히 걸어서 내 포드 GT40으로 향했다. 마지막으로 출발한 것이다. 사실 그해 우리는 우승 후보도 아니었고, 무엇보다 경기는 내구 레이스였다. 출발 순서는 그렇게 중요하지 않았다. 나에겐 앞으로 24시간이 남아 있었으니까. 물론, 지금 와서 이 선택이 멋지게 들리는 건 우리가 그 경기에서 우승했기 때문일 것이다. 만약 그날 몇 미터 차이로 2등을 했다면 사람들은 틀림없이 괜히 잘난 척하다가 졌다고 손가락질했을 것이다. 하지만 첫 번째 랩이 끝나기도 전에 끔찍한 사고가 벌어지면서, 내 판단이 옳았음을 비극적인 방식으로 증명되고 말았다. 당시 37세의 영국인 사업가 존 울프John Woolfe는 아마추어 드라이버였고, 르망 24시에 출전하기 위해 자비를 들여 포르쉐 917을 구입했다. 하지만 그는 메종-블랑슈Maison-Blanche 코너에서 코스를 이탈하며 사고를 당했고 결국 목숨을 잃었다. 그에게는 안전벨트를 맬 시간조차 없었다. 결국 출발 방식을 바꾸자는 요구는 내 선택 때문이 아니라 이 비극적인 사고를 계기로 비로소 힘을 얻었고 그 변화는 바로 다음 해 대회부터 적용됐다.

1969년의 승부는 결국 마지막 한 바퀴에서 갈렸다. 포르쉐의 뒤를 따라가다 위노디에르Hunaudières의 긴 직선 구간에서 추월해야만 우승할 수 있었다. 문제는 포르쉐가 너무 빨랐다는 점이다. 슬립스트림Slipstream(역주 - 앞 차의 뒤에 붙어 공기의 저항을 덜 받으며 달리는 기술) 없이 정면으로 붙어서는 이길 수 없는 상황이었다. 5km에 달하는 그 직선 구간 끝에서 추월을 마쳐야 했고, 한 번 추월에 성공하면 상대는 다시 따라붙기 힘들다는 걸 나는 알고 있었다. 우리는 세 시간 동안 마치 복싱 링 위의 두 파이터처럼 서로를 경계하며 달렸다. 어느 구간에서 강했고, 또 어디에서 밀렸는지를 양쪽 모두 정확히 파악하고 있었다.

승부의 판도를 바꾼 건, 우리가 24시간이 끝나기 20초 전에 결승선을 통과하는 바람에 추가로 한 바퀴를 더 돌게 됐다는 점이다. 그는 내가 무엇을 시도할지 이미 짐작하고 있었다. 바로 직전 바퀴에서 내가 그 전략을 한 번 썼기 때문이다. 당시 우리는 그 바퀴가 마지막이라 생각했고, 그 시절엔 무선 교신도 없어서 그 누구도 실시간으로 정확한 상황을 전달받을 수 없었다.

결국 전략을 다시 짜야 했다. 어찌 보면 여자 친구에게 썼던 수법과도 비슷했다. 나는 이른바 '연료 떨어진 척하는 작전'을 꺼내 들었다. 나는 위노디에르 직선 구간에 진입하면서 방향 지시등을 켜고 속도를 확 줄였다. 우리 둘 다 연료가 얼마 남지 않았다는 사실을 알고 있었다. 처음 그는 내 속도에 맞춰 천천히 달렸다. 하지만 덫은 제대로 작동했다. 어느 순간 그는 '이제 끝내자'고 판단했는지 추월을 시도했다. 나는 곧바로 그의 뒤를 따라붙었고, 단 한 순간도 놓치지 않았다. 계획대로 위노디에르 직선 구간 끝에서 그를 추월했고 결국 승리를 거머쥐었다. 때로는 목표를 이루기 위해 약간의 '잔꾀'도 필요한 법이다. 나는 정말 기뻤다. 25만 명의 관중이 환호하는 가운데 자동차 지붕 위에 올라섰을 때의 그 감동은

말로 표현하기 어렵다. 하지만 역설적으로, 바로 그 순간 우리는 세상에서 가장 작은 존재처럼 느껴진다.

내가 꼽는 또 하나의 승리는 1977년에 있었던 경기다. 그해 나는 앙리 페스카롤로Henri Pescarolo와 함께 포르쉐 936을 몰고 있었는데, 경기가 시작된 지 불과 세 시간 만에 차량이 고장 나며 멈춰 섰다. 그 순간엔 레이스가 그대로 끝난 줄 알았다. 그런데 다행히도 나는 같은 팀의 다른 차량에 예비 드라이버로 등록돼 있었고, 곧바로 그 차에 투입하라는 연락을 받았다. 문제는, 그 차량 역시 이미 큰 고장을 겪은 터라 순위가 바닥까지 떨어져 있었다는 점이다. 우리가 합류했을 때, 그 차는 41위였고 선두와는 몇 바퀴나 차이가 나는 상황이었다.

어떤 경기에서는 자신을 초월하며 한계를 뛰어넘는 순간이 찾아온다. 더 놀라운 건 그 에너지가 동료들에게도 전해져 모두를 함께 끌어올릴 수 있다는 점이다. 사냥꾼처럼 트랙을 누빌 수 있다는 건 말로 다 설명할 수 없는 황홀한 경험이다. 모든 걸 잃었다고 느끼는 순간 오히려 머신을 끝까지 몰아붙일 수 있고, 그럴 때 우리는 비로소 진짜 자신을 마주하게 된다. 우리는 매 시간 순위를 몇 계단씩 끌어올렸고, 믿기 어려울 만큼 뜨거운 열정이 솟구쳤다. 인생에 그런 경기는 몇 번 찾아오지 않는다. 하지만 한 번 오면, 모든 것이 나를 중심으로 돌아가는 듯한 착각이 들 정도다. 아무것도 두렵지 않았다. 밤새 쉬지 않고 교대를 반복하며 전속력으로 달렸지만 피로라는 감각은 사라졌고, 마음속엔 오직 불타는 투지와 흔들림 없는 의지만이 남았다. 정비팀 역시 자신들의 한계를 뛰어넘는 활약을 펼쳤다. 우리는 점점 순위를 끌어올렸다. 처음엔 승리를 전혀 기대하지 않던 엔지니어들과 감독들조차 점차 가능성을 믿기 시작했다. 선두를 달리던 르노 팀의 차들이 하나둘씩 고장으로 이탈하면서, 어느 순간 우리는 8랩 차이를 모두 따라잡고 마침내 같은 랩으로 들어섰다. 그야말로 상황이 완전히 뒤집힌 것이다. 그날 이후 내게 생긴 좌우명이 있다. '절대 포기하지 마라 Never give up.'

스포츠에서는 언제든 무슨 일이 일어날 수 있다. 그리고 마침내 우리는 아침 무렵 선두로 올라섰다. 하지만 마지막 몇 바퀴는 말 그대로 숨이 멎을 듯한 긴장의 연속이었다. 엔진은 여섯 기통 중 다섯 기통만 작동했고, 우리가 끝까지 버텨낼 수 있을지 아무도 확신할 수 없었다. 회전계가 고장 나 소리에 의존해 운전했다. 때로는 그런 방식이 통할 때도 있다. 이건 실로 놀랍고, 매혹적이며, 믿기 어려운 경험이었다. 아마 수호천사가 도와줬던 게 아닐까! 이 두 승리를 통해 르망 24시라는 위대한 역사에 한 줄을 보탤 수 있었음을 실감하며 깊은 자부심을 느낀다.

수많은 모험과 열정, 인간의 끈질긴 노력과 환희, 재난과 좌절이 켜켜이 쌓여 오늘날의 르망 24시를 만들어냈다. 그것은 더 이상 단순한 레이스가 아니라 하나의 전설이다. 그리고 여전히 모든 제조사와 드라이버들에게 반드시 정복해야 할 궁극의 레이스다. 그 대열에 합류하는 이들은 해마다 늘고 있다. 예를 들어 페라리를 보자. 이들은 100주년을 맞은 2023년에 르망에 복귀했고 모든 예상을 뒤엎고 우승을 거머쥐었다. 마치 마법과도 같은 순간이었다. 이 승리는 F1에서의 오랜 좌절을 단숨에 지워버렸다.

결국 어떤 대회든, 그 성공은 얼마나 많은 사람들이 현장을 직접 찾느냐에 달려 있다는 사실을 잊어서는 안 된다. 그것이야말로 진정한 기준이다. 르망 24시는 오늘날에도 그 매력과 인간적인 면모를 잃지 않고 있으며, 이는 전적으로 현재 조직위원회의 노력이 있었기에 가능했다. 실제로 2023년 대회에는 25만 명의 관중이 현장을 찾았다. 현대 사회는 점점 행사를 비인간적으로 만들어 가고 있다. 보안은 갈수록 강화되고, 사람들은 자유롭게 움직일 수 있는 공간을 점점 더 잃어가고 있다. 하지만 영국의 굿우드 서킷 Goodwood Circuit처럼 르망 24시 역시 전문성과 비즈니스 운영을 갖추면서도 이 세계를 지탱하는 진짜 주역, 즉 관중을 진심으로 존중할 수 있음을 보여준다. 그들은 언제나 소중한 손님처럼 대접받아야 한다. 바로 그것이 르망 24시가 앞으로 수십 년을 더 이어갈 수 있는 비결이 될 것이다.

리 아이아코카

머스탱의 아버지, 백악관까지 넘보다

우리는 리도 리 아이아코카Lido Lee Iacocca에게 포드 머스탱Ford Mustang을 빚지고 있다. 자동차 역사상 가장 매혹적인 모델 중 하나인

이 차만으로도, 그는 깊은 감사를 받을 만하다. 실제로 그는 미국 자동차 산업을 대표하는 전설적인 인물이다. 1991년 이탈리아 캄파니아 출신의 이민자 가정에서 태어나 공학 학위를 지닌 그는 포드에서 커리어를 시작해 최고경영자 자리에 오르고, 이후 크라이슬러의 수장까지 맡았다. 미국 자동차업계 빅3(포드, 크라이슬러, 제너럴 모터스) 가운데 두 곳의 수장을 역임한 극히 드문 경영자다.

그는 진정한 열정가였고, 기술자이면서 동시에 뛰어난 세일즈맨이기도 했다. 자신이 개발한 자동차를 직접 홍보하기 위해 광고에 출연하는 것도 마다하지 않았다. 이 광고들은 세월이 흐르며 전설적인 마케팅 사례로 회자되고 있다. 배우처럼 준수한 외모, 직설적인 화법, 개성 있는 언행은 대중의 환호를 받기에 충분했지만, 보수적인 경영진과 주주들에게는 불편한 존재였던 것도 사실이다. 결국 1978년, 회사가 안정적인 수익을 내고 있었음에도 불구하고 헨리 포드 2세는 그를 전격 해고한다.

하지만 그의 탁월한 경영 역량이 오래 묻혀 있을 리 없었다. 아이아코카는 파산 위기에 놓인 크라이슬러의 구원 투수로 호출됐고, 회사를 또 다시 일으켜 세웠다. 당시 전 직원의 50%를 해고하는 그의 충격 요법은 사회에 큰 파장을 일으키기에 충분했다. 그러나 마침내 1983년 8월 12일, 그는 기업 회생을 위해 국가가 지원한 8억 1,300만 달러를 상환했다는 의미에서 그 금액이 찍힌 거대한 수표 모형 앞에 당당히 섰다. 그리고 1987년, 미국 4위의 자동차 제조사였던 아메리칸 모터스 코퍼레이션AMC을 인수한다. AMC는 지프Jeep 브랜드로 잘 알려진 회사로, 한때 르노가 인수했으나 성공적으로 통합하는 데 실패했던 회사였다. 같은 해에 그는 람보르기니도 인수했다. 1992년 퇴임 이후, 아이아코카는 억만장자 커크 커코리언과 손을 잡고 크라이슬러를 상대로 적대적 인수 합병을 시도했지만, 결국 뜻을 이루지는 못했다. 그 결과, 1998년 크라이슬러는 독일의 다임러-벤츠와 합병하게 된다.

아이아코카가 남긴 진정한 유산은 자동차 역사에 길이 남을 수많은 명차였다. 그중에서도 1964년 3월, 포드에서 선보인 머스탱은 단연 상징적인 존재였다. 이 차는 등장과 동시에 영화 〈007 골드 핑거〉에 모습을 드러냈고, 이어 액션 영화 〈불릿〉의 유명한 자동차 추격전 씬에서 스티브 매퀸이 직접 운전한 것으로 유명하다. 대중의 반응은 폭발적이었다. 출시 첫해에만 40만 대가 팔렸고 2년 만에 누적 판매량 100만 대를 돌파했다. 이후 머스탱은 여러 세대를 거치며 꾸준히 사랑받았고, 그중에서도 차체를 가로지르는 두 개의 굵은 흰색 줄무늬가 돋보이는 쉘비Shelby는 가장 신화적인 모델로 평가받았다. 이 외에도 아이아코카는 포드 에스코트Escort, 링컨 컨티넨탈 마크 IIIContinental Mark III 같은 베스트셀러를 탄생시켰다. 하지만 포드 핀토Pinto를 선보였을 때는 크나큰 실패를 겪기도 했다.

크라이슬러에 재직 당시 그는 미니밴이라는 새로운 시장의 가능성을 누구보다 먼저 간파했다. 실제로 보이저Voyager는 유럽에서 르노 에스파스가 등장하기 1년 전에 출시됐다. 또한 그는 일본의 소형차들이 대서양을 건너 미국 시장을 파고들기 시작하던 시기, 미국이 대응해야 한다고 정확한 진단을 내렸지만 효과적인 해법을 내놓지는 못했다.

아이아코카가 명성의 정점에 있을 때는 워싱턴 정계와도 가까웠다. 그는 워싱턴 정치권과 긴밀한 관계를 유지하며 자국 자동차 산업을 보호하기 위한 로비 활동을 활발히 펼쳤다. 그 존재감은 대통령 후보로도 거론될 만큼 강렬했다. 도널드 트럼프가 정치 전면에 등장하기 훨씬 이전, 그는 실제로 로널드 레이건 대통령의 후계 구도에서 출마를 진지하게 고민한 바 있다. 1988년,《뉴욕 타임스》가 실시한 여론조사에서는 민주당 대선 후보군 가운데 지지율 1위를 차지했는데, 그 후보 명단에는 조 바이든의 이름도 포함돼 있었다.

비록 백악관에는 들어가지 못했지만, 리 아이아코카는 여전히 20세기 미국을 상징하는 이름 중 하나로 남았다.

무게

친환경 삶을 위한 '자동차 다이어트'

자동차 산업의 다음 전쟁터는 '비만과의 전쟁'이 될 것이다. 인간처럼 자동차도 점점 무거워지고 있기 때문이다. 2001년 이후 승용차 한 대당 평균 중량은 60%나 늘었다. 새롭게 출시된 르노 5 전기차의 자체 중량은 1973년에 출시된 오리지널 모델보다 무려 두 배나 무겁다. 그 원인은 분명하다. 각종 안전 규제에 따라 차량에 탑재되는 장비들이 늘었고, 에어컨, 고급 시트 등 편의 기능이 강화되면서 차량은 점점 커졌으며, SUV에 대한 소비자들의 선호도 그 흐름에 불을 지폈다. 처음엔 도로 위 사망자 수를 줄이고 탑승자의 안락함을 높이기 위한 당연한 조치로 여겨졌지만, 그 결과는 지나치게 무거워진 자동차들이었다. 가장 무거운 롤스로이스 스펙터Spectre는 무게가 3톤에 육박하고, 가장 가벼운 스즈키 이그니스Suzuki Ignis조차 1톤에 가깝다.

하지만 기후 위기의 심각성을 실감하는 지금, 우리는 전혀 다른 기준을 가져야 한다. 한여름에 패딩을 입고 다닐 수는 없는 법이다. 이제 자동차도 '살을 빼야' 할 때다. 이것은 단순한 물리의 원칙이기도 하다. 1.5톤짜리 차를 움직이기 위해서는 1톤짜리 차보다 더 많은 에너지가 필요하다. 차량 자체를 만드는 데 필요한 자재들의 환경 발자국도 크다. 여기에 전기차 배터리라는 새로운 무게가 더해진다. 배터리는 정말 무겁다. 예를 들어, 새 신형 르노

5가 전기차가 아닌 내연 기관차로 제작됐다면 약 300kg가량 더 가벼웠을 것이다. 이것이 바로 에너지 전환의 역설이다. 전기 추진 방식으로 전환하면서 오히려 자동차는 더 무거워지고 있다.

어떻게 해야 할까? 해결책은 부분적으로 소프트웨어에서 찾을 수 있다. 전자 시스템이 점차 물리적으로 무거운 부품들을 대체하고 있기 때문이다. 나는 또한 경량 자동차의 가치를 재평가해야 해야 한다고 생각한다. 알파인 베를리네트Alpine Berlinette를 떠올려보자. 무게는 고작 680kg에 불과했지만, 1970년대 초 랠리에서는 훨씬 무거운 차들을 제치고 우승을 거머쥐었다. 또 다른 예는 피아트 판다 4×4Fiat Panda 4×4다. 875kg이라는 가벼운 무게로 눈 덮인 산길도 거뜬히 오르며 대형 랜드로버 못지않게 산악 지역 소비자들의 마음을 사로잡았다.

자동차 경주의 세계는 성능 향상을 위해 그램 단위까지 무게를 집요하게 줄여간다. 이는 우리에게 분명한 메시지를 던진다. 자동차의 평균 크기를 줄여야 한다는 것이다. 특히 도시에서는 소형차 사용을 의무화하는 방안을 검토해야 할지도 모른다. 이를 위해 차량 크기에 따라 차등화 된 규제를 마련하는 것도 필요하다.

진정 친환경적인 삶을 원한다면, 우리 모두가 '자동차 다이어트'에 동참해야 한다.

무면허

그들은 더 이상 핸들을 잡지 않는다

예전엔 멀리서도, 요란하게 퍼덕이는 엔진 소리를 단박에 들을 수 있었다. 작고 가벼운 차체에 2행정 엔진을 얹어 만든 이 도심형 소형차는 한때 벌점 누적으로 면허가 취소되거나 시험에서 번번이 낙방한 사람들의 전유물처럼 여겨졌다. 하지만 지금은 이야기가 달라졌다. 무면허Sans permis차 시장은 그야말로 호황이다(편집자 주-유럽 일부 국가에서는 특정 조건 하에 면허 없이 운전 가능한 초소형 차량을 허용하고 있다. 이 차량들은 엔진 출력, 속도, 중량 등이 법적으로 제한돼 일반 승용차와는 구분된다. 프랑스의 경우 만 14세 이상, 기본 교통 교육 후 발급되는 AM면허만 있으면 무면허차를 이용할 수 있다). 예전의 촌스러운 이미지도 이제는 많이 사라졌다. 2010년 프랑스에서 1만 5,000대가 팔렸고 2023년에는 6만 1,000대로 껑충 뛰었다. 이런 변화는 시트로엥 에이미Citroën Ami나 르노 트위지Renault Twizy 같은 귀엽고 톡톡 튀는 전구 구동의 모델들이 등장하면서부터 시작됐다. 요즘에는 점점 더 많은 10대들이 이러한 차량의 운전석에 앉고 있다. 부모들 눈에는 이륜차보다는 무면허차가 훨씬 안전한 대안처럼 보이기 때문이다.

'무면허족'의 수는 날이 갈수록 늘고 있다. 그 배경에는 여러 복합적인 요인이 자리 잡고 있다. 운전면허 시험 비용은 지나치게 비싸고, 대기 시간은 끝을 알 수 없으며, 과속 단속 장비는 날로 정교해지고 있다. 여기에 도심에 거주하는 일부 세대가 자동차에 무관심해지면서 면허 없이 이동 수단을 선택하는 이들이 늘고 있다. 이 현상을 자동차업계도 더 이상 외면할 수 없다. 과연 이 현상은 지속 가능한 변화일까? 개인용 차량의 사회적 위상 자체를 뒤흔드는 일일까?

뚜렷한 징후가 하나 있다. 운전면허 시험 응시자 수가 더 이상 증가하지 않는다는 점이다. 어떤 해에는 소폭 상승하지만 다음 해에는 다시 줄어드는 식으로, 예전처럼 꾸준히 늘어나는 추세는 사라졌다. 현재 프랑스에서의 전체 응시자 수는 연평균 약 120만 명 수준에서 유지되고 있으며, 이 중 약 100만 명이 일반 운전면허(B면허) 응시자다. 합격률은? 다소 하락세다. 2019년에는 58.3%였는데 2022년에는 56.8%로 낮아졌다. 절대 좋은 수치라고 보긴 어렵다. 전국 평균 합격률이 90%를 넘는 프랑스 대입시험 바갈로레아보다 오히려 운전면허 시험이 더 까다롭다는 증거나 다름없다. 참고로 지역 간 격차도 크다. 생피에르 미클롱은 83.1%, 코르시카는 70.6%로 합격률이 전국 최고 수준인 반면, 과들루프는 37.5%로 매우 낮다. 수도권인 일드프랑스 역시 53.2%로, 전국 평균보다 다소 낮은 수준을 유지하고 있다.

한때 자유의 상징으로 여겨졌던 운전면허에 대한 젊은 세대의 관심은 점점 줄어들고 있다. 2022년 30세 미만의 프랑스 청년 중 운전면허를 취득한 사람은 66만 3,834명으로, 2017년의 88만 729명에 비해 크게 감소했다. 이 같은 하락세는 이미 10여 년 전부터 감지됐으며, 그 배경에는 여러 요인이 복합적으로 작용하고 있다. 우선 도시에 거주하는 젊은이들 사이에서 자동차에 대한 흥미 자체가 줄어들고 있다. 이들은 자동차를 '과소비'와 '환경 파괴'의 상징으로 인식하며, 환경보호에 대한 신념을 다른 어떤 것보다 우선시한다. 게다가 도시에서 점차 차량이 퇴출당하고 대중교통과 이륜차가 대세로 자리 잡아가는 상황에서 "굳이 자동차를 운전해야 할 이유가 있을까?"라는 근본적인 의문을 던진다.

무엇보다 실질적인 장벽은 비용이다. 운전면허 취득 비용이 지나치게 높다는 인식이 널리 퍼져 있으며, 실제로 응시자의 85%가 부모의 재정 지원을 받고 있다. 운전면허를 취득하려면 최소 1,800유로가 필요하며, 이는 유럽 다른 나라들과 비교해도 상당한 금액이다. 스페인은 이보다 저렴하고, 독일은 더 비싼 수준이다. 이에 따라 프랑스 청년의 16%는 "불합격이 두려워서 시험을 볼 생각이 없다"고 밝혔다. 운전면허는 이제 시간과 비용 측면에서 상당한 '투자'가 된 것이다.

여기에는 놀라운 역설이 있다. 젊은 세대가 운전면허를 외면하는 듯 보이는 현상 이면에는 전혀 다른 현실이 숨어 있다. 최근 여론조사 기관 해리스 인터랙티브와 인재 매칭 플랫폼 고잡이 실시한 두 건의 조사에 따르면, 18~25세 응답자의 86%는 운전면허를 '직업적·사회적 미래를 좌우하는 필수 조건'으로 인식하고 있었다. 응답자의 85%는 운전면허를 첫 직장을 얻는 열쇠라고 여기며, 이는 공인 학위(86%)나 실무 경험(90%)과 못지않게 중요한 요소로 간주된다. 실제로 응답자의 54%는 '운전면허가 없어 취업에 실패한 경험이 있다'고 답했다. 다른 사회적 쟁점들과 마찬가지로, 이 주제에서도 프랑스 대도시와 외곽 지역 간의 뚜렷한 격차가 드러난다. 도심 외 지역에서는 "면허 없이는 일도 없다"라는 말이 절대 과장이 아니다. 실제로 파리 지역의 18~24세 중 45%만이 운전면허를 보유하고 있지만 농촌 지역에서는 77%에 달한다. 이처럼 운전면허를 둘러싼 제약이 논의될 때마다 지방에서는 자동차가 여전히 절대적으로 필요하다는 사실을 파리 중심의 정책이 간과하고 있다고 비판한다.

수백만 명의 '무면허자' 중 다수는 다행히 운전대를 잡지 않는다. 하지만 법을 어기고 말 그대로 운전면허증 없이 운전하는 사람들도 있으며, 그 수는 점점 늘고 있는 것으로 보인다. 도로교통안전청에 따르면 무면허 운전자 수는 약 80만 명에 이르며, 이 중 매년 단속에 적발돼 벌금을 부과받는 경우는 약 15만 명에 불과하다. 이러한 상황은 종종 심각한 결과로 이어질 수 있다. 무면허 운전자는 도주 사고를 일으킬 가능성이 높고, 사고 피해자들은 복잡한 보험 문제에 얽히게 된다. 실제로 2019년, 치명적인 교통사고에 연루된 운전자의 6%가 무면허 상태였다는 통계도 있다. 이 현상의 원인은 잘 알려져 있다. 면허가 취소 혹은 정지됐을 경우 운전면허 재취득을 위한 비용이 비싸다는 현실 그리고 면허 정지가 곧 실직으로 이어질 수 있다는 현실적 두려움이다. 통계에 따르면 면허가 취소된 운전자 중 약 3분의 1은 이후 직장을 잃었다고 응답했다.

이는 일부 유명 인사들에겐 전혀 해당되지 않는 고민이다. 이들 중에는 스스로의 선택이든, 어쩔 수 없는 사정이든 운전면허 없이 지내는 경우가 적지 않다. 대신 전용 운전기사를 두거나, 영화 촬영 시 운전석에 앉아야 할 경우에는 대역을 활용하기도 한다. 예를 들어, 가수이자 배우 에디 미첼은 군 복무 중 면허 취득을 시도했으나 '근시'로 인해 번번이 떨어졌다고 한다. 그래서 그의 대표작인 〈행복은 초원에〉(1995)를 촬영할 당시에는 스턴트맨이 차량 본네트 안에 숨어 차량을 운전했다고 밝혔다. 정치인 장뤽 멜랑숑은 아예 면허가 없다. 그는 "내가 도로에 없다는 것만으로도 남들에게는 다행"이라고 농담한다. 방송인 니코스 알리아가스는 "면허를 따고는 싶었지만 계속 미루다 보니 결국 포기하게 됐다"고 털어놨고 TV프로듀서이자 진행자인 티에리 아르디송은 "남들처럼 살고 싶지 않아서" 아예 시험조차 보지 않았다고 한다. 그가 클래식카 마니아라는 사실을 고려하면 꽤 기묘한 아이러니다.

운전면허를 잃은 이들도 있다. 예를 들어, 빌 게이츠는 20대 초반에 포르쉐를 몰다가 과속으로 여러 차례 적발돼 결국 면허 취소를 당했다. 세계적인 DJ 데이비드 게타 역시 2011년에 면허가 영구 정지됐지만, "괜찮아요. 애초에 저는 값비싼 차로 차고를 채우는 스타일이 아니거든요"라며 담담히 받아들였다.

참고로, 조금 위안이 될지 모르겠지만 알베르트 아인슈타인 역시 운전면허가 없었다.

미니

최고의 아이디어는 언제나 빠르고 단순하게 구현된다

영국 자동차 산업은 더 이상 독립적인 산업으로서의 위상을 지니고 있지 않다. 그 보석 같은 브랜드들은 이제 모두 아시아나 유럽의 글로벌 그룹에 인수됐다. 그렇지만 영국은 자동차 역사에 뚜렷한 족적을 남겼다. 얼마나 놀라운 창의력이었던가! 재규어 E-타입Jaguar E-Type, 애스턴 마틴 DB4Aston Martin DB4, 랜드로버 디펜더Land Rover Defender, 트라이엄프 스핏파이어Triumph Spitfire, 롤스로이스 코니쉬Rolls-Royce Corniche 등 전 세계 자동차 수집가들이 차고에 들이고 싶어 하는 모델들이 줄줄이 떠오른다. 그중에서도 진짜 시장의 판도를 바꾼 건 가장 작은 차, 미니Mini였다.

전 세계 모든 도심형 차량의 선구자 미니는 1959년, 그리스계 영국인 엔지니어 알렉 이시고니스Alec Issigonis의 손에서 탄생했다. 내가 특히 감탄하는 점은 이 차가 단 220일 만에 설계됐고, 양산형 모델이 프로토타입과 거의 동일했다는 점이다. 최고의 아이디어란 언제나 빠르고 단순하게 구현되는 법, 미니야말로 영감 가득한 사례다. 당시 미니는 전방에 850cc 엔진을 가로로 배치하며 혁신을 일으켰다. 기존의 피아트 500, 폭스바겐 비틀, 르노 도핀과는 정반대의 접근이었다. 이로써 길이 3.02m에 불과하면서도 네 명이 탈 수 있을 만큼의 공간을 확보했고, 출시되자마자 폭발적인 인기를 끌었다.

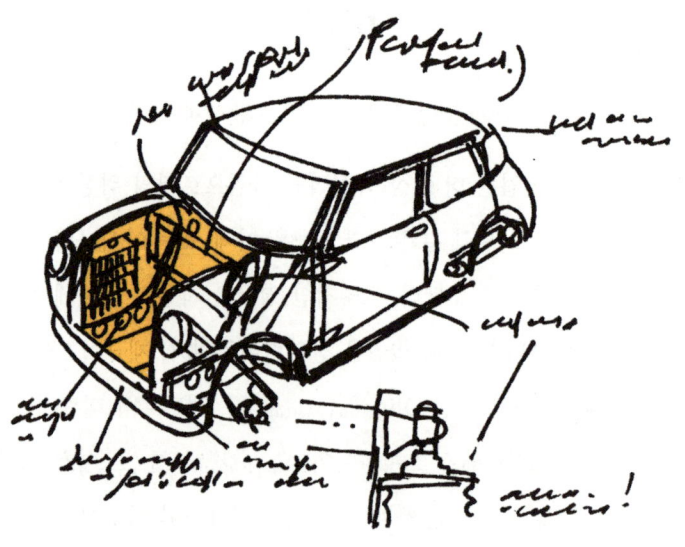

　이후 F1의 창시자인 존 쿠퍼John Cooper가 개발한 스포츠 버전은 유럽의 주요 랠리에 도전장을 내밀었다. 초반엔 고전했지만, 결국 1965년 몬테카를로 랠리에서 승리를 거머쥐었다. 핀란드 출신의 토미 마키넨Tommi Mäkinen이 운전한 미니는 포르쉐 904, 911, 사브 96, 시트로엥 DS21 같은 강력한 차량들을 제치고 우승을 차지했다. 눈 덮인 코스에서 미니가 보여준 놀라운 민첩성이 승부를 갈랐다.

　미니는 곧 유행의 아이콘이 됐다. 참신한 모델들이 파생돼 잇따라 등장하며 사람들의 마음을 사로잡았다. 쿠페 버전은 비틀스 멤버 네 명에게 선물로 제공됐는데, 조지 해리슨은 자신의 미니에 사이키델릭한 그림을 직접 그려 넣었다. 그 차는 영화 〈매지컬 미스테리 투어〉에도 등장하면서 하나의 전설로 남았다. 프랑스 스타들도 미니를 사랑했다. 배우이자 가수인 브리지트 바르도는 생트로페에서 미니를 몰았고, 자크 뒤트롱 또한 '우리 삶의 모든 게 미니야 / 미니모크와 미니스커트('Mini, mini, mini', 〈Et moi, et moi, et moi〉 수록곡)'라고 노래했다.

1959년부터 2000년까지, 오리지널 미니는 500만 대 넘게 생산됐다. 하지만 이는 1960년대 말부터 흔들리기 시작한 거대 자동차 기업, 브리티시 레일랜드British Leyland 그룹을 구제하기엔 역부족이었다. 회사는 1975년 노동당 정부에 의해 국유화됐다가, 1988년 마거릿 대처 정부에 의해 고작 1억 5,000만 파운드에 브리티시 에어로스페이스에 매각됐다. 혼다가 잠시 지분에 참여했지만, 1994년 BMW가 인수하면서 운명이 다시 바뀌었다. BMW는 미니의 생산을 이어갔고, 2001년에는 훨씬 더 크고 더 고급스러운 신형 미니를 내놓았다. 이 차는 전혀 다른 시장을 겨냥하면서도 큰 성공을 거뒀다. 나 역시 2007년 이탈리아에서 피아트 500을 부활시킨 사람으로서, 그 전략에 전적으로 공감하지 않을 수 없다.

하지만 오늘날 우리가 진정 본보기로 삼아야 할 것은 원조 미니다. 새로운 세대의 도심형 전기차를 발명하기 위해서 말이다. 대도시에서 더 원활히 이동하기 위한 유일한 해법은 이산화탄소 배출량을 줄이고 공간 점유를 최소화하는 것이다. 우리 삶의 모든 게 다시 '미니'해져야 할 때다.

반도체

현대의 자동차를 완성하는 건 결국 반도체

이제 반도체 없이는 자동차도 존재할 수 없다! 반도체는 각종 전자 장비가 가득한 현대 차량의 핵심 부품이 됐다. 코로나19 팬데믹 이후 반도체 공급난으로 인해 자동차 생산이 몇 달씩 중단되거나 큰 차질을 빚으면서 그 중요성을 다시금 절감했다. 평균적으로 자동차 한 대에는 약 1,000개의 반도체가 들어간다. 메르세데스-벤츠 S클래스 같은 고급 세단에는 약 2,500개, 하이브리드 전기차 모델에는 최대 3,000개까지 탑재된다. 자율주행차 시대가 본격적으로 열리면 이 숫자는 지금보다 훨씬 더 늘어날 것이다.

그렇다면 반도체란 무엇일까? 이름 그대로 전기를 차단할 수도 있고 흐르게 할 수도 있는 특성을 가진 물질이다. 이 특성 덕분에 반도체는 전자 부품 제조에 핵심적인 역할을 한다. 현재 가장 널리 사용되는 반도체 재료는 실리콘이다. 그렇다면 반도체는 자동차의 어디에 쓰일까? 정답은 거의 모든 곳이다. 엔진에서는 차량 속도나 외부 온도 같은 핵심 정보를 전달하는 데 활용된다. 브레이크 오일, 냉각수, 워셔액 등 각종 액체의 잔량을 감지하고 제어하는 데에도 사용된다. 실내에서는 에어컨을 조절하고, 자동 접이식 사이드미러를 정밀하게 작동시키는 데 반도체가 빠지지 않는다.

또한 반도체는 안전 시스템 전반에 걸쳐 필수적인 역할을 하며 차량 내 거의 모든 안전 기능에 관여한다. 조수석에 사람이 앉아 있으면 에어백을 작동시키고, 안전벨트 착용 여부를 확인하며, 사고 시 순식간에 벨트를 조여주는 등 모든 과정에 반도체가 관여한다. 나아가, 최근 자동차에 빠르게 도입되고 있는 첨단 운전자 보조 시스템ADAS 역시 반도체 없이는 불가능하다. 운전자가 잠시 한눈을 팔았을 때 차량 스스로 차선을 유지하는 조향 보조 기능 역시 핸들 근처에 탑재된 반도체 덕분에 작동한다.

반도체 활용이 폭발적으로 늘어나면서 몇 가지 중요한 문제점도 함께 제기되고 있다. 우선 반도체를 작동시키는 소프트웨어의 소유권이 공급업체에 있다는 점이 문제다. 소프트웨어를 수정하거나 업데이트하려면 자동차 제조사는 소프트웨어 공급업체에 요청해야 한다. 또한 차량에는 여러 기업의 반도체가 탑재되다 보니 각기 다른 소프트웨어를 서로 연동시켜야 하는 문제도 발생한다. 이를 위해 테슬라나 일부 중국 자동차 제조사들은 차량 내에 '중앙 집중형 소프트웨어 아키텍처'를 도입하고 있다. 이 방식은 자동차 제조사가 소프트웨어의 소유권을 직접 가지며, 차량 내 모든 반도체를 하나의 중앙 유닛으로 관리할 수 있게 해준다. 차량이 네트워크에 연결된 상태라면 원격으로 기능을 업데이트하거나 개선할 수 있다. 이는 자동차를 하드웨어 중심 제품에서 소프트웨어 중심 플랫폼으로 전환시키는 근본적인 변화다. 물론 이런 혁신에는 대가가 따른다. 향후 차량 가격의 40%는 소프트웨어가 차지할 것이라는 전망이 나오는 이유다.

끝으로, 이는 경제적 주권의 문제이기도 하다. 유럽은 경쟁력 있는 산업 기반을 갖추고, 현재 시장을 장악하고 있는 미국과 아시아에 대한 의존도를 줄여야 한다. 미래를 이끌고 싶다면 기술적·산업적 주권 확보를 위한 준비가 필요하다.

배터리

자동차 회사들의 사활을 건 문제

겨울 아침, 아이들을 학교에 데려다줘야 하는데 시간이 촉박하다. 모두가 서둘러 차에 올라탄다. 차 안은 냉기가 가득하고 앞 유리에는 김이 서려 시야가 흐릿하다. 급히 히터를 켠다. 익숙한 동작으로 시동 키를 돌리지만 차는 꿈쩍도 않는다. 한 번, 두 번, 세 번, 계속 시도해도 마찬가지다. 엔진은 깨어날 기미가 보이지 않는다. 이쯤 되면 원인이 분명해진다. 배터리가 방전된 것이다. 자동차 운전자라면 누구나 한 번쯤은 겪었을 흔한 경험이다. 시간이 지나 돌아보면 대수롭지 않게 느껴질지도 모른다.

    자동차의 시동을 걸기 위해 전류를 공급하는 납축 배터리는 자동차의 역사와 함께해온 기술이다. 그만큼 이 기술에는 오래된 치명적인 약점이 있는데, 그것은 바로 특정 조건에 이르면 배터리가 방전된다는 것이다. 그리고 항상 자동차가 가장 필요할 때, 우리를 당황스럽게 만든다. 물론 그동안 이 기술은 제 역할을 충실히 해왔다. 일단 시동이 걸리면 헤드라이트나 와이퍼, 라디오 등을 작동시키는 전기는 소형 발전소 역할을 하는 알터네이터(교류 발전기)에서 공급된다. 이 장치는 동시에 배터리를 충전하는 역할도 맡고 있어, 배터리는 말 그대로 에너지를 저장하는 기능만 수행한다.

이 기술은 수십 년에 걸쳐 조금씩 개선됐지만 기본 원리는 여전히 그대로다. 다만 하나 크게 발전한 부분이 있다면 매우 유독한 배터리를 재활용하는 기술이다. 납은 회수돼 다시 새 배터리를 만드는 데 사용된다. 이처럼 자원이 완결적으로 순환되는 구조, 즉 폐쇄형 순환 구조는 순환 경제의 모범 사례로 손꼽힌다.

전기차에서도 과거처럼 시동이 걸리지 않는 불편함을 겪게 될까? 그럴 일은 없다. 사용되는 기술 자체가 근본적으로 다르기 때문이다. 납축 배터리를 아무리 많이 장착해도 주행 가능 거리는 50km를 넘기기 어렵다. 이러한 한계로 인해 납축 배터리는 점차

사라지고, 휴대전화와 노트북에 오랫동안 사용돼온 리튬 배터리가 전기차의 주력 에너지원으로 자리 잡았다. 전기차가 탄생할 수 있었던 것도 리튬 배터리 덕분이다.

리튬 배터리는 현재 유럽 전역에 걸쳐 수십억 유로가 투자된 기가팩토리Gigafactory에서 대량 생산되고 있다. 리튬 배터리의 가장 큰 장점은 동일한 부피로 훨씬 더 많은 에너지를 저장할 수 있다는 점이다. 덕분에 전기차의 주행 가능 거리도 대폭 늘었다. 예를 들어 르노의 전기차 메간Megane은 계절에 따라 차이가 있긴 하지만(겨울에는 에너지 소모가 더 많다), 한 번 충전으로 300~450km까지 주행할 수 있다. 우리는 지금 완전히 새로운 시대에 들어선 것이다.

앞으로도 더 발전할 수 있을까? 전 세계 연구소들이 바로 이 기술의 진보를 놓고 치열한 경쟁을 벌이고 있다. 가장 먼저 해결해야 할 과제는 비용 절감이다. 현재 배터리는 자동차 생산 원가의 30~40%를 차지할 만큼 비싸다. 두 번째는 원자재 사용량을 줄이고, 결과적으로 차량 무게까지 낮추는 방향도 연구되고 있다. 전기차는 친환경적이라는 점에서 확실한 장점을 가지고 있지만, 무분별하게 커지고 무거워진다면 그 장점이 사라진다. 일부 미국산 대형 전기차 모델의 경우 배터리 무게만 무려 700~800kg에 달한다. 정말 터무니없는 일이다.

현재 전기차 배터리에 사용되고 있는 리튬이나 니켈, 코발트, 망간 등 기타 희귀 금속을 대체하려는 연구가 활발히 진행되고 있다. 하지만 이는 절대 간단한 일이 아니다. 새롭게 조합된 배터리 소재가 오랜 시간 안정적으로 작동할 수 있는지, +70°C에 육박하는 여름철 직사광선부터 -20°C에 이르는 북유럽 겨울의 극한의 온도에서도 문제없이 기능하는지 검증해야 한다.

갈 길은 멀지만 전기차 배터리 기술은 눈에 띄게 발전하고 있다. 예를 들어 르노의 조에Zoe 모델을 보면, 2012년 당시 배터리 용량은 22kWh에 불과했지만, 2016년에는 41kWh, 2019년에는 52kWh로 크게 향상됐다. 놀라운 점은 배터리의 부피와 무게는 거의 그대로인 상태에서 주행 거리가 지속적으로 늘어났다는 사실이다. 최신형 조에의 주행 거리는 약 400km에 달한다!

앞으로의 과제는 분명하다. 늘어난 주행 거리를 유지하면서도 가격을 낮추는 것이다. 바로 이것이 오늘날 모든 자동차 회사들이 사활을 걸고 도전하는 과제. 전기차를 진정한 대중의 차로 만들기 위한 결정적인 관문이기 때문이다. 과연 누가 다음 성공 전략을 선점할 것인가? 이제 게임은 시작됐다!

번호판

1,500만 달러를 내고 산 번호판의 숫자는 무엇일까?

벨기에인들은 유머 감각이 뛰어나다. 차량 번호판을 개성 있게 꾸밀 때조차 그렇다. 2014년부터 벨기에에서는 세금 1,000유로를 내면 'APEROOO', 'BATMAN', 'CATCH-MEN'처럼 원하는 문구를 번호판에 새길 수 있는 제도가 시행되고 있다. 매년 약 1만 1,000명의 벨기에인이 자신만의 글자 조합을 위해 기꺼이 돈을 지불하고 있으며, 지난 10년간 이 제도를 통해 거둬들인 국고 수입만 해도 7,000만 유로에 달한다. 이는 이 제도를 도입한 정부의 목표이기도 했다. 캐나다 퀘벡에서도 2018년부터 누구나 창의력을 발휘할 수 있는 길이 열렸다. 다만 다소 저속한 표현들도 등장했는데 'DRVAGIN', 'BURNS', 'GOGOBOY'(역주 - 'DRVAGIN'은 음란한 의미를 내포한 표현, 'BURNS'은 질주를 연상시키는 단어, 'GOGOBOY'는 남성 스트리퍼를 의미하는 문구다) 같은 사례가 대표적이다. 이를 관리하는 행정 당국은 실제로 'PRNHUB', 'FCKCOPS', 'COCAINE'(역주 - 'PRNHUB'는 포르노 사이트 명칭을 본뜬 문구, 'FCKCOPS'은 'Fuck cops'의 약어로 경찰을 모욕하는 문구, 'COCAINE'은 코카인을 직접 언급한 문구다)처럼 비속어이거나 부적절하다고 판단된 수십 건의 신청을 거절했다면서 방임주의라는 비판에 대해 적극 반박한다. 신청이 거부되더라도 신청자는 257.54 캐나다달러(177유로)의 수수료를 고스란히 부담해야 한다.

이렇듯 자동차 번호판 사업은 세계 곳곳에서 호황을 누리고 있다. 점점 더 많은 나라들이 개인 맞춤형 번호판 제도를 도입하고, 운전자들은 작은 금속판 위에 자신의 사회적 지위를 과시하고 싶어 한다. 이 흐름이 가장 극적으로 드러나는 곳은 걸프 지역과 아시아다. 슈퍼 리치들을 위한 번호판 경매가 해마다 열리며, 가격도 매년 신기록을 경신 중이다. 2023년 4월, 이슬람권에서 '행운의 숫자'로 여겨지는 7이 포함된 'P7' 번호판은 두바이에서 열린 자선 경매에서 무려 1,500만 달러에 낙찰됐다. 이 행사는 두바이 통치자인 무함마드 빈 라시드 알 막툼 에미르가 직접 주최한 것이며 당시 해당 번호판은 피카소 그림처럼 전용 케이스에 담겨 등장했다고 한다. 이전 최고가는 아부다비에서 낙찰된 또 다른 행운의 숫자 'P1' 번호판으로, 가격은 1,400만 달러였다. 아랍에미리트에서는 번호판에 새겨진 글자 수가 적을수록 더 고급스럽다고 여기는데, 약간 극단으로 치닫는 경향이 있다. 예를 들어, 숫자가 너무 많은 번호판을 단 롤스로이스가 고급 라운지 입장을 거절당했다는 일화가 있다. 이유는 '촌스럽다'는 것이었다.

홍콩도 사정은 다르지 않다. 매년 교통부는 수백 개의 특별 번호판을 경매에 부치고, 최고가 입찰자에게 판매한다. 2023년 2월에는 단 하나의 글자, 'R'이라는 번호판이 무려 320만 홍콩달러에 낙찰됐다. 'R'은 토끼Rabbit을 뜻하는데, 마침 그해가 토끼의 해였기에 그 상징성은 더 컸다. 그보다 앞선 2021년에는 'W'가 380만 달러에 팔리기도 했다. 한 단계 내려가면, 부유한 VIP들은 'CARPEDM', 'MYTH', 'ELONMUSK'처럼 자신의 신념이나 유머, 취미를 표현한 단어를 번호판에 새기기 위해 수천 달러를 아낌없이 지불한다.

태국 역시 이 열풍에서 예외가 아니다. 태국 정부는 해마다 한 차례, 특별 번호판을 경매에 부쳐 그 수익을 교통안전 기금에 활용하고 있다. 2022년은 특히 풍성한 해였다. 태국에서 가장 인기

있는 숫자인 '9'가 포함된 301개의 번호판이 경매에 나왔고, 이 중 '9nn 9999'라는 조합은 130만 달러에 낙찰됐다. 낙찰자는 현지의 한 벤처캐피탈 회사였다. 흥미로운 일화도 있다. 몇 해 전, 한 젊은 운전자가 무려 63만 5,000달러를 들여 '행운의 번호판'을 구입했다. 그는 태국에 사는 부유한 사업가의 아들이었고, 당시 몰고 다니던 차량은 닛산 알메라Nissan Almera였다. 번호판 가격이 차량 가격의 50배에 달하는 것이다. 이처럼 자동차 번호판이 새로운 형태의 '카지노'로 변모하고 있는 가운데, 미국인보다 더 과감하게 지갑을 여는 이들이 속속 등장한 셈이다.

하지만 애초 자동차 번호판을 사고팔기 시작한 것은 바로 미국이었다. 미국은 1931년 개인화 번호판, 일명 배니티 플레이트vanity plate를 도입했다. 미국인들이 절대 소심한 승부사들이 아니라는 건 이 대목에서도 분명히 드러난다. 세계에서 가장 비싼 번호판 역시 미국에 있는데, 그 가치는 무려 2,000만 달러로 추정된다. 다만 실제 거래가 이뤄진 적은 없다. 그렇다면 가격이 왜 이렇게 높은 걸까? 이유는 간단하다. 해당 번호판에는 'NEW YORK'이라는 단어가 적혀 있다. 놀랍게도 이 전설적인 번호판은 평범한 볼보 V70 차량에 부착돼 있으며, 신중한 성격의 소유자는 차를 좀처럼 도로에 내놓지 않는다고 알려져 있다.

미국이라 해도 모든 주가 개인 맞춤형 또는 양도 가능한 번호판을 허용하는 것은 아니다. 하지만 델라웨어처럼 허용하는 주에서는 번호판이 아예 '투기 상품'처럼 거래되기도 한다. 두 자리 번호는 수천 달러에, 세 자리나 네 자리 번호도 1,000~2,000달러 선에서 사고팔린다. 일화에 따르면 '11'이 적힌 번호판은 오랫동안 델라웨어에 거주하던 한 평범한 시민이 소유하고 있었는데, 그가 세상을 떠난 뒤에는 주요 유산이 되어 결국 부동산 개발업자에서 67만 5,000달러에 팔렸다. 자동차 번호판이 그의 주택보다 더 가치있는 자산이었던 셈이다.

실제로 미국에서는 번호판 관련 규정이 주마다 천차만별이다. 유일하게 공통된 기준은 번호판의 크기, 즉 가로 30cm, 세로 15cm라는 점뿐이며 이마저도 1956년에 이르러서야 비로소 전국적 합의가 이뤄졌다. 그 외에는 사실상 각 주의 자율에 맡겨져 있다. 예를 들어, 전면 번호판 부착 의무는 약 30개 주에서만 시행되고 있다. 색상, 그림, 홍보 문구 등도 각 주의 재량에 따라 달라지며 운전자들은 그 안에서 자신만의 번호판을 자유롭게 꾸밀 수 있다. 그리고 실제로 미국의 번호판은 다채롭고 화려하다. 말 그대로 운전자의 취향이 반영된 하나의 작품이 된 셈이다. 캘리포니아에서는 최근 디지털 배니티 플레이트Digital Vanity Plate가 허용됐는데, 차량이 도난 당할 경우 원격으로 번호판에 'STOLEN(도난)'이라는 문구를 띄울 수 있어 매우 실용적이다. 다만, 일부 사이버보안 전문가들이 벌써 이 시스템을 해킹하는 데 성공했다고 알려져 있다.

프랑스 번호판은 그와는 정반대다. 지나치게 진지하고 단조로워서 거의 쓸쓸해 보일 정도다. 중앙집중적이고 권한에 민감한 프랑스 국가 체제를 은유하듯, 유일한 자유는 번호판 오른쪽에 표시되는 데파르트망(역주 - 우리나라 도 개념의 프랑스 행정 구역) 번호를 선택하는 것뿐이다. 이탈리아인인 나로서는 여전히 의외로 느껴지는 사실이 하나 있다. 사람들이 가장 많이 선택하는 지역이 다름 아닌 오트사부아Haute-Savoie인데, 인구 규모로는 27위에 불과하다. 인구 규모 96위의 남부 코르시카는 많이 선택되는 데파르트망 중 5위다. 2021년 한 번호판 판매 사이트의 조사에 따르면 이는 프랑스 본토에 거주하는 수많은 코르시카 출신 디아스포라들이 고향에 대한 애정을 드러낸 결과라고 해석된다. 동시에 '코르시카 출신이니 건드리지 말라'는 무언의 경고이자, 코르시카를 여행하는 휴가철 관광객들 사이에서는 현지인처럼 보이게 하는 일종의 보험이라는 분석도 있다.

배니티 플레이트 전문가들조차 감탄하게 만드는 극강의 멋은 따로 있다. 놀랍게도 그것은 번호판 없이 운전하는 것이다. 이보다 더한 기벽은 없을 것이다. 그리고 이를 실제로 해낸 인물이 있다. 다름 아닌 애플의 공동 창업자, 스티브 잡스였다. 그는 캘리포니아 주 법률상 신차 구매 후 6개월간 등록 유예가 가능하다는 점을 교묘히 활용했다. 잡스는 6개월마다 늘 같은 차, 즉 메르세데스-벤츠 SL 55 AMG 컨버터블을 새로 구입했다. 결과적으로 항상 새 차 상태여서 번호판 없이 운전할 수 있었다. 정말 단순한 해법이지만, 실로 그다운 방식이었다.

범죄

케네디는 왜 그날 차량의 지붕을 열라고 했을까?

"별일 아니네." 1610년 5월 14일 파리 시내 한복판에서 앙리 4세가 프랑수아 라바야크의 칼에 찔려 숨을 거두기 직전 남긴 말로 전해진다. 당시 왕이 탄 마차는 페로느리 거리의 좁은 길목에서 짐수레에 가로막혀 잠시 멈춰 있었다. 바로 그 틈을 타, 라바야크는 근위병의 눈을 피해 마차 뒷바퀴의 바큇살을 밟고 올라탄 뒤 왕에게 두 차례 칼을 꽂는다. "별일 아니네"라며 담담히 말했지만, 백성들에게 "일요일이면 닭고기를 먹게 하겠다"고 약속했던 '선량한 왕'은 끝내 세상을 떠났다. 그의 죽음으로, 어렵게 유지되던 정치적 균형은 흔들리기 시작했다. 더불어 이 사건은 아무리 호화롭고 무장 경호를 갖춘 탈것이라 해도, 결국은 쉬운 표적이 될 수 있음을 보여줬다.

라바야크의 암살은 역사상 차량 내부에서 벌어진 최초의 테러로 기록된다. 하지만 그것이 마지막은 아니었다. 이후 자동차는 범죄의 무대가 됐다. 칼에서 폭탄으로, 마차에서 방탄 리무진으로, 범죄 수단과 무대는 시대에 맞춰 진화했다. 일례로 1622년, 마드리드 한복판에서 일어난 사건을 들 수 있다. 라바야크에게서 영감을 받은 한 자객이 석궁을 쏘아 마차에 타고 있던 비야메디아나 백작을 암살했다. 백작은 스페인 왕비와 깊은 연정을 나눈 인물로 알려져 있었기에, 당시 사람들은 왕이 직접 암살을 사주했을 것이

라고 의심했다. 수십 년 후, 망명 중이던 폴란드 국왕의 행렬이 총격 세례를 받았으나 다행히 인명 피해는 없었다. 1737년 1월 5일 저녁, 루이 15세가 트리아농으로 가려고 마차에 오르던 순간 실직한 하인 다미앵이 그를 칼로 찔렀다. 치명상은 피했지만 충격적인 사건이었다. 1758년 9월 13일, 포르투갈 국왕은 정부情婦의 집을 나서 궁으로 돌아가던 길에 마차 안에서 총격을 받아 가벼운 부상을 입었다. 1800년 12월 24일, 나폴레옹 보나파르트는 성대한 호위를 받으며 오페라 극장으로 향하고 있었다. 네 대의 마차가 혼잡한 파리 시내를 지나던 중 생니케즈 거리에서 마부 제르맹이 앞을 가로막고 있던 수레를 재치 있게 피해 갔다. 그 직후, 이 수레는 거대한 폭음과 함께 폭발하며 온 거리를 뒤흔들었다. 나폴레옹은 무사했지만, 행인 10여 명이 숨지고 30여 명이 부상을 입었다.

　이때부터 범죄의 속도는 점점 더 빨라지기 시작한다. 이에 맞춰 권력자들은 더욱 조심했을까? 전혀 그렇지 않다. 그들은 언제나처럼 밀착 경호를 받고, 사전 답사를 거치며, 음식 시식자와 심지어 대역까지 동원한다. 종종 편집증적이라고 불릴 정도로 경계심이 심했지만, 이상하게도 마차든 자동차든 일단 차량에만 올라타면 놀랄 만큼 느슨해진다. 과시욕 때문일까? 자신의 운에 대한 맹신일까? 아니면 단순한 무모함의 결과일까? 어쩌면 그 모든 요소가 조금씩 섞여 있는지도 모른다. 빅토리아 여왕의 사례를 보자. 그녀의 장기 집권기(1837~1901) 동안 암살 시도는 무려 일곱 차례나 있었다. 그중 하나는 1842년 5월 29일, 하이드 파크를 마차로 지나던 중 벌어졌다. 한 남성이 다가와 총을 쏘려 했지만 총이 발사되지 않아 도망쳤다. 놀라운 건 그다음이다. 여왕은 아무 일도 없었다는 듯 이튿날 똑같은 경로를 이용했다. 그리고 그 남자가 또다시 나타나 이번엔 실제로 발포에 성공했다. 다행히 아무도 다치지 않았고 매복 중이던 경찰이 곧바로 그를 체포했다.

　1934년 10월 9일, 유고슬라비아의 국왕은 냉정함과 허세가 뒤섞인 태도로 마르세유에 도착했다. 이는 프랑스를 공식 방문하는 첫 일정이었다. 당시 발칸반도를 비롯한 국제 정세는 극도로 불안정했고, 국왕 암살설도 끊이지 않았다. 상황이 그만큼 심각했기에 국왕의 측근들은 공개 행보를 자제하자고 강하게 권유했다. 하지만 알렉산드르 1세는 프랑스 당국이 준비한 화려한 의전 일정을 그대로 수락했다. 지붕이 열린 들라주Delage를 타고 카느비에르 대로를 행진하는 것도 일정에 포함돼 있었다. 수많은 경찰 병력이 배치됐지만 열광적인 군중은 통제 불가능한 상태였다. 차량은 시속 8km의 느린 속도로 전진했고 긴장감은 서서히 고조됐다. 그때 그는 두 시간 전 '옷 맵시가 망가진다'며 방탄조끼 착용을 거부했던 걸 후회했을까? 하지만 이미 늦었다. 한 남성이 갑자기 군중 속에서 튀어나와, 들고 있던 마우저 권총을 차 안을 향해 난사했다. 훗날 불가리아계 민족주의자로 밝혀진 이 남자의 총격으로, 유고슬라비아 국왕은 치명상을 입고 쓰러지고, 프랑스 외무장관 루이 바르투 역시 그 자리에서 목숨을 잃었다.

1963년 11월 22일, 존 F. 케네디 대통령은 텍사스 주 댈러스에 도착한 순간부터 불길한 예감을 떨칠 수 없었다. 대통령 본인도, 참모진도, 자신들이 적대적인 땅에 들어섰다는 사실을 잘 알고 있었다. 텍사스는 과거 노예제를 지키기 위해 싸웠던 옛 남부연합 소속 주였고, 인종차별 철폐를 위한 케네디의 강력한 개혁 행보에 불만을 품은 이들이 여전히 많았다. 젊은 대통령은 심지어 이 방문 일정을 취소해야 하는 게 아닐지 진지하게 고민하기도 했다. 하지만 그는 망설임은 접고, 두려움을 무릅쓴 채 예정대로 방문을 강행했다. 하지만 경호에는 심각한 허점이 있었다. 케네디가 타고 있던 링컨 리무진은 방탄 차량이었지만, 케네디는 이를 무색하게 하는 몇 가지를 요청했다. 철제와 투명 플라스틱으로 된 탈부착식 지붕을 제거하고, 시속 17.5km의 느린 속도로 이동하며, 뒷좌석에는 유압 장치를 설치해 무려 30cm나 높게 앉았다. 이 높이는 조준하기에 완벽한 지점이었다. 케네디의 전기를 쓴 언론인 필립 라브로는 이렇게 회고한다. "그가 오픈카를 타고 퍼레이드 할 때 아내 재클린에게 이렇게 말하곤 했다. '저 창문에서 누군가 우릴 쏠 수도 있겠군.'" 즉, 대통령은 마치 사자 우리 한가운데로 들어가는 듯한 위험을 분명히 인지하고 있었다. 하지만 그는 항상 선거운동 중이었고, '운 좋은 사나이'이자 '터프가이'로서의 이미지를 유지해야 했다. 약한 이미지는 금물이었고, 일정을 바꾸는 건 애초에 고려 대상이 아니었다.

케네디의 암살 사건처럼 차 안에서 벌어진 일부 암살들은 아찔한 가상의 역사를 떠올리게 한다. 가령, 미국의 제35대 대통령이 마지막 순간 마음을 바꿔 차량의 뒷지붕을 그대로 유지했다면? 그는 아마 살아남았을 것이고 세계사의 흐름 또한 완전히 달라졌을 것이다. 1914년 6월 28일, 사라예보에서 오스트리아의 황태자 프란츠 페르디난트의 운전사가 길을 잘못 들지 않았더라면? 직진해야 할 곳에서 우회전하지 않았다면 길을 다시 찾기 위해 차를 세울 필요도 없었을 것이다. 그랬다면 세르비아 민족주의자 가브릴로 프린치프는 정지해 있던 그 오픈카, 그라프&슈티프트 Type 28/32Gräf & Stift Type 28/32를 조준할 기회조차 얻지 못했을 것이다. 결과적으로 몇 주 뒤 제1차 세계 대전은 발발하지 않았을지도 모른다. 또한 1881년 3월 13일, 상트페테르부르크에서 차르 알렉산드르 2세의 마차가 단 몇 초만 더 빨랐더라면? 무정부주의자 그리네비츠키가 던진 폭탄에 맞지 않았을 것이다. 그랬다면 황제는 그날 죽지 않았을 것이고, 농노제 폐지, 병역 기간을 25년에서 6년으로 대폭 단축, 모든 국민의 법 앞의 평등 인정 등 그가 추진하던 대대적인 개혁을 계속 밀어붙였을 것이다. 그랬다면 권력은 극보수주의자였던 후계자 알렉산드르 3세에게 넘어가지 않았을 것이고, 러시아의 근대화를 가로막는 일도 없었을 것이다. 그리고 어쩌면 1917년의 러시아 혁명 역시 일어나지 않았을 수도 있다.

모든 규칙에는 예외가 있듯 차량을 신중하게 이용한 인물들도 존재한다. 루이-필리프 국왕은 생전에 무려 18차례나 암살 시도를 겪었다. 그중 하나는 1846년, 퐁텐블로 공원에서 가족과 함께 유람 마차를 타고 이동하던 중 발생했다. 이 사건을 계기로, '프랑스인의 왕'을 자처하던 그는 자신의 마차를 철판으로 보강할 것을 지시했다. 나폴레옹 3세 역시 여러 차례의 공격 끝에 유사한 조처를 하게 된다. 가장 심각했던 사건은 1858년 1월 14일, 이탈리아의 혁명가 오르시니Orsini가 파리 오페라 극장으로 향하던 황제의 행렬을 향해 강력한 폭탄 세 개를 던진 때였다. 폭발로 인해 기병대가 전멸하고, 행인들까지 휩쓸리며 총 12명이 사망하고, 156명이 부상을 입었다. 하지만 나폴레옹 3세와 황후는 차량 바닥과 측면에 설치된 철제판 덕분에 목숨을 건질 수 있었다.

당시만 해도 방탄 기술은 아직 수작업 수준에 머물러 있었다.

하지만 이후 급속히 발전했다. 아이러니하게도, 그 배경에는 미국의 조직범죄 세력이 있었다. 그들은 자동차에 관한 한, 언제나 경찰보다 한발 앞서 있었다. 알 카포네는 대표적인 인물이다. 그는 자신의 녹색과 검은색 캐딜락 타운 세단Cadillac Town Sedan만을 신뢰했는데, 이 차량은 무려 1,360kg의 방탄 장비로 보호돼 있었다. 이를 움직이기 위해 5.6리터급 V8 엔진이 장착됐고, 유용한 옵션도 포함돼 있었다. 예를 들면, 뒷유리를 아래로 내릴 수 있어 차 안에서 추격자를 향해 기관총을 쏠 수 있었다. 이후 대부분의 거물급 갱스터들은 방탄 차량에 아낌없이 투자했다. 하지만 자크 메스린은 예외였다. 연쇄 강도 사건으로 프랑스 '공공의 적 1호'로 지목된 그는 1979년 11월 2일, 포르트 드 클리냥쿠르 근처에서 직접 BMW 528i를 몰고 가다가 브루사르 경찰서장의 팀에 총격을 받고 사망했다. 그가 타고 있던 BMW는 며칠 전 클리시의 중고차 매장에서 구입한 일반 시판 모델이었다. 경찰이 그를 체포하려 한 것이 아니라 사실상 '처형'한 것 아니냐는 비판이 제기됐다. 이에 대한 경찰 측 입장은 이러했다. "그는 차 안에 있을 때가 가장 취약했다. 아파트나 거리에서 체포를 시도했다면 무고한 희생자가 나왔을 것이다." 앞으로도 자동차는 계속해서 범죄의 무대가 될 것이다.

범칙금 고지서

정밀 단속의 시대, 가짜 고지서의 공포

우리 이탈리아인들에게는 차라리 없었으면 좋았을 기록이 하나 있다. 유럽 전역을 통틀어 과속 단속 카메라와 신호위반 감시 장비를 포함한 모든 종류의 단속 장비를 가장 많이 보유한 나라라는 기록이다. 도로 1,000km당 무려 22.1대의 단속 장비가 설치돼 있다. 프랑스는 이에 한참 못 미치는 8위로, 1,000km당 3.4대에 불과하다. 그 사이에는 벨기에 19대, 영국 18.4대, 독일 7.3대 등이 있다. 하지만 아이러니한 사실도 있다. 프랑스의 단속 카메라들은 이탈리아보다 훨씬 '생산적'이다. 수량은 7분의 1 수준에 불과하지만 해마다 10~15% 더 많은 범칙금 고지서를 발송하고 있다. 이 수치는 떠도는 이야기와는 달리, 페라리의 본고장(이탈리아)보다 부가티의 본고장(프랑스)에서 더 많은 난폭 운전자가 적발된다는 뜻이다.

2021년, 프랑스 국민들은 경찰과 군경이 보낸 4,250만 통의 '사랑의 쪽지'를 받았다. 그중 1,650만 건은 자동 단속 카메라로 인한 통지서, 1,300만 건은 경찰이 현장에서 적발해 부과한 전자 단속으로 인한 범칙금, 1,280만 건은 주차위반 과태료 그리고 28만 7,000건은 경범죄에 대한 범칙금 고지서pv였다. 국가 재정 입장에서 보자면 제법 괜찮은 수입원이다. 해마다 약 19억 유로가 들어오니 말이다. 하지만 운전자들에게는 그저 씁쓸한 현실일 뿐이다. 더구나 행정 당국이 단속과 징수 기술을 점점 더 정교하게 발전시킬수록 이 씁쓸함은 더 깊어지고 있다.

우리의 불행은 누구 탓일까? 역사에는 최초로 단속을 한 경찰관의 이름은 남아 있지 않지만 최초의 '희생자' 이름은 전해진다. 그는 바로 영국에서 벤츠 자동차를 라이선스로 생산하던 월터 아널드Walter Arnold였다. 1896년 1월 28일, 그는 자신이 만든 자동차를 몰고 켄트 주의 패딕 우드 마을을 미친 듯이 질주했다. 지역 신문에 따르면 당시 아널드는 시속 13km로 달렸다. 제한 속도인 시속 3.2km를 훌쩍 넘긴 데다 당시 법적 의무였던 '붉은 깃발을 흔들며 앞서 걷는 사람'도 동행하지 않았다. 상황을 더 악화시킨 것은, 아널드가 정지 명령에 곧바로 응하지 않았다는 점이다. 결국 경찰은 자전거를 타고 그를 뒤쫓아야 했다. 아널드는 몇 실링의 벌금형을 받았지만, 아이러니하게도 그 사건 덕분에 그의 자동차는 대대적인 홍보 효과를 누릴 수 있었다.

프랑스에서의 첫 범칙금은 1898년 7월 3일에 발생했다. 주인공은 프랑스 최초의 여성 운전면허 소지자, 위제스Uzès 공작부인이었다. 그녀는 들라이예Delahaye를 몰고 불로뉴 숲을 시속 15km로 달리다 과속으로 5프랑의 벌금을 부과받았다. 이후 상류층 사이에서는 경찰에게 과속으로 적발되는 일이 유행처럼 번졌다. 당시에는 면허 취소라는 개념이 없었기 때문에 더욱 그랬다.

오랫동안 자동차 운전자들에게 세상은 꽤 관대한 분위기였다. 단속 장비가 아직 대중화되지 않았던 시절이었기 때문이다. 최초의 속도 측정 레이더 특허는 1935년, 영국의 로버트 왓슨와트Robert

Watson-Watt에 의해 출원됐고, 1950년대에 이르러 교통량 증가로 인한 사고율이 상승하면서 군사 기술을 응용한 레이더가 도입됐다. 대표적인 장비가 바로 메스타 206으로, 야외 바비큐 그릴을 닮았다고 해서 '바비큐'라는 별명으로 불리며 베스트셀러가 됐다. 당시 경찰차 옆 도로변에 설치돼 꽤 눈에 잘 띄었다. 오늘날의 내비게이션 앱 같은 레이더 위치 알림 앱이 없던 시절 운전자들은 상향등 깜빡임으로 서로 경고를 주고받았다. 도플러-피조 현상Doppler-Fizeau effect을 이용해 목표물에서 반사된 신호를 통해 속도를 측정하던 메스타 206은 1997년에 등장한 레이저 기술에 서서히 자리를 내줬다. 이 기술은 900m 거리까지 측정 가능했고, 작은 기기에도 적용할 수 있어 당시 운전자들의 공포 대상이던 쌍안경형 속도 측정기 같은 장비로도 활용됐다. 하지만 문제는 여전히 남아 있었다. 이 모든 장비를 운용하려면 막대한 인력이 필요했다는 점이다.

그래서 자동 과속 단속 카메라와 위반 사항 자동 처리 시스템이라는 혁명이 일어났다. 이로써 교통 단속은 산업적인 차원으로 접어들었다. 마치 콜트 권총에서 칼라시니코프로 자동 소총으로의 진화처럼 말이다. 최초의 고정식 단속 카메라는 2003년 10월 27일 프랑스 에손 주의 국도에서 성대하게 첫선을 보였다. 이 자리에는 교통부 장관뿐 아니라 당시 내무부 장관이었던 니콜라 사르코지까지 참석했다. 이는 매우 이례적인 일이었다. 자크 시라크 대통령이 도로 안전을 국가적 과제로 선언하며, 정부가 이 문제에 본격적으로 나섰다는 의지를 보여주는 상징적인 행보였다. 실제로 상황은 심각했다. 당시 도로 위 사망자와 중상자의 증가 속도는 우려스러운 정도였다. 다만 언론 보도 측면에서는 이 행사의 시작이 매끄럽지 못했다. 두 장관 모두 행사장으로 향하던 도중 과속을 했기 때문이다. 제한 속도 시속 70km 구간에서 한 명은 시속 103km, 다른 한 명은 98km로 주행하는 모습을 주간지 《오토 플뤼스》가 행사장에서 몇 킬로미터 떨어진 다리에 교묘히 설치한 자체 측정 장비로 정확히 포착해냈다.

사건은 곧 잊혔고 현대식 속도 단속 카메라의 눈부신 커리어가 본격적으로 시작됐다. 처음 설치된 10대의 고정식 카메라는 단 3일 만에 3,500건의 위반을 포착했고, 두 달 뒤엔 이미 가동 중인 70대가 21만 건의 범칙금 고지서를 발송했다. 2004년 말까지 프랑스 전역에 고정식 232대, 이동식 168대, 총 400대의 자동 단속 장비가 설치됐고, 현재 그 수는 4,600대에 이른다. 점점 더 정밀해지고, 보호 장치도 강화됐으며, 일부는 방탄 기능까지 갖췄다. 세월이 흐르며 단속 카메라는 어느새 국민들에게 '성가신 국가'의 상징처럼 여겨지며, 반사회적 분노와 반감의 주요 표적이 됐기 때문이다. 2013년의 '빨간 모자 운동'이나 2018~2019년의 '노란 조끼 운동'처럼 대규모 사회적 불만이 터질 때마다 이 장비들은 파괴 1순위 표적이 되곤 했다.

이런 국민적 반감은 2018년부터 도입된 유료 주차 자동 단속 시스템으로 더욱 심화됐다. 종이 주차권은 사라지고 비물리적 결제 시스템이 도입됐고, 와이퍼 아래 끼워두던 주차 위반 고지서는 사후 과태료로 대체됐다. 이 업무는 대부분 민간 용역업체에 위탁됐고, 이들 업체의 차량은 도심을 순찰하며 차량 번호판을 스캔해 요금 미납 차량을 탐지한다. 최고 성능의 단속 차량은 시간당 1,000대 이상의 차량을 단속할 수 있어, 이들은 '범칙금 기관총'이라는 별명을 얻기도 했다. 이제는 공식적으로 '범칙금 고지서'라는 표현을 쓰지 않고, 단순히 '과태료'라고 부른다.

또 하나의 변화는 주차 위반 과태료 액수가 더 이상 국가가 아닌 지방자치단체에 의해 결정된다는 점이다. 일부 지자체는 금액을 높게 책정하며, 잘못 주차된 차량이나 이륜차를 수입원으로 간주하는 경향이 있다. 예를 들어, 2022년 파리 시는 주차 단속만으로 3억 3,000만 유로를 벌어들였다. 그렇다고 프랑스인이나 이탈리아인들이 과도하게 불평할 이유는 없다. 이들 국가의 과태료는 법적으로 상한선이 정해져 있기 때문이다. 반면, 일부 국가에서는 소득에 따라 과태료가 책정되기 때문에 금액이 천문학적으로 치솟기도 한다. 예를 들어, 핀란드에서는 2003년 6월, 상습적으로 과속하던 고소득층 사업가가 제한 속도 50km/h 구간에서 시속 82km로 주행하다가 12만 1,000유로의 과태료를 부과받았다. 스위스에서는 메르세데스-벤츠 SLS AMG 운전자가 시속 290km로 달려 67만 9,000유로의 벌금을 부과받은 사례도 있다. 그야말로 값비싼 질주였다.

볼프스부르크

전쟁을 딛고 일어선 폭스바겐의 자동차 수도

'폭스바겐 타운'에 오신 것을 환영합니다! 독일 중부의 다소 외딴 도시 볼프스부르크Wolfsburg는 인구 약 12만 5,000명 중 다수가 독일 자동차의 거인 폭스바겐과 직·간접적으로 연결돼 있는 곳이다. 회사 부지만 해도 무려 8헥타르로, 사실상 도시 속의 도시라 할 수 있다. 약 4만 5,000명의 직원이 세계 최대 규모의 생산 공장, 본사 건물 그리고 2000년에 개장한 자동차 테마파크 아우토슈타트Autostadt에서 근무하고 있다.

아우토슈타트는 연간 200만 명 이상의 방문객을 끌어들이며 독일에서 가장 인기 있는 관광지 중 하나로 자리 잡았다. 이는 독일 국민이 자국 브랜드를 얼마나 사랑하는지를 보여주는 강력한 증거이기도 하다. 실제로 많은 고객들은 자신이 구매한 골프, 파사트Passat, 티구안Tiguan 등을 이곳에서 직접 인도받는 방식을 택한다. 그 중요한 순간을 더욱 특별하게 만들기 위해 이들은 종종 공장 부지 내에 위치한 5성급 호텔 리츠칼튼에 머문다. 호텔에서는 1930년대에 세워진 거대한 공장 굴뚝을 한눈에 바라볼 수 있는 장관이 펼쳐진다.

그렇다고 해서 이곳이 자동차 세계에서 가장 재미있는 장소는 아니다. 볼프스부르크에서는 일하고, 자고, 그것이 전부다. 나는 2009년 폭스바겐 그룹의 마케팅 총괄로 임명되면서 이곳에서 약

3년간 머물렀다. 업무 덕분에 종종 외부로 나갈 기회가 있어 천만다행이었다. 그래도 이 도시는 그야말로 자동차의 숨결로 가득한 곳이었다.

놀랍게도, 볼프스부르크에 있는 유일한 이탈리아인은 나만이 아니었다. 오히려 이탈리아인들과 그 후손들은 도시 전역에 퍼져 있었다. 폭스바겐 공장은 물론 노조 조직, 상점, 거리 곳곳에서 이탈리아어가 들렸다. 심지어 '리틀 이탈리아'라 불리는 구역도 있었다. 꼭 뉴욕처럼 말이다.

이러한 이탈리아계 사람들의 존재감은 제3제국 시기까지 거슬러 올라간다. 1930년대 후반, 아돌프 히틀러는 독일 국민을 위한 자동차, 훗날 비틀Beetle이 되는 차를 만들 공장을 세우기로 결정했다. 그는 이 공장을 전쟁의 위협에서 최대한 보호하기 위해 다른 도시들과 떨어진 외딴 지역을 택했다. 히틀러의 지시에 따라 공장을 중심으로 신도시가 조성됐고, 이는 처음에 이렇게 불렸다. 'KdF 자동차의 도시Stadt des KdF-Wagens', '기쁨을 통한 힘Kraft durch Freude, KdF'이라는 당시 나치당 산하 조직 이름에서 따왔다. 당시 문제는 노동력이 턱없이 부족했다는 점이었다. 이에 히틀러는 동맹국인 무솔리니에게 노동자 파견을 요청했고, 무솔리니는 수많은 이탈리아 인력을 독일로 보냈다. 그 답례로 히틀러는 베를린 티어가르텐 공원 한복판에 위치한 신고전주의 양식의 아름다운 건물 하나를 이탈리아 대사관 자리를 위한 선물로 내줬다.

하지만 자동차 생산은 시작도 해보지 못한 채 중단되고 말았다. 전쟁이 발발하자, 막 건설을 마친 공장은 곧바로 군수 장비와 탄약 생산 시설로 전환됐다. 1940년부터 1945년 사이에 이곳에서 생산된 유일한 차량은 독일군용 폭스바겐 82형 퀴벨바겐Volkswagen Type 82 Kübelwagen, 일명 버킷카Bucket Car뿐이었다. 전쟁 영화에 단골처럼 등장하는 바로 그 차다.

전쟁이 끝나고 평화가 찾아오자 공장은 영국군의 관리 하에 놓였고, 당시 전체 시설의 3분의 2는 폭격으로 파괴된 상태였다. 재건을 맡은 인물은 영국군 소속 이반 히르츠 소령이었다. 전후 독일의 혼란 속에서 무언가를 다시 세운다는 건 절대 쉬운 일이 아니었지만, 그는 놀라울 만큼 훌륭하게 공장을 다시 가동시켰다. 그리고 1945년 크리스마스 무렵 기적처럼 공장에서는 타입 1 모델(훗날의 비틀) 55대가 출고됐다. 이와 동시에 도시는 인근 마을의 이름을 따 '볼프스부르크'로 개명됐다.

그 뒤 폭스바겐은 전후 유럽의 복구 경제가 일으킨 붐을 타고 비상한다. 1945년부터 1955년까지 총 100만 대의 비틀이 쏟아져 나왔다. 이 급격한 성장을 감당하기 위해 도시는 끊임없이 새로운 이민 노동자들을 받아들여야 했고, 그 결과 공장은 전 세계 인종과 문화가 모여드는 거대한 교차점이 됐다. 하지만 1961년 8월, 역사의 또 다른 격변이 닥쳐왔다. 냉전의 긴장이 격화되며 동서독 국경이 전격적으로 봉쇄된 것이다. 그리고 그 경계선은 공교롭게도 바로 볼프스부르크 인근에 그어졌다. 도시는 서독에 속했지만, 폭스바겐 공장에서 일하던 동독 주민 수백 명은 하루아침에 일터로 갈 수 없는 상황에 처했다.

당시 폭스바겐의 사장이었던 하인리히 노르도프Heinrich Nordhoff는 당장 인력 공백을 메워야 했다. 시대는 달라졌지만 해법은 예전과 같았다. 다시 한 번, 이탈리아였다. 가톨릭 신자였던 노르도프는 한 가지 아이디어를 떠올린다. 이탈리아 내 폭스바겐 수입업자에게 가톨릭 운동단체인 '가톨릭 액션'을 동원해달라고 요청한 것이다. 그 결과 1962년 한겨울, 칼라브리아, 시칠리아, 베네토 등 이탈리아의 가난한 지역에서 온 2,000명이 넘는 이주민 가족들이 독일 볼프스부르크에 도착했다. 그들을 처음 맞이한 것은 혹독한 한파와 오후 6시 이후의 통행금지령이었다. 그럼에도 불구하고 이들은 점차 도시에 뿌리를 내렸다. 2012년, 나는 이 역사적인 사건의 50주년을 기념하기 위해 볼프스부르크 이탈리아 공동체 행사를 열었다. 그건 너무도 당연한 예우였다. 폭스바겐은 그들에게 너무나 많은 것을 빚지고 있으니까.

부가티

"지나치게 아름다운 것도, 지나치게 비싼 것도 없다"

그것은 전설이며, 자동차계의 성배와도 같은 존재다. 마치 음악계에는 스트라디바리우스가, 미술계에 미켈란젤로가 존재하듯이 부가티Bugatti는 자동차 세계에서 독보적인 상징이다. 115년 동안 이어진 부가티에 대한 숭배는 단지 성능 때문만은 아니다. 창립자 에토레 부가티Ettore Bugatti의 독창적인 감각과 그가 만든 차량이 지닌 경이롭고도 비현실적인 아름다움 때문이다. 초창기 모델들은 경매에서 고가에 낙찰되고 최신 모델은 500만 유로에 달할 뿐 아니라 시속 400km를 돌파하는 압도적인 성능을 자랑한다. 하지만 이 전설적인 브랜드 또한 한때는 역사 속으로 사라질 위기에 처했던 시기가 있었다.

부가티를 다시 세상에 불러낸 이는 독일의 사업가 페르디난트 피에히Ferdinand Piëch였다. 포르쉐 창립자 페르디난트 포르쉐의 손자이자, 당시 폭스바겐 그룹의 회장이었던 그는 탁월한 경영인이자

뛰어난 엔지니어 그리고 무엇보다 순수한 자동차 마니아였다. 그는 12개의 브랜드를 거느린 폭스바겐 그룹을 단순한 대기업이 아니라, 기술의 정점에 있으면서도 대중의 감성을 울리는 세계적인 기업으로 키우고자 했다. 당시 피에히에게는 두 가지 선택지가 있었다. 하나는 F1 팀 창설, 다른 하나는 세상에서 가장 성능이 뛰어난 자동차를 만드는 것이었다. F1은 막대한 비용이 들고 승부가 불확실하다고 판단한 그는 1998년 부가티를 인수하며 두 번째 선택지를 택했다.

처음부터 그의 목표는 상식을 넘어설 만큼 야심 찼다. "부가티는 낮에는 시속 400km로 달릴 수 있어야 하고, 저녁에는 아내를 오페라에 데려다 줄 수 있어야 한다." 이 목표를 달성했지만 수익성은 처참했다. 알자스 몰샤임 공장에서의 연간 생산량은 85~90대 수준에 머문다. 공식 수치는 공개되지 않았지만 상당한 규모의 손실이 발생했을 것이라는 평가가 지배적이다.

하지만 1909년에 브랜드를 창립한 에토레 부가티Ettore Bugatti였다면 피에히의 이 무모한 도전을 반대하지 않았을 것이다. 그의 삶 역시 상식을 벗어난 열정과 선택들로 점철돼 있었기 때문이다. 에토레 부가티는 1881년, 밀라노의 예술가 집안에서 태어났다. 할아버지는 조각가였고, 아버지는 유명한 가구 제작자였으며, 삼촌은 저명한 화가였다. 그리고 그의 동생 렘브란트 부가티는 당대 최고의 동물 조각가였다.

처음에 에토레는 아버지의 뜻에 따라 밀라노 미술학교에 진학해 조각가의 길을 걷고자 했다. 하지만 어느 날 한눈에 사랑에 빠지면서 그의 운명은 바뀌었다. 파리에서 머물던 십 대의 에토레는 거리에서 '말 없는 마차'라 불리던 시끄럽고 연기를 내뿜는 기이하게 생긴 기계를 처음 봤다. 훗날 그는 그날을 이렇게 회상했다. "그날 저는 자동차에 미쳐버렸죠."

집안은 발칵 뒤집혔지만 에토레는 아랑곳하지 않았다. 열일곱 살이 되던 해, 그는 자신의 결단으로 밀라노의 내연 기관 삼륜차 제조업체 프리네티&스투키에 수습공으로 들어갔다. 정식 기계공학 교육을 받은 적도, 이후에 받은 일도 없었지만, 에토레는 곧 탁월한 재능을 드러냈다. 그는 삼륜차를 직접 분해해 구조를 분석하고, 개선 방안을 제안했다. 나아가 두 대의 삼륜차를 결합하고 여기에 네 개의 엔진을 장착한 프로토타입을 제작하기에 이른다. 이것이 바로 그의 첫 번째 작품, 타입 1이었다. 하지만 그의 아이디어는 회사 경영진에 받아들여지지 않았다. 실망한 에토레는 회사를 떠났고, 상류층 가문 출신의 두 청년으로부터 재정적 지원을 받아 자신의 첫 사륜차인 타입 2를 제작한다. 이 차량은 1901년 밀라노 국제 자동차 박람회에 출품돼 주요 상을 받으며 큰 주목을 받았다. 그때 에토레 부가티의 나이는 겨우 스무 살에 불과했다.

이 혁신적인 프로토타입에 매료된 알자스 출신의 사업가 외젠 드 디트리히는 이 차에 부가티-드 디트리히Bugatti-de Dietrich라는 이름을 달고 상업화할 것을 에토레에게 제안했다. 에토레는 아직 미성년자였기에 에토레의 아버지가 근로계약서에 대신 서명하기도 했다. 이 모델을 기반으로 총 54대의 차량이 생산됐고, 이후 에토레 부가티는 기존의 틀을 완전히 깨는 독창적인 레이싱카를 설계했다. 드 디트리히는 이 차량을 1903년 파리-마드리드 랠리에 출전시켰는데, 드라이버는 바로 에토레였다. 에토레는 뒷바퀴 뒤쪽, 도로에 바짝 붙어 마치 허공에 떠 있는 듯한 자세로 앉았다. 차량의 구조가 너무 혁신적이었던 탓에 대회 주최 측은 그의 출전을 거부했다. 훗날 에토레는 당시를 이렇게 회상했다. "덕분에 목숨을 건질 수 있었죠." 실제로 이 광란의 레이스는 보르도에 도달하기도 전에 13명의 사망자를 내며 중단됐다. 희생자 가운데는 르노 창립자 루이 르노의 형이자 동업자였던 마르셀 르노도 포함돼 있었다.

1900년대는 개척자들의 시대였다. 당시 프랑스는 세계 최대의 자동차 생산국이었고, 시장에는 무려 100개가 넘는 브랜드가 존재했다. 하지만 에토레 부가티의 관심은 언제나 레이싱카, 스포츠카, 그리고 특별한 자동차에만 있었다. 그는 단순히 자동차를 만들고 싶었던 것이 아니라, 누구나 만드는 평범한 차 말고 오직 부가티만이 만들어낼 수 있는 독보적인 차를 원했다.

1909년, 마침내 에토레는 자신의 회사를 설립한다. 스트라스부르에서 약 20km 떨어진 알자스 몰샤임에 작업장을 세우고, 이곳에서 처음으로 '부가티'라는 이름을 단 프로토타입 자동차를 제작한다. 그는 이 차량에 브랜드의 상징이 된 붉은 타원형 에나멜 엠블럼을 부착했다. 중앙에 흰 글씨로 'Bugatti'가 새겨진 이 엠블럼은 오늘날 베이론Veyron과 시론Chiron 모델에도 여전히 그대로 사용되고 있다.

1910년, 부가티의 첫 양산차인 타입 13이 출시됐다. 이 차량은 당시의 통념을 완전히 뒤엎었다. 대부분의 제조사가 '차는 무거울수록 좋다'는 믿음에 집착하던 시대에 부가티 타입 13은 극도로 가벼운 차체로 탁월한 주행 성능을 구현했다. 크기는 작지만 놀라울 만큼 효율적인 엔진 덕분에, 타입 13은 자신보다 열 배나 큰 마력을 지닌 차들과도 대등하게 경쟁할 수 있었다. 1921년, 부가티는 이탈리아 브레시아 그랑프리에서 네 대의 타입 13이 1위부터 4위까지 석권하는 압승을 거둔다. 이 승리를 계기로 타입 13은 '부가티 브레시아'라는 별명을 얻게 된다.

몰샤임의 공장은 빠르게 확장됐고, 에토레는 공장 설계, 생산 설비, 공작 기계, 심지어 바이스에 이르기까지 모든 것을 직접 디자인했다. 몰샤임에서 생산된 총 2,000대의 부가티 브레시아는 탁월한 성능으로 부가티 신화의 서막을 열었다. 이를 증명하듯 타입 13의 엔진 전체 길이에는 마치 조각품처럼 에토레 부가티의 서명이 새겨져 있다.

에토레 부가티는 생애 동안 8,000대도 채 안 되는 차량을 제작했다. 이는 전 세계에서 매년 약 8,000만 대의 자동차가 생산되는 것과 비교하면 극히 적은 수다. 하지만 오늘날 예술 작품으로 평가받는 부가티 차들과 창립자 에토레 부가티라는 인물은 독보적인 존재로 남아 전설처럼 추앙받고 있다. 부가티 팬들은 에토레가 살아 있는 동안에 이미 전 세계 약 20개국에 클럽을 결성했다. 영국의 '부가티 오너스 클럽'은 1929년에 창립됐고, 스위스 클럽은 1935년, 독일과 네덜란드 클럽은 1956년, 미국은 1960년, 프랑스는 1967년에 설립됐다. 일본, 노르웨이, 덴마크, 러시아 등지에서도 전쟁 이전의 부가티 차량을 소유하거나 동경하는 이들로 구성된 클럽들이 존재한다.

이 같은 아우라는 어디에서 비롯된 것일까? 부가티의 열렬한 애호가였으며 여섯 대나 소유했던 배우 자크 뒤피요(1914~2005)의 회고록에서 이에 대한 답을 엿볼 수 있다. "부가티를 경험한다는 것은, 마치 새로운 예술을 발견하거나 숭고한 믿음에 눈뜨는 순간

과도 같다. 그것은 자동차의 정수이자, 가장 높은 경지를 체감하는 일이다." 그 열정은 중독에 가까울 정도다. "부가티는 모든 것을 집어삼키는 열정이다. 부가티를 운전하는 경험은 다른 어떤 차에서도 느낄 수 없는 것이다. 기계의 심장 박동이 들린다. 이건 부가티에서만 느낄 수 있는 감각이다."

자동차를 잘 아는 이들 사이에서 에토레 부가티는 타입 35로 예술적 경지의 정점을 찍었다는 평가를 받는다. 역사상 가장 전설적인 자동차 중 하나로 꼽히는 타입 35는 "주중에는 도심을 달리고 주말에는 그랑프리에서 우승할 수 있는" 레이싱카였다. 이 개념은 훗날 페르디난트 피에히가 부가티를 재건하며 내세운 기술적 요구사항과도 일맥상통한다. 1924년부터 1931년까지 부가티 타입 35는 국내외 거의 모든 레이스를 석권했다. 통산 우승 기록은 2,000회를 넘었으며, 이 기록은 오늘날까지도 깨지지 않고 있다. 당시 대중용 푸조나 르노보다 10배나 높은 가격에 판매됐으며, 단 343대만 생산된 타입 35는 현재 전 세계 수집가들에게 '성배'와도 같은 존재다. 심지어 한 세기가 지난 오늘날에도 아르헨티나에서는 퓌르 상$_{Pur-sang}$이라는 브랜드를 통해 타입 35를 거의 완벽히 재현한 복제차가 제작되고 있을 정도다. 예술성과 기계적 완성도를 겸비한 걸작, 부가티 타입 35는 당시 대부분의 자동차가 시속 60km로 달리던 시대에 시속 200km에 가까운 속도를 냈다.

카리스마 넘치고 화려하며, 시대를 초월한 독특함과 상식을 넘어서는 인물이었던 에토레 부가티는 때로는 자신의 능력을 초월할 정도로 호화로운 삶을 누렸다. 몰샤임과 파리 근교 에름농빌의 성, 경주마와 사냥개를 갖춘 마구간, 손님 접대를 위한 별채, 코트다쥐르의 별장, 파리 16구 보아시에르 거리의 고급 아파트에 이르기까지, 그는 왕족, 예술가, 기업가 등 전 세계 거물들을 초대해 성대한 만찬을 즐겼다. 부가티는 예술가이자 발명가 그리고 천재적인 자동차 제작자였다. 그의 아름다움에 대한 사랑은 어떤 물질적 제약도 초월했다. 그가 내세운 신조는 분명했다. "지나치게 아름다운 것도 없고, 지나치게 비싼 것도 없다."

가족, 직원, 고객, 언론, 대중 모두가 그를 '보스'라 불렀다. 이는 일종의 존경의 표현이었다. 그는 벨기에 국왕 레오폴 3세와 스페인 국왕 알폰소 13세 등 여러 왕족과 친밀한 관계를 맺었으며, 특히 레오폴 3세는 부가티의 열렬한 단골로도 유명했다.

탁월함을 추구하던 부가티는 최고 중의 최고를 위한 자동차, '귀족을 위한 자동차'를 만들고자 했다. 그 결실이 바로 전설적인 루아얄Royale이다. 루아얄은 모든 면에서 압도적이다. 1만 2,750cc에 달하는 직렬 8기통 엔진, 직경 1미터에 이르는 거대한 바퀴, 3톤에 달하는 섀시, 최고 시속 200km 그리고 일반 자동차의 50배에 달하는 가격까지. 루아얄은 오늘날에도 아마 세계에서 가장 비싼 자동차일 것이다. 하지만 불운하게도 루아얄은 1929년 대공황이라는 최악의 시기에 등장했다. 부가티는 파산 직전에 처했다. 부가티는 25대의 판매를 기대했지만 실제로 팔린 것은 고작 세 대, 그것도 왕족에게는 한 대도 팔리지 않았다. 완벽한 걸작이자 완전한 실패였다.

루아얄 이후 에토레 부가티는 위기를 돌파할 새로운 무대를 모색한다. 1932년, 그는 루아얄의 엔진 4기를 장착한 초고속 열차를 구상한다. 이 열차는 엄청난 연료를 소모했지만 시속 174km로 달릴 수 있었다. 정치권의 인맥 덕분에 에토레는 프랑스 국유 철도에 총 88대를 판매하는 데 성공한다. 부가티 고속 열차는 1958년까지 운행됐다.

하지만 그 정도의 수익으로는 회사를 유지하기엔 역부족이었다. 1936년 인민전선 정부가 들어서자, 에토레는 자신의 공장 앞에 파업 피켓과 구호 현수막이 내걸리는 모습을 도무지 이해하지 못했다. 큰 충격을 받은 그는 파리로 물러났고, 당시 27세에 불과했던 아들 장에게 공장 운영을 맡겼다. 장 부가티Jean Bugatti는 모든 이에게 사랑받는 인물이었다. 그는 부가티 공장에서 수습공으로 일하며 바닥부터 시작했고, 아버지처럼 천재적인 디자이너로 성장했다. 그가 설계한 아에로리트Aérolithe와 애틀랜틱Atlantic은 전투기를 연상케 하는 날렵한 형태로, 오늘날까지도 사람들의 기억에 깊이 각인된 걸작으로 남았다.

1934년, 장 부가티는 타입 57을 선보였다. 이는 아마도 부가티 역사상 가장 완성도 높은 모델일 것이다. 타입 57은 성능과 안전성 모두에서 뛰어났으며, 투어링 버전은 4명이 편안히 탑승한 상태에서도 시속 150km 이상으로 주행할 수 있었고, 스포츠 및 레이싱 버전은 시속 200km를 넘나들었다. 총 685대가 생산된 타입

57은 1937년과 1939년 르망 24시 레이스에서 우승을 거머쥐었다.

타입 57은 부가티를 구할 수 있었던 모델이었지만, 장 부가티에게는 비극적인 운명의 씨앗이었다. 1939년 8월 11일 밤, 장 부가티는 몰샤임 인근 국도에서 르망 우승 차량인 타입 57의 테스트 주행을 하고 있었다. 속도는 시속 230km에 달했던 것으로 전해진다. 도로는 직원들과 그의 동생 롤랑Roland이 미리 통제한 상태였다. 하지만 갑작스럽게 한 자전거가 차량 전조등 앞으로 튀어나왔고, 장 부가티는 이를 피하려 급히 핸들을 틀었다. 차량은 도로를 이탈해 전복됐고, 그는 현장에서 숨을 거두고 말았다. 당시 그의 나이, 겨우 서른이었다.

에토레는 하루아침에 동료이자 후계자였던, 분신 같은 아들을 잃었다. 그는 그 상실에서 끝내 회복하지 못했다. 그리고 불과 3주 후 제2차 세계 대전이 발발했다. 독일군이 알자스를 점령하면서 부가티 공장은 강제로 압류됐고, 어뢰와 군용 차량을 생산하는 군수 공장으로 전환됐다. 에토레 부가티는 독일군과의 협력을 거부하고 작업장을 보르도로 옮겼다. 한편, 1937년도 르망 24시간 레이스 우승자였던 로베르 브누아와 장피에르 위미유 등 부가티의 레이싱 드라이버들도 레지스탕스에 가담해 싸웠고, 이 과정에서 브누아는 목숨을 잃었다.

1947년 8월 21일, 에토레 부가티는 파리에서 향년 66세로 생을 마감한다. 1951년, 당시 25세였던 그의 막내아들 롤랑 부가티는 공장의 오랜 동료이자 전직 레이싱 드라이버였던 피에르 마르코와 함께 브랜드를 다시 일으켜 세우고자 했다. 하지만 시대는 이미 대중 차의 시대로 접어들고 있었다. 들라주, 들라이예, 부아쟁, 호치키스 등 프랑스의 명문 자동차 브랜드들이 하나둘씩 사라졌고, 부가티 역시 그 운명을 피하지 못했다. 1963년, 부가티의 공장과 브랜드는 이스파노 수이자에 매각됐다. 당시 이 회사는 1938년 이후 자동차 생산을 중단하고 항공 부품 제조에 전념하고 있었다.

하지만 부가티는 여전히 부유한 자동차 애호가들에게 꿈의 브랜드로 남아 있었다. 1987년, 이탈리아 사업가 로마노 아르티올리가 부가티를 인수한다. 그는 페라리, 마세라티, 람보르기니 등 이탈리아 슈퍼카들의 본거지인 모데나 근교에 초현대적인 공장을 세우고, 당대 최고의 엔지니어들과 함께 3.5리터 V12 엔진에 사륜구동 시스템을 탑재한 익스트림 스포츠카 EB 110을 개발한다. EB 110은 자동차 마니아들 사이에서 열렬한 반응을 얻었고, F1 챔피언 미하엘 슈마허도 1994년 노란색 EB 110을 직접 구매했다. 하지만 세계 경제 위기의 여파 속에서 '아르티올리의 모험'은 오래가지 못했고, 1995년 9월 부가티는 결국 파산을 신청하며 문을 닫았다.

얼마 지나지 않아 독일의 폭스바겐이 부가티 인수에 나섰다. 순수주의를 지향하던 새 주인은 부가티를 역사적 뿌리인 몰샤임에서 부활시키기로 했다. 에토레가 손님을 맞이하던 샤토 생장Château Saint-Jean을 매입하고, 그 자리에 최첨단 공장을 세운다. 이후 부가티의 전성기를 이끌었던 레이싱 드라이버들의 이름을 딴 베이론Veyron과 시론Chiron을 탄생시켜 전 세계 부유한 고객들을 매료시킨다. 이 모델들은 여전히 세계에서 가장 빠르고, 가장 기술적으로 진보했으며, 가장 비싼 자동차들이다. 부가티의 마법은 지금도 살아 있다. 16기통 하이브리드 엔진을 탑재한 최신 모델 투르비용Tourbillon은 특유의 엔진 소리만으로도 이 전설적인 브랜드의 정체성을 이어가고 있다.

브랜드

쌓는 데 수십 년, 무너지는 건 한순간

브랜드에는 참 신기한 힘이 있다. 고작 몇 제곱센티미터짜리 로고 안에 수십 년의 역사가 깃들어 있다. 수많은 사건과 이미지, 자동차들이 우리의 기억 속에 켜켜이 쌓여 하나의 이야기, 하나의 평판을 만들어낸다. 페라리만 봐도 그렇다. 빨간색 하나만으로도 이 브랜드가 가진 모든 이야기를 떠올릴 수 있지 않은가.

브랜드는 종종 하나의 뚜렷한 가치와 연결된다. 볼보는 '안전', 토요타는 '품질', 메르세데스는 '명성', 이런 식이다. 때로는 그 나라 고유의 문화와 직결되기도 한다. 이탈리아 차를 사면 로마의 여름을 한 조각 사는 기분이 들고, 독일 차를 사면 튼튼함에 투자하는 느낌이 든다. 영국 차를 타면, 어딘가 기이하면서도 개성 있는 차를 몰며 영국 시골길을 달리는 상상을 하게 된다. 반면 세탁기나 텔레비전에서는 이런 감성을 느끼기 어렵다. 그래서 나는 이탈리아의 피아트, 스페인의 세아트, 프랑스의 르노에서 일할 때마다 제조사의 출신 국가가 지닌 문화적 정체성을 살려내는 데 집중했다.

브랜드와의 첫 만남은 당연히 이름이다. 자동차 산업에서는 이 문제를 비교적 단순하게 풀었다. 대부분 창립자의 이름을 그대로 브랜드명으로 삼았기 때문이다. 시트로엥, 포드, 푸조, 르노, 롤스로이스, 페라리 등이 그런 예다. 이는 말하자면 마케팅의 원시적 방식이라 할 수 있다. 오늘날 애플이 '잡스', 테슬라가 '머스크'라는 이름을 달고 팔린다고 상상해보라. 있을 수 없는 일이다!

브랜드를 어떻게 잘 구축할 수 있을까? 나는 마케팅 출신이지만, 결국 가장 중요한 건 좋은 커뮤니케이션이 아니라 좋은 제품이라고 생각한다. 마케팅은 어디까지나 외형을 꾸미는 장식일 뿐 시장을 속일 수는 없다. 브랜드 인지도를 높이는 건 사실 어렵지 않다. 돈만 있으면 된다. 예산을 많이 투입하면 브랜드는 금세 알려진다. 하지만 '좋은 이미지'를 갖는 일은 훨씬 더 까다롭다. 잘해야만 얻을 수 있기 때문이다.

신뢰는 브랜드 구축의 핵심이다. 그리고 신뢰에는 반드시 대가가 따른다. 한 번 잃으면 모든 걸 잃게 된다. 쌓는 데 수십 년이 걸리지만 무너지는 건 10분이면 족하다. 영원한 브랜드란 존재하지 않는다. 불행히도 단순히 포지셔닝을 바꾼다고 해서 다시 도약할 수 있는 것도 아니다. 대중 브랜드가 프리미엄 브랜드로 탈바꿈한 사례는 단 한 번도 없었다. 우리가 할 수 있는 유일한 일은 브랜드 고유의 DNA를 되살리는 것뿐이다. 그것이 내가 피아트 그룹에 있을 때 아바스Abarth를 부활시키며 했던 일이다. 당시 사람들은 아바스는 60대 이상에게나 알려진 브랜드라고 했다. 하지만 출시 3개월 만에 경제적 여유가 있는 젊은이들은 모두 피아트 500 아바스를 갖고 싶어 했다. 과거의 가치를 정확히 되살리는 것만으로 충분했던 셈이다.

물론 새로운 브랜드가 등장할 여지도 여전히 존재한다. 중국과 같은 아시아 국가들은 특히 신생 브랜드에 대한 열망이 크다. 그들에게는 '내일은 오늘보다 나을 것'이라는 믿음이 있기 때문이다. 한때 시장이 소수 대형 업체로 재편될 것이라 예측한 이들도 있었지만, 그건 틀렸다. 물론 스텔란티스나 폭스바겐처럼 거대한 그룹들이 등장하긴 했지만 각 브랜드는 여전히 저마다의 이름으로 살아남아 있다. 그리고 그 틈새에서 테슬라, 비야디BYD 같은 새로운 주자들이 등장했다. 유럽은 가끔 백미러를 들여다보듯 과거를 되돌아보는 걸 좋아하지만, 어쩌면 그것조차 유럽만의 매력일지 모른다.

비틀

독재의 유산에서 자유의 상징이 된 자동차

정말 놀라운 운명이다. 프랑스에서는 무당벌레라는 뜻의 코씨넬Coccinelle로 불린 비틀Beetle은 전쟁 전 히틀러의 구상으로 시작됐지만, 그 여정의 끝은 샌프란시스코의 히피들에게 사랑받는 것으로 마무리됐다. 폭스바겐의 대표 모델인 비틀은 역사상 가장 많이 생산된 자동차라는 세계 기록을 보유하고 있다. 제2차 세계 대전 종전 이후부터 2003년 멕시코 푸에블라 공장에서 마지막 차량이 출고되기까지 총 2,150만 대가 판매됐다. 이는 소련의 라다Lada가 기록한 1,700만 대, 그리고 최초의 자동차 베스트셀러였던 포드 T의 1,500만 대를 훨씬 뛰어넘는 성과다. 후면 엔진과 공랭식air-cooled 설계라는 독특한 특징을 지닌 비틀은 반세기가 넘는 시간 동안 강렬한 존재감을 남기며 전 세계를 정복했다. 거스를 수 있는 시장은 없었다.

독보적인 디자인 덕분에 비틀은 영화계에서도 스타가 됐다. 월트 디즈니는 1968년부터 2003년까지 비틀을 주인공으로 한 다섯 편의 영화와 한 편의 시리즈를 제작했으며 그중 첫 작품인 로버트

스티븐슨 감독의 〈러브 버그〉는 지금까지도 가장 유명한 작품으로 손꼽힌다. 하지만 1970년대 중반, 전면 보닛 아래에 4기통 엔진을 탑재한 골프Golf가 등장하면서 비틀의 쇠퇴는 가속화됐다. 때가 된 것이었다. 볼프스부르크의 거대 기업은 1960년대부터 급감하던 전 세계 판매량을 다시 끌어올리기 위해 새로운 모델이 절실했다.

 2011년, 폭스바겐에서 마케팅 이사로 재직 중이던 나는 '뉴 비틀' 프로젝트에 참여해 비틀의 부활을 시도했다. 이 아이디어는 2001년, 원조보다 고급스럽게 재탄생한 미니와 2007년 내가 피아트에서 주도했던 친퀘첸토의 부활에서 착안한 것이었다. 차량 자체는 꽤 훌륭하게 완성됐지만 기대만큼의 성공은 거두지 못했다. 아마도 피아트 500과는 달리 비틀은 여전히 독일인들에게 어두운 과거를 떠올리게 했기 때문일 것이다. 결국 비틀은 수집가들 사이에서 인기 있는 빈티지 아이템으로 남게 됐다. 하지만 세계 자동차사의 '명예의 전당'에서는 영원히 독보적인 자리를 차지할 것이다.

색

"오늘 차는 어떤 색으로 하지?"

사회학자, 심리학자, 정치학자들이여, 자동차의 색을 들여다보라. 운전자의 성향은 물론, 그 시대의 분위기까지 읽을 수 있다. 자동차 색상은 시대 흐름을 읽을 수 있는 역사책인 셈이다. 처음에는 검은색뿐이었다. 그러다 1926년 포드 T 모델이 처음으로 대담하게 갈색으로 출시됐다. 그 이후, 특히 미국을 중심으로 밝고 화려한 색상이 등장하기 시작했다. 하지만 그 시도는 오래가지 않았다. 1929년 대공황과 이어진 불황기로 인해 다시 어두운 색조나 흰색 같은 뉴트럴 컬러가 주를 이루게 된다. 전쟁이 발발하기 직전, 자동차 산업이 급격히 성장하면서 색상 선택의 폭도 눈에 띄게 넓어졌다. 갈색, 네이비 블루, 베이지, 진녹색 등 다양한 색상이 사용되기 시작했다. 메탈릭 도장도 이 시기에 처음 도입됐지만, 이는 최고급 차량에 한정된 것이었다.

1950년대에 접어들면서, 유럽과 미국 사이의 자동차 색채 문화는 뚜렷한 격차를 보이기 시작했다. 전후 물자 부족과 침체된 사회 분위기 속에서 유럽은 여전히 검은색과 회색 위주의 무채색에 머물렀다. 반면, 낙관주의로 물든 미국은 소비 사회의 쾌락을 마음껏 누리며 색채의 향연을 펼쳤다. 포드, GM 등 주요 제조사들은 누가 더 화려한 색상을 선보일 수 있는지를 두고 경쟁에 나섰다. 심지어 같은 계열의 색상 안에서도 수많은 톤을 선택할 수 있었고,

고급 모델에는 푸시아 핑크, 카나리아 옐로 같은 과감한 색조도 사용됐다.

진정한 트렌드는 차 전체를 하나의 색상으로 통일하는 것이었다. 차체부터 시트, 카펫, 도어 패널에 이르기까지 동일한 색으로 맞추는 것이 유행했으며, 캐딜락Cadilac과 뷰익Buick은 그 대표 주자였다. 투톤 컬러 역시 큰 인기를 끌었다. 1960년대와 1970년대를 거치며, 유럽도 점차 우울한 분위기에서 벗어나 밝고 경쾌한 색상을 받아들이기 시작했다. 한동안 회색 일색이었던 2CV는 팝 스타일로 변신했고, 르노 5는 형광 오렌지색으로 등장해 보는 이들에게 즐거움을 줬다. 심지어 보수적인 푸조Peugeot조차 '남해의 푸른빛'이라는 이름의 색상을 선보이기 시작했다. 메탈릭 도장은 점점 대중화됐고, 1980년대에는 진줏빛 펄 도장이 등장했으며, 이중 도장 기법도 널리 확산했다.

2000년대에 접어들면서 검정색과 회색이 위상을 되찾았다. 두 색은 어느새 품격과 세련됨을 상징하기 시작했고, 한때 거리를 수놓던 강렬하고 생기 넘치는 원색들은 점차 자취를 감췄다. 시대 분위기 역시 더 이상 즐거움을 겉으로 드러내지 않는 쪽으로 기울었다. 그러던 중 2010년, 무광 도장이 처음 등장했다. 그렇다면 오늘날은 어떨까? 전 세계 신차 중 흰색은 34%로 1위를 차지하고 있고, 회색이 27%로 2위, 검정색은 21%로 꾸준히 상승세다. 파란색은 8%로 선방하고 있지만, 빨간색은 5%, 갈색과 베이지는 2%로 하락세에 있다. 초록색과 노란색은 각각 1%에 불과해 거의 존재감을 드러내지 못하고 있다.

이 흐름 속에서 유럽 시장은 특히 독특한 양상을 보인다. 회색이 36%로 독보적인 반면, 흰색은 21%에 머문다. 눈여겨볼 점은 이 시장이 일종의 자기강화적 메커니즘을 가진다는 것이다. 밝은 색 차량이 잘 팔리지 않으면 중고차 시장에서도 인기가 없고, 그러다 보니 소비자들 역시 점점 더 어두운 색을 선호하게 된다. 이 경향은 법인 차량에서 더욱 두드러진다. 기업 입장에선 되팔 때 리스크를 최소화하기 위해 모든 개성을 철저히 배제하려는 성향이 강하기 때문이다.

아이러니하게도, 강렬하고 개성 있는 색상은 이제 슈퍼 럭셔리카의 전유물이다. 이들은 어떤 색을 사용해도 촌스럽지 않게 소화할 수 있기 때문이다. 페라리는 강렬한 빨간색으로 자신을 드러내는 것을 즐기고, 람보르기니는 선명한 노란색, 형광 초록색, 짙은 파란색으로 시선을 사로잡는다. 부가티와 알핀은 이제 파란색의 대명사처럼 자리 잡았다. 이는 단순한 취향의 문제가 아니라 역사적 전통에 뿌리를 둔 상징이기도 하다. 1세기 전, 초기 자동차 경주에서는 자국을 대표하는 고유 색상을 사용했다. 영국은 초록색, 이탈리아는 빨간색, 독일은 흰색, 프랑스는 파란색이었다.

이쯤에서 오랫동안 이어져 온 한 가지 논쟁을 정리할 필요가 있다. '화려한 색상의 차는 눈에 잘 띄기 때문에 사고 위험이 낮다'는 주장은 사실과 다르다. 중고차 정보 전문 사이트 카버티컬에 따르면, 실제로 사고율이 가장 높은 차량 색상은 빨간색과 노란색이다.

그 이유는 간단하다. 이러한 강렬한 색상은 주로 스포츠카에 사용되며, 이를 선택하는 운전자들은 대체로 과감한 성향을 보이기 때문이다.

대부분의 소비자가 어두운 색상을 선호한다고 해서, 자동차 디자인 부서들이 과감한 색상 트렌드를 고민하지 않는 것은 아니다. 실제로 신차가 처음 공개될 때 강렬하고 개성 있는 색상으로 선보이는 경우가 많지만, 그 색을 실제로 선택하는 고객은 거의 없을 뿐이다. 그래도 괜찮다. 이런 시도는 색상 혁신을 실험하고 가능성의 지평을 넓히는 계기가 되기 때문이다. 예를 들어, 자동차 도료 분야의 선두 주자인 바스프BASF의 연구진은 최근 아시아 시장을 겨냥해 일렉트로닉 시트러스Electronic Citrus라는 형광 연두색을 제안했다. 이 색상은 성장과 기술 발전이라는 의미를 담고 있다. 반면, 유럽 시장을 위해서는 프레딕터Predictor라는 이름의 밝은 베이지 오렌지색을 채택했는데, 이는 인공지능이 눈부시게 발전하는 시대에도 여전히 인간적인 요소가 중요하다는 메시지를 담고 있다.

하지만 이 모든 흐름을 완전히 뒤바꿀 기술 혁신이 등장할지도 모른다. 머지않은 미래에 우리는 자동차의 색상을 단 몇 초 만에 자유롭게 바꿀 수 있게 될 것이다. 전자책 단말기로 잘 알려진 E-Ink는 2023년 라스베이거스 CES에서 이 기술을 선보였다. 당시 실험 대상은 BMW 차량이었고, 차체에는 수많은 마이크로 캡슐이 포함된 특수 필름이 입혀져 있었다. 이 캡슐 안의 색소가 전기 자극에 반응해 색상을 바꾸는 구조였다.

이것이 진정한 진보일까? 어쩌면 머지않아 우리는 매일 아침 셔츠 색깔을 고르는 것 외에 또 다른 고민을 하게 될지도 모른다. "오늘 차는 어떤 색으로 하지?"

서킷

은퇴 후에도 잊히지 않는 기념비적 서킷

Written by 장 알레시Jean Alesi, 전직 F1 드라이버

레이싱 드라이버에게 전설적인 서킷Circuits들은 마치 산악인이라면 생애 한 번쯤 올라야 하는 정상과도 같다. 일종의 기념비인 것이다. 모나코, 몬차, 인디애나폴리스 같은 서킷들은 100년이 넘는 역사를 자랑하며 그 트랙 위에 서면 그 안에 깃든 역사를 몸으로 느낄 수 있다. 커리어를 쌓다 보면 비로소 이런 자동차 스포츠의 신화적인 장소에 설 자격이 주어진다. 나 역시 그 모든 서킷을 경험해봤다. 지금은 사라진 서킷들까지 포함해서 말이다. 예를 들어 나는 루앙레제사르 서킷Rouen-Les-Essarts Circuit에서 F3로 우승한 적이 있고, 1960~1970년대 프랑스 그랑프리가 열렸던 클레르몽-페랑 샤라드 서킷Clermont-Ferrand Charade Circuit에서도 달렸다. 클레르몽-페랑 샤라드 서킷은 내 인생에서 가장 인상 깊었던 코스 중 하나였다. 숲길을 개조한 이 서킷은 시야 확보조차 어려운 구간이 많았지만, 그 위를 맹렬히 질주해야 했다.

서킷마다 저마다의 개성이 있다. 그중에서도 내가 단연 가장 사랑하는 곳은 이탈리아의 몬차 서킷Monza Circuit이다. '속도의 성전'이라 불리는 이곳은 관중석이 트랙에 바짝 붙어 있어 마치 벽 사이를 미친 속도로 헤집고 나아가는 듯한 짜릿한 경험을 준다. 내가 달리던 시절 초경량 포뮬러카로는 시속 360km까지 도달할 수 있었다. 운 좋게도 나는 페라리로 몬차에서의 경기를 5년 연속 뛸 수 있었다. 우리 주변을 둘러싼 열기는 정말 감동적이었다. 티포시Tifosi(역주 - '페라리 팬'을 지칭하는 고유 명사)는 우리가 예선 1위로 가장 앞에서 출발해 결승에서도 반드시 우승하길 바랐다. 차 안에서도 그들의 열기를 고스란히 느낄 수 있었다. 깃발이 흔들리고, 우리가 지나갈 때마다 관중들이 일어서 환호하는 모습이 보였다. 그건 정말 어디서도 경험할 수 없는 감정이다.

두 번째로 손꼽고 싶은 곳은 모나코 서킷Monaco Circuit이다. 1990년대의 F1 머신으로 이 시가지 코스를 달리는 경험은 드라이버에게 완전한 황홀경이나 다름없었다. 브라질 출신의 전설적인 F1 드라이버 아일톤 세나Ayrton Senna처럼 나 역시 시가지 서킷을 특히 사랑했다. 모나코에서는 차를 한계까지 밀어붙일 수 있었고, 가드레일을 가볍게 스치는 정도는 허용됐다. 우리가 몰던 레이싱카는 지금의 F1 머신보다 훨씬 민첩했다. 시야가 확보되지 않은 모든 커브를 감각으로 파악해야 했기에 운전에는 특별한 기술이 요구됐다. 흥미로운 점은 운전 중에는 모나코 그랑프리가 '제트족'의 화려한 잔치라는 것을 전혀 실감하지 못했다는 사실이다. 우리는 경기에 몰입해 마치 자신만의 버블 안에 갇힌 듯한 상태였다. 그 화려함을 진짜로 인식한 것은 은퇴한 이후였다.

나는 일본의 스즈카 서킷Suzuka Circuit도 정말 사랑했다. 고저 차가 심한 지형 위에 자리한 독특한 8자형 레이아웃, 특히 터널을 통과하는 구간이 인상적이었다. 나에게는 마법 같은 서킷이었다. 한 순간의 실수도 용납되지 않는다. 아주 작은 오차 하나로도 풀밭 위 세이프티 존을 미끄러지듯 지나 그대로 가드레일에 충돌할 수 있기 때문이다. 이외에도 몬트리올 서킷은 그 독특한 리듬감이 인상적이었고, 실버스톤 서킷은 고속으로 이어지는 연속 코너 덕분에 좋아했다.

반면, 다른 드라이버들과는 달리 나는 스파-프랑코르샹 서킷 Spa-Francarchamps Circuit에는 큰 매력을 느끼지 못했다. 내게는 과대 평가된 곳이었다. 물론, 그 유명한 레디옹 구간 직후의 커브는 관중과 기자들에게는 정말 압도적일 수 있다. 시야도 확보되지 않은 상태에서 시속 300km로 진입하는 구간이니까. 하지만 나는 매년 이곳에서 드라이버들이 목숨을 잃는 현실을 받아들일 수 없었다. 충돌 후 도로로 튕겨 나간 드라이버가 뒤따르던 차에 치이는 사고가 반복되고 있다. 실수가 곧 죽음으로 이어지는 서킷은 오늘날 더 이상 존재해서는 안 된다고 생각한다. 더불어 부다페스트 서킷과 애들레이드 서킷 역시 내게는 큰 흥미를 주지 못했다. 주행의 개성 면에서도 두 서킷은 모두 인상적이지 않았다.

F1과는 별개로, 나는 지구 반대편에 위치한 두 서킷에서 잊지

못할 추억을 간직하고 있다. 하나는 피레네 산기슭에 자리한 포 시가지 서킷Pau-Vile Circuit이다. 이곳은 단 한 번의 실수도 용납되지 않는다. 트랙 양옆에 인도가 바짝 붙어 있어, 살짝만 스쳐도 바퀴가 휘거나 서스펜션이 부서질 수 있기 때문이다. 또 다른 하나는 대서양 건너 인디애나폴리스 서킷Indianapolis Motor Speedway이다. 거대한 문을 지나 터널을 통과하면 무려 50만 석의 초대형 경기장 한가운데 트랙이 모습을 드러낸다. 텔레비전 화면으로는 잘 느껴지지 않지만 실제로는 트랙이 매우 좁고, 네 개의 90도 코너로 구성된 타원형 구조에 가깝다. 평균 속도는 시속 375km, 순간 최고 속도는 시속 400km에 달한다. 워낙 빠르게 다음 코너로 진입해야 하니 백미러를 들여다볼 여유조차 없다. 대신 스포터들이 관중석 상단에서 경기를 지켜보다가 경쟁 차량이 위협이 될 수 있는 상황이 발생하면 무전을 통해 즉시 알려준다. 정말이지, 말도 안 되는 경험이었다.

그리고 나는 아비뇽 출신으로서 폴리카르 서킷Paul Ricard Circuit에 유난히 깊은 애정을 갖고 있다. 이곳은 내가 생애 첫 레이스를 펼쳤던 장소이자, 지금은 내가 회장직을 맡고 있는 서킷이다. 말 그대로 내 집 같은 곳이다. 청소년 시절, 이곳에서 열리는 모든 경기를 보러 가곤 했다. 그 서킷에서 나는 200번 넘세 레이스를 치렀지만, 단 한 번 F3에서만 우승을 경험했다. 그리고 바로 이곳에서 1989년 프랑스 그랑프리를 통해 F1 데뷔전을 치렀다. 나는 4위로 결승선을 통과했고, 그렇게 내 커리어가 시작됐다.

세르지오 마르키온네

천사와 악마 사이의 경영자

세르지오 마르키온네Sergio Marchionne는 이탈리아에서 하나의 상징 같은 존재다. 피아트를 구해낸 인물로, 거의 성인처럼 추앙받는다. 2004년 그가 피아트의 수장이 됐을 무렵, 그룹은 하루에 500만 유로씩 손실을 보고 있었다. 그런데 불과 3년 만에 재정이 균형을 되찾았고, 가장 먼저 미소 지은 건 주주들이었다. 그의 16년 임기 동안 아넬리 가문이 지배하던 이 그룹의 가치는 50억 유로에서 650억 유로로 뛰었다. 회계 장부만 보면 확실히 눈부신 성과였다.

하지만 진짜 이야기는 조금 더 복잡하다. 운 좋게도 나는 피아트, 아바스, 알파 로메오 브랜드를 이끌던 시절, 그와 7년간 함께 일할 기회를 가졌다. 그래서 그를 안다고 자신 있게 말할 수 있다. 2018년 7월 25일, 그가 스위스의 한 병실에서 66세의 나이로 세상을 떠난 뒤로 나는 단 한 번도 그에 대해 혹은 우리가 함께한 시간에 대해 이야기한 적이 없다. 하지만 이 책에서 그가 차지하는 자리는 너무도 분명하다. 이제야말로 내가 직접 본 그의 모습을 이야기해야 할 때다.

그와의 첫 만남은 7월의 어느 저녁, 내가 토리노에서 란치아 브랜드를 총괄하며 쓰던 사무실에서 이뤄졌다. 나는 2002년 토요타 유럽을 떠나 피아트에 합류했고, 그는 그로부터 2년 뒤 그룹의 수장이 됐다. 그때까지 우린 단 한 번도 직접 마주한 적이 없었다. 그날은 늦은 저녁이었고, 사무실엔 나 혼자 남아 있었다. 누군가 문을 두드렸다. 그가 들어섰다. 그룹 수장이 아무 예고 없이 미라피오리 본사에 나타난 건 처음 있는 일이었다. 신문에서 본 얼굴 덕분에 나는 그를 단번에 알아봤고, 당연히 깜짝 놀랐다. 그가 먼저 영어로 물었다. "What do you do?" 나는 란치아 브랜드 책임자라고 답했다. 그렇게 시작된 대화는 무려 한 시간 반이나 이어졌다.

나는 란치아가 얼마나 매력적인 브랜드인지, 반드시 자금을 투입해서 되살려야 한다고 열변을 토했다. 그는 아마 내가 자동차에 대한 열정, 아니 약간의 광기까지 지녔다는 걸 간파했을 것이다. 그리고 2주 뒤 그가 전화를 걸어 이렇게 말했다. "드 메오 씨, 당신이 피아트의 수장을 맡게 될 겁니다." 나는 이렇게 대답했다. "하지만 마르키온네 씨, 저는 그 일을 해낼 자신이 없습니다!" 어떻게든 그 결정을 되돌려보려 애썼다. 당시 피아트는 회사 안에서도 블랙홀처럼 여겨지던 존재였고, 솔직히 내 능력으로 감당할 수 있을지 확신이 없었다. 하지만 그는 한 치도 물러서지 않았다. "걱정 마십시오, 제가 도와드리겠습니다." 문제는 그가 말하는 '도움'이라는 게, 가까운 참모진들을 북 치듯 쉴 새 없이 몰아붙이는 것이라는 사실이었다. 그래도 덕분에 나는 단단해졌다. 인정하건대 그는 내 커리어의 출발을 이끈 사람이다. 아무 기반이 없던 나를 발탁해 그룹의 핵심 부문을 맡긴 것이다. 그때 나는 고작 서른일곱 살에 불과했다.

마르키온네는 정말로 다른 부류의 경영자였다. 철저히 몰입하고 거의 집착에 가까운 성향을 지닌 엄청난 일벌레였다. 그의 삶에서 '일'이 아닌 것은 들어설 자리가 없었다. 이 점은 팀원들과의 관계에도 큰 영향을 미쳤다. 그는 사람을 대할 때 늘 극단을 오갔다. 어떤 날은 놀랄 만큼 따뜻하고 너그러웠지만, 또 어떤 날은 경악스러울 정도로 비인간적인 모습을 보였다. 한마디로 천사와 악마, 그 사이를 자유자재로 오가는 사람이었다. 당연히 이런 성향을 모두가 받아들일 수는 없었다. 그는 동료들을 마치 레몬처럼 마지막 한 방울까지 짜낸 뒤 별 미련 없이 버리는 습성이 있었다.

그런데도 그에 대해 아무 말 못 하게 되는 이유는 단 하나, 실력이 정말 뛰어났기 때문이다. 특히 회계 감사 업계에서 다져온 그의 재무 감각은 압도적이었다. 숫자를 분석하는 데 있어 그보다 뛰어난 이는 없었다. 금융 분석가들 앞에서 그는 마치 뱀을 조련하는 마술사처럼 군림했다. 그가 입을 열면 모두가 넋을 잃고 들었다. 왜냐하면 그들이 듣고 싶어 하는 논리를 정확히 알고, 그 논리로 설득했기 때문이다.

그의 큰 강점 중 하나는 민첩함이었다. 전략이 틀렸다 싶으면 주저 없이 방향을 바꿨다. 그 덕분에 그는 기회를 누구보다 더 빨리 잡았고, 다음 수를 가장 먼저 준비할 수 있었다. 그래서 남들보다 훨씬 많은 함정을 피할 수 있었다. 예를 하나 들자면, 르노-닛산의 CEO였던 카를로스 곤이 러시아의 자동차 제조사 아브토바즈AvtoVAZ를 인수하려 할 때, 마르키온네는 영리하게 발을 뺐다. 이 인수는 르노 입장에서는 절대 소화하기 쉬운 일이 아니었고, 결국 큰 골칫거리가 됐다.

그는 협상 테이블 위에선 거의 항상 이기는 포커 플레이어였다. 이탈리아계 이민자의 아들로 캐나다에서 자란 그는 전통적인 산업계 리더들과는 확연히 다른 스타일로 차별화를 추구했다. 그는 평생 검은색 스웨터를 고수했다(처음엔 파란색 스웨터였다). 그 모습은 마치 대학교수를 떠올리게 했고, 결국 모두가 그 '유니폼'을 자연스럽게 받아들였다. 마치 조르조 아르마니가 늘 검정색 티셔츠만 고수하듯 말이다. 이 복장은 당시 총리였던 실비오 베를루스코니의 심기를 건드리기도 했다. 정장 차림으로 늘 말쑥하게 꾸미던 베를루스코니는 언젠가 이렇게 말한 적이 있다. "넥타이 하나 살 돈도 없을 정도로 피아트 사정이 나쁩니까?" 그 말에 자존심이 상한 마르키온네는 이후 줄곧 베를루스코니를 비판했다. 참고로 그가 넥타이를 맨 모습을 본 사람은 단 한 명, 교황뿐이었다.

그의 업적을 어떻게 평가할 수 있을까? 세르지오 마르키온네는 먼저 피아트의 재무 상태를 회복시켰고, 이어 2009년부터는 서브프라임 사태로 오바마 행정부가 사실상 헐값에 넘긴 크라이슬러까지 되살려냈다. 덕분에 그는 미국에서 '위대한 경영자'라는 이미지를 단단히 굳혔다. 미국 자동차 산업의 빅3(크라이슬러, 포드, 제너럴 모터스) 중 하나를 구해낸 인물이었기 때문이다. 절대 쉽게 예측할 수 있는 결과는 아니었다. 그의 리더십 아래, 특히 닷지와 지프는 눈부신 부활을 이뤘고, 2014년에는 미국 단일 노조와의 역사적 협상에서 승리를 거뒀다. 그는 노조가 보유하고 있던 41.5%의 지분을 넘기도록 설득했고, 그 결과 피아트 그룹은 더욱 탄탄한 구조와 높은 기업 가치를 갖게 됐다.

하지만 이탈리아 자동차 산업의 이해관계라는 관점에서 보면 그의 성과는 다소 엇갈린 평가를 받는다. 친퀘첸토의 부활 역시 마르키온네 혼자만의 공으로 돌릴 수는 없다. 이 프로젝트에는 수많은 인재가 동원됐다. 나와 함께했던 디자이너 로베르토 지올리토, 엔지니어 마우로 피에랄리니, 마케팅 담당 라포 엘칸 등이 있었다. 하지만 마르키온네는 이 전설적인 차가 브랜드의 위상을 되살릴 것임을 누구보다 먼저 간파했고, 이 모델이 그룹 전체에 미칠 파급력을 정확히 읽어냈다. 그는 제품보다는 숫자에 강한 사람이었고 협상에 능한 인물이었다. 정보 해석 능력은 경이로울 정도였고, 민첩한 사고를 바탕으로 늘 새로운 기회를 포착해 비즈니스로 연결시켰다.

그의 마지막 꿈은, 자신이 평생 경외하던 페라리의 최대 주주가 되어 그 경력을 마무리하는 것이었다. 하지만 그의 마지막 나날은 참으로 비극적이었다. 오래전부터 그를 괴롭혀온 어깨 통증으로 수술을 앞두고 있었고, 그에 대한 불안도 컸다. 2018년 6월 26일, 마지막으로 공개 석상에 모습을 드러냈을 때 그는 이미 상당히 지쳐 있었다. 그가 모두에게(주주들에게조차!) 숨겼던 병은 생각했던 것보다 훨씬 더 광범위하고 심각한 것이었다. 수술 도중 발생한 뇌졸중으로 그는 며칠 뒤 세상을 떠났다. 마르키온네는 세상을 떠날 무렵 외로운 인물이 돼 있었다. 가까웠던 사람들과의 관계도 대부분 끊긴 상태였다. 그의 곁에 남은 건 두둑한 은행 잔고뿐이었다.

그는 내게 아버지 같은 존재로 남아 있다. 이 유명한 아버지와 나는 자주 부딪혔고, 그것은 내가 폭스바겐으로 떠난 계기가 됐다. 그럼에도 나는 언제나 그에게 깊은 감사의 마음을 품고 있다. 유럽 경영 무대의 중심에 나를 세워준 사람이 바로 그였기 때문이다. 나는 평생 그를 잊지 않을 것이다.

수소차

유럽은 이미 수소로 달릴 준비를 마쳤다

우리는 이미 오래전부터 수소로 자동차를 움직일 수 있는 기술을 갖고 있었다. 실제로 수소차는 상용화돼 있으며, 특히 상업용 차량 분야에서는 일상적인 수준으로 운행되고 있다. 예를 들어, 파리 시내에서는 약 400대의 토요타 수소 택시가 매일 아무 문제 없이 운행 중이다. 이는 수소 기술이 안정적이고 충분히 검증된 시스템임을 보여주는 대표적인 사례다.

그렇다면 수소차는 어떻게 작동할까? 수소는 연료처럼 차량 내 탱크에 저장되는데, 이 수소를 활용한 연료 전지가 마치 소형 발전기처럼 배터리에 전기를 공급하고, 차량은 이 전기로 주행한다. 여기에는 여러 가지 실질적인 장점이 있다. 첫째, 대형 배터리가 필요 없으니 차량 무게를 줄일 수 있다. 참고로 일반 전기차 배터리는 무게가 500kg, 거의 소 한 마리 수준이다. 둘째, 적당한 크기의 수소 탱크 하나로 최대 650km까지 달릴 수 있다. 셋째, 주행 중 이산화탄소 배출은 제로에 가깝다.

이러한 이유로 수소 기술은 기존 배터리 시스템에 비해 더욱 신뢰할 수 있는 대안이 될 수 있다. 특히 장거리 운행이 필요한 소형 상용 전기차에는 사실상 불가피한 기술이다. 거대한 배터리로 적재 공간을 잠식하지 않으면서도 충분한 주행 거리를 확보할 수 있는 유일한 방법이기 때문이다. 게다가 배터리 생산에 필수적인 구리나 리튬 같은 희귀 자원의 대규모 채굴 부담도 줄여준다는 점에서 중요한 의미가 있다.

문제는 지금까지 수소가 주로 화석연료를 태워 생산됐다는 점이다. 최근 유럽에서는 이에 대한 실질적인 해결책이 본격적으로 마련되기 시작했다. 계기는 러시아-우크라이나 전쟁이었다. 독일을 비롯한 유럽의 산업이 핵심 에너지원으로 사용하던 러시아산 천연가스를 갑작스럽게 잃자, 이를 대체할 새로운 에너지원을 찾아야 했고, 그 대안으로 수소가 주목받기 시작한 것이다. 미국이나 카타르에서 수입하는 액화천연가스보다 수소가 더 경쟁력이 있다는 인식이 확산됐다.

이런 배경 속에서 유럽 전역에는 '그린수소' 생산을 위한 대규모 투자 계획이 가동됐다. 태양광과 풍력 같은 재생 에너지를 이용해 수소를 만드는 거대한 전해조(전기분해기)가 세워지고, 생산된 수소는 전용 파이프라인을 통해 유럽의 주요 산업지대로 운송될 예정이다. 국제에너지기구IEA의 연구에 따르면, 이처럼 재생 에너지 기반으로 생산된 수소는 원자력 기반 수소보다 훨씬 저렴해질 전망이다.

무엇보다도 현재로선 필요한 만큼의 재생 에너지 공급이 가능하다는 점도 확인됐다. 예를 들어, 2028년까지 중국에서 생산될 태양광 패널만으로도 약 250기의 원자력 발전소에 맞먹는 전력 생산이 가능하다고 한다. 가히 상상을 초월하는 규모다. 여기에 유럽 각국이 앞다퉈 확장 중인 풍력 발전까지 더해지면, 그 잠재력은 두말할 나위가 없다. 현재 추진 중인 투자 계획이 차질 없이 마무리된다면 유럽은 천문학적인 양의 수소를 자체적으로 생산할 수 있게 된다. 이는 산업 전반의 탈탄소화를 앞당기는 동시에 외부 에너지 의존에서 벗어나 에너지 주권을 지키는 데 결정적인 발판이 될 것이다.

이는 자동차 산업에도 좋은 소식일까? 분명히 그렇다. 수소 생산 이후 가장 큰 과제는 유통이다. 충전소 네트워크가 구축되지 않으면 그 어떤 것도 실현될 수 없다. 당장은 수소 파이프라인이 대형 산업 지대를 중심으로 구축될 예정이다. 다행인 점은 이 경로가 유럽의 주요 고속도로 축과 상당 부분 겹친다는 것이다. 덕분에 대형 화물차 역시 그 혜택을 톡톡히 누릴 수 있을 것으로 보인다. 이러한 흐름을 뒷받침하기 위해 유럽연합은 대체연료 인프라규정 AFIR을 도입했다. 이 규정은 2030년까지 고속도로망마다 200km 간격으로 수소 충전소를 설치하도록 각 회원국에 의무화하고 있다. 또한 수소 연료 가격도 디젤과 비슷한 수준으로 책정될 예정이어서, 경제성 면에서도 충분한 경쟁력을 확보하게 될 것이다.

처음에 수소 연료는 물류상의 제약 때문에 정기적으로 기지로 복귀해 연료를 보충해야 하는 상용차에 국한될 것으로 예상됐다. 하지만 트럭용으로 마련된 충전 인프라를 활용하면 장거리 주행도 충분히 가능해진다. 이는 수소차 보급에 걸림돌을 해소하는 계기가 될 것이다. 이제 수소차를 향한 신호등에도 드디어 초록불이 켜졌다!

수집가

클래식카를 향한 열정과 투자의 경계에서

클래식카는 이제 수익성 높은 투자 수단으로 자리 잡았다. 그 가격은 때로 믿기 어려울 정도로 치솟는다. 파리, 런던, 로스앤젤레스의 경매장마다 수집가들의 열기가 뜨겁다. 2023년 8월, 캘리포니아 페블비치에서 열린 '몬터레이 카 위크'에서는 약 3억 유로의 매출이 기록됐고, 760대 이상의 차량이 평균 38만 8,613유로에 낙찰됐다. 이 중 최고가는 단 4대만 생산된 1967년형 페라리 412P 베를리네타Ferrari 412 P Berlinetta로, 3,000만 달러를 넘어섰다. 상위 30대 낙찰 차량 중 19대가 페라리였고, 그중에는 배우 스티브 매퀸이 소유했던 GTB/4도 포함돼 있었다. 이 차는 무려 500만 유로에 거래됐다.

놀라운 반전은, 오늘날 수백만 유로의 가치를 지닌 클래식카가 한때는 고철로 처분되기도 했다는 점이다. 1950년대, 심지어 1960년대까지도 말이다. 자동차가 대중화되면서 프랑스인들의 꿈은 가족과 함께 휴가를 떠나기 위해 시트로엥 2CV, 심카 아롱드 Simca Aronde, 르노 4CV, 푸조 203 같은 차를 갖는 것이었다. 광란의 1920년대와 열정의 시대를 지나면서 자동차는 점차 일상적인 이동 수단, 탈출의 도구로만 여겨지게 됐다.

하지만 주변 사람들에게 별난 취급을 받으면서도 아름다운 올드카에 대한 열정을 버리지 않았던 소수의 고집스러운 이들이 있었다. 이 괴짜들은 스스로를 '고물차 사냥꾼'이라 불렀고, 누군가는 부가티를, 또 누군가는 이스파노Hispano, 부아쟁Voisin, 들라주Delage 같은 전설적인 브랜드의 차를 찾아 나섰다. 운이 좋으면, 농부의 헛간이나 오래된 차고에서 진정한 보물이 모습을 드러내기도 했다.

세계 최초의 클래식카 전문 전시회인 레트로모빌Rétromobile의 창립자인 마르크 니콜로지Marc Nicolosi 역시 그런 선구자 중 한 명이다. 그는 이렇게 회상했다. "부가티, 이스파노, 부아쟁, 들라이예Delahaye, 탈보Talbot 같은 차들은 너무 흔하게 구할 수 있었기 때문에 우리는 오히려 까다롭게 골랐어요. 친구들과 아침에 만나 이렇게 말했죠. '자, 오늘은 부가티만 찾자.' 아니면 '오늘은 이스파노만 보자!' 그런 식이었죠. 참 즐거웠어요. 다른 차를 발견해도, 우리가 원하는

게 아니면 그냥 지나쳤죠."

이 흐름을 가장 먼저 사업화한 인물은 벨기에 출신의 자동차 정비사 장 드 도블레Jean De Dobbeleer였다. 올드카에 대한 열정으로 가득했던 그는 제보자들의 도움을 받아 프랑스 전역을 샅샅이 뒤지며 성의 별채나 대형 농장 안에 숨겨진 이스파노-수이자, 들라주, 로렌-디트리히, 드 디옹-부통 등 보물 같은 차들을 찾아냈다. 그리고 그 차량들을 미국으로 되팔았다. 1950년부터 1960년 사이 그는 총 140대의 부가티를 미국에 수출했다. 그의 미국 내 파트너였던 대학교수 진 체사리는 이렇게 회고한다. "우리는 많은 수수료를 받지는 않았어요. 순전히 열정으로 한 일이었죠." 그렇게 헐값에 구입해 약간의 이윤만 붙여 판매했던 차들은 오늘날 미국의 유명 박물관에 전시돼 있거나 페블비치 경매장에 500만, 1,000만, 심지어 2,000만 유로에 달하는 놀라운 가격에 낙찰되고 있다.

1960년대에 접어들며 자동차 컬렉션 세계에 결정적인 인물이 등장한다. 바로 알자스 지역 뮐루즈에서 방직 공장을 운영하던 사업가 프리츠 슐룸프Fritz Schlumpf다. 이 선구자는 10년에 걸쳐 450대 이상의 차를 수집했다. 가장 오래된 것은 1890년대 차량이었고, 가장 최신 모델은 1960년대 만들어진 이른바 '클래식카'들이었다. 그는 이 자동차들이 지닌 진정한 가치를 미리 꿰뚫어 본 거의 유일한 인물로, 컬렉션의 상당수는 세상에 단 하나뿐인 희귀 모델들이었다. 슐룸프는 숙련된 기술자, 정비공, 차체 및 실내 장치 전문가로 구성된 전담팀을 꾸려 이 차들을 극비리에 복원했다. 그리고 옛 공장 건물 1만 7,000m² 규모의 공간에, 파리 알렉상드르 3세 다리의 가로등을 본떠 제작한 청동 가로등 900개를 설치해 차량들을 전시했다. 그는 이렇게 자부했다. "이곳은 세계에서 가장 아름다운 자동차 박물관입니다."

하지만 1977년, 방직업계의 위기로 그의 기업이 파산하면서 상황은 급변한다. 노동자들과의 갈등은 극에 달했고, 언론은 연일 '슐룸프 사건'을 보도했다. 노조는 전시장을 점거해 '노동자 박물관'이라 이름 붙였고 기업 손실을 메우기 위해 자동차 컬렉션의 매각을 요구했다. 슐룸프는 회사 자산 유용과 탈세 혐의로 기소되며 모든 것을 잃었다. 그의 자동차 컬렉션은 압수됐지만, 다행스럽게도 1978년 4월 프랑스 국참사원National Commission for Historic Monuments에 의해 역사적 기념물로 지정되며 가까스로 보존됐다. 이어 1980년, 뮐루즈 지역 자치단체들과 프랑스자동차클럽ACF이 공동으로 설립한 국립자동차박물관협회가 이를 4,400만 프랑에 인수했다. 박물관은 1982년 7월 대중에게 개방됐지만, 프리츠 슐룸프는 1989년 세상을 떠날 때까지 단 한 번도 그곳을 다시 찾지 않았다.

1960년대 말까지 올드카에 관심을 갖는 사람은 거의 없었다. 슐룸프와 함께, 미국의 억만장자 윌리엄 F. 하라William F. Harrah, 존 W. 셰익스피어John W. Shakespeare 같은 몇몇 인물들만이 이 세계에 뛰어들었다. 이들은 처음에는 황동 헤드라이트를 단 1914년 이전에 제작된 앤티크 모델을 수집하다가 점차 프랑스의 부가티, 탈보, 이스파노, 들라이예, 들라주, 이탈리아의 알파 로메오와 란치아, 독일의 메르세데스, BMW, 호르히 등으로 관심을 넓혀갔다. 전쟁 전 생산된 이 차들은 그 아름다운 외관과 탁월한 성능 덕분에 마침내 진가를 인정받기 시작했다. 가격도 서서히 오르기 시작했다. 1950년, 부가티 타입 57 한 대의 가격은 고철값 수준에 불과해 겨우 3,000프랑이었다. 이에 비해 같은 해 출시된 신형 시트로엥 DS19는 93만 프랑이었다. 1960년에 부가티는 30만 프랑에 거래됐지만, 이는 DS19 한 대 가격의 3분의 1 수준이었다. 그리고 1970년에야 신형 DS21 한 대와 맞먹는 가격까지 치솟았다. 이는 부가티가 마침내 인정받은 순간이기도 했지만 동시에 여전히 많은 애호가가 접근할 수 있는 수준의 가격이었다.

그 시절을 그리워하는 한 수집가는 이렇게 회상했다. "서로 사는 환경은 달랐지만, 옛 자동차를 좋아한다는 공통점 하나로 금세 어울렸죠. 매주 토요일이면 차고에 모여 나무 상자 위에 신문지를 깔고 와인 한 병과 소시지를 나눠 먹었어요. 지식인도, 육체노동자도, 부자도, 빈털터리도 함께였죠. 그리고 부가티, 이스파노, 보잉에 대해 몇 시간이고 이야기를 나눴어요." 성주, 대학생, 정비공, 은행가, 교사, 예술가, 사업가, 경찰 그리고 초기 클래식카 전문 딜러까지 이들은 모두 자동차를 진심으로 사랑한 사람들이었다. 이들은 1900년대의 고물차부터 1930년대의 들라주, 부가티, 이스파노를 몰고 거리를 누비곤 했다. 엔진이 고장 나면 수리비가 너무 비싸 고철상에서 구해온 다른 엔진으로 교체하곤 했다. 하지만 그런 시절도 이제 지나가 버렸다.

세계화와 미디어의 영향 그리고 무엇보다 인터넷이 모든 것을 뒤바꿨다. 경매사 에르베 풀랭은 이렇게 설명한다. "요즘은 어디선가 헛간에서 멋진 자동차 한 대가 발견됐다고 하면, 그 소식이 순식간에 전 세계로 퍼져요." 이제 경매는 현장뿐 아니라 전화와 인터넷을 통해 실시간으로 진행된다. 언론, 상인, 구매자들이 마치 주식 거래를 지켜보듯 초 단위로 그 과정을 주시한다. 도쿄에 있는 익명의 구매자에게 컴퓨터 클릭 한 번으로 파리에서 출품된 차량이 팔리는 시대가 된 것이다. 페라리, 포르쉐, 맥라렌, 부가티 같은 차들이 500만~600만 유로, 심지어 2,000만 유로에 거래되지만 이 차들은 더 이상 도로를 달리지 않는다.

투자 수단이 된 클래식카는 이제 박물관에 전시되는 예술품이 됐고, 간혹 고급 자동차 전시회에서나 모습을 드러낼 뿐이다. 예를 들어, 2017년 미국의 한 경매에서는 자동차 차체를 맞춤 제작해주던 회사 방부렌Vanvooren의 특별한 차체를 갖춘 부가티 57S 카브리올레 한 대가 700만 유로에 낙찰됐다. 이 차의 이전 소유주였던 한 프랑스 수집가는 이렇게 회고했다. "이 차를 25년 전에 샀어요. 순전히 마음이 끌려서였지, 투자하려던 건 아니었죠. 가격 같은 건 전혀 신경 쓰지 않았고, 수천 킬로미터를 직접 몰며 즐겼어요. 정말 행복한 시간이었어요." 하지만 700만 유로를 들여 이 차를 손에 넣은 새 주인은 과연 이 차를 실제 도로 위에서 달리며 즐길 수 있을까?

이제는 프랑스의 아르퀴리알Artcurial, 미국의 구딩&컴퍼니Good-

ing & Company, 영국의 본햄스Bonhams와 크리스티스Christie's, 캐나다의 RM 소더비즈RM Sotheby's 같은 대형 경매사들이 클래식카 시장의 새로운 기준을 만들고 있다. 이 시장에서 차량의 가치는 세 가지 주요 요소에 따라 결정된다. 첫째는 '매칭 넘버'로, 섀시 번호, 엔진 번호, 차체 번호가 모두 공장 출고 당시와 일치해야 한다. 둘째는 차량의 이력이다. 레이싱카라면 주요 대회 성적이나 왕족, 챔피언 드라이버, 연예인 등 유명 인사의 소유 이력이 중요한 평가 기준이 된다. 셋째는 브랜드다. 1950년대부터 2000년대까지 생산된 모델 중에는 페라리가 가장 높은 가치를 인정받으며, 전쟁 이전 차량 중에서는 메르세데스, 부가티, 듀센버그가 최고로 꼽힌다. 포르쉐, 알파 로메오, 애스턴 마틴 같은 브랜드는 물론, 거의 알려지지 않은 브랜드의 특정 모델조차도 놀라운 가치를 지니는 경우가 있다. 그 이유는 무수히 많지만, 이를 정확히 평가할 수 있는 이는 오직 진정한 전문가들뿐이다.

 세계화와 치솟는 가격에도 불구하고, 컬렉터 시장은 초부유층만의 전유물도, 투기꾼들의 전용 놀이터도 아니다(물론 주식 시장처럼 이곳에서도 전 재산을 잃을 수 있다). 2023년 기준 프랑스에는 80만 대의 클래식카가 등록돼 있으며, 프랑스고전차량연맹FFVE의 통계에 따르면 수집가 수도 이와 비슷한 수준에 이른다. 왜냐하면 이 열정 혹은 중독은 5,500만 유로짜리 페라리 GTO에만 국한된 것이 아니기 때문이다. 때로는 시트로엥의 국민차 2CV처럼 소박한 모델에서도 시작된다. 주행 거리 0km인 경우 2CV조차 최대 12만 유로에 거래되기도 한다. 프랑스에는 이 상징적인 시트로엥 모델을 사랑하는 팬클럽이 열 곳 넘게 존재한다. 결국 가장 많은 수를 차지하는 것도 시트로엥 수집가들이고, 어쩌면 가장 행복한 이들 역시 그들일지 모른다.

순환 경제

자원 종말 시대, 재활용이 경쟁력

얼마 전까지만 해도 자동차는 사람들의 눈에 띄지 않는 폐차장에서 조용히 생을 마감하곤 했다. 그곳을 찾는 이들은 값싼 부품을 구하려는 몇몇 눈 밝은 정비사들뿐이었다. 하지만 이제 상황은 완전히 달라졌다. 오늘날 자동차는 또 다른 자동차로 다시 태어난다. 순환 경제Économie circulaire, 바로 자동차 산업이 설정한 새로운 목표다. 자동차 산업은 다른 모든 산업 분야와 마찬가지로 순환 경제의 발전에 전력을 기울이고 있다.

왜 이런 변화가 일어난 걸까? 가장 큰 이유는 자동차 제조사들이 구리, 코발트, 니켈과 같은 주요 자원을 대량으로 사용하는 소비자이기 때문이다. 이 자원들은 대부분 지정학적으로 불안정한 지역에 매장돼 있어 자원 보존이 필수적이다. 현재 자동차 산업은 전 세계 리튬과 플래티넘 생산량의 최대 40%를 소비하고 있으며, 전기차로의 전환이 가속화되면서 이 수요는 더욱 폭증할 전망이다. 2022년부터 2030년 사이, 리튬 수요는 7배까지 증가할 것으로 예측된다.

게다가 이러한 자원을 운송하는 과정에서도 막대한 양의 이산화탄소가 배출된다. 프랑스는 이러한 환경 문제의 중요성을 가장 먼저 인식한 국가 중 하나였다. 이는 독일보다 앞선 움직임이었으며, 독일은 이른바 '디젤게이트' 사태가 터진 이후에야 비로소 경각심을 갖기 시작했다. 한편 역설적으로, 전기차로의 에너지 전환은 오히려 문제를 더 심각하게 만들고 있다. 민감한 자원에 대한 수요가 급격히 증가하고 있기 때문이다.

다행히 반가운 소식도 있다. 오늘날 도로를 달리는 자동차는 이미 잠재적으로 85%까지 재활용이 가능하다. 르노 세닉Scenic의 경우 그 비율은 90%에 이른다. 즉, 차량에 사용된 자재 대부분이 두 번째 삶을 살 수 있다는 뜻이다. 핵심 과제는 이 자재들이 자동차 산업 내부에서 직접 다시 활용돼야 한다는 점이다. 하지만 우리는 아직 그 단계에 도달하지 못했다. 현재도 신차 한 대를 생산할 때마다 사용되는 자재의 70~80%는 여전히 신규 원자재다. 재활용된 자재 중 자동차에서 나온 것은 극히 일부에 불과하다. 그렇다면 어떻게 이 전환을 가속화할 수 있을까? 시간이 걸릴 것이다. 지금까지 자동차 제조업체들은 차량의 수명 종료 이후에는 큰 관심을 기울이지 않았다.

하지만 이제부터는 상황이 달라질 것이다. 그 이유는 세 가지다. 첫째, 법적 규제 때문이다. 2024년 제정돼 2025년부터 시행되

는 '순환 경제를 위한 낭비 방지법', 일명 AGEC는 유럽연합 지침을 기반으로 도입된 법이다. 자동차를 시장에 출시하는 주체가 그 차량의 회수까지 책임져야 한다고 규정하고 있다. 이에 따라 폐차장에 방치되던 차량을 반드시 해체해야 하며, 부품의 재사용 수준을 기록해 보고하고, 신차 생산 시 재활용 부품의 사용 비율도 명시해야 한다. 이는 자동차 산업의 운영 방식에 근본적인 변화를 불러올 것이다. 둘째, 전 세계를 돌며 자원을 조달하는 방식은 더 이상 환경적 측면에서 용납될 수 없기 때문이다. 셋째, 정치적으로 불안정한 지역에 대한 자원 의존도를 줄이는 동시에 자동차의 경쟁력을 확보해야 하기 때문이다.

AGEC는 하나의 전환점을 의미한다. 2022년 한 해 동안 유럽에서는 약 1,100만 대의 자동차가 생산됐고, 동시에 1,100만 대의 차량이 해체 센터에 도착했다. 만약 해체 작업이 제대로 이뤄진다면 이 폐차 자원만으로도 자동차 산업의 수요를 충분히 충족시킬 수 있을 것이다. 수명을 다한 1,100만 대의 차량을 100% 재활용할 경우 약 800만 대를 생산할 수 있는 양의 강철과 500만 대 생산에 필요한 플라스틱과 구리를 회수할 수 있다.

이를 실현하기 위해서는 폐차장 네트워크를 체계적으로 정비하는 것이 필수적이다. 그리고 무엇보다 중요한 것은, 업계 종사자들이 부품을 일반 구매자보다 자동차 제조업체에 우선적으로 판매하도록 유도하는 인센티브 체계를 마련하는 일이다. 이 과정을 제대로 수행해낸다면 자동차 해체 및 재활용 산업은 기술적 전문성과 경제적 안정성을 동시에 확보할 수 있을 것이다. 이는 진정한 윈윈 전략이 될 수 있다.

이에 대한 빠른 이행을 위해서는 유럽 주요 자동차 제조사들이 협력해 '재활용 분야의 에어버스'와 같은 공동 연합체를 구성하는 것이 이상적일 것이다. 유럽 내에서 필요한 대규모 투자를 공동으로 추진할 수 있는 규모의 협력체를 유럽 내에 구축하는 것이다. 우리는 시장에서는 제품 판매를 위해 경쟁하겠지만, 유럽 내에서 확보가 어려운 자원 조달 문제에는 힘을 합쳐 대응해야 한다. 모든 일이 순조롭게 이뤄진다면, 신차 한 대에 사용되는 부품과 소재의 절반을 재활용 자원으로 충당하는 일도 더 이상 비현실적인 이상은 아닐 것이다.

시계

엔진처럼 정밀하게, 드라이버처럼 가볍게

Written by 리샤르 밀 Richard Mille, 리차드 밀 창업자

자동차는 내가 태어날 때부터 내 삶 한가운데 있었다. 거의 강박에 가까운 자동차에 대한 열정은 내 커리어 전반을 따라다녔다. 그래서 나는 자연스럽게 본업인 시계의 세계와 자동차 세계 사이를 잇는 연결 고리를 끊임없이 찾아 나섰다.

나의 커리어는 마트라Matra의 시계 부문에서 시작됐다. 당시 주력 브랜드는 예마Yema와 자즈Jaz, 모두 프랑스 브랜드였으며, 이후 라가르데르Lagardère를 거쳐 일본 세이코Seiko에 매각됐다. 나는 수출 지역 담당자로 오두Haut-Doubs 지역에서 근무하고 있었다. 작은 일화 하나를 들려주자면, 첫 월급을 받자마자 나는 곧장 르노 대리점으로 달려갔다. 알핀을 사고 싶어서였다. 그런데 딜러가 3개월 치 급여명세서를 요구했다. 아직 수습 기간이라 제출할 수 없다고 하자, 그는 내가 계속 일할 사람인지 확인해보겠다며 내 상사에게 전화를 걸었다. 두 사람이 잘 아는 사이였던 것이다. 그렇게 계속 근무할 거라는 확인을 받아낸 덕분에 나는 결국 꿈에 그리던 알핀 A110 1300을 손에 넣을 수 있었다.

마트라에서 나는 영업이사까지 올랐지만, 그즈음부터 이미 내 관심은 '별난 제품'을 만드는 쪽으로 기울어 있었다. 인류 최초로 북극점에 단독 도달한 장루이 에티엔이 착용했던 시계를 내가 제작했

고, 프랑스 우주비행사들을 위한 특수 시계도 설계한 적이 있다.

시계 산업은 자동차 세계와 오랜 시간 밀접한 관계를 맺어왔다. 롤렉스 데이토나Rolex Daytona, 태그호이어 모나코TAG Heuer Monaco, 쇼파드 밀레밀리아Chopard Mille Miglia, 오데마피게의 몬토야Audemars Piguet Montoya, 바리첼로 에디션Barrichello Edition 등 수많은 상징적인 모델들이 그 사실을 증명한다. 론진Longines이나 위블로Hublot도 F1과 공식 파트너십을 맺은 바 있다.

2001년, 나는 리차드 밀Richard Mille 브랜드를 창립하며 완전히 새로운 접근을 시도하고 싶었다. 자동차 기술의 개념을 시계 제작에 직접적으로 적용하는 것이었다. 이전까지 자동차와 시계의 관계는 다소 표면적인 수준에 머물러 있었다. 예를 들면, 자동차 느낌을 주는 스트랩이나 핸들처럼 생긴 시침을 만드는 정도였다. 하지만 시계 제작의 진짜 묘미는, 부품 하나하나가 워낙 작다 보니 모든 공정이 고도의 정밀함과 기술을 요구한다는 점에 있다. 그것이야말로 진정한 기술적 도전이었다.

나는 먼저 충격에 대한 내구성 연구부터 시작했다. 그리고 우리 브랜드는 시계의 베이스 플레이트를 티타늄으로 제작한 최초의 브랜드가 됐다. 왜 하필 티타늄이었을까? 바로 강성 때문이다. 이전까지 시계에 쓰이던 금속들은 대체로 너무 부드러웠다. 허용 오차가 0.01mm 단위로 움직이는 기어 시스템에서 강성이 낮은 금속을 베이스로 쓴다는 건 애초에 말이 안 되는 일이었다. 리차드 밀의 시계는 충격을 흡수하기 위해 모든 부품이 서스펜션 구조로 설계돼 있다.

티타늄의 강성을 검증하기 위해 우리는 기존 시계업계의 기준을 훨씬 뛰어넘는 강도의 충격 테스트를 수없이 반복했다. 내가 이 일을 막 시작했을 때만 해도, 시계를 찬 채로 골프를 치는 건 불가능하다는 게 업계의 통념이었다. 하지만 나는 정확히 설계하면 가능한 일이라는 걸 증명해냈다. 그 결과 우리는 테니스 챔피언 라파엘 나달Rafael Nadal을 위해 13,000G의 충격을 버틸 수 있는 시계를 만들 수 있었다.

자동차와의 연결성은 점점 더 가벼운 소재를 추구하는 데에서도 잘 드러난다. 이런 점에서 F1은 매우 영감을 주는 존재인데 그 자체가 극한이기 때문이다. 자동차 경주에서 무게를 최소화하려는 노력은 거의 집착에 가깝다. 우리는 최초로 탄소 섬유 소재의 베이스를 제작한 브랜드다. 그 덕분에 페라리, 맥라렌과 파트너십을 맺을 수 있었고 특히 페라리와는 두께가 단 1.75mm에 불과한 세계에서 가장 얇은 시계를 함께 개발하기도 했다. 이 경험은 이후 라파엘 나달을 위해 시계 한 개 무게를 편지 한 통 수준인 18g까지 줄이는 데에도 큰 도움이 됐다.

물론 이런 특성들은 처음에는 기존의 명품 시계 기준과 상충됐다. 당시에는 '가치 있는 시계는 묵직해야 한다'는 인식이 일반적이었기 때문이다. 그런 분위기에서 마치 의료기기를 떠올리게 하는 절제된 디자인에 하이테크 소재를 결합한 제품을 내놓는다는 건 모두에게 충격적인 일이었다. 내가 처음 만든 시계는 티타늄으로 제작돼 매우 가벼웠지만 가격은 금시계보다 두세 배나 높았다. 고객들은 이 새로운 모델들에 열광했지만 시장이 그것을 온전히 받아들이기까지는 시간이 좀 걸렸다.

자동차 산업의 엔진 개발자들처럼 우리도 성능을 최적화하는 방법을 끊임없이 모색해왔다. 전통적인 시계업계에서는 '파워 리저브'라는 개념이 오랫동안 중시됐다. 태엽을 한 번 감으면 72시간 혹은 그 이상 작동하는 기계식 기계. 이것은 양적인 개념으로, 나는 이런 방식에는 별다른 흥미를 느끼지 못했다. 마치 자동차의 연료 탱크 크기와 같다. 하지만 성능과는 본질적으로 무관하다. 그래서 나는 자동차의 토크 센서를 연상시키는 시스템을 구상했다. 성능을 실시간으로 측정할 수 있는 정밀한 지표 시스템이지만, 극도로 미세한 대상에 적용되는 것이다. 자동차에서의 단위가 뉴턴·미터 $N \cdot m$이지만, 시계에서는 데시뉴턴·밀리미터 $dN \cdot mm$가 기준이 된다.

자동차와의 또 다른 유사점은 마찰을 극도로 줄이기 위한 노력이다. 일반적으로 기계식 시계의 정밀도는 '초/일' 단위로 측정된다. 하루 4초에서 8초 사이 오차가 나면 양호하다고 본다. 하지만 우리는 이보다 훨씬 뛰어난 성능을 달성했다. 기어의 이를 정밀하게 조정한 덕분이었다. 열 개 한정판으로 제작한 시계 중 마지막 모델은 공증인의 입회하에 한 달 오차가 1초도 되지 않는 성능을 기록했다. 시계업계에서 유례를 찾기 어려운 결과였다.

인체공학적 착용감 또한 F1처럼 중요하게 고려했다. 오늘날 포뮬러카가 드라이버의 체형에 맞게 설계되듯, 시계 또한 마치 착용하지 않은 듯 가벼워야 하고 태엽 감기도 손쉽게 이뤄져야 한다.

 이 모든 요소는 왜 우리 남성 고객의 95%가 자동차 마니아인지 잘 설명해준다. 그 모든 요소들이 이들을 하나로 잇는 공통된 분모다. 나처럼 시계와 자동차를 함께 수집하는 이들도 많다. 나 역시 수년간 수많은 경주용 차량을 모아왔고, 포퓰러카만도 약 100대에 달한다. 이 모든 차량은 완벽한 주행 상태로 유지되며, 전담 정비사가 매일 엔진을 시동해 점검한다. 내가 이 열정을 '강박에 가깝다'고 표현한 건 절대 과장이 아니다.

시동 키

열쇠에서 버튼으로, 그리고 결국엔 사라질까?

놀랍지 않은가. 수십 년에 걸쳐 끊임없이 이어진 혁신의 끝이 완전한 사라짐이라니. 시동 키의 역사에 대한 이야기다. 한 세기 전만 해도 마법의 열쇠처럼 여겨졌던 키는 이제 스마트폰 앱 하나로 대체됐다. 자동차의 개척기 시절, 시동을 걸기 위해서는 손으로 직접 크랭크를 돌려야 했다. 숙련된 손놀림이 필수였고, 한 번 삐끗하면 되레 튕겨 나온 크랭크에 크게 다칠 위험도 있었다. 실제로 1910년, 미국에서 한 운전사가 이러한 사고로 목숨을 잃었다. 이 사건은 캐딜락의 창립자 헨리 M. 릴랜드Henry M. Leland에게 대체 방식을 고민하게 만들었다. 그리고 2년 뒤인 1912년, 델코Delco라는 회사가 키

로 작동하는 전기식 시동 장치를 개발해냈다. 미국 내 자동차 제조사들은 이를 앞다퉈 도입했고, 이 발명은 1920년대에 대서양을 건너 유럽으로 퍼졌다.

1931년, 프랑스인 니만은 또 하나의 획기적인 진보를 이룬다. 스티어링 칼럼(핸들 축)에 설치하는 도난 방지 장치를 발명했기 때문이다. 하지만 여전히 불편함은 남아 있었다. 차 문을 열기 위한 열쇠와 시동을 걸기 위한 열쇠, 두 개의 열쇠를 따로 들고 다녀야 했기 때문이다. 1960년대에 이르러서야 드디어 차 문 열쇠와 시동 키가 하나로 통합된다. 1990년대에 접어들면 자동차 열쇠는 또 한 번의 기술 혁신을 맞이한다. 중앙 잠금장치가 등장하고, 이어 무선 리모컨 기능이 도입됐다. 당시 리모컨 키를 가진 운전자는 멀리서 무심한 제스처 하나로 '삑!' 소리와 함께 차 문을 열 수 있었지만, 그렇지 못한 이들은 여전히 열쇠 구멍과 씨름해야 했다. 특히 비 오는 날이면 리모컨 키의 필요성이 절실히 느껴지곤 했다.

시동 키

당시만 해도 대중들은 시동 키를 상상하지 못했지만 운명의 날은 착실히 다가오고 있었다. 자동차업계의 발명가들은 연구실에서 비접촉식 기술 개발에 몰두하고 있었다. 처음에는 지갑에 쏙 들어가는 카드형 키가 등장했고, 이어 스마트폰에 저장된 가상 키로 진화했다. 이제는 "차 키를 어디에 뒀더라?" 같은 말조차 거의 들리지 않는다. 과거의 시동 키는 이제 푸시 버튼으로 겨우 명맥만 이어가고 있을 뿐이다.

덧붙이자면 포르쉐는 오늘날에도 여전히 운전대 왼쪽에 시동 버튼을 두는 유일한 제조사다. 이 독특한 전통은 과거 내구 레이스의 출발 방식에서 비롯된 것이다. 출발 신호와 동시에 차량에 뛰어들어 시동을 걸고 출발해야 했던 그 시절, 드라이버들은 왼손으로 키를 돌리며 시동을 거는 동시에 오른손으로 기어를 조작해 단 몇 십 분의 일 초라도 단축하려 애썼다. 더욱 현실적인 이유도 있었다. 시동 키를 왼쪽에 두면 필요한 전선의 길이를 줄일 수 있었다. 전쟁 이후 자원이 부족했던 시절, 이러한 실용적 발상은 크게 환영받았다. 그렇게 탄생한 구조가 오늘날까지 살아남은 것이다.

시트로엥 2CV

프랑스인의 마음에 가장 오래 남은 모두의 차

드슈Deuche, 드드슈Deudeuche, 도슈Doche(역주 - 2CV는 프랑스어 'Deux

Chevaux드 슈보'의 약자로, '두 마리 말'이라는 뜻이다. 드슈, 드드슈, 도슈는 모두 프랑스 사람들이 2CV를 친근하게 부를 때 쓰는 귀여운 애칭들이다), 드파트Deux-pattes(두 다리), 우산 아래 긴 의자, 영국에서는 철 달팽이, 벨기에에서는 드 푸알Deux poils(두 가닥 털), 이탈리아에서는 두에 카발로Due Cavalli(두 마리 말)…. 2CV만큼 별명이 많은 자동차도 드물다. '정어리 통조림'이라는 별칭까지 붙은 이 차가 운전자들에게 진정한 가족의 일원처럼 여겨졌다는 증거일 것이다. 더 정확히 말하자면 2CV는 단순한 가족 구성원을 넘어 사회의 모든 계층을 아우른 자동차였다. 농부, 시골 의사, 회사원, 수녀, 새신랑, 장인匠人까지 2CV는 모두에게 사랑받는 차였다. 금수저가 아닌 이상 대부분의 사람은 이 소박한 차를 한 번쯤은 거쳤다. 심지어 부유한 집안의 히피들조차 2CV의 매력에 빠졌을 정도였다.

숫자는 거짓말을 하지 않는다. 2CV는 총 510만 대가 판매됐고 무려 42년 동안 생산됐다. 믿기 어려울 만큼 긴 여정이지만, 이는 자동차 산업이 직면한 도전과 그 속에서 이뤄낸 놀라운 성취를 보여주는 사례다. 그 역사의 시작은 1936년으로 거슬러 올라간다. 파산 위기에 몰린 시트로엥은 막 미쉐린에 인수된 상태였다. 당시 미쉐린이 선임한 새로운 경영자 피에르 불랑제Pierre Boulanger는 분명한 목표를 가지고 있었다. 극도로 단순하고 투박한 대중용 소형차를 최대한 저렴한 가격에 생산하는 것이었다. 이 프로젝트는 '매우 작은 자동차Très petite voiture'라는 의미를 줄여 TPV라는 코드명으로 불렸다.

불랑제는 1만 명의 운전자들을 대상으로 한 대규모 시장 조사를 지시했다. 당시로서는 전례 없는 일이었다. 그의 요구 사항은 간결하면서도 분명했다. "나막신을 신은 농부 두 사람과 감자 50kg 또는 작은 술통 하나를 싣고 시속 60km로 달릴 수 있어야 합니다. … 초보 여성 운전자도 쉽게 조작할 수 있어야 하고, 뒤에 실은 달걀 바구니가 깨지지 않을 만큼 승차감도 뛰어나야 합니다. 마지막으로, 분명히 말하지만 외관은 중요하지 않습니다." 게다가 이 모든 조건을 트락숑 아방Traction Avant보다 세 배 저렴한 가격에 실현해야 했다. 자동차가 여전히 사치품으로 여겨지던 시절, 이러한 대중형 자동차를 구상한다는 것은 미래를 내다보는 통찰력이 없이는 불가능한 일이었다. 이 이야기는 다시 한 번, 위대한 성공은 언제나 과감한 변화 속에서 탄생한다는 사실을 보여준다.

그리고 그러한 변화의 이면에는 강한 신념으로 끝까지 밀어붙이는 고집스러운 인물들이 존재한다. 그중 한 사람이 TPV 프로젝트의 책임자였던 앙드레 르페브르André Lefebvre였다. 그는 훗날 명차로 꼽히는 시트로엥 DS를 탄생시킨 주역이기도 하다. 최소한의 비용으로 최대의 효율을 추구한 그는 기존의 관념을 깨는 파격적인 아이디어들을 검토했고 그 결과물은 시대를 앞선 로 코스트Low Cost 자동차였다.

차체의 강성을 높이고 두께 0.6mm에 불과한 얇은 금속판의 약점을 보완하기 위해 2CV에는 주름진 강판이 다수 사용됐다. 그렇게 태어난 차량은 매우 가볍고 경제적이었다. 심지어 대부분의 부품에는 동일한 규격의 나사 하나만 사용돼 조립 효율도 높았다. 대시보드는 아예 없었고, 그 자리에 자전거용 속도계가 달려 있었다. 이 속도계는 기계식 와이퍼를 구동하는 역할도 했다. 차가 멈추면 운전자가 속도계 아래에 달린 손잡이를 직접 돌려 와이퍼를 움직여야 했다. 배기량 375cc의 작은 엔진은 고작 9마력의 출력을 냈다. 헤드라이트는 처음에는 하나뿐이었고 두 번째 헤드라이트는 출시되기 직전에서야 추가됐다. 지붕은 천으로 덮여 있었고, 뒤 범퍼까지 길게 이어지는 구조였다. 햇볕을 즐기기 위한 설계가 아니라 철저히 무게를 줄이기 위한 선택이었다. 좌석은 야전침대처럼 단순한 벤치 시트였다.

독창성이 지나치게 극단적인 부분도 있었다. 예를 들어 서스펜션의 경우, 연구팀은 토션 바, 고무 블록, 수직 및 수평 스프링, 유압식 장치를 조합해 매우 복잡한 구조를 시도했지만 결국은 포기하고 말았다. 하지만 문제될 것은 없었다. 아이디어는 끊이지 않았고 그중에는 실현 가능한 혁신적인 아이디어들도 분명 존재했다. 1939년, 프로토타입이 시험 주행을 시작했고 이어 250대의 사전 생산이 이뤄졌다.

하지만 제2차 세계 대전이 발발하면서 모든 것이 중단됐다. 대부분의 TPV는 파기됐고 극소수의 차량만이 살아남았다. 일부는 외르에루아르 주의 라페르테비담 시험 센터에, 또 일부는 파리 15구 테아트르 거리에 위치한 시트로엥 연구소 지하에 은밀히 보관됐다. 독일 점령기 동안 이 프로젝트의 존재를 알게 된 독일군은 차량 설계를 보여달라며 압박했다. 심지어는 훗날 비틀이라는 이름으로 널리 알려질 자국의 초소형 자동차 도면을 제시하며 정보 교환을 제안하기도 했다. 하지만 피에르 불랑제는 이를 단호히 거부했고 전쟁 중에도 2CV의 개발은 비밀리에 계속됐다. 덕분에 프랑스 해방 이후 프로젝트는 빠르게 재개될 수 있었다.

1948년, 파리 모터쇼에서 마침내 2CV가 세상에 모습을 드러냈다. 프로젝트는 발표 직전까지 철저히 비밀에 부쳐졌던 터라 사람들은 TPV를 '여전히 보이지 않는Toujours pas vu'의 약자라고 부르며 조롱 섞인 농담을 주고받았다. 하지만 기다림만은 절대 헛되지 않았다. 모터쇼 첫날, 피에르 불랑제는 마치 연극의 한 장면처럼 무대 위에서 차량을 덮고 있던 천을 걷어 올렸다. 관람객들 앞에 모습을 드러낸 2CV는 말 그대로 충격 그 자체였다. 믿기 어려운 광경 앞에서 사람들은 할 말을 잃었다. 극단적으로 미니멀리즘을 구현한 이 차는 마치 '네 바퀴 달린 우산' 같았다. 관람객들의 반응은 냉소적이었다. 한 네덜란드 기자는 이 차를 '미운 오리 새끼'에 빗대었고, 한 미국 기자는 "깡통따개도 함께 주나요?"라며 비아냥거렸다.

대중의 반응은 어땠을까? 한마디로 열광 그 자체였다. 가족들은 처음으로 네 사람이 편안히 앉을 수 있을 만큼 적당한 크기에, 실용성과 경제성을 동시에 갖춘 자동차를 마주했다. 그보다 더 놀라웠던 것은 가격이었다. 2CV의 예정 가격은 18만 5,000프랑으로, 당시 가장 저렴했던 르노 4CV보다도 무려 9만 6,000프랑이나 저렴했다. 물론 시트로엥은 결국 이 약속을 끝내 다 지키지 못했다. 출시 가격은 22만 8,000프랑으로 조정됐다. 그럼에도 여전히 경쟁 모델보다 19%나 저렴한 가격이었다. 2CV의 인기는 그야말로 폭발적이었다. 수요가 워낙 많아 생산이 따라가지 못하는 상황이었다. 1949년 말까지 생산된 차량은 876대에 불과했고 대기 기간은 무려 6년까지 늘어났다. 그 기다림을 조금이라도 줄이려면 2CV가 꼭 필요한 이유를 증명해야 했다. 가장 절실한 호소는 농부, 간호사, 시골 사제들로부터 나왔다.

그토록 긴 기다림에도 불구하고 프랑스인들은 이 독특하고도 사랑스러운 '두 발 달린 차'에 점점 더 매료됐다. 사람들은 탁월한 주행 안정성에 감탄했고 조작이 간편한 기어 레버에도 만족했다. 전쟁으로 파손된 거친 도로에서도 부드럽게 흔들리며 안락함을 주는 서스펜션, 뛰어난 내구성, 손쉬운 정비 그리고 무엇보다 뛰어난 실용성이 돋보였다. 광고 문구는 간결하면서도 강렬했다. "이 차는 싣고, 옮기고, 무엇이든 운반합니다." 또한 사람들은 이 차의 귀엽고 친근한 외모를 사랑했다. 누구에게나 스스럼없이 다가가는 듯한 모습과 장난기 어린 디자인은 마치 부르주아 자동차를 향한 유쾌한 풍자처럼 보였다. 이러한 '사회적 복수극'의 상징은 한 영화 속 장면에 영원히 각인됐다. 제라르 우리 감독의 명작 〈대추적〉(1965)에서 부르빌이 몰던 2CV는 루이 드 퓌네스의 롤스로이스 실버 클라우드와 충돌한다. 자동차 간의 충돌이자 두 문화 간의 충돌이었다. 그리고 결국 순박한 부르빌이 통쾌한 복수를 이뤄내며 이야기는 막을 내린다.

물론 단점도 있었지만 사람들은 너그럽게 이해했다. 초기 모델의 출력은 자동차 기술자 협회SAE 기준 9마력에 불과했으며, 1954년에는 12마력으로, 이후 점진적으로 개선돼 26마력까지 향상됐다. 이로써 드슈는 생산 기간 동안 출력이 세 배 가까이 향상된 세계에서 유일한 자동차가 됐다. 구동축(드라이브 샤프트)에는 등속 조인트가 없어 시동을 걸고 출발할 때마다 차량이 덜컥거렸다. 초기 모델의 앞문은 일반적인 자동차 도어와 달리 뒤쪽을 경첩으로 고정한 구조였다. 주행 중 차량 전방에서 후방 방향으로 곧잘 열리곤 해 '자살문'이라 불릴 정도로 위험한 구조였다. 창문은 반만 열 수 있는 접이식 방식이었지만, 접어 올린 유리가 팔 위로 떨어지기 일쑤였다. 연료 게이지는 전자식이 아니어서 잔량을 확인하려면 연료 탱크에 꽂힌 눈금 막대를 직접 꺼내 일일이 확인해야 했다. 트렁크는 천 한 장으로 덮는 단순한 구조였고 색상은 회색 한 가지뿐이었다.

비판이 쏟아지자 시트로엥은 다소 의아한, 어떤 이들에게는 오만하게까지 보이는 태도로 대응했다. 1960년대 초반부터 조금씩 개량을 시도하긴 했지만 그 속도는 매우 더뎠다. 당시 경영진은 아마도 이렇게 생각했을 것이다. '판매가 이렇게 잘 되는데 굳이 비용을 들여 고칠 필요가 있을까?' 물론 시간이 흐르며 차량은 점차 세련되고 안정적인 인상을 갖추기 시작했지만 그 변화는 그리 크지 않았다. 상위 모델의 역할은 1967년에 출시된 다이아네Dyane에게 맡겨졌지만, 이 모델은 결국 대중의 호응을 얻지 못한 채 1983년 카탈로그에서 자취를 감췄다. 그에 반해 2CV는 건재했고 찰스턴, 스팟, 007 제임스 본드 에디션 등 다양한 스페셜 시리즈를 선보이며 오랫동안 사랑받았다. 그리고 마침내 1990년 11월 27일 오후 4시 30분, 마지막 2CV 한 대가 포르투갈 망구알드 공장을 떠났다.

그 이후 수많은 자동차업계의 경영자들은 하나의 꿈을 품게 됐다. 바로 2CV처럼 40년이 넘는 세월 동안 거의 변함없이, 시대를 초월해 사랑받을 수 있는 마법 같은 공식을 찾아내는 것이다.

실패

이유도 가지가지, 화려한 실패작들

운구차? 아니, 이건 바로 폰티악 아즈텍Pontiac Aztek이다. SUV와 미니밴을 기묘하게 섞고, 픽업트럭에서 영감을 받았다는 독특한 디자인이 특징인데, '영감'이라는 말이 좀 민망할 정도다. 이 차는 불운하게도 미국 《타임》지가 선정한 '역사상 최악의 발명품 50선'에 들었고, 독일 시사주간지 《데어 슈피겔》에서는 '가장 못생긴 자동차 톱10'에 꼽혔으며, 영국 일간지 《데일리 텔레그래프》의 설문조사에서는 '세계에서 가장 못생긴 자동차 100대' 중 당당히 1위를 차지했다. 혹평 일색이었던 이 못생긴 차는 2000년부터 2005년까지 생산됐고, 가장 잘 팔린 해에도 고작 2만 7,000대가량이 팔렸다. 애초 목표였던 연간 7만 5,000대에 한참 못 미치는 성적이었다.

　아즈텍처럼 실패한 자동차의 사례는 생각보다 꽤 많다. 안타깝다고 여길 수도 있겠지만, 오히려 이런 실패들은 자동차 산업이 얼마나 끊임없는 실험과 혁신을 요구받는 분야인지를 보여주는 증거이기도 하다. 자동차업계만큼 지속적으로 앞을 내다보고, 위험을 감수해야 하는 산업도 드물다. 하지만 유럽, 특히 프랑스에서는 아직 이런 '실패를 감수하는 문화'가 충분히 뿌리내리지 못한 것이 사실이다. 반면 미국은 실패를 성장의 자양분으로 받아들이는 문화가 자리 잡혀 있다. 실제로 IBM의 한 경영자는 이렇게 말했다. "서너 번 중 한 번도 실패하지 않는다면 충분히 시도하지 않은 것이다." 물론 내 개인적인 기준으로는 열 번 중 한 번 정도가 딱 좋다고 생각하지만, 중요한 건 결국 성공을 위해서는 어느 정도 실패할 각오가 필요하다는 사실이다.

나는 실패에도 두 가지 종류가 있다고 생각한다. 하나는 지나치게 앞서가려다 벌어지는, 말하자면 과도한 미래 지향성에서 비롯된 실패이고, 다른 하나는 정말 어이없는 실수에서 비롯된 실패다. 그리고 르노는 늘 시대를 앞서간 브랜드였기에 전자의 실패를 누구보다 잘 알고 있는 브랜드다. 물론 그만큼 대가도 톡톡히 치렀다. 대표적인 사례가 이름부터 운명을 암시하는 아반타임Avantime이다. 사람들은 이 차를 조롱하며 '애프터타임'이라 불렀고, 마차처럼 높게 솟은 차체 덕에 다리미Iron라는 별명도 얻었다. 프랑스 유력지《르 몽드》는 이를 '영광스러운 실패'라 표현했다.

아반타임은 크로스오버 개념이 정착하기 훨씬 이전에, 쿠페와

미니밴을 결합한 전례 없는 시도를 감행한 모델이었다. 앞문과 뒷좌석 사이에 B필러가 없는 구조, 프레임이 없는 창문, 거대한 선루프, 밝고 개방적인 실내 그리고 강렬하고 개성 있는 디자인까지…. 어쩌면 너무 파격적이었던 걸까? 그랬던 것 같다. 실제로 2001년부터 2003년까지 8,552대밖에 팔리지 않았다. 하지만 이후 세월이 흐르며 아반타임은 점차 재조명받기 시작했다. 이 독특한 차량은 클래식카 시장에서 가치가 상승하고 있다. 미국 테네시 주 내슈빌의 한 박물관에서는 아반타임을 전시했고, 이 차를 처음 본 현지 기자는 고개를 갸웃거리며 이렇게 말했다. "프랑스인들은 이렇게나 신선한 차를 도대체 왜 싫어했던 걸까?"

1983년에 출시된 또 하나의 르노 차량은 시대를 너무 앞서간 탓에 시장에서 실패한 비운의 모델이었다. 바로 R11 TSE 일렉트로닉이다. 이 차는 운전자에게 말을 거는 최초의 자동차였다. '오케이 구글'보다 훨씬 앞서, 음성 합성 시스템을 통해 사이드 브레이크를 풀라고 안내하거나 엔진 오일 게이지를 확인하라고 알려주는 기능을 갖추고 있었다. 계기판에는 LCD 디스플레이와 형형색색의 경고등이 반짝이며 마치 크리스마스 트리를 연상케 했다. 하지만 마치 선물처럼 보였던 이 기술은 시장에서 철저히 외면당했다. 사용자들은 이런 생소한 시스템을 이해하지 못했고, 르노는 결국 해당 기능을 조용히 철회해야 했다.

시대를 너무 앞서간 탓에 유성처럼 스쳐 지나간 또 하나의 모델이 있다. 바로 아우디 A2다. 2000년에 공개된 이 차량은 당시로서 충격 그 자체였다. 알루미늄 차체로 깃털처럼 가볍고, 공기역학적 효율은 동급 최고 수준이었으며, 3기통 엔진에다 정차 시 엔진이 자동으로 꺼지는 '스탑&스타트' 시스템까지 갖췄다. 이산화탄소 배출량은 1km당 81g에 불과해, 당시 기준으로는 그 어떤 차도 따라올 수 없는 '친환경 챔피언'이었다. 하지만 문제는 이 모든 게 20년이나 앞서 있었다는 점이었다. 올바른 차였지만 너무 일찍 옳았던 게 오히려 화근이었다. 소비자들은 첨단 기술에는 관심 없고, 특이한 외관, 빈약한 출력 그리고 '진짜 아우디'와는 거리가 먼 이미지에만 주목했다. 결국 A2는 17만 6,377대만 팔리는 데 그쳤다. 메르세데스 A클래스가 100만 대 넘게 팔린 것과 비교하면 처참한 성적이었다.

'너무 앞서간 차들'은 이 밖에도 많다. 예컨대 양쪽에 전동 슬라이딩 도어를 달았던 푸조 1007, 독특한 디자인에 수평 6기통 엔진과 사륜 독립 서스펜션을 탑재한 쉐보레 코베어Corvair, 1947년에 이미 롤 케이지, 접합 유리 전면 유리창, 디스크 브레이크, 어댑티브 코너링 라이트까지 갖춘 터커 토페도Tucker Torpedo 같은 모델들도 있다. 시대를 너무 앞서간 덕에 실패했지만, 그 자체로는 감탄스러운 시도들이었다. 우리는 이제야 그들에게 조금은 관대해질 수 있다. 왜냐하면 이 '아름다운 실패'들이 자동차 산업의 다음 도약을 준비하는 데 큰 몫을 했기 때문이다.

게다가 어떤 경우는 완성도는 높았으나 불운이 겹쳐 빛을 보지 못했다. 누가 1973년 욤키푸르 전쟁(제4차 중동 전쟁)과 그 여파를 예측했겠는가? 그 전쟁은 아름다움으로 찬사를 받던 시트로엥 SM 의 운명을 송두리째 흔들었다. 또한 1929년 대공황이 일어나리라 누가 상상이나 했겠는가? 당시 제너럴 모터스는 뷰익과 캐딜락 사이를 메울 새로운 브랜드 라살LaSalle을 막 출시하려던 참이었다. 뛰어난 장점을 갖췄던 컨버터블 타입 328과 345는 경제 붕괴의 직격탄을 맞으며 고전을 면치 못했다. 한편, 고급 차 제조사였던 파나르 르바소의 다이내믹은 프랑스에서 인민전선 정부가 출범하던 시기에 등장했는데, 정세 불안을 감지한 부유층 소비자들은 이 모델을 외면했다.

반면, 굳이 말하자면 스스로 실패를 자초한 자동차들에 대해서는 좀 더 냉정한 평가가 가능하다. 그 원인은 종종 디자인 실책에서 비롯되는데, 대표적인 사례가 바로 포드 에드셀Ford Edsel이다. 헨리 포드의 아들 이름을 딴 이 차는 시장을 뒤흔들겠다는 야심 아래 1957년에 대대적으로 출시됐다. 무려 18가지 버전으로 나왔고, 2도어 또는 4도어, 소프트톱이나 하드톱을 갖춘 카브리올레, 왜건 등 다양한 라인업을 갖췄다. 300마력부터 350마력까지 다양한 V8 엔진이 장착됐으며, 마케팅 예산은 천문학적으로 투입됐다. 프랭크 시나트라, 빙 크로스비, 루이 암스트롱이 총출동한 대규모 TV 쇼까지 제작될 정도였다. 하지만 이 모든 노력은 기괴하기 짝이 없는 외형 디자인 탓에 물거품이 되고 말았다. 그중에서도 가장 문제였던 건 전면 그릴이었다. 지나치게 크고 비율도 어색했으며 어설프게 타원형을 띠고 있었다. 원래 말의 굴레를 형상화한 것이었지만 대중은 이를 변기 뚜껑 혹은 여성 성기를 연상시키는 형태로 받아들였다. 결국 판매량은 겨우 3만 대에 그쳤고, 이는 손익분기점의 10분의 1 수준에 불과했다.

형편없는 디자인이 실패로 이어진 또 다른 대표적인 사례는 1999년에 출시된 피아트 멀티플라Multipla다. 이 모델은 르노 메간 세닉Megane Scenic의 성공에 대응해 개발된 이탈리아식 콤팩트 미니밴으로, 아이디어 자체는 매우 영리했다. 길이 3.99m에 불과한 차체에 두 줄로 각각 세 개의 좌석을 배치해 총 6명의 승객과 짐까지 실을 수 있도록 설계됐다. 이를 위해 너비는 1.87m로 제법 넓게 잡았다. 개발 당시 콘셉트는 '사람들을 행복하게 만드는 실내 공간'이었고, 넓은 유리창을 채택한 이유도 '행복한 사람들의 모습을 밖에서도 볼 수 있게 하기 위해서'였다. 이 모든 요소를 셰이커에 넣고 흔들어 나온 결과물이 바로 멀티플라였다.

멀티플라는 등장과 동시에 '미운 오리 새끼'라는 조롱을 받았다. 영국의 자동차 프로그램 〈탑기어〉에서는 단골 놀림감이 됐고, 한 영국 잡지는 이 차를 '세계에서 가장 못생긴 차'로 선정하기도 했다. 심지어 딜러들조차 고객과 이 차량 옆에 서 있는 시간을 최소화하고 가능한 한 빨리 차에 탑승시키려 애썼다. 기발하고 실용적인 실내 구성이 그 끔찍한 외관을 잊게 해주기를 바란 것이다. 이탈리아 내에서는 그럭저럭 괜찮은 판매 실적을 올렸지만, 해외 시장에서는 거의 참패에 가까웠다.

그렇다면 모든 책임을 디자이너 로베르토 지올리토에게 돌려야 할까? 그것은 지나치게 단순한 비판일지도 모른다. 그가 항상 실패한 것도 아니다. 피아트 500을 디자인한 장본인이 바로 그니까. 신차 출시 과정은 극도로 복잡하며 수많은 부서와 전문가들이 긴밀히 관여한다. 의견 조율은 끊임없이 이어지고, 그중에서도 핵심적인 결정은 대부분 경영진 수준에서 내려진다. 결국 마지막 승인 권자는 최고경영자다. 르노 14의 사례만 봐도 그렇다. 르노 14는 오펠 카데트Opel Kadett, 폭스바겐 골프, 시트로엥 GS 같은 경쟁 모델들과 맞설 만큼의 기술적 완성도를 갖추고 있었다. 그런데도 시장에서는 빠르게 외면당했다. 그 이유는 적어도 세 가지로 요약할 수 있다. 첫째, 차량 자체에 개성이 부족했고, 둘째, 푸조 엔진을 사용한 것이 르노 내부 영업팀의 반발을 샀으며, 셋째는 '배(과일)'에 비유한 광고 캠페인이 소유자까지 조롱하는 인상을 줬기 때문이다. 르노는 이후 고급형과 고출력 버전을 내놓으며 만회하려 했지만 대중의 인식은 끝내 바뀌지 않았다. 그리고 이 모든 실패의 책임이 정확히 누구에게 있었는지를 지금 와서 따지는 것은 절대 쉬운 일이 아니다.

이런 실망은 최고급 차종에서도 예외가 아니다. 대표적인 사례가 2002년 폭스바겐의 야심작 페이톤Phaeton이다. 브랜드를 최고급 시장 반열에 올리기 위해 모든 자원이 투입됐다. 거대한 차체, 극도로 정교한 마감, 그리고 450마력의 W12 엔진까지…. 이 프로젝트는 그룹 회장 페르디난트 피에히가 직접 지시하고 거의 매일 전 과정을 챙겼다. 몇몇 용감한 임원들이 비용을 줄이거나 과도한 사양을 조정하려 했지만 그들은 결국 자리에서 밀려났다. 하지만 시간이 지나면서 그 임원들이 옳았다는 사실이 드러났다. 이 네 바퀴 달린 초호화 유람선은 결과적으로 오만의 산물이었다.

모든 일에서 성공을 거둬온 피에히조차 이번만큼은 중요한 사실 하나를 간과했다. 브랜드 이미지는 하루아침에 바뀌지 않는다는 것이다. 부유한 고객들은 '국민차'라는 이미지의 폭스바겐에 10만 유로를 투자할 마음이 전혀 없었다. 게다가 외관 디자인도 파사트Passat를 억지로 늘려 놓은 듯한 인상을 주며 고급 차로서의 매력을 갖추지 못했다. 설상가상으로 폭스바겐의 판매망은 고급차를 다룰 준비도 되어 있지 않았다. 그 결과 판매된 페이톤 한 대당 약 2만 8,000유로의 손실이 발생했다.

이처럼 포지셔닝의 실패는 자동차업계에서 드물지 않으며, 수많은 실패 사례가 있다. 저가형 재규어, 일명 '베이비 잭'이라 불리던 X-타입도 마찬가지였다. 이 모델은 단지 외형만 바꾼 포드 몬데오Ford Mondeo에 불과했고, 재규어 특유의 날렵함은 전혀 없었다. 하지만 당시 경영진은 브랜드의 명성만으로도 소비자들을 사로잡을 수 있을 거라 믿었다. 결과는 전혀 그렇지 않았다.

또 하나 기억에 남는 안타까운 사례는 1983년 이탈리아의 알파 로메오와 일본의 닛산이 손잡고 내놓은 알파 아르나Alfa Arna다. 이 콤팩트카는 이탈리아의 감성과 성능, 일본의 기술력과 신뢰성을 결합하겠다는 이상적인 기획 아래 탄생했다. 이론상으로는 완벽했지만 현실은 정반대였다. 장점의 결합이 아니라 단점의 집약이었다. 일본 차 특유의 평범함과 이탈리아 차량의 낮은 신뢰성이 만나버린 것이다.

이른바 '프랑켄슈타인 자동차' 계열, 즉 방향도 정체성도 없이 경영진들의 손에 이리저리 휘둘리다 실패한 차들 가운데 내가 유독 애정을 품고 있는 모델이 하나 있다. 바로 탈보 타고라Talbot Tagora다. 이 차는 단순하면서도 정제된, 거의 직사각형에 가까운 우아한 클래식 라인을 지닌 고급 세단이었지만, 상충하는 이해관계들 속에서 결국 제 모습을 잃고 말았다. 이 모델은 원래 크라이슬러 유럽에서 기획됐고 심카Simca 브랜드로 출시될 예정이었다. 하지만 결국 푸조가 개발을 맡았고 탈보Talbot라는 이름으로 판매됐다.

느린 화면으로 돌려보자면 1970년대 말 크라이슬러와 심카는 손을 잡고 고급 세단을 개발 중이었는데, 푸조가 크라이슬러-심카를 인수하면서 프로젝트는 갑작스럽게 푸조의 손에 넘어갔다. 푸조는 한 가지 조건을 내걸고 이 프로젝트를 이어가기로 했다. 가능한 모든 부품을 자사 부품으로 교체하는 것이었다. 문제는 그때부터 시작됐다. 엔진부터 교체됐고, 이를 맞추기 위해 전체 구조가 바뀌어야 했다. 예를 들어, 푸조 604의 디젤 엔진을 장착하기 위해 앞바퀴의 위치를 몇 센티미터나 옮겨야 했고, 푸조 505의 후차축을 적용했더니 뒷바퀴가 차체 안쪽으로 너무 들어가 버리는 설계상의 문제가 생겼다. 하지만 결정적인 문제는 판매 시점에서 발생했다. 1979년 탈보 타고라가 시장에 출시됐을 때 푸조 딜러들은 이 차의 판매를 사실상 거부했다. 자사 고급 모델인 푸조 604와 직접적으로 경쟁하는 포지셔닝이었기 때문이다.

  이런 기묘하면서도 흥미로운 실패 사례는 최근에도 나타났다. 러시아의 자동차 제조사 아브토토르Avtotor가 내놓은 전기차 앰버Amber가 그 주인공이다. '러시아판 테슬라'를 자처하며 야심 차게 공개됐지만 현실은 기대와는 거리가 멀었다. 우스꽝스러운 외관에다 조그마한 헤드라이트, 볼록하게 솟은 보닛으로 인해 SNS에서는 순식간에 조롱의 대상으로 전락했다. '면허 없이 몰 수 있는 초소형 차보다도 못생겼다', '피아트 멀티플라가 멋있어 보일 정도', '최초의 e-베이비벨'이라는 반응들이 이어졌다. '무관심은 실패의 시작이다'라는 속담이 있지만, 이번만큼은 그 속담이 틀렸다.

아녤리 가문

한 가문이 만든 국가와 산업의 역사

만약 세계 경제 형성에 기여한 열 개의 가문을 꼽는다면, 아녤리 가문Famille Agnelli은 틀림없이 포함될 것이다. 125년에 이르는 긴 세월 동안 이들은 피아트를 성장시켰을 뿐만 아니라 자동차 산업을 넘어 이탈리아를 세계적으로 인정받는 강국으로 이끄는 데 중요한 역할을 했다. 국내 시장에서 압도적인 위치를 차지한 토리노의 이 거대 기업은 국경을 넘어 브라질, 중국, 폴란드, 러시아 등지에 공장을 세우며 공격적인 확장을 펼쳤다.

현재 가문의 4대손인 47세의 존 필립 제이콥 엘칸John Philip Jacob Elkann은 가족 지주회사인 엑소르Exor를 통해 강력하고 다각화된 제국을 이끌고 있으며, 자동차 분야에서 프랑스 PSA 그룹과의 합병으로 탄생한 스텔란티스Stellantis의 최대 주주이기도 하다. 현재 크라이슬러, 지프, 피아트, 알파 로메오, 란치아 등 쟁쟁한 브랜드들이 이 거대 그룹 산하에 있으며, 법적 본사는 네덜란드에 위치해 있다. 그중에서도 그는 피아트의 영향권에서 벗어난 보석 같은 브랜드, 페라리를 직접 이끌고 있기도 하다.

자동차 산업에 그치지 않고 언론계에도 손을 뻗어 이탈리아의 유력 일간지인 《라 레푸블리카》와 《라 스탐파》를 소유하고 있으며, 영국의 권위 있는 주간지 《이코노미스트》의 주요 주주이기도 하다. 럭셔리 산업 분야에서는 프랑스 명품 신발 브랜드 크리스티

앙 루부탱의 지분 24%, 중국 디자이너 브랜드 샹시아의 지분 82%를 보유하고 있다. 그리고 이탈리아의 명문 프로축구팀 유벤투스 FC의 소유주이자 경영자이며, 필립스, 메리외 연구소, 농업 및 건설 장비를 제조하는 CNH 인더스트리얼 등 다양한 글로벌 기업에도 투자를 이어가고 있다. 그의 전체 자산 규모는 400억 유로(약 62조 7,000억 원)에 달하며, 이는 1899년 회사를 설립한 조반니 아녤리Giovanni Agnelli의 수많은 후손들, 즉 엑소르의 주주들에게 매년 막대한 배당금을 안겨줄 만한 수준이다. 한 세기를 넘어 여전히 막강

아녤리 가문 263

한 영향력을 이어가는 가문은 전 세계적으로도 손에 꼽힌다.

아녤리 가문의 이야기는 이탈리아 북부 피에몬테 주의 작은 마을 빌라르 페로사에서 시작된다. 1866년 8월 13일, 바로 이곳에서 조반니 아녤리가 태어났다. 어린 시절 그는 군인이 되길 꿈꿨지만 기계에 대한 남다른 열정이 그를 산업계로 이끌었다. 1896년 조반니는 토리노에 자리를 잡고 드 디옹부통De Dion-Bouton사의 모터 삼륜차를 판매하기 시작했다. 얼마 지나지 않아 그는 7명의 동업자들과 함께 이탈리아 철도 차량 제조 및 판매 회사를 공동 설립했고, 이 회사는 곧 토리노 이탈리아 자동차 공장Fabbrica Italiana Automobili Torino, 줄여서 피아트Fiat라는 이름을 달았다.

당시는 유럽 전역에 자동차가 등장하기 시작하던 시기였다. 독일에서는 칼 벤츠Carl Benz가 1886년 최초의 자동차를 선보였고, 프랑스에서는 르노 형제와 에토레 부가티가 각각 1898년과 1899년에 그 뒤를 이었다. 피아트 역시 1899년에 자사의 첫 모델인 피아트 3.5HP를 출시하며 이 흐름에 합류했다. 조반니 아녤리는 유능한 엔지니어들과 협력하며 피아트를 빠르게 성장시키기 위한 전략들을 과감하게 실행에 옮겼다. 다양한 자동차 모델을 개발함과 동시에 당대 최고 수준의 기술력을 갖춘 공장에도 적극 투자했다. 특히 미국 포드의 선진적인 대량 생산 방식에 깊은 영감을 받아 이를 도입했고, 그 결과가 바로 1916년부터 1923년 사이 토리노에 건설된 링고토Lingotto 산업 단지였다. 당시로서는 세계 최대 규모의 자동차 생산 시설 중 하나였으며, 공장 옥상에는 1km 길이의 주행 테스트 트랙이 설치돼 있었다.

  그뿐만 아니라 조반니 아넬리는 일찍이 이탈리아 정치권과의 관계도 공고히 다져 놓았다. 그 덕분에 제1차 세계 대전 동안 군수 물자를 공급하며 막대한 이익을 거둘 수 있었다. 1922년 베니토 무솔리니가 집권한 이후, 아넬리는 1923년에 상원의원으로 임명됐고 피아트는 군수 및 공공 부문에서 수많은 계약을 따냈다. 또한 그는 자동차 산업에만 의존하지 않기 위해 복합 기업 체제를 구축하기 시작했다. 첫 수익이 나자 자동차 구매자를 위한 금융 서비스를 제공하는 은행을 설립했으며, 유통(라 리나센테 백화점), 보험, 육상 및 철도 운송, 섬유, 시멘트, 방위 산업, 항공 산업 등 다양한 분야에 뛰어들었다. 그의 사업 확장 욕심은 끝이 없었다. 1923년에는 고향 축구팀인 유벤투스 FC를 인수했고, 1924년에는 일간지 《라 스탐파》를 사들였다. 더 나아가 1930년대 초에는 세스트리에르 스키 리조트를 조성하기까지 했다. 그 시절 이탈리아 경제는 그야말로 조반니 아넬리 그 자체였다.

  그의 인생에 단 하나의 어두운 그림자가 있었다면, 그것은 두 자녀의 죽음이었다. 딸 아니체타는 1928년에, 아들 에도아르도는 1935년에 세상을 떠났다. 1945년, 조반니 아넬리는 폐렴으로 생을 마감했다. 그때는 마침 전쟁 중 잠시 몰수당했던 자신의 그룹을 되찾은 참이었지만 후계자를 지명하지 못한 채 세상을 떠났다. 손자이자 에도아르도의 아들인 조반니가 있었지만 당시 겨우 24세였던 그는 피아트를 이끌기에는 너무 어리다는 평가를 받았다. 결국

고인의 측근이자 1928년부터 피아트의 총괄이사를 맡아온 비토리오 발레타가 뒤를 이어 경영을 맡았다.

조용한 성격의 비토리오 발레타는 1966년까지 회장직을 지키며, 전쟁으로 무너진 산업 기반을 재건하고 이탈리아의 자동차 대중화를 이끄는 데 중추적인 역할을 했다. 그의 가장 큰 업적 중 하나는 1957년 브랜드의 상징으로 자리 잡은 피아트 500을 출시한 것이다. 이 시기에 피아트의 연간 자동차 생산량은 42만 5,000대에서 170만 대로 급증했다. 그는 '영광의 30년'이라 불리는 황금기의 경영자였다.

발레타가 83세의 나이로 은퇴하자 그 뒤를 또 다른 조반니, 바로 45세의 조반니 아넬리가 이어받았다. '잔니'라는 애칭으로 불리던 그는 국제적인 사교계의 일원으로, 종종 유명 인사들과 어울리는 모습이 언론에 오르내렸다. 특히 미국에서는 재클린과 케네디 대통령 부부와도 깊은 친분을 나눴다. 하지만 화려한 사생활과는 별개로 그는 그룹 경영에 누구보다 전념했다. 각지에 공장을 세우며 기업의 세계화를 주도했고, 철저한 실무 경영을 위해 '강철 같은 사나이'라는 별명으로 잘 알려진 체사레 로미티 같은 강력한 경영자들을 중용했다. 그 덕분에 잔니는 기업 경영뿐 아니라 국가를 위한 공적 활동에도 힘쓸 수 있었다.

1974년에는 잔니는 이탈리아 경제인협회인 콘핀두스트리아 회장으로 선출된다. '아보카토(변호사)'라는 애칭으로 불리던 그는 20세기 후반 세계 자본주의를 대표하는 인물 중 하나로 평가받는다. 그의 인맥은 리비아의 무아마르 카다피부터 절친한 사이였던 미국의 헨리 키신저까지 전 세계를 아우르며, 그는 일종의 '비공식 외무부 장관' 같은 역할을 수행했다.

잔니의 삶은 언제나 바쁘고 역동적이었다. 이른 아침에 일어나 헬리콥터나 전용 제트기를 타고 이동했고 토리노에서 밀라노까지는 직접 자신의 페라리를 몰고 달렸다. 그는 삶의 즐거움도 절대 포기하지 않았다. 예술과 문화에 대한 깊은 애정을 지닌 채 세계적인 예술 작품을 수집하고 고급 와이너리와 부동산에도 적극적으로 투자했다. 스스로에게 허락한 유일한 휴식은 점심 식사 후 20분간의 짧은 낮잠뿐이었다.

하지만 그 시기 자동차 산업은 큰 시련을 겪었다. 두 차례의 오일 쇼크가 직격탄이었고, 피아트 역시 심각한 위기에 빠진다. 시장에서 논란이 된 모델 선택과 반복되는 품질 문제는 상황을 더욱 악화시켰다. 불과 몇 년 사이 직원 수는 20만 명에서 12만 명으로 급감했고, 노사 갈등은 격화돼 경영 전반에 큰 부담으로 작용했다.

강경 노조의 활동도 계속됐다. 전환점은 1980년 10월 12일, 토리노에서 벌어진 '4만 행진'이었다. 35일간 이어지던 장기 파업에 지친 피아트의 사무직 직원 4만 명이 거리로 나서 파업 종료를 요구하며 행진한 것이다. 10년이 흐른 1990년의 피아트는 여전히 유럽 최대의 자동차 제조사 자리를 지키고 있었지만 그 위상은 흔들리기 시작했고, 잔니 아녤리의 마지막 경영 시기 역시 점점 더 어려워졌다. 2003년 1월 24일 그가 세상을 떠나기 몇 달 전, 그룹은 자금난을 해결하기 위해 어쩔 수 없이 은행의 도움을 받아야 했다.

잔니의 뒤를 이은 인물은 동생 움베르토였지만, 그의 시대는 매우 짧았다. 움베르토 역시 2004년에 세상을 떠났기 때문이다. 이후 페라리 회장이었던 루카 코르데로 디 몬테제몰로가 잠시 그룹의 임시 대표를 맡았고, 마침내 2010년에 '아보카토'의 손자인 존 엘칸John Elkann이 그룹의 수장 자리에 올랐다. 잔니는 생전에 자신의 딸 대신 존 엘칸을 후계자로 지명했고, 그가 겨우 21세였을 때 피아트 이사회에 참여시켰다. 뉴욕에서 태어난 존 엘칸은 이탈리아와 미국 이중 국적을 지녔으며, 토리노 공과대학교에서 공학을 전공했다. 그는 2004년 피아트의 최고경영자로 선임된 세르지오 마르키온네와 완벽한 파트너십을 이뤘다. 마르키온네는 빠르게 재정 위기를 수습했고 미국 크라이슬러의 경영에서도 뛰어난 역량을 발휘했다. 이제 아녤리 가문의 전설은 존 엘칸의 손에서 새로운 장을 써 내려가고 있다.

아우디

두 엔지니어의 집념이 만든 브랜드

독일의 자동차 산업을 이끌어온 것은 무엇보다 엔지니어들이었다. 이를 가장 잘 보여주는 사례가 바로 아우디의 역사다. 20세기 초에 활약한 아우구스트 호르히August Horch와 1972년부터 1993년까지 경영을 이끈 페르디난트 피에히Ferdinand Piëch, 이 두 인물은 브랜드의 탄생과 성장에 핵심적인 역할을 했다. 호르히는 1909년 7월에 회사를 세웠고, 피에히는 20세기 말 아우디Audi를 고급 차 시장의 강자로 자리매김시켰다. 두 사람은 서로 다른 시대를 살았지만 놀라울 만큼 많은 공통점을 지녔다. 혁신을 향한 집념, 주변의 반대에도 굴하지 않고 자신의 아이디어를 밀어붙이는 뚝심이 대표적이다. 사실 이러한 기질은 자동차 산업의 역사에서 자주 볼 수 있는 전형적인 리더의 모습이기도 하다.

본격적인 이야기의 시작은 19세기 말로 거슬러 올라간다. 미트바이다 응용과학대학교를 졸업한 아우구스트 호르히는 1896년 만하임에 있는 칼 벤츠의 회사에 들어간다. 그때부터 이미 그의 아이디어와 추진력은 남달랐지만 회사 안에서는 목소리를 내기 어려웠다. 결국 그는 독립을 결심하고, 1900년 호르히A. Horch&Co.사를 설립한다. 그의 첫 작품은 앞에 단기통 엔진을 얹은 소형차였는데, 그 시절로서는 꽤나 혁신적인 설계였다. 이후에도 그는 멈추지 않고 계속해서 새로운 시도를 했다. 구동축(드라이브 샤프트)을 이용한 새로운 변속 시스템을 개발했고, 엔진의 무게를 줄이기 위해 경량 합금 실험도 거듭했다. 1907년에는 그의 회사가 94대의 차량을 생산하기에 이른다.

하지만 그의 강한 성격이 내부 갈등을 불러왔고 결국 1909년에 단 2만 마르크의 퇴직금만 받고 회사를 떠나야 했다. 그럼에도 그는 절대 포기하지 않고, 그 길로 츠비카우에 새로운 회사를 세웠

다. 처음에는 늘 해오던 대로 자신의 이름을 넣어 아우구스트 호르히 오토모빌 베르케August Horch Automobil Werke라 하려 했다. 하지만 이전 회사와의 법적 분쟁으로 인해 더 이상 자신의 이름을 사용할 수 없었다. 고심 끝에 그가 선택한 이름이 바로 아우디였다. 이는 독일어 'horchen(귀 기울여 듣다)'의 라틴어 번역인 'audire'에서 유래한 것으로, 회의 중 동료의 어린 아들이 우연히 던진 한마디에서 영감을 받았다. 그렇게 새 회사는 아우디 베르케라는 이름으로 다시 출발했다.

1912년부터 1914년 사이, 호르히의 공장에서 제작된 차들은 다양한 자동차 경주에서 두각을 나타내기 시작했다. 특히 오스트리아 알파인 랠리에서는 눈부신 성과를 거뒀다. 총 2,400km에 달하는 이 극한의 내구 레이스에서 아우디 타입 C는 3년 연속 우승을 차지하며 브랜드의 명성을 크게 높였다. 하지만 1920년, 아우구스트 호르히는 다시 회사를 떠나게 된다. 이번에는 아우디 베르케와 자신이 이전에 창립했던 회사 간의 치열한 상업 경쟁이 발단이었고, 1929년 대공황이 발생하면서 이 모든 경쟁에 종지부를 찍었다. 독일 자동차 산업 전반이 깊은 불황의 늪에 빠지자 나치 정권은 강제 구조 조정을 단행했다. 이 과정에서 호르히, 아우디, 데카베DKW, 반더러Wanderer 네 브랜드가 하나로 합쳐져 아우토 우니온Auto Union AG이 탄생했다. 이때 생겨난 네 개의 고리 로고는 강제적 결합의 상징이다. 각 브랜드는 각기 다른 시장 세그먼트를 맡았고, 제2차 세계 대전 이후에는 아우토 우니온이 다임러-벤츠에 인수돼 NSU 브랜드를 통해 소형차 생산에 주력했다. 한편, 동독의 츠비카우 공장에서는 그 유명한 트라반트Trabant가 생산됐다.

　1965년, 폭스바겐은 전략적인 결단으로 아우토 우니온을 인수한다. 자사 포트폴리오에 고급 브랜드를 더하겠다는 포석이었다. 이는 다임러-벤츠가 추구하던 방향과는 전혀 다른 행보였다. 그리고 1969년, 폭스바겐은 오랫동안 묻혀 있던 '아우디'라는 이름을 다시 꺼내 들었다. 생산 거점도 바이에른 주의 잉골슈타트 공장으로 옮겨 집중시켰다. 이런 과감한 프로젝트를 성공으로 이끌려면 강력한 리더가 필요했는데, 페르디난트 피에히가 그 역할을 맡았다. 그는 스위스 취리히 연방 공과대학교를 졸업한 오스트리아 출신의 엔지니어로, 페르디난트 포르셰의 손자이기도 하다.

1963년, 스물여섯 살의 나이에 포르쉐에 입사한 피에히는 곧 경이로운 업적을 쌓아가기 시작했다. 전설적인 포르쉐 911 개발에 이어, 경주 프로그램을 맡아 1968년에는 포르쉐 908을, 1969년에는 포르쉐 917을 만들어냈다. 이 두 모델은 레이싱 서킷에서 압도적인 존재감을 과시했다. 하지만 가족 중심의 경영 체제에서 피에히의 과감한 실험 정신은 점점 눈엣가시였다. 삼촌 격인 페리 포르쉐는 그의 행보를 탐탁지 않게 여겼고, 특히 피에히가 사전 승인 없이 무려 17가지 버전의 917을 제작했을 때는, 이를 거의 '국가원수 모독'에 비견할 만큼 충격적으로 받아들였다. 결국 1969년, 피에히는 서른셋의 나이에 포르쉐를 떠나게 된다. 내쫓긴 것인지 자발적으로 물러난 것인지는 분명하지 않지만, 적어도 유쾌한 퇴장은 아니었다.

하지만 엔지니어로서 피에히의 재능은 이미 업계 거물들의 눈에 들어 있었다. 폭스바겐은 이 기회를 놓치지 않았고, 1972년 그를 잉골슈타트의 아우디 기술팀으로 영입했다. 피에히는 그렇게 자신도 모르게 독일 자동차 산업 권력의 정점으로 향하는 여정을 시작한다. 1975년, 그는 기술 담당 이사로 경영진에 합류했고, 1988년에는 마침내 아우디의 회장 자리에 오른다. 이는 그의 기술적 혁신에 대한 정당한 보상이었다. 피에히는 아우디를 업계의 최전선으로 이끌었다.

그가 이끈 대표작 중 하나가 1980년에 개발한 사륜구동 시스템 콰트로Quattro였다. 이 기술은 모터스포츠 경기에서 엄청난 성공을 거두며 1981년부터 1987년까지 월드 랠리 챔피언 타이틀을 수차례 휩쓸었다. 이후 일반 시장에서도 폭발적인 인기를 끌며 40년 동안 1,050만 대 이상 팔렸다. 사실상 '일반 소비자용 4x4' 개념의 창시자였던 셈이다. 또 하나의 업적은 디젤 직분사 터보차저TDI 엔진의 도입이다. 강력하면서도 연비 효율이 뛰어난 이 엔진은 유럽 시장의 새로운 표준으로 자리 잡았다. 재미있는 사실은 이 기술의 뿌리가 이탈리아 피아트의 커먼레일 시스템에 있었다는 점이다. 피아트는 이 특허를 독일의 자동차 부품업체 보쉬에 팔았고, 이후 아우디의 기술팀이 보쉬와 협력해 이 기술을 완성도 높게 발전시켜 상용화한 것이다. 모델 측면에서도 피에히는 성과를 냈다. 아우디 80과 그 시절 공기역학적으로 가장 뛰어났던 아우디 100은 시장의 베스트셀러가 됐다.

잉골슈타트에서 피에히는 폭스바겐 본사의 간섭 없이 독립적으로 일했다. 모든 것을 자신이 직접 통제했고, 새로운 기술은 직접 테스트했으며, 완벽한 품질을 위해 끊임없이 싸웠다. 그의 거침없는 경영 방식은 '폭군'이라는 별명까지 낳았지만, 누구도 그를 막을 수는 없었다. 전문가들이 '터무니없다'고 평한 아이디어조차 끝까지 밀어붙였고, 결국 그 모든 도전은 성공으로 이어졌다.

내가 보기에 피에히는 아우디를 시대를 앞서간 '테슬라' 같은 존재로 만들었다. 무無에서 시작해 하나의 세계적 브랜드를 창조한, 자동차 산업 역사상 거의 유일한 인물이다. 1970년대 초만 해도, 아우디가 독일 고급 차 시장에서 BMW와 메르세데스-벤츠와 어깨를 나란히 하게 될 것이라고 누가 상상이나 했을까?

1993년, 피에히는 마침내 폭스바겐 그룹의 최고경영자 자리에 오른다. 당시 폭스바겐은 1991년부터 심각한 위기를 겪고 있었지만, 그는 회사를 세계적인 거대 자동차 그룹으로 탈바꿈시켰고 그룹 내에서 막강한 영향력을 행사했다. 그럼에도 불구하고 아우디는 여전히 그에게 특별한 존재였다. 말하자면, 자신이 손수 키워낸 사랑스러운 '아기'와도 같은 브랜드였다.

안전

속도가 아니라 생명이 앞서야 한다

Written by 장 토드Jean Todt, 유엔UN 도로안전특사

내가 자동차업계에 발을 들였을 무렵만 해도 모터스포츠는 매우 위험한 분야였다. 하지만 시간이 흐르면서 '안전'이라는 개념이 이 분야에서 가장 중요한 발전 중 하나로 자리 잡았다. 나 역시 비교적 이른 시기부터 이 문제에 깊은 관심을 가졌고, 결국 안전은 내 활동의 핵심축 중 하나가 됐다. 이를 테면, 국제자동차연맹FIA 회장 시절의 나는 모든 포뮬러카 카테고리에 운전자의 머리를 보호하는 헤일로 장치를 도입했다. 반대도 많았지만, 생명을 구할 수 있는 조치라면 기꺼이 싸워야 한다는 게 내 신념이었다. 지금은 유

엔 사무총장의 도로안전특사로도 활동하며 안전을 핵심 사명으로 삼고 있다.

과거 처음 랠리에서 코드라이버로 활동할 때만 해도 위험하다는 사실을 제대로 실감하지 못했다. 하지만 시간이 지나면서 위험성을 자각했고 나 자신을 보호하기 시작했다. 이후 푸조와 페라리에서 팀 감독을 맡았을 때, 나의 중요한 임무 중 하나는 가능한 한 안전한 차량과 장비를 만드는 일이었다. 그때도 나는 수많은 심각한 사고를 직접 목격해야 했고 그 경험들이 결국 나를 행동에 나서도록 만들었다.

내 친구이자 저명한 정형외과 외과의사인 제라르 사이양 교수와 나는 파리 피티에살페트리에르 병원 용지에 1,000명의 연구자를 모은 뇌·척수 연구소를 설립하기로 했다. 1993년에 내가 페라리에 합류했을 때, 우리는 서킷에서의 사고 문제를 본격적으로 다루기 시작했다. 그때도 안전이 절대적인 최우선 과제였다. 연구를 거듭한 결과 1994년부터 2023년까지 F1 서킷에서 발생한 사망자는 단 한 명, 2015년 일본 그랑프리에서 사고로 숨진 프랑스의 젊은 드라이버인 쥘 비앙키Jules Bianchi였다. 물론 그것마저도 절대 있어서는 안 될 일이었다. 그의 죽음 이후 도입된 여러 안전 조치들이 당시에도 있었다면 같은 사고가 일어나도 결과는 달랐을지도 모른다.

그렇다고 F1이 이제 100% 안전하다는 뜻은 아니다. 다만 지금은 시속 수백 킬로미터로 달리던 차가 사고로 뒤집혀도 드라이버가 멀쩡히 차에서 걸어 나오는 광경이 더 이상 놀랍지 않다. 그만큼 이 분야에서 정말 큰 진보가 이뤄진 것이다.

페라리를 떠난 뒤 나는 FIA 회장직에 선출됐다. 그곳에서도 마찬가지였다. 나는 경주 트랙은 물론, 일반 도로에서도 안전을 최우선 과제로 삼았다. 그 결심을 더욱 굳히게 만든 것은, 매년 전 세계에서 약 130만 명이 교통사고로 목숨을 잃고, 5세부터 29세까지의 주요 사망 원인이 바로 교통사고라는 사실이었다. 해마다 4,000만에서 5,000만 명이 교통사고로 부상을 입고, 그중 일부는 평생 장애를 안고 살아간다는 점 역시 큰 충격이었다. 이러한 사실들은 내 안에 잠들어 있던 무언가를 깨웠다. 인생의 어느 지점에 이르러 나는 사회에 무언가를 돌려주고 싶다는 강한 열망을 느꼈다. 그런 일은 결국 자신이 가장 잘 아는 분야에서만 할 수 있다.

2015년, 나는 반기문 유엔 사무총장에 의해 유엔 도로안전특사로 임명됐고, 이후 안토니우 구테흐스 사무총장에 의해 연임됐다. 유엔 사무총장의 도로안전 특사로서 요즘 내가 가장 중점을 두고 있는 일 중 하나는, 말 그대로 순례자의 지팡이를 들고 세계 곳곳을 누비는 것이다. 각국 정부는 물론 공공·민간 부문과 끊임없이 대화하며, 교통사고라는 이 '조용한 팬데믹'에 맞서자고 설득하고 있다.

물론 나를 기다리지 않고 이미 앞서 나간 나라들도 있다. 지난 50년간 유럽은 자동차 수가 세 배로 늘었음에도 교통사고 사망자 수는 오히려 다섯 배나 줄였다. 그 중심에는 덴마크, 스웨덴, 스위스, 네덜란드처럼 작지만 교육 수준이 높은 나라들이 있다. 영국도 뛰어난 성과를 냈고, 호주, 한국, 일본도 예외는 아니다. 안타깝게도 전 세계 교통사고 희생자의 92%는 개발도상국에서 발생한다. 이들 국가는 교육 부족, 법규 미준수, 노후 차량, 열악한 도로 환경, 대중교통 미비, 구조 체계 부재 등 여러 가지 문제를 동시에 떠안고 있다. 이런 나라들에서는 보행자든, 이륜차 운전자든, 사륜차 운전자든, 승객이든 도로 위 사람들이 얼마나 쉽게 위험에 노출되는지 체감하기 어렵다. 실제로 교통사고의 70~75%가 보행자나 이륜차 운전자에게서 발생한다. 내가 이런 수치를 제시하면 많은 이들이 놀란다. 그중에는 이 문제에 진심으로 관심을 두고 다가오는 이들도 있고, 어떤 정부는 먼저 연락해 함께 해법을 찾자고 제안하기도 한다.

가장 먼저 해결해야 할 과제는 문제에 대한 인식 자체를 바꾸는 것이다. 얼마 전 나는 엘살바도르를 방문해 집권 5년 차인 대통령을 만났다. 그는 자국에서 도로 교통사고가 갱 문제에 이어 두 번째로 큰 재앙이라고 말했다. 6만 명의 갱 조직원을 수감시킨 뒤 이제는 도로 안전을 국가적 우선 과제로 삼겠다는 입장이었다. 또 아프리카의 시에라리온에서는 인구 10만 명당 연간 33명이 교통사고로 목숨을 잃는다. 이는 프랑스보다 거의 7배 높은 수치다. 그 나라의 당국자들 역시 진지한 태도로 문제 해결에 나설 뜻을 밝혔다.

전 세계적으로 도로 안전 부족으로 인한 경제적 손실은 연간 2조 유로에 달한다. 프랑스에서는 매년 약 3,200명이 교통사고로 사망하고 2만 명이 부상을 입는다. 프랑스 경제부는 이로 인한 사회적 비용을 연간 520억 유로로 추산한다. 미국도 예외는 아니다. 54세 미만 연령층에서 교통사고는 주요 사망 원인 1위이며, 피해 규모는 프랑스보다 3배 이상 크다. 미국이 부담하는 연간 비용은 3,400억 달러에 이른다. 이처럼 교통사고로 인한 재정적 부담은 각국 GDP의 2%에서 많게는 7%까지 차지할 만큼 막대하다.

문제의 심각성을 인식했다면 이제 무엇을 해야 할까? 우리는 전 세계 시민들을 향해 몇 가지 간단하지만 강력한 메시지를 던지고자 한다. 옥외 광고 전문 기업 제이씨데코의 협력 아래 2년간 80개국 1,000개 도시에서 캠페인을 전개 중이다. 배우이자 UNDP 친선대사인 나의 아내 양자경을 비롯해 가수 카일리 미노그, 배우 쥘리 가예, 테니스 선수 노바크 조코비치, 배우 패트릭 뎀시, 가수 유수 은두르, F1 드라이버 샤를 르클레르와 믹 슈마허, 모델 나오미 캠벨, 축구선수 디디에 드로그바와 우스만 뎀벨레 등 총 14명의 유명 인사들이 참여한다. 이들은 앞좌석과 뒷좌석 모두 안전벨트 착용, 오토바이 헬멧 착용, 속도 제한 준수, 운전 중 휴대전화·음주·약물 금지 등 기본이지만 지켜지지 않는 중요한 행동들을 알리는 데 힘쓰고 있다. 이 습관들만 지켜도 개발도상국에서는 교통사고 사망자를 절반 가까이 줄일 수 있다. 대중의 관심을 끄는 이들이 앞장서면 사람들이 귀를 기울일 것이라 기대한다. 이 캠페인은 2024년 3월 2일과 3일, 교통사고의 영향이 가장 심각한 아프리카 대륙에서 처음으로 코트디부아르의 초청으로 시작됐다.

물론 부유한 나라라고 해서 안심할 수는 없다. 지금까지의 성과에 안주하지 말고 다음 단계로 나아가야 한다. 프랑스라면 연간 교통사고 사망자 수를 1,500명 이하로 줄이는 것을 현실적인 목표로 삼을 수 있다. 이를 위해서는 단속을 더욱 철저히 하는 동시에 운전자 스스로 경각심을 늦추지 않는 노력이 필요하다. 내가 지금 살고 있는 스위스는 좋은 본보기다. 시속 50km 제한 구간에서 단 2km만 초과해 시속 52km로 달렸다고 해도 즉시 2개월 면허 정지 처분을 받고 벌금은 1,000~2,000 스위스프랑에 이를 수 있다. 경각심과 법 준수, 이 두 가지는 반드시 장려돼야 할 태도다.

사람들은 종종 내게 묻는다. '미스터 스피드'였던 내가 어떻게 '미스터 로드 세이프티'가 됐는지. 나는 정말로 스피드를 사랑한다. 하지만 그건 어디까지나 일반 도로가 아닌 서킷에서의 이야기다. 빠르게 달리고 싶다면 그것에 맞게 설계된 서킷에서 달려야 한다. 예전 시속 80km 제한을 두고 벌어졌던 논쟁을 떠올린다. 내 생각에 그건 잘못된 논쟁이었다. 이 제한 속도로 생명을 구할 수 있다면 당연히 시행해야 한다. 게다가 시속 90km에서 80km로 줄인다고 해봐야 한 시간 동안 손해 보는 시간은 고작 6분이다. 또한 도심에서는 자전거, 전기 자전거, 전동 킥보드 등 새로운 이동 수단에 대한 규제도 필요하다. 면허 없이도 탈 수 있으니 누구나 손쉽게 이용하지만, 그렇다고 책임까지 면제되는 건 아니다. 실제로 많은 이들이 아무렇게나 운전하다 자신은 물론 타인까지 위험에 빠뜨리는 경우가 있다. 도로 위의 모든 사용자는 자신이 잠재적인 위험 요소일 수 있음을 늘 인식해야 한다.

안전이라는 이 공동 과제에서 자동차 제조사 역시 중요한 역할을 맡고 있다. 물론 급제동 시에도 차량 제어를 가능하게 하는 ABS 같은 기술 덕분에 큰 진보를 이뤘지만 아직 할 수 있는 일이 많다. 문제는 자동차가 팔리는 나라에 따라 기본 안전장치의 수준이 천차만별이라는 점이다. 프랑스에선 전자식 주행 안정 시스템이 기본으로 탑재되지만, 페루나 콜롬비아에서는 그런 장비조차 빠진 차가 수두룩하다.

또 다른 문제는 차량의 연식이다. 선진국에서는 노후 차량의 운행을 제한하기 때문에 상태가 좋지 않은 중고차들이 아프리카, 아시아, 중남미로 대거 수출된다. 문제는 그런 차들이 고스란히 사고로 이어진다는 것이다. 물론, 험한 차라도 오토바이에 헬멧 없이 네 명이 타는 것보단 낫겠지만 말이다. 이와 관련해서 나는 안전장비의 품질 문제를 꼭 강조하고 싶다. 예를 들어 르완다는 국민이 매우 질서 정연해서 헬멧 착용률이 높다. 문제는 그 헬멧들이 너무 저렴해서 사고가 나면 유리처럼 산산이 부서진다는 점이다. 그래서 우리는 유엔의 최고 안전 기준을 충족하면서도 통풍까지 고려한 20달러 이하의 고품질 헬멧을 개발했다. 이 헬멧을 쓰면 중상 위험을 69%까지 줄일 수 있다. 앞으로의 과제는 각국 정부가 이 헬멧을 적극 구매하도록 독려하고, 생산 역량을 갖춘 제조업체를 확보하는 일이다. 다행히 우리는 이미 연간 700만 개를 생산할 수 있는 기반을 마련해뒀다.

유엔은 2030년까지 전 세계 교통사고 사망자 수를 절반으로 줄이는 것을 목표로 삼고 있다. 내 생각에 교통사고는 잠재된 팬데믹이다. 나는 그 심각성을 세상에 알리고 싶다. 우리는 지금 충분히 노력하고 있는가? 그렇지 않다. 하지만 아무것도 하지 않는 것보다는 낫다. 우리는 더 많이, 더 잘할 수 있는가? 그렇게 해야 한다. 자율주행차가 언젠가 사고 위험을 줄일 수는 있을 것이다. 하지만 그 기술이 제대로 상용화되려면 30년, 아니 50년도 걸릴 수 있다. 게다가 그마저도 일부 선진국에만 국한될 가능성이 크다. 그 사이에도 수천만 명의 생명이 도로 위에서 위협받을 것이다.

물론 여러 국가에서 발발한 전쟁은 이러한 노력을 방해할 수 있다. 하지만 언젠가 다보스 포럼에서 아프가니스탄 대통령이 나를 만나고 싶다고 요청해왔다. 그리고 이렇게 물었다. "우리에게 어떻게 도움을 줄 수 있겠습니까? 우리나라에선 전쟁보다 교통사고로 더 많은 사람이 죽습니다." 정말 끔찍한 현실이다.

알파 로메오

네잎클로버의 꿈, 다시 시동을 걸다

알파 로메오Alfa Romeo는 자동차 산업 역사에서 가장 아름다운 순간들을 써내려간 브랜드 중 하나다. 자동차 수집가들도 이 점을 잘 알고 있다. 덕분에 수십 종에 달하는 알파 로메오 모델이 수집과 투자 대상으로 주목받고 있으며, 각종 경매와 거래에서 높은 가치를 인정받고 있다. 그 대표적인 사례가 밀라노 근교 아레세에 있는 알파 로메오 박물관의 뛰어난 컬렉션이다. 내가 2002년부터 2009년까지 피아트 그룹에서 브랜드를 총괄하던 시절, 이 컬렉션의 가치는 수억 유로에 달하는 것으로 평가받았다.

위기에 빠지기 전 알파 로메오는 눈부신 황금기를 누렸던 브랜드였다. 그 시작은 1906년으로 거슬러 올라간다. 혹시 알렉상드르 다라크Alexandre Darracq를 아는가? 지금은 잘 알려지지 않았지만 이 프랑스인은 의도치 않게 알파 로메오의 탄생에 이바지한 인물이다. 원래 '글래디에이터'라는 브랜드로 자전거를 생산하던 그는 1897년 라울 페르페르Raoul Perpère와 손잡고 자동차 제조 사업에 뛰어들었다. 두 사람이 함께 설립한 페르페르-다라크 회사는 빠르게 성장하며 푸조와 르노의 강력한 경쟁자로 떠올랐다. 1906년, 다라크는 유럽 내 새로운 시장을 개척하기 위해 높은 관세 장벽으로 외국 자동차의 진입이 어려웠던 이탈리아에 주목했다. 그는 프랑스에서 부품을 수송해 나폴리에서 조립하는 방식으로 자동차를 현지 생산하겠다는 전략 아래, 나폴리에 조립 공장을 세웠다. 하지만 곧 이 결정이 잘못됐음을 깨닫는다. 나폴리는 지나치게 먼 곳이었기 때문이다. 1907년, 다라크는 공장을 밀라노 북쪽 포르텔로로 이전하지만 판매는 여전히 부진했다. 1909년, 결국 '이탈리아 다라크 자동차 회사'는 청산 절차를 밟는다.

그리고 1910년, 롬바르디아 출신의 한 사업가가 회사를 인수해 사명을 알파ALFA로 변경했다. 회사는 자동차업계에서 풍부한 경험을 지닌 엔지니어 주세페 메로시Giuseppe Merosi를 영입했다. 그가 설계한 첫 모델 알파 24 HP는 42마력의 엔진을 탑재해 시속 100km까지 달릴 수 있었다. 이 플랫폼을 바탕으로 소형 트럭도 개발됐다. 신생 자동차 제조사였던 알파는 곧 모터스포츠에 도전했고, 1913년 파르마-포조 경주에서 첫 승리를 거머쥐며 주목을 받았다. 하지만 제1차 세계 대전이 발발하면서 자동차 시장은 급격히 침체에 빠졌고, 회사는 다시 한 번 재정난에 시달리게 된다.

이번에는 또 다른 엔지니어 니콜라 로메오Nicola Romeo가 자금을 지원하며 회사를 구제하게 된다. 그는 회사의 대표가 됐고, 1918년 사명을 알파 로메오Alfa Romeo로 변경했다. 1920년대 동안 알파 로메오는 6C를 비롯한 다양한 승용차 모델을 출시했지만, 무엇보다도 모터스포츠 분야에서 눈부신 활약을 펼치며 명성을 쌓았다. 특히 1923년, 주세페 메로시가 설계한 전설적인 모델 알파 로메오 RL로 당시 가장 권위 있는 레이스였던 타르가 플로리오에서 1위와 2위를 동시에 차지하는 쾌거를 이뤘다. 시칠리아의 험준한 산악 코스를 달리며, 우고 시보치Ugo Sivocci는 안토니오 아스카리Antonio Ascari를 3분 차이로 제치고 우승을 차지했다. 훗날 1950년대 초반 F1의 전설적인 스타로 성장하는 아스카리는 당시 경기 마지막 순간에 기계적 결함 때문에 아쉽게 승리를 놓쳤다. 이 레이스에서 우고 시보치는 출발 전에 행운을 빌며 자신의 빨간 차체에 네잎클로버를 그려 넣었다. 하지만 안타깝게도 그는 몇 달 뒤 몬차에서 열린 이탈리아 그랑프리 경기 중 사고로 목숨을 잃게 된다. 당시 그의 차량에는 네잎클로버가 그려져 있지 않았다는 말이 있다. 이후 알파 로메오는 우고 시보치를 기리기 위해 네잎클로버를 브랜드의 영구적인 레이싱 엠블럼으로 채택했고, 이 상징은 모든 경주용 차량과 고성능 모델에 새겨졌다.

이 시기는 또 다른 놀라운 이야기를 품고 있다. 바로 알파 로메오가 페라리의 창립자 엔초 페라리Enzo Ferrari의 도약대가 됐다는 사실이다. 1920년, 모데나 출신의 엔초 페라리는 알파 로메오의 레이싱 드라이버로 영입돼 1924년까지 수많은 경주에서 승리를 거두며 자신의 이름을 널리 알리기 시작했다. 그리고 1929년, 그는 고향 모데나에서 스쿠데리아 페라리Scuderia Ferrari라는 회사를 설립하기로 결심한다. 스쿠데리아 페라리는 처음부터 알파 로메오 차량을 기반으로 한 레이싱 팀 운영을 목표로 했다. 겉보기에는 완벽한 시나리오였다. 엔초 페라리는 이미 최고의 기술자와 드라이버를 끌어모을 능력을 갖추고 있었고, 자연스럽게 그는 회사의 모기업이기도 한 알파 로메오의 모터스포츠 감독직까지 맡게 된다. 1931년부터 그가 자동차에 부착하기 시작한 '뒷발로 일어선 말(카발리노 람판테)' 문양은 네잎클로버와 공존하게 된다.

하지만 이 달콤한 동거는 오래가지 못했다. 1929년 세계 대공황으로 알파 로메오의 기반은 크게 흔들렸고, 설상가상으로 주요 경영자였던 니콜라 로메오가 1928년 무솔리니를 지지하며 정계에 입문하고 회사에서 물러나면서 경영도 불안정해졌다. 1933년, 결

국 이탈리아 정부가 알파 로메오를 인수하며 운명의 결정이 내려졌다. 회사는 모터스포츠 경쟁에서 철수하고 엔초 페라리에게 차량 공급을 중단하기로 한 것이다. 초기에는 엔초 페라리가 기존 알파 로메오 모델을 개조해 경주를 이어갔지만 1940년 그는 마침내 완전히 독립해 자신만의 길을 걷기로 결심한다. 그 이후의 이야기는 모두가 알고 있는 페라리라는 전설의 시작이었다.

 전쟁 기간 알파 로메오의 공장들은 군수 장비 생산을 위해 징발됐다. 그리고 시간이 흘러 1950년, 여전히 국영기업 상태였던 알파 로메오는 세단 모델 알파 로메오 1900을 출시하며 화려한 복귀를 알렸다. 이듬해인 1952년에는 1900 TI, 1954년에는 줄리에타

Guilietta를 선보였다. 특히 줄리에타는 10만 대 이상 판매되며 엄청난 성공을 거뒀다. 한편 알파 로메오는 레이싱 무대에도 복귀해 눈부신 성과를 거둔다. 1950년과 1951년, 전설적인 드라이버 주세페 파리나와 후안 마누엘 판지오의 활약으로 알파 로메오는 F1 역사상 최초로 두 시즌 연속 챔피언 타이틀을 차지했다.

이때부터 알파 로메오의 황금기가 본격적으로 열렸다. 피닌파리나와 베르토네가 디자인한 스파이더 듀에토, 줄리아 스프린트 GT, 몬트리올 등 아이코닉한 모델들이 잇달아 시장에 출시됐다. 하지만 첫 번째 오일쇼크가 발생하기 직전, 알파 로메오는 급격한 방향 전환을 시도했다. 대량 생산 체제로 전환하며 나폴리에 신규 공장을 건설했고, 1972년 이곳에서 출시된 알파수드Alfasud는 100만 대 이상 판매되며 상업적으로 큰 성공을 거뒀다. 하지만 상대적으로 평범한 품질의 이 차량은 상업적 성공과 달리 브랜드의 고급스러운 이미지를 흐리기 시작했다. 대중 시장을 겨냥한 전략은 결국 알파 로메오가 지녔던 추진력과 같은 고유의 기술적 강점마저 포기하게 만들었다.

최악의 순간은 10년 후, 일본 닛산과의 협업으로 만든 매력 없는 디자인의 아르나Arna에서 찾아왔다. 이 차량은 폭스바겐 골프의 성공에 맞서기 위해 기획된 모델로, 일본산 차체에 이탈리아산 엔진을 결합하는 방식으로 제작됐다. 하지만 이는 큰 실수였다. 그와 정반대로, 이탈리아의 세련된 디자인에 일본의 정밀한 기계 완성도를 결합했어야 했다. 결과는 참담했다. 같은 시기, 소비자들은 알파수드의 부품과 플랫폼을 기반으로 만든 같은 세그먼트의 알파 33을 선호했다. 이 상황은 국영기업이었던 알파 로메오를 관리하던 이탈리아 정부에 큰 부담으로 작용했다. 결국 이탈리아 정부는 더 이상 회생 가능성이 없다고 판단하고 1986년 알파 로메오를 피아트 그룹에 넘기게 된다.

피아트는 인수 직후부터 과감한 선택을 내렸다. 1987년에는 피아트 크로마, 란치아 테마, 사브 9000과 동일한 플랫폼을 사용한 세련된 모델 알파 164를 출시했고, 2년 후에는 쿠페 SZ와 컨버터블 RZ를 선보이며 브랜드의 부활 가능성을 다시 한 번 보여줬다. 이 차들은 공격적인 디자인과 최고 시속 245km에 달하는 뛰어난 성능으로 주목받았고, 시승해본 기자들조차 이 모델들을 '괴물'이라 부를 정도였다.

한편 이때의 알파 로메오는 시장에 안착하지 못한 여러 세단 모델로도 기억된다. 대표적으로 147과 156은 발터 드 실바의 디자인으로 '올해의 자동차'에 선정될 만큼 외관에서는 호평을 받았지만, 내 생각에 이 모델들은 진정한 알파 로메오라고 보긴 어렵다. 그 이유는 알파 로메오 고유의 기술적 정체성이 부족했기 때문이다. 솔직히 말해 다른 브랜드의 차체 플랫폼을 바탕으로 진정한 알파 로메오를 만든다는 것은 불가능에 가깝다고 생각한다. 게다가 이 브랜드의 DNA는 내연 기관, 이를테면 6기통 엔진과 같은 강력한 기계적 요소에 깊이 뿌리를 두고 있다. 따라서 전기차 시대로의 전환은 알파 로메오의 찬란한 역사와 더욱 큰 괴리를 만들어낼 위험이 있다.

　무너진 '네잎클로버'를 다시 일으켜 세우는 싸움은 절대 쉽지 않을 것이다. 하지만 모든 가능성이 닫힌 것은 아니다. 희망의 빛이 아직 남아 있다. 알파 로메오는 여전히 아름다운 차를 만들 줄 아는 브랜드라는 사실이다. 그 증거가 바로 2023년 여름에 공개된 33 스트라달레다. 단 33대만 한정 생산된 이 슈퍼카는 공개 직후 폭발적인 인기를 끌며 브랜드의 미학과 정신이 여전히 살아있음을 증명해 보였다.

알핀

'참을 수 있는 존재의 가벼움'을 구현한 브랜드

대개 그렇듯 최고의 아이디어는 자원이 부족할 때 나온다. 이것이 바로 브랜드 알핀Alpine의 이야기에서 우리가 얻을 수 있는 가장 큰 교훈이다.

　1973년부터 르노 그룹에 속해 있는 알핀은 파리에서 멀리 떨어진 지역에서 시작됐지만 그 목표는 분명했다. 저렴하고, 가볍고, 민첩하면서도 어떤 경기에서도 경쟁력을 발휘할 수 있는 차를 만드는 것. 그리고 실제로 그 목표를 실현해냈다. 알핀의 차들은 뛰어난 무게 대비 출력 덕분에 랠리 경기나 르망 24시 같은 레이스에서 강력한 차들을 압도할 수 있었다.

이러한 강점은 자원의 절약과 전기 에너지로의 전환이 요구되는 오늘날 더욱 빛을 발한다. 내 생각에 알핀은 놀라울 정도로 현대적인 브랜드다. 소설가 밀란 쿤데라의 작품 제목을 빌리자면 알핀은 '참을 수 있는 존재의 가벼움'을 구현하는 브랜드라 할 수 있다. 물론 한 가지 전제가 따른다. 이제부터는 바퀴 달린 냉장고처럼 무미건조한 차가 아니라 감성을 자극하는 모델을 선보여야 한다.

개성 없는 차를 만드는 것은 1955년 알핀을 창립한 장 레델레 Jean Rédélé의 방식이 아니었다. 그는 프랑스 스포츠카 역사에 뚜렷한 발자취를 남긴 선구자였다. 1922년에 노르망디에서 태어난 레델레는 어린 시절부터 자동차의 매력에 빠져들었다. 그것은 어쩌면 당연한 일이었다. 그의 아버지가 디에프에서 르노 대리점을 운영하고 있었기 때문이다. 제2차 세계 대전 중 고등학교를 졸업한 그는 처음에는 부지사가 되기를 꿈꿨지만, 결국 HEC 경영대학원에 진학해 1946년 졸업했다. 졸업 후 그는 가업을 이어받아 대리점을 운영했고, 24세의 나이로 프랑스에서 가장 젊은 자동차 딜러가 됐다.

그 와중에도 그의 마음은 온통 자동차 경주에 쏠려 있었다. 그는 '레이싱은 양산차를 시험하기에 가장 좋은 무대'라고 믿었고, '우승이 최고의 판매 논리'라는 신념을 갖고 있었다. 1950년대 초, 프랑스 자동차 시장을 지배하던 모델은 1946년 10월 파리 모터쇼에서 처음 공개된 르노 4CV였다. 레델레는 1950년 1월, 이 모델을 특별히 개조해 몬테카를로 랠리에 출전하기로 결심한다. 하지만 결과는 다소 아쉬웠다. 폭설로 인해 주행에 큰 어려움을 겪었고, 그와 동료 델포르주는 완주하기는 했지만 시간 제한을 넘기고 말았다. 하지만 그는 절대 낙담하지 않았다. 몇 달 뒤 열린 디에프 랠리에서는 훨씬 강력한 경쟁 차들을 뚫고 당당히 우승을 차지했다.

이전 랠리에서 거둔 인상적인 활약 덕분에 르노 본사는 1951년 몬테카를로 랠리에서 장 레델레에게 경주용 4CV 버전인 1063 모델을 맡겼다. 이번에는 더욱 우수한 성과를 거뒀다. 그는 해당 카테고리에서 4위, 전체 순위에서는 44위로 경기를 마무리했다. 당시 종합 우승은 들라이에 175S가 차지했다. 이후에도 레델레는 다양한 경기에서 좋은 성적을 연이어 기록하며 두각을 드러냈다. 그는 '마라톤 드 라 루트'의 리에주-로마-리에주 랠리 그리고 투르 드 프랑스 자동차 경주에서 포디움에 오르는 성과를 거뒀다.

더 빠른 속도를 끌어내기 위해 그는 차량 개조에 직접 뛰어들었고, 르노 딜러 출신 친구와 함께 새로운 5단 변속기까지 개발해냈다. 레델레는 개조한 4CV로 1952년 르망 24시 레이스에 출전해 카테고리에서 우승에 근접하는 성적을 기록하기도 했다. 게다가 그는 이탈리아의 한 차체 제작업체에 더 가벼운 '스페셜 르노' 제작을 의뢰했다. 이 차량 덕분에 그는 유럽 각지의 다양한 경주에서 연속으로 우승을 거두며 드라이버로서의 실력을 입증했다.

해가 거듭될수록 그는 자신이 직접 자동차 제조업체를 만들 수 있다는 확신을 키워갔다. 그는 훗날 그 시절을 이렇게 회상했다. "여러 경주에 참여하면서 프랑스 차체로도 충분히 좋은 성과를 낼

수 있다는 확신을 갖게 됐습니다. 프랑스와 스페인 나바라 지방 전역을 달리고, 양산차를 개조한 차량으로 주요 서킷을 직접 주행하며 느낀 건, 스포티한 차체에 서스펜션과 기계적 부분을 제대로 손본다면 프랑스에서도 훌륭한 스포츠카를 만들 수 있다는 것이었습니다. 그렇게 1952년에 첫 번째 차를 제작했고, 이후 4~5대의 프로토타입을 추가로 만들었습니다. 그리고 마침내 1955년, 초기 자금이 매우 부족했지만 알핀이라는 회사를 설립했죠."

그렇다면 왜 알핀이라는 이름을 붙였을까? 그는 이렇게 설명했다. "르노 4CV를 몰고 알프스를 달릴 때가 가장 즐거웠어요. 그래서 언젠가 내가 만든 차는 꼭 '알핀'이라 부르자고 결심했죠. 고객들도 그런 즐거움을 느낄 수 있는 차를 만들고 싶었습니다."

최초의 알핀 모델들은 창립자 장 레델레의 이름을 따 장 레델레 22, 장 레델레 23, 장 레델레 24 등으로 지어졌다. 차량 제작은 소수의 열정적인 테크니션들로 구성된 팀이 맡았다. 장 레델레는 유능한 인재들을 하나로 모으는 데 탁월한 감각을 지닌 타고난 리더였다. 디에프에서 시작된 이 사업은 르노와의 협력을 통해 점차 확장됐다. 르노는 장 레델레에게 양산 부품과 엔진을 공급했고 1966년부터는 르노 대리점을 통해 알핀 차량을 판매하기 시작했다. 이는 양측 모두에게 이익을 가져다준, 진정한 의미의 윈윈 전략이었다. 알핀의 눈부신 스포츠 성과는 장 레델레가 '귀부인'이라 부르던 르노에게도 강력한 브랜드 자산이 됐다.

실제로 1960년대 후반부터 알핀은 출전하는 거의 모든 종목에서 세계 정상급의 성과를 거두기 시작했다. 그 대표적인 모델이 바로 A110 베를리네트Alpine A110 Berlinette로, 이 모델은 각종 랠리 대회를 말 그대로 발칵 뒤집었다. 1971년 몬테카를로 랠리에서는 1, 2, 3위를 석권하는 트리플 포디움을 달성했고, 제작사 부문 유럽 챔피언 타이틀까지 거머쥐었다. 알핀은 르망 24시 레이스에서도 인상적인 활약을 펼쳤다. A110과 그 확장 버전인 A210으로 출전해 1964년부터 1970년까지 마엔 랠리 등 주요 경주에서 꾸준히 상위권에 이름을 올렸다. 1969년, 포드와 페라리의 대결로 주목받은 경기에서는 종합 9위와 10위를 차지하며 깊은 인상을 남기기도 했다.

장 레델레는 자신이 세운 목표를 하나씩 실현하며 프랑스 자동차 산업의 위상을 높이는 데 기여했다. 그의 공로는 널리 인정받았으며, 샤를 드골 장군이 한 모터쇼에서 르노 부스보다 장 레델레의 부스에서 더 오랜 시간을 머문 일화는 그에게 큰 자부심으로 남았다. 하지만 경기에서의 우승이 재정적 어려움이나 사회적 갈등까지 해결하는 것은 아니었다. 1968년 그르넬 협약으로 임금이 대폭 인상되면서 프랑스 내 생산 비용이 급등했다. 1972년에는 대규모 파업까지 일어나 회사 운영에 심각한 타격을 줬다. 결국 르노가 최대 주주로 올라서며 알핀은 가까스로 기사회생했지만, 이는 한 시대의 종언을 알리는 신호탄이었다. 장 레델레는 이후 몇 년간 회사에 남아 협력했지만, 더는 자신이 전적으로 지휘할 수 없다는 현실에 깊은 아쉬움을 드러냈다. 1978년, 그는 자신의 인생을 바쳐 일군 디에프 공장의 직원들이 향후 15년간 고용을 보장받는다는 약속을 받고 자리에서 물러났다.

르노의 손에 넘어간 이후 알핀은 생존 모드로 전환했다. 신모델 출시 소식은 좀처럼 들리지 않았고 2002년에 발표된 A610이 마지막 모델처럼 보였다. 디에프 공장을 유지하기 위해 알핀은 르노 스포츠카의 생산을 맡았지만, 그것은 어디까지나 초라한 위안에 불과했다.

그러던 2006년, 르노의 신임 CEO로 부임한 카를로스 곤은 알핀 브랜드를 고급 스포츠카로 부활시키겠다는 구상을 세웠다. 그리고 2012년, 마침내 모나코 그랑프리에서 A110-50이라는 이름의 콘셉트카가 처음 공개됐다. A110-50은 1960년대의 전설적인 A110

베를리네트 출시 50주년을 기념한 모델이었다. 매우 공격적이고 감각적인 디자인을 갖춘 이 스포츠카는 알핀 애호가들에게 다시 한 번 희망의 불씨를 지펴줬다. 그리고 마침내 대중 시장을 겨냥한 뉴 알핀 A110이 2016년 12월에 본격적으로 출시됐다. 반응은 뜨거웠다. 2018년에는 2,000대, 2019년에는 4,000대가 판매됐다. 라인업은 S버전으로 확장됐고 SUV 프로젝트 또한 준비 중이다.

내가 르노의 수장이 됐을 때 나는 이 아름다운 브랜드를 반드시 부활시키겠다고 결심했다. F1 차량에 프랑스 삼색기를 달고 그 차에 알핀이라는 이름을 붙였다. 그리고 마침내 알핀을 하나의 독립 브랜드로 선언했다. 알핀은 1960~1970년대에 브랜드의 성공을 이끌었던 핵심 가치, 즉 가볍고 성능이 뛰어난 스포츠카의 전통으로 되돌아갔다. 전기차로의 전환은 알핀이 과감한 신모델을 선보일 수 있는 절호의 기회이며 동시에 장 레델레의 정신이 여전히 살아 있음을 입증할 수 있는 순간이기도 하다.

앙드레 시트로엥

대량 생산의 신화, 사치와 낭비, 불멸의 이름

프랑스에는 과거와 현재를 통틀어 수많은 위대한 산업계 리더들이 있었다. 하지만 앙드레 시트로엥André Citroën 만큼 다양하고, 때로는 상반되기까지 한 자질을 모두 갖춘 인물은 찾아보기 어렵다.

그는 선견지명을 지닌 발명가였고, 시대를 앞서간 마케팅 전략가였으며, 화려한 창조자이자 천재적인 세일즈맨, 카리스마 넘치는 리더이자 지치지 않는 협상가였다. 앙드레 시트로엥의 삶은 대량 생산 자동차가 탄생하던 격동의 시대를 고스란히 압축해 보여준다. 화려함, 눈부신 성공, 명성, 파산, 승부수, 배신까지 그의 인생은 넷플릭스 시리즈로 만들어도 손색없을 만큼 극적인 요소로 가득하다.

앙드레 시트로엥은 1878년 파리에서 태어났다. 그의 부모는 각각 폴란드와 네덜란드 출신 유대인 가문으로, 1873년에 프랑스로 이주해 정착했다. 1884년, 앙드레 시트로엥의 삶에 첫 번째 비극이 찾아왔다. 아버지가 사기꾼들에게 속아 위험한 투자에 손을 댄 끝에 스스로 목숨을 끊은 것이다. 이 트라우마는 훗날 위대한 경영자가 될 시트로엥의 성격을 형성하는 데 결정적인 영향을 끼쳤다. 그는 성공을 향해 거침없이 돌진하는 추진력과 어두운 감정을 떨쳐내기 위한 가벼움과 유쾌함을 동시에 갖추게 된다.

청년 앙드레는 기술 진보에 대한 뜨거운 열정을 드러냈다. 그는 쥘 베른과 귀스타브 에펠을 자신의 정신적 아버지로 여겼다. 파리 9구의 콩도르세 고등학교에서 학창 시절을 보내던 그는 훗날의 경쟁자로 얽히게 될 루이 르노Louis Renault와 처음 마주치게 된다. 두 사람은 성격부터 극명히 달랐다. 앙드레 시트로엥은 밝고 외향적이며 성적도 우수해 친구들 사이에서 인기가 많았다. 반면 루이 르노는 과묵하고 고독한 성격에 성적도 좋지 않았으며, 또래 여자 아이들에게도 그다지 인기가 없었다. 이 두 사람의 운명은 이후에도 끊임없이 교차하며 그들의 경쟁은 프랑스 산업사의 전설로 남게 된다.

앙드레 시트로엥은 이공과대학을 수월하게 마친 뒤 어머니의 고향이 있는 폴란드로 떠난다. 그곳에서 그는 발명가적 재능이 탁월한 장인을 만나게 되는데, 이 장인은 V자형으로 깎인 톱니로 구성된 나무 기어를 만들어내는 기계를 고안했다. 시트로엥은 그 가능성을 즉시 간파하고 특허를 사들인 뒤 이를 개선해 강철로 된 이중 V자형 기어를 생산해낸다. 이 기어는 수 세기 동안 사용된 기존 모델보다 훨씬 더 튼튼하고 조용했다. 이때, 훗날 브랜드를 상징하게 될 로고도 탄생한다. 하지만 이것만으로는 활동적인 시트로엥의 하루를 채우기에 부족했다. 그는 위기에 빠져 있던 모르Mors라는 자동차 회사의 경영을 맡아 빠르게 회생시킨다. 1906년 그가 합류했을 당시 연간 생산량은 120대에 불과했지만 1914년에는 1,200대까지 늘어났다.

제1차 세계 대전이 발발하자 시트로엥은 산업적 쟁점을 누구보다 빠르게 파악했다. 그는 운영하던 이중 V자형 기어 공장을 즉시 포탄 생산 공장으로 전환했다. 하루에 포탄 8발을 생산할 수 있다고 자신 있게 보고한 공장장에게 그는 단호히 말했다. "그 수치를 5,000배, 아니 1만 배로 늘려야 합니다." 공장 사람들은 그를 제정신이 아닌 듯 바라보았고 군 지휘부와 정부 부처조차 고개를 갸웃거렸다.

하지만 그는 결국 모두를 자신의 편으로 만들었다. 라자르 은행의 도움을 받아 공적 및 사적 자금을 끌어모은 그는 파리 자벨 강변 끝자락의 황무지와 채소밭 수십 헥타르를 매입한다. 이렇게 해서 시트로엥이라는 거대한 기계는 시동을 걸기 시작했다. 한 목격자는 당시를 이렇게 회고했다. "불과 몇 주 만에, 평화롭게 멜론 재배용 유리 온실만 있던 그곳에, 마치 마법처럼 산업용 경량 건물들이 솟아오르기 시작했습니다." 사람들은 점차 그를 '보스'라 부르기 시작했다.

시트로엥은 자신의 소중한 아이디어 하나를 실천에 옮겼다. 가능한 모든 건물을 층이 없는 단층 구조로 짓는 것이었다. 그렇게 하면 비용이 많이 드는 기초 공사를 생략하고, 땅을 시멘트로 다지고 철골 구조물만 세우면 충분했다. 지붕공들이 작업을 마치기도 전에 기계를 설치할 수 있었다. 이 평면적 구성은 또 다른 장점을 가져왔다. 헨리 포드가 시도했던 방식처럼 합리적인 생산 체계를 구현할 수 있었다. 강철 주괴는 거의 일직선에 가까운 경로를 따라 이동하며, 여러 변형과 기계 가공, 검사를 거쳐 포탄으로 완성됐다. 주변에는 철공소, 프레스 가공소, 주조소 등이 배치됐고 이 시설들을 전기 운반차들이 끊임없이 오가며 연결했다. 이렇게 컨베이어 벨트 기반의 대량 생산 체제가 탄생했다. 하루에 무려 5만 발의 포탄을 생산할 수 있었고, 이는 독일과의 전쟁에서 결정적인 기여를 했다.

시트로엥의 또 다른 대담함은 자신의 공장을 일종의 사회 실험

실로 만들었다는 점이다. 기자들과 정치인들은 마치 새로 발견된 대륙이라는 듯 자벨 공장을 앞다퉈 방문했다. 전쟁이 한창이던 시기였음에도 불구하고, 이곳에는 수준 높은 구내식당, 파격적인 가격의 협동조합 매장, 충분한 샤워실, 곳곳에 설치된 식수대, 어린이 보육시설, 진료소, 최신식 치과 진료실까지 갖춰져 있었다. 임금도 다른 곳보다 높았고, 급여는 처리를 간소화하기 위해 10프랑 단위로 자동 반올림해 지급됐다.

전쟁이 끝나자마자 앙드레 시트로엥은 자신의 공장을 자동차 생산 공장으로 전환할 구상을 시작했다. 그의 머릿속에는 미국의 베스트셀러였던 포드 T 모델처럼 출고 즉시 주행 가능한 대중 자동차의 이미지가 선명하게 자리 잡고 있었다. 4인승, 4기통 엔진, 스페어를 포함한 다섯 개의 완비된 바퀴, 전기식 조명과 점화 장치, 뛰어난 연비…. 이러한 구상을 바탕으로 1919년 '10 HP Type A', 일명 토르페도 모델이 탄생했다. 대량 생산 방식, 경쟁력 있는 가격, 무상 점검 서비스, 1년 품질 보증, 전속 대리점을 통한 판매 방식까지 이 모델은 모든 면에서 혁신적이었다.

1920년, 자벨 공장에서는 1만 2,000대의 차량이 생산됐는데, 이는 더 일찍 시장에 진입한 경쟁업체 르노보다 2,000대나 많은 수치였다. 시트로엥에게는 찬란한 영광의 순간이었다. '보스'는 마치 가속 페달을 끝까지 밟듯 하루에도 수십 가지 아이디어를 쏟아내며 쉼 없이 혁신을 거듭했다. 그는 소비자 신용을 전문으로 하는 자회사를 설립하고, 막대한 예산을 광고에 투입하며 대중의 이목을 끌기 위한 홍보 전략을 쉼 없이 펼쳤다. 1922년, 파리 모터쇼 개막일에는 비행기 한 대가 파리 상공에 거대한 'Citroën'이라는 글씨를 그렸다. 또 어느 날 저녁, 조세핀 베이커는 이렇게 노래했다. "내겐 두 애인이 있어요. 내 조국과 시트로엥(역주 - 이는 원래 '내 조국과 파리'였던 그녀의 대표곡 가사를 개사한 버전이다. 조세핀 베이커는 미국 태생의 프랑스 가수로 프랑스 대중문화의 아이콘이었다)."

1924년, 첫 번째 대규모 시트로엥 원정대가 아프리카 대륙을 가로지르는 여정에 나선다. 알제리에서 인도양까지 이어진 '아프리카 횡단 여행'은 유럽에서 전례 없는 초대형 홍보 프로젝트였다. 이를 통해 시트로엥 차량의 품질을 세계에 알릴 수 있었다. 1931년에는 베이루트에서 히말라야를 넘어 베이징에 이르는 '아시아 횡단 여행'이 이어진다. 1925년 국제 장식미술 박람회에서는 에펠탑 전체에 25만 개의 전구가 설치돼 시트로엥의 이름을 빛냈다. 등대처럼 빛나는 이 불빛은 대서양을 횡단해 파리에 도착한 비행사 찰스 린드버그에게 이정표 역할을 하기도 했다.

자벨 부두에서 홍보 부서만이 쉴 새 없이 돌아가는 것이 아니었다. 연구소와 작업장에서도 엄청난 압박 속에서 일이 진행되고 있었다. 1924년, 세계 최초의 전강철 차체를 갖춘 자동차 B10이 출시된다. 그리고 또 한 번 시선을 끌기 위한 광고 영화가 제작된다. 이번에는 자동차가 점프대에서 출발해 여러 차례 공중회전을 한 뒤 거의 손상 없이 바퀴로 착지하는 장면이 연출됐다. 물론 해당 모델은 촬영을 위해 특별히 보강된 것이었지만, 그런 트릭은 전혀 문제가 되지 않았다. 그 퍼포먼스는 대중의 상상력을 강렬하게 자극했다.

이후에도 B14, C4, C6, 로잘리Rosalie 등 신차들이 연이어 출시됐다. 그리고 마침내 1934년, 천둥처럼 충격적인 사건이 벌어진다. 트락숑 아방Traction Avant이 스타처럼 무대에 등장한 것이다. 이 차량은 당시로서는 혁신적이었고 프랑스 국민에게 큰 놀라움을 선사했다. 하지만 아쉽게도 완성도가 충분하지 못해 신뢰성에 문제가 발생했다. 설상가상으로 경제 위기가 겹치면서 판매량은 급락했고, 곧 끔찍한 진실이 드러났다. 회사의 자금은 바닥났고, 은행들은 대출을 거부했으며, 채권자들은 상환을 요구하며 몰려들기 시작했다. 2만 5,000개의 일자리가 위기에 처하자 정부가 개입하며, 오랜 라이벌이었던 루이 르노에게 회사를 맡아달라고 요청했다. 하지만 르노는 산더미 같은 부채를 확인한 뒤 이를 거절한다. 바로 그때 미쉐린이 등장한다. 오베르뉴 지역에 본사를 둔 이 타이어 회사는 청산 절차에 들어간 시트로엥을 인수했다. 그리고 시트로엥이 남긴 엄청난 유산, 바로 트락숑 아방을 적극적으로 활용했다.

한편, 암으로 쇠약해진 앙드레 시트로엥은 1935년에 세상을 떠났다. 그를 질투해왔던 이들은 마침내 숨통이 트인 듯 '무능한 경영자', '빚으로 살아온 사치가'라며 맹비난을 퍼부었다. 마치 준비 없이 흥청망청 지내다 끝내 몰락한 '베짱이'로 몰아갔다. 실제로 자벨 부두의 이 사나이는 대부분의 경영 기간 동안 어음을 돌려 막으며 살아왔다. 사업에서도, 사생활에서도 그는 한탕주의자에 가까웠다. 물랭 루주, 경마장, 도빌의 카지노를 드나들며 거액을 베팅했고 부자처럼 아낌없이 팁을 뿌렸다. 하지만 물질적 소유에 크게 집착하지는 않았다. 파리의 자택도, 노르망디 별장도 모두 본인 소유가 아니었으며, 벌어들인 수익의 대부분을 다시 사업에 쏟아부었다. 안타깝게도 그것은 밑 빠진 독에 물 붓기나 다름없었다. 회사는 언제나 과도한 지출 속에서 운영되고 있었기 때문이다.

그럼에도 그는 사람들을 대담한 비전에 동참하게 만드는 능력을 지녔다. 그의 좌우명은 명확했다. "아이디어가 좋다면 비용은 문제가 아니다." 그의 오랜 동료였던 샤를 로슈랑Charles Rocherand은 1936년에 이렇게 회고했다. "앙드레 시트로엥은 임원부터 현장 인부에 이르기까지 전 직원에게, 훗날 그가 '벌집 정신'이라 부른 하나의 공동된 마음가짐을 심어줬다. 모두가 기쁜 마음으로 일했고, 그에게서 뿜어져 나오는 에너지는 조직 전체에 전해져 평소에는 기대하기 어려운 헌신과 노력을 이끌어냈다. 그 덕분에 그는 누구도 감히 시도하지 못했던 일들을 연이어 성공시킬 수 있었다. 하지만 모든 빛에는 그림자가 따르기 마련이었다. 시트로엥은 점차 반대 의견에 귀를 닫는 독단적인 인물로 변해갔다." 로슈랑은 덧붙여 이렇게 지적한다. "회사는 창립 초기부터 만성적인 자금난에 시달렸으며, 시트로엥은 멈출 줄 모르는 야심 속에서 끊임없이 새로운 프로젝트에 자금을 재투자했다."

시트로엥은 '일단 실행에 옮기면, 나머지는 자연히 따라온다'는 신념을 갖고 있었다. 은행가들과의 관계는 언제나 팽팽한 긴장 속에 놓여 있었다. 그의 전기 작가는 이렇게 술회한다. "시트로엥은 평생 은행을 불신했고, 그 사실을 숨기려 하지 않았다. 오히려 가능한 한 은행의 통제를 벗어나 자신의 사업을 주도하기 위해 어떤 일이든 마다하지 않았다. 그리고 헨리 포드의 삶을 통해 그 불신이 틀리지 않았음을 확신하게 됐다." 하지만 1934년, 트락숑 아방의 출시가 결국에는 실패로 끝나면서 운명은 뒤바뀌고, 결국 금융가들은 오랫동안 유예해온 대가를 시트로엥에게 치르게 했다.

에스타페트

미니밴의 원형, 거리의 아이콘

우선 가늘고 커다란 후프 모양의 운전대를 단단히 움켜쥐어야 한다. 마치 근력 운동을 하듯 힘을 줘 돌려야 하는데, 핸들을 돌릴 때마다 팔운동이 되는 기분이 든다. 이어서 도로를 내려다보듯 앞쪽에 걸터앉는 독특한 운전 자세에도 익숙해져야 한다. 통통 튀는 서스펜션에 몸을 맡기고, 제동력이 약한 브레이크를 고려해 미리 속도를 줄이는 습관도 필수다. 에스타페트Estafette에 탑승한 걸 환영한다!

몇 가지 작은 단점에도 불구하고 에스타페트는 등장과 동시에 '스타'로 떠올랐다. 단숨에 사람들의 마음을 사로잡으며 도시와 시

골을 막론하고 거리 곳곳에서 친숙한 존재가 됐다. 변신의 여왕이자 오늘날의 표현을 빌리자면 '모듈화의 챔피언'이기도 했다. 장인의 소형 화물차, 시골 마을의 이동식 잡화점, 해변의 아이스크림 트럭, 푸드트럭의 원형이라 할 수 있는 샌드위치 트럭, 여름 캠프의 미니버스, 캠핑카의 선구자 그리고 생트로페 군경들이 애용하던 순찰차까지 에스타페트는 어디서나 존재감을 드러냈다.

1959년 첫 공개 당시 에스타페트는 단조롭던 소형 밴 시장에 신선한 바람을 불어넣었다. 당시 시장은 시트로엥 타입 H와 푸조 D4가 장악하고 있었는데, 둘은 전후의 절제된 분위기 속에서 태어난 모델들이었다. 그런 흐름 속에서 밝고 경쾌한 인상의 에스타페트가 '영광의 30년'이라 불리는 시대의 번영과 낙관주의를 상징하게 된 것은 지극히 자연스러운 일이었다.

그 이름 자체가 하나의 도전이었다. 에스타페트라는 이름은 부드럽고 여성적인 어감을 지니고 있지만, 사실 이 차량은 대형 화물차 운전사 같은 강인한 남성 고객층을 겨냥해 개발된 모델이었다. 르노가 의도적으로 모험을 감수한 것이다. 에스타페트는 군용 우편차나 소형 화물 운반차처럼 민첩하고 가벼우며 콤팩트해야 했다. 경쟁 모델들처럼 무거운 짐을 나르기보다는 경량 운송에 적합하도록 설계된 이 지점이 바로 에스타페트의 강점이었다. 상용 왜건과 대형 트럭 사이의 틈새를 정확히 메운 것이다. 르노는 이후 여덟 개 좌석을 갖춘 유리창 버전을 출시하며, 이 모델에 종달새를 의미하는 알루에트Alouette라는 이름을 붙였다. 운율을 살린 작명이었다. 결과적으로 에스타페트라는 이름은 탁월한 선택이었고, 마침내 미니밴을 상징하는 대명사로 자리 잡았다.

약간 통통한 얼굴과 오렌지, 노랑, 파랑의 화사한 색감 덕분에 에스타페트는 등장하자마자 사람들의 마음을 사로잡았다. 회색 단일 색상만 제공되고 투박한 선으로 조각한 듯한 시트로엥 타입 H를 정면으로 도발하는 셈이었다. 무엇보다도 이 차는 공간 대비 적재 효율 면에서 경쟁 모델들을 압도했다. 전체 길이는 4.09m로 오늘날의 르노 클리오와 비슷했지만 적재 용량은 무려 $6m^3$에 달했다. 이 놀라운 성과는 르노 에스파스Espace가 등장하기 무려 25년 전에 이미 도입된 모노볼륨형(일체형 차체) 구조와 르노 최초의 전륜구동 채택 덕분이었다. 당시 르노는 철저히 후륜구동만을 고수했기 때문에 이는 그야말로 코페르니쿠스적 혁명이라 할 만했다. 르노가 본격적으로 전륜구동 승용차로 전환하게 된 것은 그로부터 2년 뒤, 르노 4에서부터였다.

후륜구동을 포기함으로써 에스타페트는 차량 하부에서 구동축을 제거할 수 있었고, 무려 3.8m²에 달하는 뛰어난 적재 면적을 확보할 수 있었다. 엔진의 위치 또한 파격적이었다. 공간을 아끼기 위해 엔진을 운전석과 조수석 사이, 즉 캐빈 한가운데에 배치한 것이다. 이 덕분에 전면 보닛이 돌출되지 않아 1cm의 공간도 낭비되지 않았다. 물론 실내로 들이치는 폭격기급 소음은 감수해야 했다.

이 모든 기술적 선택은 순수한 선구적 발상에서 비롯됐다. 물론 9년 먼저 출시된 폭스바겐 콤비Combi가 그 길을 열긴 했지만, 르노 개발팀은 콤비 한 대를 직접 분해해 조사한 끝에 후면 엔진 구조가 적재 공간에 상당한 손실을 준다는 결론에 도달했다. 그래서 르노는 더 과감하고도 급진적인 길을 택한 것이다. 이러한 설계를 밀어붙인 주인공은 젊은 엔지니어 기 그로세그랑주Guy Grosset-Grange였다. 하지만 그는 개발 책임자였던 페르낭 피카르Fernand Picard의 강한 반대에 부딪혔다. 피카르는 이 프로젝트가 지나치게 위험하다고 판단했다. 결국 이 기획안은 르노 그룹의 회장 피에르 드레퓌스Pierre Dreyfus의 책상까지 올라갔고, 회장은 대담한 신입 엔지니어의 손을 들어주며 그에게 전폭적인 재량권을 부여했다. 단, 한 가지 조건이 있었다. 비용 절감을 위해 도핀Dauphine의 부품을 최대한 활용하는 것이었다. 원가 절감은 르노에게 거의 본능에 가까운 일이었다.

출시 당시 르노 경영진은 특별한 마케팅 이벤트를 기획했다. 바로 '프랑스 배달기사 챔피언십'이었다. 참가자들은 에스타페트를 몰고 도로 턱, 좁은 통로 등 장애물로 가득한 짐카나 코스를 가능한 한 빠르게 완주해야 했다. 물론 이 행사의 목적은 에스타페트의 우수한 기동성과 편의성을 강조하기 위한 것이었다. 기발한 홍보 전략이었지만, 사실 에스타페트는 그런 광고조차 필요 없을 만큼 처음부터 폭발적인 인기를 끌었다. 수요가 너무 많아 대기 기간이 길어질 정도였다. 이와 관련해 클래식카 전문 잡지에서 에스타페트에 관한 흥미로운 일화를 읽은 적이 있다. 한 에스타페트 소유주는 이 차량을 한 식료품점 주인에게서 인수했다고 한다. 식료품점 주인은 1962년에 이 차를 구입했는데, 당시 수요가 워낙 많아 주문 순서를 앞당기기 위해 르노 플로리드Renault Floride까지 함께 구매했다고 한다. 이 일화를 보고 나니, 최근 자동차업계가 겪고 있는 공급난과 배송 지연 문제조차도 상대적으로 덜 극적으로 느껴진다.

출시 당시부터 르노는 이 신형 미니밴을 매우 다양한 버전으로 동시에 선보였다. 당시로서는 혁신적인 일이었다. 예를 들어 폴리에스터 지붕을 장착한 하이루프 밴, 천막을 씌운 픽업트럭, 9인승 마이크로카 등 종류도 다양했다. 심지어 존 블뢰Zone bleue 시리즈라는 특수 모델도 있었는데, 적재 중량을 의도적으로 낮춤으로써 일부 도시에서 시행되던 '500kg 초과 적재 차량 통행금지' 규제를 우회하기 위해 제작된 모델이었다. 존 블뢰 버전은 60년 전에도 프랑스 행정부가 얼마나 정교한 규제를 만들었는지 그리고 프랑스인들이 그 규제를 얼마나 창의적으로 피해 왔는지를 잘 보여주는 사례다.

에스타페트의 수많은 파생 모델 가운데 가장 유명한 버전은 경찰용으로 개조된 모델이다. 1960년, 프랑스 군경은 새로운 순찰 밴을 대량 도입하기 위한 입찰을 공고했고, 르노는 에스타페트를 개조한 알루에트Alouette 버전으로 응찰했다. 경쟁자였던 푸조와 시트로엥을 제치고 낙찰될 수 있었던 것은 넉넉한 좌석 수와 탁월한 회전 반경 덕분이었다. 여기에 국영기업이었던 르노의 지위도 한몫했다. 프랑스 우정공사 라포스트의 입찰처럼 공공기관 입찰에서 국영기업은 상대적으로 유리한 입장이었기 때문이다. 이렇게 납품된 알루에트는 총 1만 1,000대에 달했고, 이후 경찰에서도 같은 차량을 도입했다. 흥미롭게도 '범인 호송차'로 사용됐음에도 불구하고 그 인기도나 대중적 이미지에는 전혀 해가 되지 않았다. 사실 많은 프랑스인들이 이 차를 꽤 가까이에서 접해본 기억을 가지고 있다. 속도위반을 해서 과태료 통지서에 서명하던 바로 그 장소가 이 밴 안이었다.

오늘날 우리가 이 차에 빚지고 있는 것은 무엇일까? 1980년 에스타페트의 생산은 막을 내렸지만 이 차가 남긴 유산은 생각보다 많다. 에스타페트는 훨씬 뒤에 등장한 수많은 자동차 개념의 선구자였다. 모노스페이스, 하이루프 왜건, SUV, 레저 액티비티 차량LAV, SUV 쿠페 같은 새로운 장르들을 이미 예고하고 있던 것이다. 르노 에스파스, 세닉, 7인승 다치아 조거, 캉구, 오스트랄, 캡처 등 오늘날의 수많은 모델들이 에스타페트에 고마워해야 하는 이유가 바로 여기에 있다.

여행

자동차야말로 여행의 진정한 동반자

내가 이토록 좋아하는 단어도 드물다. '여행'이라는 말은 라틴어 'via(길)'에서 비롯된 고귀한 언어적 유산이다. 동시에 매우 현대적인 개념으로 시대의 흐름에 따라 유연하게 모습을 바꾸며 기술 혁신의 물살 위를 유유히 떠다닌다. 이 단어는 수많은 약속과 가능성으로 가득 차 있으며, 때로는 책 한 권만큼이나 문화를 풍요롭게 만든다. 또한 각자 원하는 의미를 담아낼 수 있는 환상의 상자와도 같아서, 누구든 자신만의 여행을 그 안에 채워 넣을 수 있다. 어떤 이에게는 자기 방 안을 여행하는 것만으로도 최고의 행복이다. 또 다른 이에게 여행이란 수많은 모험 없이는 상상조차 할 수 없는 일이다.

수 세기 동안 여행의 주무대는 도로였다. 물론 바다가 배경이 된 적도 있지만 그건 어디까지나 상인이나 전사, 탐험가처럼 일부 계층의 전유물이었다. 이후 철도와 비행기의 등장이 더 많은 이들에게 여행의 문을 열어줬지만, 진정으로 여행을 일상화한 건 단연 자동차다. 프랑스 교통부의 통계에 따르면 여행 중 절반은 200km

이내, 30%는 200~500km, 20%는 500km 이상이다. 이 가운데 무려 4분의 3이 자동차로 이뤄지며, 기차는 14%, 비행기는 2.5%로 그 뒤를 따른다. 업무 목적을 제외하더라도, 프랑스 국민은 연간 평균 32일을 여행에 쓰며 약 6,600km를 이동한다고 한다.

단순한 이동은 언제 '여행'이 되는 걸까? 이건 어디까지나 개인적인 감각의 문제다. 하지만 행정 당국은 이마저도 명확한 기준을 세워뒀다. 프랑스 통계청에 따르면 하룻밤이라도 집 밖에서 머물러야 비로소 여행이라는 이름을 붙일 수 있다고 한다. 이 말을 들으면 짧은 외출도 작은 원정처럼 여겨졌던 조상들은 피식 웃음을 지었을지도 모른다. 당시에는 집을 비우는 데 며칠씩 걸리는 일이 다반사였다. 1970년, 프랑스의 행정구역 데파르트망département이 창설될 때, 그 중심 도시는 해당 지역 어느 지점에서든 하루 만에 말을 타고 도착할 수 있도록 설계됐다. 최악의 상황에는 현지에서

하룻밤을 보내고 다음 날 귀가해야 했지만, 그조차도 당시로서는 엄청난 진보였다.

비행기의 등장은 이동의 속도를 극적으로 끌어올리며 여행의 '리듬'을 통째로 바꿨지만, 오직 자동차만이 여행을 '과정'으로 만든다. 자동차는 꿈에서 현실로 이어지는 여정의 진정한 매개체이며, 사실 여행은 차를 고르는 순간부터 시작된다고 할 수 있다. 전시장 한편에서든, 모터쇼 한복판에서든, 아니면 온라인 차량 설정 페이지 앞에서든, 어떤 모델을 상상하느냐에 따라 마음속 풍경도 달라진다. 알파 로메오에 앉으면 토스카나 언덕길이 떠오르고, 랜드로버에 앉으면 사막의 모래 언덕을 달리는 환상이 펼쳐진다.

누구나 한 번쯤은 상상해봤을 것이다. 언젠가 나만의 차를 몰고 출근길을 달리거나, 주말여행과 긴 휴가를 떠나는 장면을 말이다. 이 여정은 절대 짧지 않다. 실제로 프랑스인들이 한 대의 차량을 보유하는 기간은 평균 9.8년으로, 2006년에 비해 2년이나 늘어났다.

예전에는 여행 준비도 제법 번거로웠다. 타이어 공기압, 브레이크 마모, 기름 잔량까지 꼼꼼히 점검해야 했다. 하지만 요즘은 기계적 고장이 드물고, 덕분에 즉흥적으로 떠나는 여행도 어렵지 않다. 물론 연휴 대이동이나 폭설 예보가 있는 날은 예외다. 그리고 또 하나, 전기차를 몰고 나설 때다. 전기차는 여행에 있었던 예전의 긴장감을 다시 불러온다. 주행 가능 거리를 계산해 노선을 짜고, 충전소 위치도 미리 파악해야 하며, 배터리 잔량이 빠르게 줄기 시작하면 오른발에서 힘을 슬쩍 빼야 한다. 그런 점에서 어느 대문호의 말이 절묘하게 와닿는다. "지나치게 빠른 교통수단은 길의 모든 매력을 앗아간다. 회오리처럼 휩쓸려 가다 보면 아무것도 볼 시간이 없다. 금세 도착할 거라면 차라리 집에 있는 편이 낫다. 나에게 있어 여행의 즐거움은 도착이 아니라 가는 과정 그 자체에 있다." 누가 한 말이냐고? 위대한 문학가 테오필 고티에Théophile Gautier다. 언제 했냐고? 1859년에!

영화

세기의 로맨스, 영화와 자동차

영화 역사상 가장 아름다운 러브 스토리는, 어쩌면 영화 자체가 자동차와 나눈 사랑일지도 모른다. 〈남과 여〉(1966)에는 로맨틱한 포드 머스탱이 있었고, 〈러브 버그〉(1968)에는 다정한 폭스바겐이, 〈탑건:매버릭〉(2022)에는 열정적인 포르쉐가, 〈경멸Le Mépris〉(1963)에는 질투 어린 알파 로메오 2600 스파이더가, 〈매드맥스〉(1979)에는 거친 팔콘 XB가 등장했다. 영화와 자동차 간의 로맨스에서 가장 놀라운 점은 그 지속성이다. 무려 125년, 이보다 오래된 사랑이 또 있을까?

이 로맨스의 시작은 1899년, 조르주 멜리에스Georges Méliès의 단편 영화 〈광대와 자동차Automaboulisme et Autorité〉로 거슬러 올라간다. 두 광대가 소동을 일으킨 뒤 자동차를 타고 도주하는 이 이야기는 영화사 최초의 자동차 추격전을 담고 있다. 이 로맨스는 1903년, 최초의 여성 감독 앨리스 기Alice Guy가 연출한 〈자동차 납치 사건과 성급한 결혼〉으로 이어졌다. 이후 버스터 키튼Buster Keaton, 찰리 채플린, 로렐과 하디의 영화에서는 포드 T가 주인공 못지않은 존재감을 뽐냈다. 그때부터 "모터, 액션!"이라는 외침과 함께 자동차는 스크린을 점령했고 당당히 스타로 거듭났다. 자동차는 영화 속에서 관능적이기도 하고, 소박하거나 익살스럽기도 하며, 때로는 반항적인 모습까지 소화해낸다. 영화 역사에서 자동차만큼 '영혼'을 지닌 오브제는 없다. 이토록 많은 시나리오에 영감을 불어넣은 존재도 없다. 유능한 감독의 손에 닿기만 하면 어떤 모델이든 단숨에 하나의 아이콘이 된다.

1982년 영화 〈경찰과 여경들〉에서 시트로엥 2CV는 거의 신성한 존재로 그려진다. 바람에 휘날리는 수녀의 머리 장식을 배경으로 2CV는 거칠게 질주하다 결국 앞바퀴 두 개와 좌석 두 개, 핸들, 노출된 엔진만 남긴 채 산산조각이 난다. 그 장면은 하나의 예

술 작품이나 다름없다. 2CV는 〈비지터 Les Visiteurs〉(1993), 〈아름다운 미국인〉(1961), 〈007 유어 아이스 온리〉(1982) 등 수많은 영화에 등장해 각기 다른 운명을 맞았다. 출연작만 150편이 넘는다. 이 정도 경력이라면 오스카 공로상쯤은 받아야 하지 않을까?

푸조 406도 빼놓을 수 없다. 푸조 디자이너들에게조차 큰 사랑을 받지 못했던 모델이지만, 뤽 베송이 제작한 〈택시〉 시리즈를 통해 완전히 다른 차로 다시 태어났다. 평범했던 406은 영화 속에서 날개, 측면 공기 흡입구, 회전하는 바퀴까지 장착한 머슬카로 변신해 마르세유 시내를 미친 듯이 질주한다. 촬영을 위해 여러 대의 406이 동원됐고, 일부 차량에는 주연 배우 사미 나세리를 대신해 스턴트맨이 조종할 수 있도록 보조 핸들이 설치되기도 했다. 총 3,100만 명의 관객을 동원한 〈택시〉 시리즈에서 뛰어난 배우들 못지않게 관객들에게 어필한 진정한 스타는 푸조 406이었다.

그렇다면 자동차가 배우들의 존재감을 압도할 수도 있을까? 전설적인 TV 시리즈 〈스타스키와 허치〉에 등장한 포드 그랜 토리노 Gran Torino를 보면 절대 불가능한 일은 아니다. 이 모델은 애초에 주역이 될 운명을 타고난 차는 아니었다. 상업적으로는 제법 성공했지만, 진정한 스포츠카로 인정받지 못했고 개성도 부족하다는 평가를 받았다. 사실 감독 역시 처음부터 그랜 토리노를 원했던 것은 아니었다. 그는 훨씬 더 매력적인 쉐보레 카마로 Chevrolet Camaro를 선호했지만, 제작사는 포드와 차량 임대 계약을 맺고 있었기 때문에 그랜 토리노를 밀어붙였다.

결국 그랜 토리노가 가진 평범함에서 벗어나기 위해 과감한 개조가 이뤄졌다. 광폭 타이어, 높게 치켜올린 뒷차축, 빨간 차체를 가로지르는 흰색 스트라이프까지…. 하지만 스타스키 역의 배우는 이 차를 공개적으로 탐탁지 않아 했다. 지나치게 현란해 순찰 중인 형사의 이미지와 어울리지 않는다는 이유에서였다. 그는 언젠가 이 차를 '리본을 단 토마토'라고 불렀고, 이 별명은 이후 널리 퍼지게 된다. 하지만 이런 반응은 아무런 문제가 되지 않았다. 시리즈는 엄청난 인기를 끌었고, 포드는 1976년 극 중 차량을 그대로 본뜬 스페셜 에디션 그랜 토리노를 실제로 출시하기에 이른다. 수많은 드리프트와 스핀턴이 가득한 추격 장면을 위해 총 여덟 대의 그랜 토리노가 소모됐고, 스타스키 역의 배우는 훗날 이 차에 대한 반감 때문에 일부러 험하게 몰았다고 고백하기도 했다.

위대한 스타들도 때로는 최고의 연기를 위해 자동차의 도움이 필요하다. 시트로엥 ID 19, 2CV, 롤스로이스 없이, 프랑스 코미디의 거장 루이 드 퓌네스를 상상할 수 있을까? 그의 신경질적인 코미디는 차를 엉망으로 몰 때 더욱 빛을 발했다. 급차선 변경, 운전대 앞에서 짓는 익살스러운 표정은 전설이 됐고, 차를 부수는 버릇 역시 그의 트레이드마크가 됐다. 특히 시트로엥 DS는 그의 코미디에서 자주 희생양이 됐다. 그런데 문득 궁금해진다. 실제로 루이 드 퓌네스는 평소에 어떤 차를 몰았을까? 대부분의 시간에는 르노 6를 탔다. 화려함을 좋아하지 않았던 그는 멋진 재규어 마크 2 Jaguar MK2조차 거의 차고에만 세워뒀다고 한다.

아, 시트로엥 DS! 이 차는 영화 속 프랑스를 상징하는 모델로 그 존재감이 압도적이었다. 〈판토마〉(1964)에서는 하늘을 날았고, 〈우리 아빠는 해결사〉(1973)에서는 물 위를 떠다녔으며, 〈레 그랑 드 바캉스〉(1967)에서는 활기차게 질주했고, 〈시실리안〉(1969)에서는 위압적인 아우라를 내뿜었다. 시트로엥 DS는 스턴트맨들에게도 가장 사랑받는 모델 중 하나였다. 상상을 초월하는 곡예 운전도 이 차엔 아무런 문제가 되지 않았다. 클로드 를루슈 감독이 '스턴트계의 아인슈타인'이라 칭했던 레미 쥘리엔Rémy Julienne은 특히 시트로엥 DS를 애정했다.

쥘리엔은 2021년 세상을 떠나기 전 DS 차량의 도어 위로 튀어나온 부분을 모두 잘라내는, 일명 'DS의 목을 날리는' 아이디어를 어떻게 떠올렸는지 회상한 바 있다. 어느 겨울날 촬영장으로 향하던 중이었다. 시속 130km로 달리던 차 앞에 짙은 안개 속에서 철도 건널목 차단기가 갑자기 나타났다. 이미 제동이 불가능한 상황이었다. 결국 시트로엥 DS는 그대로 차단기를 들이받았다. "우리는 그저 몸을 숙일 수밖에 없었어요. 차는 정말로, 머리가 벗겨지듯 지붕이 날아갔죠!" 쥘리엔은 이 극적인 사고 경험을 조르주 로트너 감독의 영화 〈너무 조용한 몇몇 신사들〉에서 재현해냈고, 이후 '뚜껑 날리기'는 DS를 넘어 다양한 차량에서도 선보이며 그의 시그니처 액션으로 자리 잡았다.

스턴트의 세계에서 또 하나의 전설적인 레퍼런스를 꼽자면, 나는 단연 1969년 작 〈블리트〉를 들고 싶다. 포스터 최상단에는 형사 역의 스티브 매퀸Steve McQueen과 그가 몰던 포드 머스탱 GT 390이 도망치는 악당들의 닷지 차저Dodge Charger를 뒤쫓는 장면이 자리한다. 샌프란시스코의 언덕길을 미끄러지듯 질주하는 이 추격 장면은 당시 당국의 협조로 도로가 폐쇄된 상태에서 촬영됐고 무려 10분 53초에 걸쳐 이어졌다. 지금까지도 깨지기 어려운 기록이다. 이 장면은 이후 수많은 감독에게 영감을 줬다. 자동차 경주광이었던 매퀸은 이 무모한 추격전을 고집했다. 그는 관객에게 이전에 없던 경험을 선사하고 싶었다. 대사도, 음악도, 특수 효과도 없이 오직 날것 그대로의 박력만이 화면을 채운다. 도심 한복판을 시속 170km로 질주하는 포드 머스탱. V8 엔진은 저회전에서의 회전력을 극대화하고 폭발적인 가속을 위해 개조됐다.

몇 년 뒤, 〈프렌치 커넥션〉의 감독 윌리엄 프리드킨William Friedkin은 〈블리트〉를 넘어서는 추격신을 만들겠다는 야심 찬 도전에 나선다. 하지만 스티브 매퀸과 달리 그는 도로 촬영 허가를 받지 못했다. 그래도 프리드킨은 촬영을 강행하기로 결심한다. 실제 뉴욕 거리, 아무런 통제도 없는 일상 한복판에서 말이다. 말 그대로 미친 짓이었다. 세 대의 카메라를 장착한 폰티악 르망Pontiac LeMans은 시속 130km로 26개 블록을 질주했다. 신호는 무시됐고, 교통 통제도 없이 촬영이 진행됐다. 영화 속 한 사고 장면은 사실 계획에 없던 실제 사고였다. 당시 프리드킨은 위험을 촬영감독에게 넘기지 않기 위해 직접 카메라를 들고 운전석 뒤에 올라 촬영을 감행했다. 그는 자서전에서 촬영을 마친 뒤 느꼈던 '극도의 탈진과 공포'를 이렇게 고백한다. "그땐 우리가 사람들의 생명을 위협에 빠뜨렸다는 걸 몰랐어요. 지금이라면 절대 그런 방식으로는 찍지 않을 겁니다." 〈프렌치 커넥션〉에는 또 하나, 지금도 회자되는 명장면이 있다. 바로 링컨 컨티넨털 마크 III Lincoln Continental Mark III를 철저히 분해해 차량 속에 숨겨진 마약을 찾아내는 장면이다.

프리드킨은 자신의 열정을 이렇게 요약했다. "추격전은 순수한 형태의 영화다." 이 말은 로드무비에도 똑같이 적용된다. 로드무비란 배우와 카메라 그리고 운전대가 하나가 돼 교감하는 예술의 장이기 때문이다. 〈우리에게 내일은 없다〉(1967), 〈이지 라이더〉(1969), 〈광란의 사랑〉(1990), 〈델마와 루이스〉처럼 영화사에 길이 남을 걸작들이 있다. 여기에 디노 리시의 1962년 작 〈레 판파롱〉을 덧붙이고 싶다. 미국이 절대적으로 지배해온 이 장르에 이탈리아 영화가 하나 존재한다는 것 자체가 이례적이다. 영화는 비토리오 가스만 Vittorio Gassman과 장 루이 트랭티냥 Jean-Louis Trintignant, 두 배우의 대립을 중심으로 전개된다. 그들이 몰고 가는 차는 바로 아름다운 란치아 아우렐리아 Lancia Aurelia 카브리올레로, 로마에서 토스카나 해안까지 이어지는 도로 위를 달린다. 관객은 105분 동안 마치 진짜 이탈리아를 달리는 듯한 감동을 경험하게 된다. 오늘날 이 감동을 완벽히 복원된 동종 모델로 다시 느끼고 싶다면 최소 38만 유로를 지불할 각오를 해야 한다.

또한 영화는 전설적인 레이서들의 치열한 승부와 서킷 위의 눈부신 장면들을 우리에게 선사해왔다. 〈그랑프리〉(1966), 맥라렌의 제임스 헌트James Hunt와 페라리의 니키 라우다Niki Lauda의 맞대결을 그린 〈러시〉(2013), 톰 크루즈 주연의 〈폭풍의 질주〉(1990), 그리고 페라리와 포드 간의 역사적 경쟁을 다룬 〈포드 V 페라리〉(2019)까지 수많은 작품이 있다. 가만히 생각해보면 자동차를 부정적이거나 복수심 어린 시선으로 다룬 영화는 좀처럼 떠오르지 않는다. 굳이 찾자면 자크 타티의 〈트래픽〉(1971)이 있을 뿐이다. 이 작품은 현대 사회를 풍자하긴 하지만 절대 악의적이지는 않다. 루이지 코멘치니의 〈교통 체증〉(1979) 역시 신랄한 비판을 담고 있으면서도, 탁월한 표현력으로 이를 유쾌하게 승화시켰다.

정말이지, 영화는 자동차를 사랑해왔고 자동차 역시 그 사랑에 화답해왔다. 〈펄프 픽션〉(1994)에서 한 인물이 총격전 뒤 이렇게 말하지 않던가. "자동차에 화풀이하다니, 정말 비겁하군."

오징어 게임

스포티지와 넷플릭스가 만든 가장 한국적인 캠페인

자동차 제조사들은 신차 구매자의 평균 연령을 낮추는 것에 집착한다. 모두가 새로운 세대를 사로잡을 수 있는 아이디어를 찾기 위해 고군분투하고 있다. 이를 위해서는 창의력이 필수적이다. 오늘날 젊은 세대의 기대를 충족시키는 새로운 모델을 개발해야 하기 때문이다. 자동차가 아닌 커뮤니케이션 전략에도 창의력이 필요하다. 새로운 미디어, 소셜 네트워크, 스트리밍 플랫폼에서 어떤 콘텐츠가 잘 통하는지를 살펴보고 아이디어를 얻을 수 있다.

이 관점에서라면 기아의 아이디어를 가장 먼저 떠올릴 수 있다. 기아는 대표 SUV 모델인 스포티지Sportage를, 전 세계적으로 폭발적인 인기를 끈 넷플릭스 시리즈 〈오징어 게임〉과 결합했다. 시즌 1은 전 세계에서 2억 6,500만 명이 시청했고, 2024년 12월에 공개된 시즌 2도 1억 9,300만 명이 봤다! 기아는 자사의 대표 모델을 새롭게 선보이면서, 이 글로벌 신드롬과 결합한 멋진 캠페인을 고안했다.

실제로 'The New Sportage × Squid Games : season 2' 캠페인은 정말이지 탁월한 성과를 냈다. 관객을 〈오징어 게임〉의 세계로 끌어들이는 동시에 새로운 스포티지의 혁신을 완벽하게 보여줬기 때문이다. 각 에피소드는 차량의 새로운 기능을 하나씩 강조한다. 스타맵 시그니처 라이팅Star-map Signature Lighting, 차세대 인포테인먼트 시스템인 ccNCconnected car Navigation Cockpit, 헤드업 디스플레이HUD 같은 최신 기술들이 생생히 그려진다. 캠페인 영상 중 하나에서는 '핑크 가드'가 더 뉴 스포티지를 만나는 장면도 나온다. 엄격한 시스템에서 벗어나 자유를 향해 차를 몰고 질주하는 이야기로, 연출이 참 기발하고도 영감을 준다.

기아는 이 캠페인의 파급력을 극대화하기 위해 서울 자사에 '기아 언플러그드 그라운드'라는 특별 전시 공간도 마련했다. 방문객들은 다양한 게임에 참여하며 오징어 게임의 짜릿한 세계관을 직접 체험할 수 있었다. 이제 5세대 스포티지가 수많은 '상어들'이 들끓는 치열한 경쟁 시장에서 스스로 자리를 잡아야 할 차례다!

우고 자가토

경이로운 것을 더욱 경이롭게

마세라티Maserati나 애스턴 마틴Aston Martin을 소유하는 것만으로도 대부분의 사람에겐 충분한 행복일 것이다. 하지만 극소수의 정말로 아주 부유한 미학 애호가들에게는 그것만으로는 부족하다. 그들에게 있어 꿈의 차는 'Z'로 시작해야 한다. 즉, 자가토Zagato라는 이름을 달고 있어야만 한다. 그는 세계에서 가장 뛰어난 카로체리아Carrozzeria 중 한 명이다. 카로체리아는 이탈리아어로 자동차 차체를 전문 제작하는 공방 혹은 코치빌더를 의미한다. 주로 특정 차종의 차체 디자인, 제작, 개조 등을 담당하며, 이탈리아 자동차 산업에서 중요한 역할을 해왔다. 자카토는 카로체리아로서, 고급 차를 더욱 아름답고 숭고하게 만드는 이탈리아 특유의 예술을 개척한 장인이다. 베르토네Bertone, 피닌파리나Pininfarina, 기아Ghia 그리고 투어링 개념을 만들어낸 안데를로니Anderloni 등 거장들이 포진한 이 계보 속에서도 우고 자가토는 자신만의 독특한 '음악'을 들려줬다. 첫째는 소량 생산을 고집하며 장인 정신에 가까운 고급 맞춤 제작 방식을 선호했다는 점에서, 둘째는 항공 산업이 그에게 미친 깊은 영향 때문이다.

1919년, 28세까지 그는 오피치네 아에로나우티케 포밀리오에서 복엽기의 날개와 꼬리날개 설계를 담당하며 항공 기술을 갈고닦았다. 전쟁이 끝나고 대규모 해고가 벌어지자 자가토는 밀라노 근처에 자신의 첫 자동차 차체 제작 공방을 열었다. 그의 목표는 명확했다. 항공기에서 배운 경량화, 공기 역학, 속도의 원리를 자동차에 접목하는 것이었다. 자동차 분야에 관해선 백지상태였기에 그는 당시에 여전히 마차 기술의 영향을 많이 받고 있던 기존의 관행들을 과감히 뒤흔들 수 있었다. 혁신이 쏟아졌다. 목재 대신 강철 프레임 구조, 알루미늄 합금 부품 사용, 리벳 조립, 매우 낮은 무게 중심 설계 등 기존의 틀을 깨는 기술들이 연이어 도입됐다.

피아트에 이어 알파 로메오도 그의 재능을 인정하고 협업을 요청했다. 그가 디자인한 차들은 로마와 브레시아를 잇는 유명한 내구 레이스 밀레 밀리아에서 두각을 나타냈다. 1928년 대회에서는

알파 1500 스포츠가, 1929년에는 알파 1750이 각각 우승을 차지했다. 이후에도 피아트 토폴리노와 발릴라 등도 Z 마크를 달고 활약했다. 그리고 1938년, 출발선에 선 차량 36대가 자가토의 작품일 정도로 그는 명실상부한 거장이 됐다.

전쟁 직후 우고 자가토는 피아트, 애스턴 마틴, 란치아, 재규어 등의 모델을 변형시키며 활발히 활동했고, 이후에는 마세라티와 포르쉐까지 작업했다. 그가 만든 걸작 중에는 피아트 1400 파노라미카Fiat 1400 Panoramica가 있다. 이 모델은 차체 위로 유리창이 확장돼 실내 채광을 극대화한 선구적인 디자인을 보여줬다. 이 외에도 1954년 마세라티 A6G 54, 1960년 애스턴 마틴 DB4 GTZ 등 수많은 전설적인 모델이 있으며, 이들 중 일부는 오늘날 경매 시장에서 천문학적인 가격에 거래된다. 일부 모델에는 자가토 특유의 '더블 버블 루프'가 적용됐는데, 이는 항공 기술에 뿌리를 둔 브랜드 정체성을 엿볼 수 있는 대목이다.

1968년 우고 자가토가 세상을 떠난 뒤에는 그의 아들이 가업을 이어받았고, 이후 현재까지 손자가 회사를 이끌고 있다. 1970년대 잠시 주춤한 시기를 거쳐 자가토는 본연의 장인 정신으로 회귀했다. 그리고 오늘날에는 이미 경이로운 슈퍼카들을 더욱 경이롭게 바꾸는 맞춤형 디자인으로, 전 세계 부유한 자동차 마니아들의 감탄을 자아내고 있다. 예를 들어, 1996년 포드 랩터Raptor는 람보르기니 V12 엔진을 탑재하고 유리로 둘러싸인 실내를 갖췄다. 또한 포르쉐 카레라 GT V10, 610마력 버전도 있었다.

그 절정은 2020년에 공개된 애스턴 마틴 DBS 자가토이다. 초경량 차체 구조인 슈퍼레제라 방식으로 설계된 이 차는, 앞이 길게 뻗은 보닛 아래에 무려 760마력으로 강화된 V12엔진을 얹고 있다. 전 세계에서 단 19대만 제작된 한정판 모델이다. 그리고 마케팅적 유희로, 이 '기념비적인 차'는 1959년식 DB4 GT 자카토를 재현한 DB4 GT 자카토 컨티뉴에이션Continuation과 세트로 판매됐다. 총 가격은 무려 700만 유로. 너무 사치스럽다고? 어쩌면 그렇다. 하지만 손에 넣고자 하는 사람들이 줄을 선다. 이런 '과잉'이 과연 무슨 의미가 있는가? 물어 마땅한 질문이다. 하지만 이런 극단적인 디자인과 성능에 대한 집착은 오트 쿠튀르, F1 등 특별한 분야에서 공통으로 발견되는 특성이며 결과적으로 기술 개발과 혁신을 자극한다. 그렇게 탄생한 많은 요소는 시간이 지나면서 결국 일반 대중 자동차에도 적용돼, 더 많은 사람들의 손에 닿게 된다. 단순한 사치가 아니라 미래 자동차를 위한 실험실이자 자동차 산업 전체를 진보시키는 원동력이 되는 셈이다.

우버

길 위의 혁명과 그 그림자

2023년 8월 3일, 파티는 없었다. 2017년, 독단적 경영과 향락적인 사생활로 도마 위에 올랐던 창업자 트래비스 캘러닉Travis Kalanick이

퇴출당한 이후 우버Uber는 줄곧 몸을 낮추며 조심조심 걸어왔다. 하지만 그날은 샴페인을 터뜨릴 만했다. 2010년 창립 이래 처음으로 분기 순이익을 냈기 때문이다. 그 액수는 3억 9,400만 달러. 천문학적인 수치는 아니지만, 13년간 누적 손실이 315억 달러였던 걸 고려하면 기적 같은 반전이었다.

이렇게 오랫동안 주주들의 인내심을 시험한 회사도 드물 것이다. 그렇다고 우버를 탓할 수 있을까? 우버는 그 자체로 '파괴적 기술'의 대명사가 됐고, 신 모빌리티 혁신의 선구자였으며, 모바일 앱이 일으킨 경제·사회적 대전환의 상징 같은 존재다. 고용의 정의를 '직원'에서 '독립 계약자'로 바꾼, 일명 긱 이코노미gig economy의 문을 연 회사이기도 하다. 이처럼 단기간에 산업의 판을 갈아엎은 기업이 또 있을까? 게다가 이렇게 빠른 속도로 일상 언어에 스며든 기업도 흔치 않다.

우버화Uberisation라는 말이 처음 대중에게 알려진 건 2014년, 퍼블리시스 그룹 회장 모리스 레비Maurice Lévy가 《파이낸셜 타임스》와의 인터뷰에서 언급하면서부터다. 그는 이렇게 말했다. "이제 누구나 자기 산업이 우버화될까 두려워합니다. 아침에 눈을 떴더니 기존 사업이 사라져버린 그런 상황 말이죠." 디지털 플랫폼의 핵심은 공급자와 소비자를 곧장 연결하는 구조다. 덕분에 우버화가 가능한 산업의 영역은 사실상 끝이 없다. 교통, 생필품 배달, IT, 디자인, 생활 서비스, 데이팅 서비스 등 다양한 분야로 확장되고 있다.

우버의 서사는 의외로 아주 평범한 장면에서 시작된다. 2008년 12월 파리의 눈 내리던 어느 추운 밤, 트래비스 캘러닉과 그의 동업자 개릿 캠프Garrett Camp는 택시 한 대 잡지 못해 길가에서 발을 동동 구르고 있었다. 이는 당시 전 세계 수많은 도시인이 겪던 흔한 풍경이었다. 특히 선진국일수록 사정은 더했다. 택시업계는 강력한 조합을 구축하고 있었고, 필요하다면 거리 점거 시위도 불사했다. 정치적으로도 적잖은 영향력을 행사하고 있었다. 그 결과 정부는 면허 확대나 구조 개편 같은 개혁은 엄두도 내지 못했다. 당시 《르 몽드》의 1949년 12월 5일 자 기사를 흥미롭게 읽은 기억이 있다. "파리 택시 조합 대표단이 오늘 오전 노동부를 방문했다. … 센 데파르트망(파리와 인근 80여 개 코뮌 포함)에 허가된 택시 수를 1만 대로 제한하는 장관령을 마련하겠다는 약속을 받았다. 전쟁 전엔 그 수가 1만 4,000대였다." 그리고 2008년 12월, 캘러닉이 파리 길거리에서 얼어붙고 있던 바로 그 시점에도 택시 면허는 고작

1만 8,500개에 불과했다. 캘러닉은 이처럼 꽁꽁 얼어붙은 구조에 정확히 한 방, 제대로 된 파편탄을 던진 셈이었다.

캘러닉은 캘리포니아로 돌아가자마자 행동에 나섰고, 파리에서 얻은 아이디어를 실행에 옮겼다. 위치 정보를 기반으로 고객과 프리랜서 운전사를 연결하는 플랫폼을 만들기로 한 것이다. 빠르게 진척됐다. 2010년, 샌프란시스코에서 우버캡UberCab이 첫 손님을 태웠고, 이후 이름을 '우버'로 바꿨다. 그다음 해 파리에 진출한 우버는 폭풍 같은 인기를 끌었다. 언제 어디서나 검은 세단의 기사가 물 한 병과 사탕을 들고 조용히 마중 나오는, 저렴하고 간편한 이동의 영웅으로 떠올랐다. 거만한 기존 택시업계에 대한 통쾌한 복수이기도 했다.

2015년, 우버는 이미 전 세계 51개국 253개 도시를 장악했고 기업 가치는 410억 달러까지 치솟았다. 2019년 뉴욕 증시에 상장하면서 시가총액은 한때 800억 달러를 넘겼다. 오늘날 우버는 전 세계 하루 평균 2,500만 건의 승차 서비스를 처리하고 있으며 500만 명 이상의 운전자와 배달원이 우버 소속으로 일하고 있다. 미국에서만 봐도 개인 소유 운전자 차량VTC 시장의 74%를 차지하는 절대 강자다.

게다가 우버는 이제 단순한 승차 플랫폼을 넘어 그야말로 히드라처럼 끝없이 분화하고 있다. 택배, 음식 배달(우버이츠), 자전거 대여, 항공권 예약, 유람선, 헬리콥터 심지어 열기구 여행까지 그 영역이 확장되고 있다. 스타트업으로 출발한 이 기업은 '모든 이동 수단을 아우르는 슈퍼 앱'을 구축하겠다는 야심 아래, 그야말로 한 장 한 장 벽돌을 쌓아 올리는 중이다. 이런 끝없는 야망을 단적으로 보여주는 게 2023년 8월, 우버 최고경영자 다라 코스로샤히Dara Khosrowshahi의 발언이다. "수익성은 목적이 아닙니다. 우리의 사명을 실현하는 수단, 세대를 아우르는 기업을 만들기 위한 수단일 뿐입니다."

이렇게 강렬하게 무대에 등장한 우버의 성공이 사회적 충격과 논란 없이 이뤄질 리는 없었다. 한때 해방군처럼 환영받던 우버는 점차 지배자의 얼굴로 바뀌었다. 2022년에 공개된 우버 파일Uber Files은 이런 인식에 쐐기를 박았다. 이 내부 문건은 창립자 캘러닉이 자사의 사업 모델을 전 세계에 이식하기 위해서라면 수단과 방법을 가리지 않았다는 사실을 폭로했다. 그 모습은 마치 초유연 시대의 다스 베이더Darth Vader를 연상케 했다. 디지털 기업가이자 인지과학자인 브뤼노 테불Bruno Teboul은 이렇게 지적한다. "메가 데이터, 알고리즘, 네트워크 효과의 결합은 우리를 의도치 않게 '임금 노동 체제의 무덤을 파는 자들'로 만들고 있습니다. 공급자와 소비자가 서로를 끊임없이 평가하고 감시하는, 모두가 서로의 '빅 브라더'가 되는 세상이 온 것이죠." 2010년대 중반 이후 여론은 점차 우버를 향해 등을 돌리기 시작했고, 각국의 지방 정부는 본격적인 법적·제도적 대응에 나섰다. 캘리포니아 출신의 이 거대 기업은 법원 판결에 따라 운전자에게 일정한 권리를 인정해야 했고, 막대한 벌금을 물거나 기존 택시업계에 '부당 경쟁'에 따른 보상을 해야 하는 상황에 직면했다. 뉴욕, 런던, 제네바, 파리, 리옹, 로마, 밀라노, 바르셀로나 등 수많은 도시에서 이와 유사한 사례가 이어졌다.

이러한 우여곡절들이 과연 우버의 미래를 위협할 수 있을까? 그럴 가능성은 높지 않다. 첫째, 현재 새로운 경영진은 초창기 리더들이 남긴 냉소적이고 공격적인 이미지가 미디어에 끼친 악영향을 분명히 인식하고 이를 조정하는 데 나섰다. 둘째, 우버는 이미 사업 영역을 다각화했기에, VTC 부문의 수익성이 일시적으로 흔들린다 해도 이를 상쇄할 기반이 마련돼 있다. 이와 같은 다변화 전략을 취하지 않은 미국의 경쟁사 리프트Lyft는 2022년에만 12억 달러의 순손실과 대규모 구조 조정을 감수해야 했다. 셋째, 우버가 여전히 빠른 속도로 확장을 이어갈 수 있는 배경에는 실리콘밸리 특유의 생태계가 있다.

실리콘밸리의 투자자들은 스타트업이 '파괴적'이고 성장 가능성이 크다고 판단되면 수십억 달러를 아낌없이 쏟아붓는다. 목표는 단 하나, 시장을 선점해 경쟁사를 압도하는 것이다. 기업이 수년간 적자를 내더라도 성장세만 유지된다면 문제 삼지 않는다. 언젠가는 투자 지분을 대규모 차익으로 회수할 수 있으리라는 믿음이 주주들을 움직이는 것이다. 이런 환경은 결국 막대한 자금을 등에 업은 신생 기업 간의 거대한 전쟁을 촉발시킨다. 이 전쟁터에서 끝까지 살아남는 건 주머니가 가장 두둑한 자들, 즉 자본력이 뒷받침된 기업뿐이다. 자금줄이 흔들리는 순간 생존의 가능성은 사라진다. 실제로 2016년, 벨기에의 음식 배달 스타트업 테이크 잇 이지Take Eat Easy는 주주들이 갑자기 지갑을 닫으면서 그대로 무너지고 말았다. 우버이츠와 딜리버루Deliveroo가 시장을 장악하기 위해 앞으로도 막대한 자금을 쏟아부을 것이라 예상한 것이다. 멈출 것인가 밀어붙일 것인가. 인내심 있는 자본의 지원을 받은 우버는 유럽의 수많은 VTC 기업들을 차례로 경쟁에서 밀어냈다.

놀라운 반전도 있다. 우버는 전통 택시업계를 완전히 몰아내는 데는 실패했다. 오히려 전통 택시업계에 '새로운 생명력'을 불어넣었다. 대표적인 사례가 프랑스의 G7 택시다. 우버 상륙 당시 곧 사라질 것으로 여겨졌던 이 회사는 오히려 과감한 혁신에 나섰다. 위치 기반 서비스를 도입했고 고급화 전략을 택했다. 역설적으로, 오늘날 G7은 세련된 운전 태도와 안정적인 서비스 품질로 호평을 받지만 우버는 오히려 서비스가 예전보다 떨어졌다는 평가를 받는다. 이것이야말로 경쟁이 때로는 긍정적인 결과를 가져온다는 가장 확실한 증거일 것이다.

운전

한 사람의 운전은, 그 사람을 말해준다

Written by 미셸 무통Michèle Mouton, 전직 랠리 드라이버이자
국제자동차연맹FIA 세계 랠리 챔피언십 안전책임자

내가 처음 운전을 경험한 것은 열네 살 때였다. 부모님은 그라스

지역에서 향수 원료로 쓰이는 장미와 재스민을 재배하셨다. 농가에는 밭을 가로지르는 긴 길이 하나 있었고, 나는 그 길을 따라 운전하는 아버지의 모습을 자주 지켜보곤 했다. 그러던 어느 날, 마당에 세워져 있던 아버지의 2CV를 보며 문득 시동을 걸어보고 싶다는 생각이 들었다. 동네 친구들과 함께 있었던 나는 친구들에게 이렇게 말했다. "차 좀 밀어줘, 시동 한 번 걸어보자." 그렇게 아주 천천히 자동차를 몰기 시작했다. 부엌에 있던 아버지는 창밖으로 움직이는 차를 보고 깜짝 놀라셨다. 처음에는 내가 운전하고 있으리라고는 상상도 못 하시고, 누군가 차를 훔쳐 가는 줄 알았다고 한다. 지금 돌이켜보면, 나는 이미 그때부터 어딘가로 떠나고 싶고 세상을 알고 싶다는 갈망을 품고 있었던 것 같다. 그리고 자동차는 그 갈망을 현실로 바꾸는 수단이었다.

아버지는 그 일로 나를 혼내지 않으셨다. 본인 역시 운전을 무척 좋아하셨기 때문이다. 그날 이후로 아버지는 종종 나에게 운전할 기회를 주셨다. 다만 우리 농장의 도로에서만 조용히 운전할 수 있었고, 유턴은 허락되지 않았다. 갈 때는 전진, 돌아올 때는 후진으로 돌아와야 했다. 후진 속도도 전진 못지않았다. 가끔 어머니와 함께 옆 마을에 계신 할머니 댁에 다녀올 때면 돌아오는 길엔 어머니가 내게 운전대를 맡기시기도 했다. 아직 면허를 따기 전이었지만 그 시절엔 뭐든 허용되던 시절이었다.

나는 열여덟 살이 되기를 손꼽아 기다렸다. 대입 자격시험인 바칼로레아보다도 운전면허를 따는 일이 더 기대됐다. 결국 둘 다 무사히 합격했다. 우리 세대에게 자동차는 언제나 자유의 상징이었다. 나 역시 해방되고 싶었다. 아버지가 내게 첫 차인 르노 4L의 열쇠를 건네주시며 했던 말이 아직도 생생하다. "이제부터 네가 하는 모든 일에 책임을 져야 한다." 그 말은 오래도록 내 마음속에 깊이 남았다. 나는 스스로 길을 개척하며 이곳저곳을 달렸고, 격주마다 가족들과 함께 소풍처럼 어딘가로 떠났다. 우리에게 자동차는 단순히 이동 수단이 아닌 여행 그 자체였다. 물론 그르노블에서 법학을 공부하던 시절, 집으로 돌아오는 길이면 늘 얼마나 시간을 단축했는지를 확인했다. 나는 스키에도 푹 빠져 있었다. 스키는 곧 속도이며 궤적이다. 운전과 닮은 점이 정말 많았다.

나는 우연히 경주의 세계에 발을 들였다. 그때 내 나이는 스물두 살이었다. 사실 경주는 나와는 전혀 무관한 세계였다. 그런 환경에서 자란 것도 아니었고 관심을 두고 있던 분야도 아니었다. 정말 우연히, 로큰롤 대회에 함께 출전했던 친구 덕분에 인생이 바뀌었다. 그 친구는 아마추어 랠리 드라이버였는데, 어느 날 내게 코드라이버를 해보지 않겠느냐고 제안한 것이다. 그렇게 나는 1973년 몬테카를로 랠리에서 생애 첫 경주를 치렀다.

아버지는 처음엔 이 일을 그다지 반기지 않으셨다. 물론 아버지도 자동차를 무척 좋아하셨고, 포르쉐를 비롯해 여러 대의 스포츠카를 갖고 계셨다. 내가 운전을 좋아한다는 것도 잘 알고 계셨다. 그러던 어느 날 아버지는 이렇게 말씀하셨다. "알핀 A110을 한 대 사줄 테니, 먼저 여성 랠리에 나가 실력이 어느 정도인지 보자. 이

후엔 투르 드 프랑스에 도전하는 거야. 1년 동안 경제적으로 지원해 줄 테니, 좋은 성과를 내고 발전하는 모습이 보이면 계속하고 그렇지 않으면 그만두는 걸로 하자." 뒤늦게야 알게 된 사실이지만, 그것은 사실 아버지 자신이 해보고 싶었던 꿈이었다. 그 후 모든 일이 믿을 수 없을 만큼 빠르게 전개됐다. 나는 좋은 성적을 거뒀고, 마침내 내가 사랑하는 일을 직업으로 삼을 수 있었다. 아버지는 내 인생 첫 번째 스폰서이자 매니저였다.

경주 경험은 내게 정말 많은 것을 가르쳐줬다. 내가 생각하는 '운전을 잘한다'는 것은 결국 자기 자신을 잘 다스릴 줄 안다는 의

미다. 운전자는 자신을 통제할 줄 알아야 하고 차를 제어할 줄도 알아야 하며, 동시에 타인을 존중할 줄도 알아야 한다. 운전은 그 사람의 삶의 태도를 고스란히 드러낸다. 누군가가 운전하는 모습을 잠시만 지켜봐도 그 사람이 어떤 사람인지 짐작할 수 있다. 이기적인지, 정의감에 불타는지, 몽상가인지, 자신감이 없는지 아니면 자신이 모든 걸 가장 잘 안다고 믿는 사람인지.

운전과 레이싱은 전혀 다르다. 레이싱은 오직 경쟁에 특화된 행위다. 속도를 길들이고, 자신의 한계를 인식하며, 그것을 넘어서려는 시도다. 시속 300km로 서킷을 질주하고, 눈 덮인 산길에서 500마력짜리 차량을 제어하는 일은 고속도로 운전과는 전혀 다른 능력을 요구한다. 이토록 아드레날린이 폭발하는 스포츠도 드물다. 끊임없는 긴장감 속에서 믿기지 않을 만큼 강렬한 쾌감을 안겨준다. 레이싱에는 철저한 자기 통제, 예민한 반사 신경, 극도의 집중력이 필요하다. 코너에 너무 빠르게 진입했을 때 정확한 판단을 내릴 수 있는 시간은 단 몇 분의 일 초에 불과하다. 나 역시 주행 중 실수한 적이 있다. 하지만 그건 스키와도 같다. 한 번도 넘어진 적 없다는 건 그만큼 속도를 내지 않았다는 뜻이다.

사람들은 수없이 내게 물었다. "왜 당신은 남자들보다 더 빨랐나요?" 솔직히 나도 정확히 설명하긴 어렵다. 단지 나는 의욕이 넘쳤고, 같은 차를 타고도 같은 성과를 내지 못한다는 건 내겐 말이 안 됐다. 물론 운도 따랐을 것이다. 마침 아우디가 내게 연락했을 때 나는 그 자리에 있었으니까. 남자든 여자든 중요한 건 같다. 강

심장을 지니고 정확한 주행 라인을 선택하며, 무엇보다 차와 하나가 돼야 한다.

오늘날은 내가 스무 살이었을 때처럼 도로에서 빠르게 달리는 것이 더 이상 허용되지 않는 시대다. 속도 제한, 환경 문제 등 여러 요소가 판도를 완전히 바꿨다. 이제 대부분의 자동차에는 수많은 전자식 보조 시스템이 탑재돼 있다. 하지만 나는 이런 장치들을 썩 좋아하지 않는다. 운전자가 스스로 집중하고 주의할 기회를 앗아가기 때문이다. 나에게 집중은 운전의 본질적인 일부다. 위험을 사전에 감지하고 회피하는 능력은 결국 운전자의 집중력에서 비롯된다. 현대의 자동차는 점점 더 강력해지고 빨라지지만, 속도 제한은 오히려 운전자의 경계를 흐트러뜨리고 졸음을 유발할 수 있다. 물론 운전은 타인의 안전과도 직결되기 때문에 일정한 규칙은 분명히 필요하다.

새로운 점은 이제 연료 절약도 생각해야 한다는 것이다. 이것은 운전 방식을 근본적으로 바꾼다. 부드럽게 출발하고 급가속을 피하며, 무엇보다 전반적으로 차를 아주 조심스럽게 다뤄야 한다. 내가 연비 운전을 가장 잘 배웠던 경험은 카스텔레 서킷에서 열린 '모빌 런' 경기였다. 모든 차량에 동일한 양의 연료가 지급됐고, 가장 많은 거리를 주행한 사람이 승자였다. 이런 조건에서는 기어를 자주 바꾸지 않고, 부드럽게 출발하며, 아주 천천히 브레이크 밟는 법을 금세 익히게 된다.

도로교통법을 숙지하고, 클러치를 밟거나 가속하는 법을 안다고 해서 제대로 운전할 줄 안다고 말할 수는 없다. 나는 모든 운전면허 응시자가 빗길, 눈길, 빙판길 등 악조건 속에서 차량을 제어하는 법을 의무적인 실습을 통해 교육받아야 한다고 생각한다. 내가 몇 년간 거주했던 스웨덴에서는 실제로 이러한 교육이 제도화돼 있다.

유럽

자동차 산업의 심장, 전환의 벼랑 끝에서

유럽 자동차 산업은 내 인생 그 자체다. 학업을 마친 이후 지금까지 나는 유럽 각국을 오가며 쉼 없이 일해왔다. 피아트, 르노, 폭스바겐, 아우디, 세아트, 토요타 유럽에 이르기까지 유럽 주요 자동차 브랜드에서 중책을 맡았고, 브뤼셀, 토리노, 볼프스부르크, 바르셀로나, 파리 등 다양한 도시에서 생활했다. 어느 도시에서든 나는 그 사회에 녹아들어 관찰하고, 듣고, 배우며, 무엇보다 행동했다. 그렇게 수년간 차곡차곡 쌓은 경험은 유럽 경제의 '허파'라 불리는 자동차 산업에 대해 오늘날 내가 단호한 진단을 내릴 수 있게 해줬다.

문제는 바로 이 허파가 지금, 전기 에너지로의 대전환이라는 결정적 시기를 맞아 산소 공급이 절실히 필요하다는 점이다. 실로 엄청난 도전이며, 현대 산업사에서 가장 중대한 변혁 중 하나라고 할 수 있다. 모든 자동차 제조사가 이 변화에 전력을 기울이고 있다. 내연 기관의 종식을 예고한 2035년을 목표로, 그 일정에 맞추기 위해 총 2,500억 유로에 달하는 막대한 투자 프로그램이 이미 실행 중이다.

이 전환이 더욱 어려운 이유는, 전기차 시대가 그야말로 판을 뒤엎는 변화를 요구하기 때문이다. 기존의 기술과 노하우는 점점 뒷전으로 밀려나고 완전히 새로운 전문 영역들이 그 자리를 대신하고 있다. 네 개의 바퀴와 차체를 제외하고, 미래의 자동차는 지금 우리가 알고 있는 자동차와는 전혀 다른 존재가 될 것이다.

이제는 배터리처럼 고도로 진화한 기술을 새롭게 습득하고 통제하는 능력이 필수 역량으로 떠오르고 있다. 여기에 더해 임베디드 소프트웨어는 군자금에 비견될 만큼 핵심적인 요소가 됐다. 이는 곧 GAFAM(구글, 애플, 페이스북, 아마존, 마이크로소프트)와 같은 테크 자이언트들이나 인공지능 분야의 새로운 인재들을 자동차 산업 내부로 끌어들여야 한다는 뜻이기도 하다.

이런 전환의 시기에선 단 한 번의 실수도 치명적일 수 있다. 왜일까? 우리는 더 이상 이 시장에 홀로 존재하지 않기 때문이다. 내연 기관 시대에는 기술적 진입 장벽이 있었지만 전기차 시대에는 사라진다. 이러한 기술 빅뱅은 이미 테슬라와 같은 새로운 플레이어들에게 큰 기회를 안겨줬다.

기존 산업 자산을 지킬 부담이 없었던 테슬라는 금융 시장의 전폭적인 신뢰와 정부의 아낌없는 지원을 등에 업고 새로운 생산 방식에 과감히 도전할 수 있었다. 우주와 에너지 등 다른 가치사슬 분야에서 쌓은 경험을 바탕으로 테슬라는 초현대적인 기가팩토리를 세우며 세계 곳곳에서 상업적 입지를 공고히 다졌다.

게다가 이제 유럽 시장을 더욱 위협하는 강력한 경쟁자가 등장하고 있다. 바로 중국의 자동차 제조사들이다. 중국은 이미 세계 자동차 산업의 패권을 노리며 여러 전략적 우위를 선점한 상태다. 사실상 배터리 제조에 필수적인 희귀 자원의 공급망을 통제하고 있기도 하다. TCL, 화웨이, 샤오미 같은 전자 및 기술 대기업을 기반으로 전기차를 진정한 '바퀴 달린 스마트폰'으로 만드는 데 필요한 모든 핵심 요소, 이를테면 스크린, 애플리케이션, 소프트웨어, 반도체, 인공지능 기술을 모두 장악하고 있다.

그뿐만 아니라 중국 제조사들은 공장 자동화를 극한 수준까지 끌어올리고 있다. 전 세계에 매년 설치되는 산업용 로봇의 절반 이상이 중국에 설치되고 있다. 이는 중국이 모든 시장에서 경쟁력을 갖추는 데 도움이 될 것이다. 현재 중국 내에는 40여 개에 달하는 자동차 제조사들이 존재하며, 이들은 장기적으로 살아남을 5~10개의 승자 자리를 두고 치열하게 경쟁 중이다. 그들은 대담함과 혁신을 겨루는 한편, 서로의 기술을 베끼기도 한다. 결국 이는 소비자에게는 긍정적인 결과로 이어진다.

무엇보다도 시진핑 정부는 자국 자동차 산업을 세계 1위로 끌어올리기 위해 오랜 시간 전방위적인 노력을 기울였다. 금융 시스템까지 동원해 산업 전반에 걸쳐 총력 지원을 아끼지 않는다. 다른 분야와 마찬가지로, 중국의 자동차 산업은 이미 명확한 규제 체계를 갖추고 있다. 이 게임의 규칙은 철저히 산업 전체의 경쟁력을 높이는 방향으로 설계됐다.

물론 유럽의 자동차 제조사들도 손 놓고 있는 것은 아니다. 이들 역시 여전히 무시할 수 없는 강점을 보유하고 있다. 고객들이 선호하는 브랜드 파워, 세련된 마케팅 감각, 엔지니어들의 뛰어난 기술력, 디자이너들의 창의성 그리고 우수한 노동력까지 이 모든 요소가 유럽 제조사의 든든한 자산이다. 문제는 이것만으로는 더 이상 충분하지 않다는 데 있다. 유럽 자동차 산업은 세계 시장에서 점차 점유율을 잃어가고 있으며, 중국 제조사들의 부상이 가속화될 경우 이 하락세는 더욱 심화할 수 있다.

유럽은 어디서 돌파구를 찾아야 할까? 지금 이 산업이 다시 숨을 쉴 '산소'는 어디에 있는가? 자동차 산업은 과거에도 그리고 앞으로도 유럽 경제를 지탱하는 핵심 축이다. 이를 뒷받침하는 몇 가지 수치가 있다. 자동차 산업은 유럽 내 총 1,300만 명의 일자리를 창출하고 있다. 유럽 전체 제조업 노동자의 8%가 자동차 산업 관련 164개 공장에서 일하고 있다. 2023년 한 해에만 유럽에서는 총 1,210만 대의 차량이 생산됐다. 자동차 산업은 유럽 GDP의 8%를 차지하며, 유럽 전체 투자액의 3분의 1을 차지하고 있다. 또한 1,020억 유로에 달하는 무역수지 흑자를 창출하고 있다. 여기에 세수 효과까지 더하면 자동차 산업은 3,920억 유로의 세입을 각국 정부에 안겨준다.

자동차 산업은 '산업 중의 산업'이라 불릴 만하다. 거의 모든 산업 분야가 직간접적으로 자동차 산업과 연결되기 때문이다. 건설업에 대해 흔히 말하듯, 자동차 산업이 활기를 띠면 전체 경제가 잘 돌아가는 구조다. 하지만 지금 자동차업계는 심각한 불안감에 휩싸여 있다. 이들은 명확하고 안정적인 정치적 결정을 절실히 요구하고 있으며, 유럽이 기존의 사고방식에서 벗어나 근본적인 전환에 나서길 기대하고 있다. 이들의 시각에서 볼 때, 자동차 산업이 진정한 수혜자가 될 수 있도록 유럽은 새로운 산업 정책을 구축해야 할 시점이다.

　아울러 규제 체계 역시 재정비가 필요하다. 물론 규제는 필요하다. 하지만 현실에서는 종종 역효과를 낳고 있다. 예를 들어 차량의 안전성을 높이기 위한 규제들은 오히려 차량을 더 무겁고 비싸게 만들어, 소비자들이 구형 차량을 더 오래 보유하는 결과를 초래했다. 이는 오히려 탈탄소 전략에 역행한 셈이기도 하다. 더욱이 규제는 지나치게 많고 복잡하며, 대부분 고정된 시행 시한과 과태료 중심의 징벌적 방식으로 구성돼 있다.

　내 생각에 지금 유럽은 자체적인 길을 모색해야 할 시점이다. 그것은 명확한 목표와 실행 방식의 안정성을 보장하면서도, 일정 수준의 국가 개입과 민간 주도의 자율성을 조화롭게 결합하는 하이브리드 모델이어야 한다.

　탈탄소화의 모든 측면을 종합적으로 고려하면서, 이제 유럽은 혁신적이면서도 상식에 기반한 선택을 과감히 추진해야 한다. 예를 들어, 각국의 주요 도시들이 소형 전기차나 최근 인증을 받은 친환경 차량에 유리한 정책을 적극적으로 도입하도록 유도해야 한다. 이러한 접근은 더 가볍고 저렴하며, 생산부터 운행까지 전 과정에서 이산화탄소 배출량이 적은 도심형 소형차 시장을 활성화하는 데 크게 기여할 것이다.

유럽 자동차 산업의 미래는 밝을까? 나는 그렇게 되기를 바라며 그렇게 될 것이라고 믿는다. 그 길은 쉽지 않을 것이다. 그것이 바로 내가 매일 싸우고 있는 이유다.

음악

음표가 아닌 소리를 찾아서

Written by 작곡가 장미셸 자르 Jean-Michel Jarre

할아버지는 엔지니어이자 발명가였는데, 그는 배터리가 내장된 턴테이블을 만들어 에디트 피아프의 노래를 들려줬다. 그때의 턴테이블은 아이팟의 조상 격인 물건이었다. 내가 열 살이었을 때 할아버지는 내 키보다도 큰 독일제 녹음기를 선물해줬고 나는 그때부터 온갖 소리를 녹음하기 시작했다. 어느 날 우연히 테이프를 거꾸로 재생했는데, 마치 외계인들이 내게 말하는 것 같았다! 그때부터였다. 내가 소리를 조작하기 시작한 것이.

그 후 피에르 셰페르와 피에르 앙리의 음악 연구 그룹에 들어갔다. 거기서 나는 음악을 악보나 음표가 아니라 '소리' 그 자체에 접근하는 전혀 새로운 방식을 배웠다. 음악이란 무엇보다도 '소리'다. 자동차도 마찬가지다.

르노의 초청을 받기 전까지 나는 자동차 산업에서 일한 적이 한 번도 없었다. 하지만 석유에서 전기로 에너지가 전환하는 시대에 새로운 과제가 무엇인지 금세 깨달았다. 첫 번째는 '안전'이다. 자동차가 조용해지면서 오히려 잠재적인 위험 요소가 됐다. 자동차는 소리를 통해 존재감을 드러낸다. 하지만 그 소리는 브랜드를 상징하면서도 소음 공해를 유발해서는 안 된다. 두 번째는 운전자와 자동차 사이의 관계다. 수십 년 동안 자동차는 일종의 '나만의 공연장'이었다. 집보다도 음악에 더 몰입할 수 있는 공간, 외부 세계로부터 차단되고 '연결이 끊기는' 장소였다. 하지만 전기 자동차에서는 이와 정반대로 오히려 외부 세계와 다시 '연결되는' 듯한 느낌을 준다. 전기차는 점점 더 가벼워질 것이고, 방음 성능은 떨어질 것이다. 내연 기관에서 기계적 마찰로 발생하던 자동차의 소리는 이제 인공적으로 재창조돼 스피커를 통해 재생된다.

이와 함께 전용 장비도 새롭게 고안돼야 한다. 지금은 외부로 들리는 소리가 보닛 옆쪽에 달린 작은 스피커 하나에서 나올 뿐인데, 내 생각에는 저음이 부족하다. 또한 자동차가 어떤 방향으로 움직이느냐에 따라 소리가 들리기도 하고 안 들리기도 한다. 이상적인 방식은 아닌 것이다.

물론 이 분야에도 '적을수록 좋다Less is more'라는 철학이 적용돼야 한다는 점을 잘 알고 있다. 이러한 제약은 종종 긍정적인 역할을 한다. 작곡을 하거나, 그림을 그리거나, 글을 쓰거나, 정치를 할 때도 마찬가지다. 최소한의 수단으로 어떻게 파괴적 혁신을 이룰 수 있을지를 고민해야 한다.

그래서 앰프나 스피커 같은 하드웨어에서부터 콘텐츠에 이르기까지 소리의 전 과정이 일관성을 지니는 것이 중요하다. 이는 자동차업계에선 새로운 개념이다. 지금까지 디자이너들은 음향 장비는 신경 쓰지 않고 운전석만 먼저 디자인해왔다. 그리고 나서 바닥 아래나 팔걸이 밑 남은 공간에 억지로 스피커를 끼워 넣었다. 이제는 바뀌어야 한다. 그렇지 않다면 고급 스피커를 설치하는 데 돈을 쏟아붓는 이유가 무엇인가?

오늘날 자동차 기업은 당연히 공기 역학이나 에너지 절약 같은 핵심 분야에서 혁신을 추구해야 한다. 하지만 소비자들이 체감하는 브랜드의 정체성은 그들 눈에는 부차적으로 보일 수 있는 요소, 예를 들면 '소리'에 의해 결정되기도 한다. 운전자가 매일 경험하는 자동차의 감각은 엔진 소리, 음향 효과, 방음 상태 등을 통해 형성된다. 그런데 왜 '사운드 디자인'은 아직도 제대로 탐구되지 않는 것일까? 어쩌면 프랑스가 음악보다는 문학과 영화의 나라이기 때문일지도 모른다.

장비 문제를 해결하고 나면 결국 남는 질문은 "과연 어떤 소리를 만들 것인가?"다. 이를 해결하기 위해선 가장 먼저 빠지기 쉬운 함정을 피해야 한다. 초기 전기차들은 〈스타워즈〉나 공상과학 영화에서 영감을 받은 소리를 시도했다. 하지만 자동차는 우주선이 아니다. 진공청소기나 커피 그라인더 같은 소음도 만들어서는 안 된다. 사실 자동차의 소리는 저음과 중음역대를 중심으로 구성돼야 편안함을 줄 수 있다.

오랫동안 자동차의 품질은 '남성성' 혹은 엔진의 파워감으로 평가되곤 했다. 그런데 요즘은 시속 250km나 300km까지 올라가는 자동차들이 '부릉부릉' 거리며 질주한다고 해도, 실제로는 속도 제한 때문에 무용지물이 되기 일쑤다. 오늘날 중요한 것은 속도에서 오는 '힘'이 아니라, 바로 '이동성'을 소리로 구현하는 일이다. 예전에는 남성적이고 강한 사운드를 내는 자동차가 매력적으로 여겨졌다. 하지만 지금은 시대가 다르다. 요즘 거리에서 그런 소리를 들으면 오히려 20세기에서 튀어나온 것 같은 느낌을 준다. 낡고 시대에 뒤떨어진 것이다. 여기서 떠오르는 질문은 자명하다. 과연 극단적인 소음 없이도 이동성, 속도감, 파워를 어떻게 표현할 수 있을까? 어쩌면 공기 부양선으로도 불리는 호버크래프트가 물 위를 미끄러져 나가는 소리에서 영감을 얻을 수 있다. 이들은 엄청난 속도감과 파워 속에서도 거의 소리가 나지 않는다. 환경에 대한 존중도 우선시돼야 한다. 사회 속에 더 부드럽게 스며들 수 있어야 한다. 그래서 사고방식을 완전히 바꿔야 한다.

또한 내부 디자인에서도, 자동차를 온갖 기능과 장치로 채우려는 유혹을 경계해야 한다. 거대한 핀볼 머신 안에 들어간 듯한 느낌, 여기저기서 불빛이 반짝이고, 의미 없이 시끄러운 소리가 들리는 식이면 안 된다. 자동차의 사운드는 라디오의 징글 같은 느낌이 아니라 따뜻하고 배려 깊은 감정을 불러일으켜야 한다. 우리는 이제 기술과 새로운 관계를 맺어야 한다. 기술이 반드시 차갑고, 로봇 같고, 디스토피아적일 필요는 없다. 기술은 따뜻하고, 유기적이며, 편안함을 줄 수 있어야 한다.

결국 전기차와 함께 하는 우리는 마치 하얀 캔버스를 마주한 화가와 같다. 우리는 '침묵'으로부터 시작해 새로운 것을 창조해야 한다.

이재용 회장

삼성을 움직이는 조용한 결단력

모두가 그를 '이 회장'이라 부른다. 2020년 10월 25일 별세한 부친, 이건희 회장처럼 말이다. 이미 2014년부터 경영에 참여해온 이재용 회장은 자연스럽게 삼성의 지휘봉을 이어받았고, 지금까지 이 거대 기업의 놀라운 성장을 이끌고 있다. 1938년에 창립된 삼성은 2024년에 매출 300조 8,700억 원, 순이익 34조 4,500억 원을 기록했다.

삼성은 조선, 원자력, 건설, 보험, 유통은 물론 가전과 전자까지 수많은 산업 분야에서 활동하고 있다. 특히 전자 분야에서는 애플이나 마이크로소프트 같은 글로벌 거인들과 어깨를 나란히 하며,

스마트폰 시장에서는 확고한 선두 주자로 자리매김했다. 2000년에는 르노가 삼성자동차 지분의 70%를 인수하면서 긴밀한 파트너가 됐고, 그 덕분에 나는 젊은 시절의 이재용 회장을 직접 만날 기회를 가질 수 있었다.

하버드를 비롯한 여러 대학에서 수학한 이재용 회장은 매우 국제적인 감각을 지닌 경영자였다. 56세의 그는 놀랄 만큼 침착하고 단단한 인상이었다. 실제로 그는 자신에게 닥친 사법적 시련마저 굳건히 이겨내며 강철 같은 의지를 보여줬고, 미래를 향한 뚜렷한 비전도 지니고 있었다. 인공지능의 부상을 두고 그는 삼성그룹이 '생존의 기로'에 서 있다고 판단하며, 반드시 조직을 변화시키겠다는 결의를 드러냈다.

2025년 초, 그는 핵심 간부 2,000명을 상대로 긴급 사태를 선포하는 동영상 메시지를 보냈다. 실제로 삼성은 2024년 TV와 반도체 시장에서 다소 우려스러운 후퇴를 겪은 바 있었다. 그는 "당장의 이익을 희생하더라도 미래를 위해 투자해야 한다"라고 강조했다. 이러한 단호한 발언은 전례 없는 변화를 마주한 모든 기업 경영자들에게 영감을 주기에 충분하다.

이퓨얼

탄소 중립을 위한 현실적 해답

재생 에너지로 생산한 수소에 산업 시설에서 포집한 탄소를 결합하면, 자동차를 움직이고 항공기를 띄울 수 있는 이른바 '합성 연료'가 만들어진다. 이미 항공업계와 F1에서 사용되기 시작한 이 연료의 가장 큰 장점은 탄소 배출 면에서 중립적이라는 점이다. 연료 사용 시 배출되는 탄소가 제조 과정에서 회수된 탄소로 상쇄되기 때문이다. 이퓨얼 e-fuel 또는 재생 합성 연료로 불리는 이 연료는 기존 내연 기관 차량에 별도의 장비 없이 그대로 사용할 수 있다는 점에서도 큰 장점을 지닌다. 이는 전기차가 전 세계에 충분히 보급되기까지 아직 시간이 필요한 만큼 현재 도로를 달리는 약 15억 대의 내연 기관 차량 문제를 해결할 핵심 기술로 주목받고 있다.

이퓨얼을 어떻게 대량 생산할 수 있을까? 수요를 충족하려면 상당한 시간과 수백억 유로 규모의 산업 투자가 필요하다. 하지만 의지는 확고하고 기술도 이미 갖춰져 있다. 석유 생산국들 역시 자원 고갈의 미래를 인식하고 새로운 수익원으로의 전환을 모색 중이다. 이들은 대규모 태양광 발전 단지를 통해 재생 수소를 생산하고, 이를 현장에서 이퓨얼로 전환하는 방식을 추진하고 있다. 이렇게 하면 운송이 쉬워지고, 초대형 유조선이나 송유관 등 기존의 석유 물류 인프라를 그대로 활용할 수 있다.

이퓨얼은 전기를 보완할 수 있는 이상적이면서도 불가피한 대안이다. 이제 행동에 나설 때다!

인공지능

자동화가 고도화될수록, 인간의 직관은 더 빛난다

Written by 뤼크 쥘리아Luc Julia, 르노 최고 과학 책임자CSO

만약 인공지능Intelligence Artificielle이 자동차라면 어떨까? 조금 도발적으로 말하자면 나는 이렇게 답할지도 모르겠다. 아마 현실의 도로 위를 달리기보다 사람들의 환상만 자극하다 사라질지도 모를, 실현 가능성이 낮은 콘셉트카일 것이라고. 아니면 더 이상 미래적이지도 않고 이제는 오히려 복고적인 향수를 불러일으키는, 드라마 〈전격 Z작전〉 같은 B급 시리즈의 등장인물일 수도 있겠다. 수년째 지평선 끝에 실루엣을 드러내던 자율주행차는, 우리가 가까이 다가설 때마다 한 발짝씩 물러서는 신기루처럼 느껴지기도 한다. 완전한 자율 주행, 이른바 '레벨 5'가 눈앞이라는 예언은 이미 수차례 반복됐고 이제는 굳이 다시 꺼내지 않아도 될 만큼 익숙한 서사다.

어쩌면 이제는 환상에서 조금 내려올 때일지도 모른다. 걱정할 필요는 없다. 현실도 절대 지루하지 않다. 때로는 공상과학 소설보다도 더 흥미로운 세계가 바로 오늘날 우리가 발 딛고 서 있는 이 기술의 현장이기 때문이다. 우선 분명히 짚고 넘어가야 할 사실이 있다. 인공지능은 이미 우리 곁에 존재하고 있다. 더 정확히 말하면, '하나의 인공지능'이 아니라 '수많은 인공지능들'이 우리 일상에 자리 잡고 있다. 이들은 이미 오래전부터 산업과 업무 현장에 깊숙이 침투해 우리가 일하고 생활하는 방식을 근본적으로 바꿨다. 전문가 시스템, 이메일 스팸 필터, 고객센터의 챗봇 그리고 일상 곳곳을 자동화하는 각종 시스템들까지 이제는 너무 익숙해져 오히려 그 존재조차 의식하지 못할 정도다.

자동차 산업도 예외는 아니다. 어느 지점에서 이 산업을 들여다보든 '산업 중의 산업'이라 불리는 이 분야 역시 인공지능의 영향 아래 깊숙이 들어와 있다. 오늘날 벌어지고 있는 일은 단순한 변화가 아니다. 변화의 속도가 빨라지고 있으며, 그 범위도 전방위로 확산되고 있다. 설계에서부터 물류까지 전 공정에 걸쳐 새로운 가능성의 문이 열리고 있다. 예전에는 기계 고장으로 라인이 멈추면 수백만 유로의 손실이 발생했다. 하지만 이제는 센서가 감지한 미세한 진동과 신호들을 바탕으로, 통계 기반의 알고리즘을 학습시켜 문제 발생 전에 미리 정비를 시작할 수 있다. 이 덕분에 불필요하게 공정을 멈추지 않고도 사전에 유지 보수를 실시하는 것이 가능해졌다.

생산성 향상뿐만 아니라, 탄소 배출 저감 효과도 뚜렷하다. 부품을 공급업체에서 공장으로 운송하는 경로를 최적화하고, 트럭 적재 효율을 높이는 등의 조치를 통해 이산화탄소 배출을 줄이고 있는 것이다. 이제는 디자이너들까지 생성형 인공지능의 혜택을 톡톡히 보고 있다. 미드저니Midjourney와 같은 도구는 다양한 환경 속 차량 이미지를 자유자재로 구현해냄으로써 디자이너의 상상력에 새로운 불을 지피고 있다.

착각해서는 안 된다. 이러한 도구들이 하늘에서 뚝 떨어진 건 아니다. 그 밑바탕에는 방대한 양의 데이터의 수집과 정제라는, 인간의 선행 작업이 존재한다. 인공지능의 장점이든 단점이든 결국 그것은 이를 개발하고 활용하는 인간에게 달려 있다. 오늘날 챗GPT로 대표되는 기술 가속의 시대에 우리가 마주한 첫 번째 과제는 분명하다. 인공지능과 그것을 사용하는 인간 사이에 올바른 연결 고리를 만들어내는 일이다. 이보다 더 적절한 사례가 있을까? 실리콘밸리에서는 프롬프트 엔지니어링Prompt engineering을 전문으로 하는 기업들이 속속 등장하고 있다. 기계에 정확한 지시를 내리고 효과적으로 소통을 설계하는 이 기술이야말로 인공지능의 잠재력을 끌어내는 핵심 열쇠이며 결국 인간 고유의 창의성을 뒷받침하는 데 사용되고 있다.

이러한 변화는 자동차 산업의 생산 현장에도 고스란히 적용된다. 오퍼레이터의 역할은 빠르게 진화하고 있다. 그들은 이제 단순한 생산 인력을 넘어 머신러닝 시스템의 일원으로서 그 작동에 직접 관여한다. 한편으로는 데이터 전문가들과 긴밀히 협업하고 다른 한편으로는 인공지능 시스템의 작동 원리를 직관적으로 이해하며 상황 변화에 유연하게 대응하는, 거의 장인에 가까운 역량을 요구받고 있다. 불량을 감지하는 시스템을 예로 들어보자. 이 시스템이 오작동하는 원인이 단지 조명의 변화나 AI가 훈련받은 환경과 다른 노출 조건 같은 미세한 차이일 수도 있다는 사실을 오퍼레이터가 정확히 짚어내야 하는 것이다. 자동화가 고도화될수록 그만큼 현장을 읽어내는 인간 고유의 기지와 판단력이 더욱 절실해지고 있다.

이와 같은 인간과 기계 간의 협업은 생산 라인뿐만 아니라 제품 그 자체에서도 중요한 과제다. AI는 기술을 더욱 '인간적인' 방향으로 이끄는 데 기여할 수 있다. 자동차는 단순한 이동 수단을 넘어 사용자와 상호작용하고 학습하며 함께 진화하는 '동반자'로 거듭나고 있다. 생성형 AI의 등장은 자동차가 맥락을 인식하고 반응하는 '초개인화된 경험'의 시대로 나아가는 데 핵심적인 동력이다. 운전자 보조 시스템의 눈부신 발전 또한 이미 수많은 생명을 구하고 있다. 충돌 위험을 감지했을 때 자전거 이용자를 자동으로 인식해 운전자에게 즉각 경고를 보내는 기능이 그 대표적 사례다.

이쯤에서 반드시 등장하는 질문이 있다. "그래서 자율주행차는 도대체 언제쯤 나오나요?" 그럴 때마다 나는 이렇게 되묻는다. "길가를 지나가던 보행자가 들고 있는 'STOP' 표지판을 실제로 멈춰야 할 신호로 착각할지도 모르는 시스템에 과연 자신의 생명을 맡길 수 있겠습니까?"

결국 우리는 깨닫게 된다. 인공지능의 시대란 오히려 그 어느 때보다도 '자동 조종'에 자신을 온전히 맡겨서는 안 되는 시기라는 것을.

일본

차를 넘어 산업을 다시 발명하는 시간

Written by 우치다 마코토 Makoto Uchida, 전前 닛산 최고경영자 CEO

거의 한 세기에 걸친 점진적인 발전 끝에, 내가 평생 몸담아 온 자동차 산업은 지금 거스를 수 없는 격변의 한가운데 서 있다. 세상은 이제 더 적은 배출, 더 높은 자율성 그리고 소프트웨어 중심의 자동차를 요구하고 있다. 방향 자체가 바뀌는 이 흐름 앞에서 이 산업에 몸담은 대기업이라면 누구든 그에 걸맞은 자기 성찰과 구조 개편을 피할 수 없다.

일본 자동차 산업 또한 더 이상 과거의 영광에 기대어 살 수 없다는 사실을 잘 알고 있다. 닛산을 비롯한 모든 제조사들이 과거의 격동기를 헤쳐 왔듯 지금도 전례 없는 혁신적인 제품들을 쏟아내며 대응에 나서고 있다. 동시에 비용 절감과 사업 구조의 효율화에도 힘써왔다. 하지만 우리는 이것만으로는 충분하지 않음을 알고 있다. 끊임없이 변화하는 오늘날의 환경에서는 과거의 성공 방식을 반복하는 것만으로는 미래를 보장할 수 없다. 과감한 조치를 신속히 취해야만 앞으로의 10년, 나아가 그 이후까지도 성공을 이어갈 수 있다.

되돌아보면 일본 자동차 제조사들은 제2차 세계 대전 직후 처음 시장에 뛰어들었을 때만 해도 철저한 후발주자였다. 하지만 이때의 일본 기업들이 적시 생산 방식 just-in-time 이라는 새로운 개념을 창안했고, 지속적인 개선을 지향하는 카이젠kaizen 방식과 운영 효율을 극대화하는 제조 철학인 모노즈쿠리monozukuri를 만들어냈다. 다가올 기술적 전환의 시대를 맞아 우리는 이러한 견고한 산업적 유산을 기반으로 다시 한 번 도전에 나설 수 있다. 나는 지금이야 말로 우리 산업에 단샤리danshari의 개념을 적용할 때라고 믿는다. 일본 가정에서 오랫동안 생활 철학으로 자리 잡아온 이 방식은 불필요한 것을 비우고, 정리하며, 본질에 집중하게 하는 명료한 실천법이다. 나는 이 접근이 산업 생산 방식에도 영향을 미치는 깊은 잠재력을 지니고 있다고 확신한다.

우리 자동차 산업은 매우 견고한 토대 위에 세워졌다. 수십 년 간 일본 브랜드들은 제품의 품질, 엔지니어링, 디자인, 서비스 그리고 기술 혁신 면에서 전 세계적으로 신뢰를 받았다. 20세기 동안 우리는 공급망 효율화와 조립 라인의 생산성 향상에 선구자 역할을 해왔으며, 그 결과 세계 승용차 시장의 30%, 중형·대형 상용차 시장의 16%, 이륜차 시장의 46%를 점유하고 있다.

이러한 탄탄한 기반 위에서 일본 제조사들은 도심형 소형차, 엔트리급 스포츠카 등의 분야에서 주도적인 입지를 구축했고, 세계 최초로 하이브리드 차량을 개발하기도 했다. 우리 닛산 역시 세계 최초의 대중용 배터리 전기차인 닛산 리프LEAF를 출시한 점에 대해 큰 자부심을 갖고 있다. 뿐만 아니라 압축천연가스 엔진 차량과 수소연료전지차 역시 '메이드 인 재팬'이라는 이름을 달고 최초로 대중에 보급되고 있다는 사실 또한 자랑스럽게 여길 만한 성과다.

이 모든 요소들이 바로 우리가 가진 강점이다.

이제 세계화 시대는 확실히 막을 내렸다. 2020년대 중반에 접어든 지금, 세계 자동차 시장은 점점 더 분절화되고 있고, 소비자들은 각 지역의 특성에 맞는 차별화된 제품을 원하고 있다. 물론 우리는 여전히 플랫폼과 디자인의 표준화를 강력히 추진해야 하지만 동시에 제품 기획, 생산, 가격 책정 등 핵심 영역에서 지역 단위의 의사결정 자율성을 더욱 강화해야 한다.

실제로 이는 다음과 같은 전략적 접근을 뜻한다. 미국 고객들에게는 해당 시장의 수요에 부합하는 픽업트럭과 상용차를 제공해야 하고, 일본에서는 전기 경차 및 보다 다양한 저배출 하이브리드 차량을 중심으로 삼아야 한다. 중국 시장에서는 경쟁력 있는 가격과 긴 주행 거리를 갖춘 재생 에너지 기반 파워트레인 제품군을 확대할 필요가 있으며, 유럽 시장의 경우 속도는 예상보다 더디지만 완전한 전기차 전환이라는 흐름에 반드시 발맞춰야 한다.

각 지역에서 성공하기 위해 지역별 명확한 시장 점유율 목표를 설정하고, 현지 소비자 선호와 요구에 맞춰 제품군을 정밀하게 조정해야 한다. 미국, 중국, 일본, 유럽처럼 핵심 전략 시장에서 우리는 각 지역 조직이 스스로 전략적 판단을 내리고 필요한 조정을 독자적으로 수행할 수 있는 역량을 이미 갖추고 있다. 우리는 자사 공장에서 적합한 모델을 생산할 수 있는 역량을 갖추고 있으며 자체 공급망을 통해 이를 실현하고 있다. 특히 다양한 배터리 기술을 활용하고 관련 산업 체계를 가동함으로써 전기차를 모든 시장 세그먼트에 공급할 수 있는 준비가 되어 있다.

　이제 다가오는 불확실성과 격동의 시대 속에서, 우리는 한때 일본 산업계에 커다란 활력을 불어넣었던 그 '절박감'을 다시금 되살려야 한다.

자동차 딜러

세일즈맨들이 바꾼 자동차의 역사

조 지라드Joe Girard를 아는가? 그는 미국 디트로이트, 세계 자동차 산업의 심장부에서 태어난 시칠리아계 미국인으로, 아마도 역사상 가장 위대한 자동차 딜러일 것이다. 1963년부터 1978년까지 15년 동안 무려 1만 3,000대의 신차를 판매하며 기네스북에 이름을 올렸고, 지금까지 하루 평균 18대, 한 달에 174대, 연간 1,425대라는 그의 기록을 깬 사람은 없다. 이 놀라운 업적으로 그의 이름은 미국 자동차 명예의 전당에 올랐다.

지라드의 인생은 한 편의 할리우드 영화처럼 아메리칸 드림의 정수를 보여준다. 그는 구두닦이로 사회에 첫발을 내디뎠고 생계를 위해 무료 일간지를 돌리기도 했다. 좀 더 나은 수입을 위해 자동차 딜러에게 눈물로 취직을 부탁했고, 채용된 뒤에는 탁월한 실적으로 자신의 적성을 증명했다. 하지만 너무 뛰어난 성과 탓에 동료들로부터 '고객을 가로챘다'는 항의를 받았고, 결국 해고까지 당했다. 하지만 그는 좌절하지 않고 오히려 이를 계기로 디트로이트의 또 다른 쉐보레 판매점에서 새출발했다. 그리고 그곳에서 그는 전설적인 성과를 이뤄낸다.

그의 성공 비결 중 하나는 고객에 대한 지극한 관심이었다. 그는 고객의 생일은 물론 자녀의 생일과 관심사까지 철저히 파악했다. 매달 모든 고객에게 카드를 보냈고, 추수감사절이나 핼러윈 등 모든 기념일을 빠짐없이 챙겼다. 시간이 지나면서 이 고객 관리 업무는 너무 방대해졌고, 이를 전담하는 직원 두 명이 상시로 배치될 정도였다. 믿기 어렵겠지만 그의 커리어 말기에는 고객들이 그에게 차를 사기 위해 줄을 섰다. 두 명의 직원이 미리 서류를 준비하면 지라드는 단지 최종 계약만 마무리했다.

그에겐 통쾌한 일화도 있다. 그는 자신을 해고했던 첫 직장 상사에게 매년 소득세 신고서 사본을 우편으로 보내며 이와 같이 적힌 쪽지를 동봉했다. "당신은 애먼 사람을 해고했소." 은퇴 후에도 그는 자신의 재능을 바탕으로 성공적인 제2의 커리어를 이어갔다. 대기업의 영업팀을 대상으로 자문을 제공했고, 그의 책은 수백만

부 이상 팔렸다. CD와 DVD는 불티나게 팔렸으며 강연 요청도 끊이지 않았다. 그는 그야말로 예술의 경지에 오른 세일즈맨이었다!

조 지라드의 사례는 극히 이례적인 경우지만 그만큼 자동차 산업에서 영업의 중요성을 다시금 일깨워준다. 날마다 소비자를 설득하기 위해 고군분투하는 판매의 귀재들이 없다면, 자동차 회사들이 과연 지금과 같을 수 있었을까?

조 지라드의 이야기는 자동차 딜러들의 핵심적인 역할을 다시 조명할 좋은 계기이기도 하다. 최근 몇 년간 자동차 판매점이 점차 사라지고, 온라인 직판 시대가 열릴 것이라는 전망이 반복됐다. 하지만 이러한 주장을 내세우는 쪽은 대부분 유통망을 구축할 여력이 없는 신생 브랜드들이다. 이들은 종종 '고객은 자동차 딜러를 방문하는 것보다 차라리 치과에 가는 것을 더 선호한다'는 식의 다소 무례하고 왜곡된 주장을 펴곤 한다. 하지만 이는 그야말로 터무니없는 헛소리다. 누가 5만 유로에 달하는 자동차를 아무런 대면 절차도 없이 어디서 수리해야 할지도 모르는 상황에서 인터넷으로 구매하겠는가? 나라면 절대 그렇게 하지 않을 것이다.

사실 매장에서 제공되는 서비스는 많은 사람들이 생각하는 것보다 훨씬 더 뛰어나다. 르노만 보더라도, 전 세계 지점의 고객 만족도는 평균 8점에서 10점 사이를 유지하고 있다. 르노에 처음 입사했을 때 나는 밀라노 북부 지역 담당 매니저로 배치됐다. 그곳에서 나는 딜러들에게 모든 것을 배웠다. 일부는 3대째 가업을 이어오고 있었고, 가족의 자산을 이 사업에 쏟아부으며 운영하고 있었다. 그들은 매주 토요일에도 근무하고, 일요일에는 지역 행사에 참여해 고객들과 직접 소통했다. 이들의 역할을 축소하는 것은 선택지가 될 수 없다. 우리는 이러한 지역 기반 네트워크가 반드시 필요하다.

다만 정비업 분야에서는 변화가 가능하다. 예를 들어, 기존 정비소를 전기차 충전소를 갖춘 종합 서비스 센터로 재편하는 방식이 있다. 프랑스에는 현재 약 550개의 르노 공식 판매 대리점과 3,000곳이 넘는 르노 정비소가 운영되고 있다. 이는 까르푸Carrefour의 매장 수와 비슷하며, 오샹Auchan(역주 - 프랑스의 유통 대기업)보다도 훨씬 많은 수치다. 유럽 내 전체를 기준으로 보면, 르노 유통망에서 근무하는 인력은 약 3만 6,000명에 달한다. 나는 자동차 산업이 오프라인 유통망 없이 존재할 수 있다고는 믿지 않는다. 매장에서의 고객 경험 그리고 사람과 사람 사이의 직접적인 접촉은 프리미엄 제품 판매의 결정적인 요인이기 때문이다.

미국의 펜스케Penske, 프랑스의 에밀 프레Emil Frey, 앙드레 슈마허André Schumacher 등 이 업계의 전설적인 인물들에게 경의를 표하고 싶다. 이 기업가들은 때로는 재정적 위험을 감수했고, 어떤 이는 파산을 겪었으며, 또 어떤 이는 경쟁사를 인수하며 성장했다.

진정한 자동차 마니아들은 단순히 자동차를 판매하는 데 그치지 않는다. 예를 들어, 알핀은 자동차 딜러였던 장 레델레가 만든 브랜드였다. 비틀에서 파생된 밴, 그 유명한 콤비의 아이디어는 1947년, 네덜란드의 폭스바겐 수입업자였던 벤 폰Ben Pon에게서 나왔다. 그는 미래 모델의 스케치를 그려 본사에 보냈고, 그 아이디어느 현실이 됐다. 또한 이탈리아의 로마노 아르티올리Romano Artioli는 스즈키 브랜드를 대표하던 인물이었지만, 그 열정 하나로 부가티를 인수하고 부활시키기까지 했다. 그리고 잔카를로 미나르디 Giancarlo Minardi는 파엔차의 피아트 딜러였지만 직접 F1 팀을 창립했다. 이처럼 조 지라드 못지않게 비범한 인물들은 자동차 역사를 함께 써내려가고 있다.

자율주행차

기술의 꿈과 신뢰 사이

자율주행차는 말 그대로 꿈의 자동차라 할 수 있다. 사고 발생률을 거의 제로에 가깝게 낮출 수 있으며, 차량 흐름을 원활하게 해 이산화탄소 배출량을 줄이고, 장거리 고속도로 주행 중에는 독서나 수면 등 다른 활동이 가능하기 때문이다. 이러한 꿈은 실리콘밸리의 기업들과 첨단 장비 공급업체들에 의해 현실로 다가오고 있다. 이들은 차량에 각종 카메라, 센서, 컴퓨터 시스템을 탑재하며 새로운 황금시장을 개척하고 있다. 실제로 우버와 같은 기업은 막대한 수익을 기대하고 있다. 운전기사가 필요 없어지면 수익성이 획기적으로 개선되기 때문이다.

이러한 혁신은 이미 수년 전부터 예고됐다. 많은 자동차 제조사가 야심 차게 자율 주행 프로젝트를 추진하고 있으며, 그 성과

는 매년 라스베이거스에서 열리는 세계적인 기술 박람회 CES에서 공개되곤 한다. 그동안의 발전 속도는 실로 눈부실 정도다. 예를 들어, 테슬라는 모든 모델에 테슬라 오토파일럿Tesla Autopilot 시스템을 기본 탑재해 자율 주행 기능을 지원하고 있다. 최신 양산차들은 자동 주차 기능은 물론, 갈수록 정교해지는 주행 보조 시스템 덕분에 주행 안전성을 크게 향상시키는 등 이미 기술 발전의 효과를 누리고 있다.

그렇다고 해도 자율주행차의 대중화까지는 아직 갈 길이 멀다. 그 이유는 사용자 안전을 보장하기 위한 기술적 난제들이 여전히 해결되지 않았기 때문이다. 이 문제를 제대로 이해하려면 자동차 업계에서 정의한 자율 주행의 5단계를 다시 떠올릴 필요가 있다.

1단계는 크루즈 컨트롤과 같은 기본적인 주행 보조 장치로 운전을 지원하는 수준이다. 2단계는 차간 거리 유지 등 일부 기능이 자동화되지만 운전자가 여전히 핸들을 잡고 있어야 한다. 3단계는 차량이 일정 조건하에 스스로 주행할 수 있으나 운전자가 8초 이내에 개입할 수 있는 상태를 유지해야 한다. 4단계는 핸들과 페달이 여전히 장착돼 있지만, 차량의 완전 자율 주행이 가능해 운전자의 주의가 필요 없다. 5단계는 핸들과 페달조차 없는 완전한 자율 주행 단계로, 운전자의 개입이 전혀 요구되지 않는다.

문제는 3단계부터 시작된다. 이 단계에서부터 사고가 발생했을 때의 책임이 운전자에서 제조사로 넘어가야 한다고 보험사들은 주장한다. 그렇게 되면 이야기가 전혀 달라진다. 시스템 오류로 발생한 사고에 대해 단독으로 책임을 지려는 제조사는 사실상 없다.

결국 우리는 철학적인 질문에 직면하게 된다. 전 세계적으로 매년 약 120만 명이 교통사고로 사망하며 그중 90%는 인간의 실수에서 비롯된다. 우리는 인간의 실수에는 관대하면서도 기계의 실수는 절대 용납하지 않으려는 것 같다. 결국 핵심은 우리가 기술 혁신을 얼마나 신뢰할 수 있느냐는 것이다. 한편으론 자율주행차가 전 세계에 보편화된다면 매년 대규모 전쟁에 맞먹는 인명 피해를 막을 수 있는 가능성도 분명하다.

그렇다면 이 난관을 어떻게 극복할 수 있을까? 방법은 단 하나, 위험을 '제로'로 만드는 것이다. 이론적으로는 가능하지만, 이를 실현하기 위해서는 막대한 비용이 들 수밖에 없다. 차량은 어떤 상황에서도 오류를 최소화할 수 있도록 서로를 보완하는 여러 감지 시스템을 갖춰야 한다. 또한 지구 전역을 정밀하게 매핑하고 불확실성을 줄이기 위해서 막대한 연산 능력도 요구된다.

개인적으로 볼 때는 여전히 회의적인 시선이 남아 있다. 물론 자동차가 스스로 달리는, 그 이상적인 꿈을 실현하기 위한 노력은 계속돼야 한다고 생각한다. 어쨌든 그 과정에서 차량에는 새로운 기능들이 지속적으로 추가될 테니까. 하지만 과연 우리가 정말로 필요한 질문에 대한 답을 찾고 있는지는 잘 모르겠다. 대다수의 사람들이 운전을 꼭 지루하게만 여기지는 않는다고 생각한다. 적어도 나는 그렇지 않다.

전기차

에너지 전환의 길목에서 마주한 질문들

테슬라가 모든 걸 처음 발명한 것은 아니다. 사실 자동차의 시초라 할 수 있는, 19세기 말 독일의 엔지니어 칼 벤츠Carl Benz가 만든 차도 전기차였다. 하지만 그 이후 내연 기관과 석유가 자동차 산업의 주도권을 장악하며 한 세기를 지배해왔다. 이 오랜 시대는 이제 저물고 있으며 다시 과거로 되돌아갈 일은 없을 것이다. 에너지 전환의 길에 어떤 난관이 있더라도 자동차 산업은 이미 '탈탄소 에너지'로 방향을 정했다. 모든 제조사가 2035년을 목표로 대대적인 투자에 나선 것도 이 때문이다. 유럽에서는 2035년부터 내연 기관 차량의 생산이 전면 중단될 예정이다.

전기차가 대기 오염을 줄이고 공기 질을 개선한다는 것은 이제 부정할 수 없는 명백한 사실이며 모두가 함께 실천해야 할 과제다. 대도시에서는 차량에서 발생하는 매연과 소음이 심각한 문제로 대두됐고, 전기차는 이러한 문제들을 점차 해결할 것이다. 이는 곧 주민들의 삶의 질, 건강과 직결된다. 모두가 자동차의 탄소 발자국을 줄이는 데 동의한다면 해답은 전기 에너지이다. 나 역시 이 친환경 전환에 깊이 공감한다. 왜냐하면 이 여정은 단순한 변화가 아니라 진보의 과정이기 때문이다. 그리고 가격 경쟁력을 갖춘 전기차를 개발할 수 있는 유일한 방법은 혁신뿐이다.

과거 산업사에서 늘 그래왔듯 자동차는 다시 한 번 자기 몫을 해낼 준비를 하고 있다. 새로운 기술을 대중화하고 신뢰할 수 있는 수준까지 끌어올리는 역할 말이다. 이 과정에서 이뤄지는 기술적 진보는 다른 산업 전반에도 긍정적인 파급 효과를 가져올 것이다. 예를 들어, 배터리 관련 연구는 우리 일상에 널리 쓰이는 전지의 성능을 한층 끌어올릴 수 있다.

전기차로의 전환은 전례가 없는, 그 자체로 하나의 산업 혁명이다. 하지만 이 혁신의 흐름은 적어도 세 가지 질문을 우리 앞에 던지고 있다.

첫째, 자동차 가격은 내려갈까? 답은 '그렇다'다. 다만 기대만큼 빠르게 떨어지지는 않을 것이다. 전기차 가격은 2030년까지 점진적으로 하락할 것으로 보인다. 반면, 내연 기관 차량은 강화되는 규제와 환경 부담금 등으로 인해 오히려 가격이 오를 가능성이 크다. 결국 양자의 가격이 교차하는 지점이 올 것이다. 현재 전기차 가격 하락을 가로막는 가장 큰 걸림돌은 바로 배터리 비용이다. 배터리 하나에만 7,000에서 8,000유로가 들며, 이는 차량 원가에서 상당한 비중을 차지한다. 이런 상황에서는 1만 5,000유로 미만의 보급형 전기차를 시장에 내놓는 것이 쉽지 않다. 어찌 보면 사실상 불가능에 가깝다.

하지만 희망적인 신호도 있다. 유럽 전역에 초대형 배터리 공장이 속속 들어서고 있으며, 2030년까지 약 40개 공장이 새로 문을 열 예정이다. 이 중 4곳은 프랑스에 세워진다. 이는 2021년 대비 두 배에 달하는 생산 능력을 의미하며, 배터리 단가 하락에도 긍정적인 영향을 줄 것이다. 다만 생산 확대만으로는 충분하지 않다. 전 세계적인 수요 증가, 특히 중국의 폭발적인 수요 확대로 인해 리튬, 코발트, 망간, 니켈 등 핵심 원자재 가격은 여전히 높게 유지될 가능성이 크다.

농업에서도 비슷한 사례를 찾아볼 수 있다. 유기농 과일은 더 많은 노동력을 필요로 하기 때문에 생산 비용이 높다. 이와 마찬가지로 친환경 전환 역시 소비 비용의 일정 수준 상승을 동반하게 된다. 하지만 전기차 구매자는 초기 비용이 다소 높더라도 장기적으로 그만큼의 비용을 회수할 수 있다. 전기는 휘발유보다 훨씬 저렴하고(차량 수명 주기 전체 기준으로 약 33% 절감), 유지 보수 비용 역시 내연 기관차의 절반 수준에 불과하다.

둘째, 충전 인프라망이 빠르게 확충될 수 있을까? 이는 전기차 대중화에 중요한 과제 중 하나다. 자동차 제조사들은 개인 소비자에게 충전기를 판매할 준비는 했지만, 국가 도로망 전역에 걸친 공공 충전 인프라를 설치하고 관리하는 일까지 맡기에는 적합하지 않다. 이 역할은 궁극적으로 공공 권한이 담당해야 할 영역이다. 중국의 경우 이런 논의조차 필요 없다. 국가 차원에서 철저히 계획하고 빠르게 추진되기 때문이다. '초관리경제 체제'의 이점이라고 해야 할까.

전기차로의 전환에서 답해야 할 마지막 질문은, 이 새로운 체계에서 수소는 어떤 위치를 차지하게 되느냐이다. 수소 기술은 매우 흥미로운 가능성을 지니고 있지만 여전히 높은 비용이 걸림돌이다. 전기는 어디서나 쉽게 공급할 수 있는 반면, 수소는 특수한 설비가 필요하다. 이 때문에 수소는 향후 모빌리티 에너지 믹스에서 주변적인 역할에 머물 가능성이 크다. 현재로서는 정해진 노선을 반복 운행하는 대형 차량, 특히 대중교통용 버스 등에 더 적합한 솔루션으로 여겨지고 있다.

다가올 경쟁에서 누가 최종 승자가 될지는 아직 알 수 없다. 하지만 분명한 것은, 우리가 전기를 선택함으로써 이미 완전히 새로운 세계에 발을 들였다는 점이다. 그리고 그 미래의 열쇠는 연구소와 과학자들의 손에 달려 있다.

제네시스

10년 만에 정상에 오른 한국의 프리미엄

제네시스Genesis는 부유층 고객을 겨냥해 완전히 새롭게 탄생한 고급 브랜드로, 현대자동차에 토요타의 렉서스나 시트로엥의 DS와 같은 존재다. 이는 아우디, BMW, 메르세데스 등 독일 프리미엄 브랜드들이 대형 세단 시장을 사실상 독점하고 있는 현실에 맞선 현대자동차의 전략적 대응이기도 했다. 그리고 그 전략은 꽤 잘 통하고 있다.

불과 10년 만에 제네시스는 100% 전기차 3대를 포함해 10여 종의 차량 라인업을 완성했다. 그중에서도 가장 큰 G90은 단숨에 한국 경영자들이 가장 선호하는 차량으로 자리 잡았다. 크기와 안락함에서 독일 세단에 절대 뒤지지 않는다. 디자인만 봐도 벤틀리나 벤츠 S클래스를 떠올리게 한다. 주행 중에도 최상의 정숙성을 자랑한다. 뒷바퀴 조향 시스템, 멀티 챔버 에어 서스펜션 그리고 도로 소음을 실시간으로 감지해 즉각 상쇄하는 능동 소음 저감 시스템까지 갖췄다. 과속 방지턱에서는 범프 컨트롤Bump Control이 발동해 서스펜션 높이와 감쇠력을 자동으로 조절해주니 승차감이 한층 더 부드럽다. 게다가 경사로에서는 차체를 들어 올려 하부 손상을 방지하는 실용적인 기능까지 챙겼다.

실내 역시 극도의 고급스러움을 자랑한다. 뒷좌석에는 마사지 기능이 있는 발 받침대가 놓였고, 글로브박스에는 향수 디퓨저가 장착됐다. 무드 큐레이터Mood curator 기능은 빛, 소리, 향기를 맞춤형으로 조절한다. 음악은 세계적 명성의 덴마크 브랜드 뱅앤올룹슨Bang & Olufsen 오디오 시스템이 담당한다.

외관 디자인도 눈길을 끈다. 제네시스 G90의 미학은 클램쉘Clamshell 후드 덕분에 한층 돋보인다. 이 후드는 펜더와 하나의 패널로 이뤄져 있어, 일반적인 차량에서 볼 수 있는 패널 간 이음새가 사라진다. 기술 사양도 인상적이다. 운전자의 지문 인증이 완료돼야만 시동이 걸리는 등 첨단 전자 장비가 아낌없이 탑재됐다.

G90은 현대자동차가 이제 세계 최고급 브랜드들과 당당히 어깨를 나란히 하고 있음을 분명히 증명해 보인다. 아직도 의심하는 사람이 있는가? 나는 단연코 아니다.

제임스 본드

자동차와 함께한 60년 첩보 연대기

25편의 영화와 60년에 걸친 활약 속에서 제임스 본드James Bond는 강력한 악의 세력에 맞서 스물다섯 번이나 세계를 구해냈다. 하지만 단 한 가지, 그가 구해내지 못한 것이 있으니 재정 위기에 빠진 애스턴 마틴Aston Martin이다. 1914년 라이오넬 마틴Lionel Martin이 설립한 이 영국 자동차 브랜드는 수많은 상업적 성공을 거뒀음에도 불구하고 파산과 인수를 반복하며 적자의 역사를 이어왔다.

그렇지만 애스턴 마틴은 분명 영광을 누린 브랜드임은 틀림없다. 만약 내일 당장 역사상 가장 아름다운 자동차들만을 위한 노아의 방주를 만들어야 한다면 나는 반드시 DB5를 위한 명예로운 자리를 하나 남겨둘 것이다. 1964년 개봉한 영화 〈007 골드핑거〉에서 본드카로 등장했던 바로 그 모델이다. 모델명 DB5의 'D'는 데이비드David, 'B'는 브라운Brown에서 따온 것으로, 데이비드 브라운은 1947년부터 1972년까지 애스턴 마틴을 소유했던 인물이다. 조각처럼 날렵한 라인, 가슴을 울리는 직렬 6기통 엔진의 포효 그리고 상어를 연상시키는 그릴까지 한 번 보면 잊을 수 없는 자동차다. 그리고 만약 사람들이 나에게 자동차에 대한 사랑을 심어주고, 그것을 평생의 소명으로 느끼게 만든 인물을 묻는다면, 나는 주저 없이 이 차를 몬 제임스 본드라고 답할 것이다.

사실 애스턴 마틴은 제임스 본드를 창조한 이언 플레밍Ian Fleming이 쓴 원작 소설에서는 거의 등장하지 않는다. 플레밍은 본드를 1930년대 벤틀리 혹은 벤틀리 R타입 컨티넨탈을 타는 인물로 묘사하곤 했다. 하지만 〈007 골드핑거〉의 제작자이자 자동차 마니아였던 해리 샐츠먼이 본드에게는 애스턴 마틴이 어울린다고 제안했고, 치열한 협상 끝에 애스턴 마틴은 마침내 차량을 제공하기로 한다. 그리고 샐츠먼의 선택이 옳았음이 곧 증명됐다. DB5는 단숨에 전 세계적인 인기를 얻었다. 그 인기의 비결 중 하나는 차체 곳곳에 숨겨진 기발한 장치들이었다. 이젝터 시트, 전방 기관총, 방탄 철판, 연막 분사기, 오일 분사기, 타이어 절단기, 공격용 범퍼 가드까지 말 그대로 턱시도를 입은 전차戰車였다.

 DB5는 첫 등장과 동시에 스포트라이트를 독차지했고, 이후 등장한 다른 본드카들의 존재감은 다소 희미해졌다. 물론 그것은 약간 불공평한 일이다. 어떤 모델들은 절대 뒤처지지 않았기 때문이다. 예를 들어, 1962년 시리즈 첫 작품인 〈007 살인번호〉에 등장한 선빔 알파인Sunbeam Alpine 카브리올레가 그렇다. 이 귀여운 차는 자메이카 현지에서 촬영을 위해 2주간 임대한, 특수 장비 하나 없는 그야말로 '누구나 탈 수 있는 차'에 가까운 본드카였다.

 1967년 〈007 두 번 산다〉에서는 감독이 훌륭한 선택을 했다. 바로 토요타 2000GT를 등장시킨 것이다. 이 모델은 재규어 E-타입과 페라리 250 GTO에 영감을 받은 정말로 아름다운 스포츠카였다. 토요타는 100% 일본산 고급 모델인 이 자동차를 통해 일본이 투박하고 경제적인 차만 만드는 나라가 아님을 전 세계에 알리고 자 했다. 차량의 완성도도 높았고 영화 덕분에 큰 화제를 모았지만 판매는 기대에 미치지 못했다. 참고로 양산형 토요타 2000GT는 쿠페였지만, 숀 코너리의 큰 체격에 맞지 않아 특별히 루프 없는 오픈탑 모델 두 대를 제작했다. 차체는 튜블러 섀시로 보강됐고, 좌석 뒤에 보이는 소프트탑처럼 생긴 것도 사실 눈속임용 덮개일 뿐 진짜 루프는 아니었다. 그렇지만 정작 영화에서 숀 코너리가 이 스파이더를 직접 운전하는 장면은 거의 없다. 그때 제작된 단 두 대의 2000GT 오픈탑은 오늘날 나고야 동부에 있는 토요타 박물관에 보관돼 있다.

기억에 남을 만한 또 다른 모델은 바로 1977년 〈007 나를 사랑한 스파이〉에 등장한 로터스 에스프리 S1Lotus Esprit S1이다. 이 차는 잠수함으로 변신할 수 있었는데, 그것은 단순한 영화적 상상이 아니었다. 엔지니어들은 차량에 대형 배터리로 구동되는 네 개의 터

빈, 잠수와 부상을 위한 밸러스트 장치, 안정성을 확보하기 위한 가동식 날개를 실제로 장착했다. 내부에는 운전자 한 명이 간신히 탈 수 있었고 실제로 조종사는 잠수복을 입은 전직 미군 특수부대원이었다. 건조한 노면에서도 이 차는 감탄을 자아냈다. 알파 로메오 줄리아 GT 2000 벨로체와 피아트 판다를 탄생시킨, 이탈리아의 전설적인 디자이너 조르제토 주지아로의 손에서 탄생한 이 차는 첫 등장부터 압도적인 존재감을 뿜어냈다. 날카롭게 떨어지는 차체 라인, 짜릿한 주행감, 레이싱 카트를 방불케 하는 민첩한 코너링이 특히 인상적이었다.

그렇다면 이 차는 어떻게 숀 코너리의 뒤를 이어 제임스 본드 역을 맡은 로저 무어의 손에 들어가게 됐을까? 그 배경에는 로터스 홍보 담당 이사의 기지가 있었다. 그는 엠블럼을 뗀 로터스 프로토타입 한 대를 런던 근교의 파인우드 스튜디오 주차장에 슬쩍 세워뒀다. 물론 영화 제작진의 관심을 끌기 위함이었다. 그의 전략은 통했다. 매혹적인 그 차를 가까이서 보기 위해 스튜디오 직원들이 사무실 밖으로 쏟아져 나왔고, 결국 로터스는 영화 제작을 위해 차량 두 대와 차체 일곱 개, 예비 부품, 테스트 드라이버까지 제공하게 됐다.

하지만 이상하게도, 영화 출연 이후 이 독특한 차량은 사람들의 기억 속에서 사라졌다. 그러던 중 1989년, 뉴욕 주 롱아일랜드에 사는 어느 부부가 창고를 구입하면서 잊혀진 본드카가 다시 발견됐다. 창고 안에는 오래된 물건들이 가득했고, 그중에는 먼지에 덮인 정체불명의 자동차 한 대도 있었다. 부부는 제임스 본드 영화를 본 적이 없어 이 차를 알아보지 못했다. 처음에는 트레일러에 실어 분해한 뒤 부품으로 팔 생각이었다. 하지만 운반 도중 마주친 영화 팬인 트럭 운전사들이 단번에 이 차의 정체를 알아보고 부부에게 트레일러에 실린 화물의 엄청난 가치를 알려줬다. 이후 몇 년간 전시되던 이 로터스는 2013년 경매에서 일론 머스크에게 100만 달러에 낙찰됐다. 테슬라의 수장인 이 억만장자는 이 차량에서 영감을 받아 픽업트럭인 '사이버트럭'을 디자인했다고 전해진다.

1985년 영화 〈007 뷰 투 어 킬〉에서는 로저 무어가 다시 한 번 제임스 본드로 등장한다. 하지만 이번에는 잠수함이 아닌, 파리 강변에서 펼쳐지는 광란의 추격전 속에서 처참히 망가지는 파란색 르노 11 알핀의 운전대를 잡는다. 차량 지붕이 뜯겨 나가고 차체가 두 동강 난다. 이 인상적인 장면 뒤에는 프랑스의 전설적인 스턴트맨 레미 쥘리엔이 있다. 그는 2021년, 세상을 떠나기 전 해에 《오토 레트로》 잡지와의 인터뷰에서 영화감독 존 글렌의 주문을 이렇게 회상했다. "가장 기상천외한 상황을 만들어줘요. 한 가지 조건은 언제나 본드가 가장 강해야 한다는 겁니다."

1995년 〈007 골든 아이〉부터는 상황이 달라졌다. BMW가 무려 1억 1,000만 유로를 투자해 자사 차량을 영화에 등장시키는 계약을 체결한 것이다. 이후 두 편의 007 영화에도 BMW 차량이 이어 등장하며 간접광고 시대가 본격적으로 시작됐다. 특히 1997년 〈007 네버 다이〉에서 BMW는 전체 상영 시간의 10% 이상에 걸쳐 화면에 등장했다. 팬들은 과도하다는 반응을 보였지만 결국 받아들일 수밖에 없었다.

2002년에는 포드 그룹이 BMW를 대신해 본드카의 공식 공급사가 됐다. 이로써 포드에 인수된 애스턴 마틴이 다시 본드카로 복귀했고, 그중에는 전설적인 1964년식 DB5 레플리카도 포함됐다. 다만 애스턴 마틴은 단독으로 등장하지 못했고, 영화에 따라 포드 몬데오, 포드 카 그리고 당시 포드 소유였던 재규어 등과 함께 등장해야 했다.

이 거대한 라이선스 비즈니스에는 수백만 대에 달하는 미니카 시장도 포함된다. 그중 단연 베스트셀러는 DB5였다. 특히 이젝터 시트에서 플라스틱 인형이 튀어나오는 정교한 모델은 큰 인기를 끌었다. 이 미니카는 종종 서랍 밑이나 청소기 안에서 발견되곤 했는데 아마 내 미니카도 그렇게 사라졌을 것이다.

주차

어쩌면 자동차보다 더 비싼 주차장

작동 중일 때보다 멈춰 있을 때 더 큰 비용이 드는 물건은 흔치 않다. 하지만 도시에서는 자동차가 딱 그런 존재다. 주차 요금이 이제는 캐비어 값 수준까지 치솟았기 때문이다. 2022년 자료에 따르면 뉴욕은 2시간 주차 요금이 평균 43.10달러로, 세계 최고 수준을

기록했다. 시드니는 32.65달러, 런던은 16.64달러, 암스테르담은 12.73달러였고, 파리는 11.50달러로 23위에 올랐다. 여기에 안 이달고Anne Hidalgo 파리 시장이 도입한 SUV 추가 요금제가 더해지면 이야기는 달라진다. 파리 1~11구에서는 내연 기관 차량이 1.6톤, 전기차가 2톤을 초과할 경우 주차 요금이 시간당 무려 18유로에 달한다. 하루 최대 396유로, 일주일이면 1,980유로, 한 달은 무려 8,000유로를 넘는다. 이쯤 되면 웬만한 고급 아파트 임대료 수준이다.

　주차 구역을 아예 구매하는 것도 예외는 아니다. 가격이 천정부지로 치솟는다. 홍콩에서는 몇 평 남짓한 주차장이 130만 달러에 팔린 적이 있었고, 뉴욕에서도 한때 주차장 하나에 100만 달러짜리 계약서가 오갔다. 물론 이후 부동산 시장이 다소 진정되긴 했지만 윈스턴 처칠의 말이 떠오른다. "자본주의 사회에는 차가 더 많고 공산주의 사회에는 주차장이 더 많다."

이처럼 주차 공간이 부족해지자 자동차 역사학자들은 단언한다. 예전 운전자들의 가장 큰 고민이 '고장'이었다면 오늘날 가장 큰 걱정은 단연 '주차'다. 이 현상은 대도시에만 국한되지 않는다. 중소 도시들도 점점 조용한 거리, 보행자 전용 구역, 공용 공간 재배치 등으로 같은 흐름을 따라가고 있다. 이런 상황을 잘 보여주는 수치도 있다. 프랑스 운전자들은 일생 동안 평균 두 달 반을 주차 공간을 찾는 데 쓴다고 한다. 도심 교통량의 20%가 주차할 자리를 찾아서 맴도는 차들 때문이라는 분석도 있다.

놀랍게도 주차 규제의 역사는 생각보다 오래됐다. 그 기원은 고대 아시리아로 거슬러 올라간다. 당시 왕 센나케립Sennacherib은 위대한 건축가이자 시대를 앞선 도시 설계자였다. 그는 기원전 705년부터 681년까지 재위하면서 수도 니네베의 주요 대로변에 전차 주차를 금지했다. 군대 행진이나 왕실 행렬이 지나는 길을 확보하기 위한 조치였다. 당시 견인 조치가 어떻게 이뤄졌는지는 기록에 없지만 강경한 방식이었을 것임은 짐작할 수 있다.

로마 시대에도 폭이 좁은 골목길을 정리하기 위해 비슷한 조치가 내려졌고, 수 세기를 훌쩍 넘은 1607년 12월, 앙리 4세는 '마차, 수레, 짐마차'가 특정 도로를 점거하지 못하도록 칙령을 발표한다. 루이 15세 시대에는 가마까지 함부로 세워두지 말라는 명령이 이어졌다. 그리고 1928년 8월 21일, 프랑스 역사상 처음으로 유료 주차가 합법화된다. 운전자들의 불행이 본격적으로 시작된 순간이다. 1960년에는 파란색 주차 구역$_{zone\ bleue}$과 주차 디스크가 도입돼 공용 공간의 효율적 분배와 차량 회전을 유도했고, 1971년에는 1920년대 미국에서 개발된 주차 미터기가 프랑스 곳곳에 설치됐다. 하지만 그들의 전성기도 오래가지 않았다. 6~7년 전부터는 티켓 없는 디지털 주차 시스템과 차량 탑재 레이더로 하나둘 대체되고 있다.

이 모든 것이 운전자에게 꽤 큰 압박이다. 특히 평행 주차는 이제 거의 올림픽 종목 수준의 기술로 여겨질 정도다. 주차에 실패하는 것은 여전히 창피한 일이고, 운전면허 시험에서 가장 두려운 관문으로 남아 있다. 이런 시대가 얼마나 더 지속될까? 요즘 차량에는 파크 어시스트$_{Park\ assist}$ 같은 주차 보조 기능이 빠르게 보급되고 있다. 실제로 이 기능이 운전자 대신 핸들을 조작하는 경우도 많아졌다. 머지않아 자율 주행이 주차 전 과정을 도맡을 것이다. 빈 주차 공간을 탐색하는 일까지 포함해서 말이다.

그렇다고 주차 공간 부족 문제가 저절로 해결되는 건 아니다. 어쩌면 배우 장 얀$_{Jean\ Yanne}$의 말이 답일지도 모른다. "가장 좋은 건 이미 주차된 차를 사는 거야."

중국

도로 위의 패권, 중국은 이미 앞섰다

상하이에서 며칠만 머물러 보면 지금 벌어지고 있는 자동차 혁명을 실감할 수 있다. 거리 곳곳에는 '메이드 인 차이나' 100% 전기차들이 넘쳐나고 있다. 특히 혁신적인 소프트웨어를 탑재한 이 차들은 이미 세계 경쟁사들보다 한 세대는 앞서 있다는 인상을 준다. 인구 14억 명에 달하는 거대한 내수 시장을 겨냥해 비야디BYD, 창청자동차Great Wall Motors, 샤오펑XPeng, 상하이자동차SAIC, 니오Nio, 지리Geely 등 수십 개의 중국 자국 브랜드들이 자국의 전기차 시장에 진입하고 있다. 이들 브랜드는 아직 유럽에서는 낯설지만 머지않아 상황은 급변할 가능성이 크다. 중국 제조사들이 유럽을 포함한 전 세계로 수출 확대를 본격화하고 있기 때문이다.

이 변화는 우리가 오랜 시간 눈치채지 못한 사이에 이뤄졌다. 단 20년 만에 중국은 세계에서 가장 강력한 자동차 산업 국가로 부상했다. 2023년 기준 중국은 2,530만 대의 자동차를 생산하며 유럽(1,280만 대)과 일본(770만 대)을 크게 앞질렀다. 2000년만 해도 연간 생산량이 200만 대에 불과했던 것과 비교하면 실로 눈부신 도약이다.

이제 중국은 자동차 수출에서도 본격적인 성장을 이어가고 있다. 세계 시장에서 일본과 독일을 제치고 1위에 올랐으며, 2023년 한 해 동안 중국 외 지역에서의 판매량은 약 400만 대에 이를 것으로 예상된다. 이는 전년도보다 100만 대나 증가한 수치다. 특히 전기차가 전체 수출의 약 4분의 1을 차지하고 있다.

이러한 성장에는 테슬라의 영향도 적지 않다. 일론 머스크의 테슬라는 2019년 12월 30일에 상하이에 개장한 기가팩토리에서 생산한 모델 3를 세계 시장에 대거 공급하며 중국의 자동차 생산 급성장에 중요한 역할을 했다. 이제는 중국 브랜드들이 그 흐름을 빠르게 따라잡고 있는 셈이다. 특히 서구의 제재로 유럽 제조사들이 철수한 러시아 시장에서는 중국 브랜드들이 그 공백을 메우며 점유율을 급격히 확대하고 있다. 오늘날 중국은 친환경 자동차 분야에서 명실상부한 세계 챔피언으로 자리 잡았다. 그리고 2035년까지 내연 기관 차량을 단계적으로 퇴출하겠다는 유럽의 새로운 규제가 시행되면, 중국은 이 거대한 변화의 수혜를 누릴 최적의 위치에 있을 것이다.

어떻게 이런 상황이 가능했을까? 사실 중국 자동차 산업의 급성장은 중국이라는 공산주의 대국이 어떻게 기술을 흡수하고 성장시키며, 궁극적으로 그것을 경제 패권의 무기로 전환하는지를 보여주는 전형적인 사례다. 자동차 분야에서 중국은 전방위적인 투자와 지원을 통해 시장 진입을 철저히 준비했다. 그리고 전기차로의 전환은 중국에 더없이 유리한 기회를 제공했다. 기존 판도를 뒤흔드는 이 변화는 새로운 플레이어들이 시장에 진입할 수 있는 문을 열어주기 때문이다.

본격적인 이야기는 1980년대 초, 덩샤오핑이 추진한 개혁 개방 정책에서 시작된다. 전 세계 자동차 제조사들이 수억 명에 달하는 중국 소비자들에게 차량을 판매하기 위해 몰려들었다. 하지만 중국은 명확한 조건을 내걸었다. 중국에서 자동차를 판매하려면 반드시 현지 파트너와 합작 투자 형태로 생산하고, 부품 조달 체계 또한 중국 현지 하청업체를 통해 구축해야 했다. 이에 따라 세계 최고의 자동차 부품 공급업체들도 중국에 진출하며 이 흐름에 동참한다.

이러한 체계는 2015년부터 2020년 무렵까지 매우 잘 작동했다. 외국계 기업들은 중국 시장의 잠재력에 이끌려 적극적으로 참여했고, 자국에서 입증된 로봇 자동화, 효율적인 조직 관리, 물류 시스템을 바탕으로 첨단 공장들을 건설해 운영했다. 일부 실패 사례도 있었지만 대부분은 만족스러운 성과를 거뒀다. 특히 일본과 독일 기업들이 그 선두에 있었다. 2009년에 내가 폭스바겐에 입사했을 때, 중국 법인의 수익은 그룹 전체 이익의 3분의 2를 차지하고 있었다.

들뜬 분위기 속에서 현지 파트너들이 놀라운 속도로 역량을 키우고 있다는 사실은 누구도 주목하지 않았다. '세계의 공장'이라 불리는 중국은 무엇이든 시도하고 도전했다. 항공기, 고속철도, 자동차까지 그들은 모든 산업 분야에서 자립을 목표로 삼았다. 방대한 내수 시장 덕분에 누구도 이에 이의를 제기할 수 없었다.

2012년 집권한 시진핑은 전면적으로 통제된 국가 체제 속에서 결정적인 방향 전환을 이끌었다. 2017년 재집권 당시 그는 경제 주권과 기술 혁신을 위한 전 국민적 총동원을 선언했고, 그의 바람은 그대로 현실이 됐다. 국가와 국영은행들은 자동차 산업에 막대한 자금을 투입하기 시작했다. 중국 전략은 마치 수십 마리의 피라냐를 수조에 풀어놓는 것과 같았다. 그중 살아남는 6~7마리가 세계적 챔피언이 될 것이라는 계산이었다.

중국 기업들은 풍부한 자금 지원은 물론, 전자 제품과 통신 산업에서 축적된 최첨단 기술을 공유할 수 있는 혜택도 누렸다. 이들은 기술을 상호 공유하고, 빠르게 공통 표준을 마련해 누구나 새로운 도전에 나설 수 있는 환경을 조성했다. 유럽이 여전히 외로운 늑대처럼 각개 전투를 벌일 때 중국은 무리 지어 전진했다.

전기차로의 전환은 중국의 산업 간 융합 능력을 더욱 가속했다. 이제 자동차 설계에서 소프트웨어와 전자 기술은 핵심 요소가 됐고, 그간 진입 장벽이었던 내연 기관 제작 기술은 점차 필요 없어지고 있다. 여기에 스마트폰 제조업체들이 축적한 배터리 기술까지 더해졌다. 변화는 이미 눈에 띄게 나타나고 있다. 화웨이와 샤오미는 고성능 전기차 모델을 선보이며 본격적으로 전기차 시장에 진입했다. 특히 샤오미는 향후 10년간 대규모 투자를 통해 전기차 라인업을 구축할 계획이다.

중국의 강점 중 하나는 어떤 혁신이든 빠르게 산업화하는 능력이다. 전기차 패권 경쟁에서 중국은 영리하게 움직였다. 원자재부터 기술, 인력, 내수 시장에 이르기까지 모든 요소를 자국 중심으로 유리하게 갖춘 덕분에 이제는 상당한 격차로 앞서 나가고 있다.

물론 중국도 약점은 있다. 무엇보다 해외 시장에서의 활동에 아직 익숙하지 않다. 클럽메드Club Med와 볼보Volvo 같은 몇몇 성공 사례를 제외하면 중국 기업들이 유럽에서 인수한 다수의 기업은 그다지 좋은 성과를 내지 못했다. 다른 나라 소비자들의 행동 양식을 이해하는 데 어려움을 겪고 있기 때문이다.

그럼에도 불구하고 중국이라는 거대한 기계는 이미 고속으로 가동 중이다. 이 흐름을 막을 수 있을까? 트럼프 대통령 1기 시절의 미국처럼 문을 닫아야 할까? 아니면 오히려 문을 열어야 할까? 나는 보호무역주의를 믿지 않는다. 중국 기업들이 유럽에 진출하되, 우리가 주도권을 쥘 수 있는 틀 안에서 협정을 체결하는 것이 바람직하다고 본다. 그렇게 해야 가능한 한 빠르게 그들과 대등한 수준에 도달할 수 있을 것이다. 중장기적으로 볼 때 교통 부문의 탈탄소화는 중국과 함께 이뤄야 한다. 중국을 배제하고는 불가능하다.

지프

전장을 넘어 일상으로, 퍼지지 않는 자동차

전 세계 자동차 설계팀에 전하는 질문 하나, 단 3개월 만에 혁신적인 자동차를 설계하고, 그 차가 85년이 지난 오늘날까지도 전설로 남는 게 가능할까? 지프Jeep가 바로 그 대단한 일을 해냈다. 이 믿기 힘든 여정은 1940년 봄, 전쟁의 먹구름이 유럽 전역을 뒤덮던 순간에 시작됐다. 프랑스는 점령당했고, 영국은 홀로 저항하고 있었으며, 나치 독일은 유럽 전역으로 세력을 확장하고 있었다. 미국은 아직 참전하지 않았지만, 많은 이들이 최악의 시나리오에 대비해 막강한 전쟁 병력을 갖춰야 한다는 사실을 직감하고 있었다. 하지만 그 시점에 결정적으로 하나가 빠져 있었다. 어떤 상황에서도 병력과 장비를 실어 나를 수 있는, 가볍고 다재다능한 다목적 수송 차량이었다.

그래서 1940년 6월, 미 육군은 위원회를 구성해 차량의 사양서를 작성하기 시작했다. 조건은 매우 까다로웠다. 산을 기어오르고, 개울을 건너며, 진흙탕에서도 멈추지 않고 충격에도 끄떡없어야 했다. 심지어 눈을 감고도 수리할 수 있을 만큼 단순해야 했다. 결정적으로 한 가지 조건이 더 붙었다. 사전 양산 차량 70대를 단 75일 안에 납품할 것. 미션 임파서블일까? 입찰서를 받아본 135개 업체 가운데 '한 번 해보자'고 나선 곳은 단 한 곳뿐이었다. 오스틴 세븐Austin Seven을 라이선스 생산하던 소형 제조업체, 밴텀Bantam이었다.

밴텀은 이 도전을 위해 천재 엔지니어 칼 프로브스트Karl Probst를 영입했고, 칼 프로브스트는 단 5일 만에 첫 번째 프로토타입을 완성했다. 벌써 이때 슬롯형 라디에이터 그릴, 수직형 후면부, 우측에 부착된 예비 타이어, 사륜구동 시스템까지 지프의 원형이 거의 다 갖춰져 있었다. 초기 테스트는 말 그대로 고문에 가까웠다. 이

작은 오프로더는 여러 약점을 드러냈는데, 그것은 지극히 당연한 일이었다. 문제점들은 신속히 수정됐다. 무엇보다 차량의 기본 구조와 가능성은 매우 긍정적으로 평가됐다.

하지만 반전은 여기서 시작된다. 군 당국은 이미 밴텀을 조용히 배신할 준비를 하고 있었다. 회사 규모가 너무 작아, 수천 대에 달하는 차량을 신속히 생산해낼 역량이 없다고 본 것이다. 그래서 군은 밴텀의 설계와 시제품 정보를 윌리스 오버랜드와 포드에게 넘겨 버린다. 두 거대 제조사는 밴텀의 아이디어를 사실상 그대로 가져다가 자신들의 막강한 생산력을 무기로 최종 계약을 따낸다. 굿바이, 밴텀. 밴텀은 결국 소량의 부품 공급 계약 하나로 약간의 보상을 받는 데 그친다.

1941년 11월 18일, 첫 차량들이 조립 라인에서 모습을 드러냈다. 이름은 지프. 그런데 왜 하필 '지프'일까? 그 유래에 대해서는 몇 가지 설이 전해진다. 가장 유력한 설은 'general purpose(다목적)'의 약칭인 GP가 변형됐다는 설, 또 하나는 'just enough essential parts(딱 필요한 만큼의 핵심 부품만)'의 약자라는 설이 있다. 마지막으로는 뽀빠이 만화에 등장하는 장애물을 척척 넘는 기묘한 작은 동물 '유진 더 지프Eugene the Jeep'에서 유래했다는 이야기도 있다. 어느 쪽이건 간에 분명한 건 지프가 등장과 동시에 엄청난 성공을 거뒀다는 사실이다. 한 미국 기자는 이렇게 썼다. "맙소사! 지프 없이는 전쟁을 계속할 수 없을 것 같다. 개처럼 충직하고, 노새처럼 힘세며, 염소처럼 날렵하다."

조립 라인은 풀 가동됐고, 불과 4년 만에 약 70만 대의 지프가 생산됐다. 1944년 6월, 수많은 지프가 프랑스에 상륙하며 유럽 대륙으로 퍼져나갔고, 그 모습은 자유의 귀환과 '미국식 삶의 방식'을 상징하게 된다. 장군이자 훗날 대통령이 된 아이젠하워는 이렇게 회고했다. "지프, DC-3 수송기, 상륙정. 이 세 가지가 전쟁을 승리로 이끌었다."

전쟁이 끝난 뒤에도 이 작은 사륜구동은 달리기를 멈추지 않았다. 한국전쟁, 베트남전 등 모든 전쟁터에 계속 투입됐고, 민간용 모델로도 훌륭한 변신에 성공했다. 1945년, 윌리스 CJ-2A가 등장했는데, 여기서 'CJ'는 'Civilian Jeep', 즉 민간용 지프를 뜻한다. 시간이 흐르며 차량은 점점 고급스러워졌다. 섀시는 더 부드러워졌고 전륜 디스크 브레이크가 추가됐으며, 천막 지붕 대신 하드톱이 장착됐다. 그럼에도 이 차는 단 한 번도 자신이 어디서 왔는지를 잊은 적이 없다. 용맹한 혈통은 그대로였다. CJ 시리즈는 1987년 단종되며 막을 내렸지만, 그 바통은 랭글러Wrangler, 체로키Cherokee 그리고 오늘날의 어벤저Avenger가 이어받았다.

그 사이 지프의 주인은 여러 번 바뀌었다. 1956년에는 아메리칸 모터스 코퍼레이션AMC이, 1979년에는 프랑스의 르노가 지프를 인수한다. 미국을 상징하는 브랜드를 프랑스 기업이 가져갔다는 사실에 당시 미국인들은 꽤 격하게 반발했다. 하지만 르노는 경영난 끝에 1987년 미국 시장에서 철수하고, 지프는 크라이슬러의 품으로 넘어간다. 크라이슬러도 곧 위기를 맞았다. 1998년 독일 다임러에 인수된 뒤 몇 년 후에는 투자펀드에 헐값으로 넘겨졌고, 2008년 금융 위기를 맞아 완전히 붕괴 직전까지 몰린다.

바로 이때 등장한 인물이 피아트의 CEO 세르지오 마르키온네였다. 그는 2009년부터 2014년까지 단계적으로 크라이슬러를 인수하고, 피아트 크라이슬러 오토모빌스Fiat Chrysler Automobiles, FCA를 탄생시킨다. 이 그룹의 핵심 자산은 단연 지프였고, 마르키온네는 여기에 큰 승부수를 던졌다. 결과는 대성공이었다. 피아트 500의 플랫폼을 활용한 소형 SUV 레니게이드Renegade는 시장에서 큰 인기를 끌었고, 고급 SUV로 탈바꿈한 체로키Chaerokee 역시 판매량이 급증했다. 2021년에는 또 한 번의 굵직한 변화가 찾아온다. 프랑스의 PSA(푸조시트로엥그룹)가 FCA와 합병해 스텔란티스Stellantis라는 거대 자동차 그룹이 새롭게 탄생한다.

주인이 그렇게 자주 바뀌었는데 지프는 지치지 않았냐고? 그렇다면 지프를 잘 모르는 말이다. 애초에 미 육군이 못을 박았다. "우리는 절대 지치지 않는 차를 원한다."

차 고장 수법

그 시절 우리가 사랑을 시작한 방식

전기차를 사야 할 단 하나의 이유를 꼽자면 바로 이것이다. 약속에 늦었을 때 '차가 멈췄다'라는 고전적인 수법이 아직도 통한다는 것. 충전소가 많지 않다는 현실 덕분에 이 핑계가 제법 그럴듯하게 들린다. 반면 내연 기관 차량은 요즘 웬만해서는 고장이 나질 않으니 이런 연출이 거의 불가능해졌다. 물론 조수석에 누가 타고 있다면 대시보드 한가운데에 자리 잡은 거대한 디지털 화면은 잘 가려야 한다. 배터리 잔량과 주행 가능 거리 정보가 워낙 눈에 잘 띄게 표시돼 있어서 조금만 방심하면 이 귀여운 장난도 금세 들통날 수가 있다.

이런 사소한 부분들만 잘 넘긴다면 '차 고장' 작전이 본격적으로 시작된다. 예전 드라마나 영화 속 한 장면처럼 낭만과 설렘을 자극하는 고전적인 유혹의 연출이다. 적절한 타이밍을 계산하고 사전에 분위기 좋은 장소를 답사하는 게 핵심이다. 차에서 들리는 희미한 소리에 귀를 기울이고 약간은 과장된 걱정스러운 표정을 지어 보이며, 엔진 쪽으로 몸을 숙여 무언가를 진단하는 듯한 포즈를 취한다. 그러고는 살짝 난감한 표정을 지으며 말한다. "이런, 고장이 났네." 여기서 한 발 더 나아가 보닛을 열고는 이중 카뷰레터가 막혔을 수도 있다느니, 라디에이터를 좀 식혀야겠다느니, 진지한 표정으로 중얼거리며 연기를 이어간다. 그리고 바로 그 순간부터 차는 뒷전이 되고 로맨스가 시작된다.

이는 마치 이탈리아 희극 장르인 코메디아 델라르테Commedia dell'arte의 한 장면 같다. 이런 수법을 처음 생각해낸 이들도 이탈리아인들이 아닐까 하는 상상도 해보게 된다. 확신하진 못하지만, 그런 억측조차 왠지 유쾌하게 느껴지는 건 사실이다. 게다가 '고장'을 뜻하는 프랑스어 단어 'panne' 자체도 어원이 흥미롭다. 이 단어는 라틴어로 깃털을 뜻하는 'penna'에서 비롯된 것으로, 16세기경부터 항해 용어로 쓰이기 시작했다. 끝으로 갈수록 가늘어지는 긴 돛대 부속물을 '깃털'에 비유한 표현이었던 것이다. 'Mettre en panne(고장내다)'는 선원들이 돛과 키를 조정해 배가 거의 멈춘 채 부드럽게 표류하도록 만드는 기술이었다. 그렇게 하면 수심이 깊어 닻을 내릴 수 없을 때 항로를 다시 잡거나 항구에 진입하기 전까지 잠시 머물 수 있었다. 즉, 애초에 'panne'은 계획된 멈춤이었고 의도된 기다림이었다.

하지만 시간이 흐르면서 이 단어는 점점 다른 의미를 띠게 된다. 제어 불가능하고 원치 않았던 정지 상태를 가리키게 된 것이다. 산업 혁명이 일어나고 자동차가 대중화되면서 이 단어는 마침내 지금 우리가 아는 '기계 고장'의 뜻으로 굳어진다. 흥미롭게도 이 '고장'을 해결한다는 뜻의 'dépannage(수리)', 'dépanner(수리하다)' 같은 단어들은 훨씬 나중인 20세기 초에 들어서야 비로소 생겨났다.

처음으로 '차가 고장 난 척'하며 조용히 연인에게 사랑을 속삭일 생각을 한 운전자는 누구였을까? 혹시 그가 몰았던 차는 호화로운 부가티 타입 15였을까, 아니면 안락한 푸조 타입 91이었을까? 안타깝게도 우리는 절대 알 수 없을 것이다. 하지만 한 가지는 짐작할 수 있다. 그는 꽤 비범한 인물이었을 거란 점이다. 그 시절에는 직접 차를 운전하는 남성이 드물었기 때문이다. 어쩌면 그는 자신의 운전기사와 짜고 고장을 연출했을지도 모른다. 물론 그렇게 되면 작전은 한층 복잡해졌겠지만 말이다. 당시 여성들은 철저히 운전대에서 배제돼 있었기에, 그 미지의 남성은 기계적인 문제에 대해 조수석의 여성에게 아무 말이나 지어내도 전혀 의심받지 않았을 것이다.

어쩌면 남성들은 자동차가 언젠가 여성들에게 강력한 해방의 수단이 될 것을 이미 예감하고 있었을지도 모른다. 최초로 운전면허를 취득한 여성은 1898년의 위제스 공작부인, 안 드 로슈슈아르Anne de Rochechouart였다. 그리고 그 뒤를 이은 인물은 1929년, '출발하자, 시몬En voiture, Simone'이라는 표현을 탄생시킨 시몬 루이즈 데 포레스트Simone Louise des Forest였다. 이 두 사람 사이, 면허를 딴 여성은 손에 꼽을 정도였다. 오랜 세월 동안 운전석은 가장家長의 전유물이었던 것이다.

이처럼 남성 중심적 분위기 속에서 '차 고장 수법'이라는 표현은 큰 인기를 끌게 된다. 이 대중적 유행은 자동차가 한때 사회의 중심에 얼마나 깊숙이 자리 잡고 있었는지를 잘 보여준다. 이 표현은 일상 대화 속에서 자주 사용됐고, 실비 바르탕Sylvie Vartan이나 르노Renaud 같은 가수들의 노래에도 영감을 줬으며, 영화 속 이야기

실비 바르탕 & 프랭키 조던 듀엣, 〈기름이 떨어졌네〉

의 단골 소재로도 등장했다. 예를 들어 〈경찰과 우주에서 온 창조물〉(1979)에서는 한밤중 도로 위에서 루이 드 퓌네스가 연기한 크뤼쇼에게 그의 아내가 단도직입적으로 묻는다. "설마 차 고장 수법을 쓰려는 건 아니겠죠?" 이 표현은 〈트랜스포머〉나 〈007 살인면허〉 같은 블록버스터 영화에서도 찾아볼 수 있다.

이 모든 것은 장난기 넘치고도 은근한 암시를 담고 있었다. 세월이 흐르면서 '차 고장 수법'은 점점 구식이지만 귀엽게 여겨지는, 현실에서는 잘 통하지 않을 법한 수법으로 바뀌었다. 2008년, 글로벌 보험 전문 기업 몽디알 아시스탕스에서 실시한 한 설문조사에 따르면 이 수법을 실제로 써본 남성 중 무려 85%가 '성공했다'고 응답했다. 반면 같은 상황에서 실제로 호감을 느꼈다고 답한 여성은 39%에 그쳤다. 남자들의 허풍일까? 어쩌면 그럴지도 모르겠다.

어쩌면 바로 그 점이 이 '차 고장 수법'이 미투의 폭풍 속에서도 살아남을 수 있었던 이유일지 모른다. 이 표현은 사실 성차별적이고 심지어 성적 가해를 연상시킨다는 비판을 받을 여지도 충분히 있었지만, 놀랍게도 그런 논란은 거의 일지 않았다. 어딘가 고풍스럽고 순진한 매력이 이 표현을 감싸고 있었기 때문일까? 게다가 여성들이 이 표현을 오히려 역으로 활용하면서 그 생명력을 이어간 측면도 있다. 이를테면 프랑스 가수 마리 라포레Marie Laforêt는 1973년에 발표한 곡 〈차 고장 수법Le coup de la panne〉에서 이렇게 노래한다. '나에게 해줘, 말해줘, 차가 고장났다고 / 이 산길에서 / 저기 작은 숲을 봐 / 너와 나를 기다리고 있어 / 멈춰!'

2017년에 방영된 경쾌한 르노 광고에서는 역할이 뒤바뀐다. 운전석에는 세련된 여성, 마치 임원급 간부 같은 인물이 앉아 있고, 그녀는 조수석에 탄 직장 동료와 좀 더 가까워지고 싶은 듯 일부러 차를 멈추려 한다. 하지만 아쉽게도, 코너를 돌자마자 르노 정비소가 나타난다. 안타깝게도 정비사들은 차량을 꼼꼼히 점검한 후 모든 기능이 완벽하다고 말한다.

이토록 오랫동안 살아남은 표현이 또 있을까? 요즘 세대들조차 틱톡에서 이 표현을 즐겨 쓸 정도니 정말 시대를 초월한 생명력을 지닌 셈이다. 물론 이제는 원래 의미에서 점점 멀어져 자동차와는 별 상관없는 상황에까지 응용되는 경우가 많다. 광고나 스탠드업 코미디에서는 엉뚱한 문제 상황을 빗대는 데 활용되기도 하고, SNS에서는 인터넷이나 가전제품, 각종 서비스 불량에 대한 불만을 표현하는 데 자주 쓰인다. 심지어 아비뇽 오프 페스티벌 같은 연극 무대에서는 커플 간 갈등을 다룬 유쾌한 코미디의 제목으로도 등장했다.

간단히 말해서 '차 고장 수법'만큼은 고장 날 걱정이 없다.

친퀘첸토

'영광의 30년'을 품은 이탈리아인의 노스탤지어

피아트 500을 지칭하는 친퀘첸토 Cinquecento는 곧 이탈리아의 이야기이기도 하다. 이탈리아인들은 이 차를 애칭처럼 친퀴노il Cinquino 또는 라 피콜라 그란데 베투라la piccola grande vettura(작지만 위대한 자동차)라 불렀고, 프랑스인들은 애정 어린 시선으로 '요구르트 통'이라고 불렀다. 이 차는 1957년에 첫 선을 보인 이래 경제적 황금기였던 '영광의 30년' 동안 전성기를 누리다가 1970년대 초에 단종됐다. 이후 긴 침묵 끝에 2007년, 피아트 500은 다시 세상에 돌아왔다.

나에게 가장 큰 직업적 자부심 중 하나는 바로 이 대담한 부활 프로젝트를 이끌며 이탈리아 자동차 산업의 쇠퇴는 필연이 아니라는 것을 증명해낸 일이다. 수많은 굴곡을 딛고 돌아온 이 도심형 자동차는 성공적인 복귀를 통해 전 세계 자동차 역사에 다시 한 번 이름을 새겼다.

모든 것은 1930년으로 거슬러 올라간다. 1922년 정권을 잡은 독재자 베니토 무솔리니는 1899년 토리노 이탈리아 자동차 공장 Fabbrica Italiana Automobili Torino, FIAT을 창립한 조반니 아녤리와 긴밀한 관계를 맺고 있었다. 자동차에 열정적이었던 무솔리니는 미국에서 큰 성공을 거둔 포드 T에 깊은 인상을 받았고, 아녤리에게 국민을 위한 소형 대중 차 개발을 요청했다. 심지어 가격 상한선까지 지정했는데, 이는 당시 피아트 노동자의 연봉에 해당하는 5,000리라였다.

아녤리는 이 요청을 기꺼이 수락했고, 1931년 여름, 전면에 2기통 엔진을 장착한 4인승 프로토타입 차량이 토리노 링고토 공장에서 출고됐다. 하지만 첫 주행 테스트 도중 연료 누출로 인해 화재가 발생했고, 아넬리와 설계 엔지니어인 오레스테 라르도네Oreste Lardone는 급히 차에서 뛰어내려야 했다. 격노한 아넬리는 프로젝트를 폐기하고 전륜구동 금지 원칙을 고수하게 된다. 라르도네 역시 해고된다. 이후 피아트 연구소는 다시 대중 차 개발에 착수하지만 새로운 콘셉트를 도출하는 데 큰 어려움을 겪었다. 하지만 자동차 산업의 성공에 큰 의미를 두고 있던 무솔리니도 쉽게 포기하지 않았다. 1932년 10월, 그는 다시 피아트 공장을 방문해 아넬리에게 대중 차 개발을 압박한다. 정권의 후광을 업고 그룹을 성장시켜온 아넬리로서는 이번에도 그 요구를 외면할 수 없었다.

새로운 자동차를 탄생시키려면 창조자가 필요한 법, 이때 등장한 인물이 바로 젊은 엔지니어 단테 지아코사Dante Giacosa였다. 그는 피아트 508 발릴라Fiat 508 Balilla 개발에 참여했던 경험을 바탕으로 이 모델을 소형화하는 데 도전했다. 긴 시험 운행 끝에 피아트 500-A를 완성했고, 이 차량은 1936년 6월 토리노 모터쇼에서 공개된다. 토폴리노Topolino라는 애칭으로 불린 이 차는 예상보다 비싼 8,900리라에 출시됐음에도 불구하고 큰 성공을 거둔다. 제2차 세계 대전으로 성장세는 일시적으로 둔화됐지만 1945년 이후 판매는 다시 급증했고, 1948년에는 더 강력해진 B 버전과 사각형 라디에이터 그릴이 특징인 C 버전도 출시된다. 이 콘셉트카는 해외로도 수출돼 프랑스에서는 심카Simca를 통해 심카 5, 심카 6이라는 이름으로 판매됐고, 독일과 폴란드에서도 생산됐다.

전쟁 후 무솔리니와의 관계로 인해 경영 일선에서 물러났던 조반니 아넬리는 다시 복귀했고, 단테 지아코사는 피아트 기술연구소 소장으로 발탁됐다. 그는 1955년 피아트 600을 성공적으로 출시하며 이탈리아 대중 차 시장을 본격적으로 열었다. 이어 1957년에는 피아트 600보다 더 작은 누오바 500을 선보였다. 하지만 초반 반응은 기대에 못 미쳤다. 누오바 500은 간소한 구성에 두 개의 좌석만 있었고, 출력도 낮은 소형 엔진을 탑재하고 있었다. 시장의 반응은 냉랭했다.

피아트의 엔지니어들도 문제를 인지하고 즉각 성능과 편의성 개선에 착수했다. 1958년에는 스포츠 버전이 출시됐고, 1959년에는 선루프를 탑재한 버전이 등장했다. 조금씩 단점을 보완해가며 인기를 얻기 시작한 누오바 500은 1968년 L 버전의 출시를 계기로 본격적인 판매 급증세를 보였다. 실내 마감이 훨씬 세련돼졌고 시트 역시 마침내 푹신한 형태로 개선됐다. 짧은 시간 안에 피아트 500은 많은 가정에서 세컨드카로 자리 잡았고, 특히 젊은 층과 여성들 사이에서 인기가 높았다. 남편은 알파 로메오나 란치아를, 아내는 피아트 500을 운전하는 식의 풍경이 일상화됐다. 출시 10년 만에 피아트 500은 마침내 대성공을 거뒀고, 1970년 한 해 동안만 무려 40만 7,365대가 주문됐다.

이 열기는 1970년대 중반 들어 서서히 식기 시작했고 1975년 8월, 시칠리아 팔레르모 공장에서 마지막 친퀘첸토가 생산됐다. 피아트 경영진은 피아트 500을 피아트 126으로 대체할 계획이었다.

1972년에 이미 공개된 피아트 126은 단테 지아코사 팀이 개발했으며, 피아트 500의 기본 요소를 계승하면서도 외형은 완전히 새롭게 디자인된 모델이었다. 하지만 피아트 126은 피아트 500만큼 깊은 인상을 남기지는 못했다.

긴 침체기가 시작됐다. 피아트 역시 어려움을 겪기 시작했다. 경영진은 여러 차례 피아트 500의 부활을 고민했지만 쉽지 않았다. 1991년, 폴란드에서 각진 형태의 모델이 출시됐지만 디자인 면에서 혹평을 받으며 결국 실패로 끝났다. 개인적으로 이 모델은 피아트 500이라는 이름을 가질 자격이 없었다고 생각한다. 곳곳에서 아이디어 회의가 활발히 이뤄졌다. 1992년, 자카토 디자인 스튜디오는 피아트 500 Z-에코를 설계했다. 실내를 길쭉하게 구성해 앞뒤로 단 두 개의 좌석만 두고, 나머지 공간에는 자전거를 실을 수 있도록 한 '멀티모달' 자동차였다. 하지만 그 아이디어는 다소 과감했던 탓인지 채택되지 못했다.

2004년, 카리스마 넘치는 세르지오 마르키온네 회장과 함께 그룹의 브랜드 총괄 책임자로 취임했을 때, 나는 모든 보류 중인 프로젝트를 검토하자고 요청했다. 그중 하나가 바로 같은 해 3월 제네바 모터쇼에서 공개된 콘셉트카 트레피우노$_{Trepiuno}$였다. 이탈리아어로 '3+1'을 의미하는 이름처럼 운전자와 두 명의 승객을 위한 3개의 일반 좌석에, 어린이 혹은 단거리 탑승자를 위한 접이식 보조석 1개를 더한 구조로, 기존 소형차의 일반적인 4인 탑승 구성과는 다른 유연한 공간 활용 방식을 제시했다. 디자이너 로베르토

지올리토Roberto Giolito가 설계한 이 차는 외형도 매우 매력적이었고, 무엇보다 과거의 피아트 500을 연상시켰다. 나는 이 모델을 보는 순간 새로운 친퀘첸토를 부활시킬 수 있겠다는 확신을 갖게 됐다.

하지만 내부적으로 이 프로젝트의 가치를 설득하는 일은 절대 쉽지 않았다. 마르키온네는 긍정적인 반응을 보였지만 필요한 예산조차 제대로 배정되지 않은 상태였다. 나는 치열하게 싸워야 했다. 흔히 새로운 모델의 탄생은 디자이너의 공으로만 여겨지지만 실제로 시장에 출시하기 위해서는 수백만 유로의 자금을 확보해야 하며, 이번 경우 그 역할을 내가 맡았다. 나는 차량의 포지셔닝을 바꾸는 전략으로 돌파구를 마련했다. 당시 피아트 내부에서는 이 차를 판다Panda보다도 아래 등급인 최하위 모델로 배치하려 했다. 하지만 나는 2001년 BMW가 미니를 성공적으로 부활시킨 사례를 참고해 더 높은 포지셔닝을 설정했다. 500은 판다의 플랫폼을 기반으로 하지만, 르노 클리오Renault Clio와 같은 B세그먼트 차량인 푼토Punto보다도 높은 가격대에 놓였다. 더 둥글고, 더 안락하며, 고급스러운 사양이 그 가격을 정당화했다.

신차 발표는 대성공이었다. 2007년 7월 4일, 토리노에서 열린 공식 행사에는 당시 이탈리아 총리 로마노 프로디를 비롯해 여섯 명의 장관이 참석했다. 이 날은 이탈리아인에게 더욱 상징적인 의미를 지녔다. 신형 피아트 500이 발표된 날짜가, 이전 세대 모델이 세상에 처음 등장한 지 정확히 50년이 되는 날이었기 때문이다. 이례적으로 실비오 베를루스코니 소유의 민영 방송사 메디아셋의 주력 채널인 카날 5는 이 행사를 황금 시간대에 80분간 생중계했다. 이탈리아 우체국도 피아트 500의 부활을 기념하는 특별 기념우표를 발행했다. 토리노 거리에는 수백 명의 올드 친퀘첸토 소유주들이 자신의 클래식 모델을 타고 모여들었고, 기념우표를 사기 위한 긴 줄이 이어졌다.

이 차가 대중의 즉각적인 호응을 얻을 수 있었던 이유는 바로 '영광의 30년'이라 불리는 번영기와 '돌체 비타dolce vita'라는 이탈리아의 행복했던 시기를 상징하는 존재였기 때문이다. 이탈리아의 자동차 디자이너 조르제토 주지아로는 이를 '긍정적인 노스텔지어'라고 표현했다. 차량이 매장에 도착하기도 전에 무려 2만 5,000대 이상의 사전 주문이 몰렸다. 차를 수령하기까지 대기 시간은 매우 길었다.

2009년 내가 피아트를 떠나 폭스바겐 그룹의 마케팅 총괄로 자리를 옮길 때, 우리는 하나의 도전을 성공적으로 마쳤음을 실감했다. 이탈리아인들이 가장 사랑하는 이 작은 자동차의 '세 번째 인생'은 오래도록 지속될 것이다. 실제로 2007년 이후 250만 대 이상이 생산됐고, 이제는 전기차로 전환되며 그 여정을 이어가고 있다. 친퀘첸토의 이야기가 끝나려면 아직 멀었다.

카를 아바스

'전갈' 로고로 증명한 성능의 철학

오스트리아 출신의 카를 아바스Karl Abarth는 이탈리아인들에게 소형 스포츠카의 매력을 처음으로 각인시킨 인물이다. 프랑스에 아메데 고르디니Amedée Gordini(역주 - 1899년 이탈리아에서 태어나 프랑스에서 활동한 저명한 자동차 엔지니어이자 튜닝 전문가로, 르노와 협업해 '르노 고르디니' 모델을 탄생시킨 인물이다)가 있었다면, 이탈리아에는 그가 있었다. 1979년 세상을 떠난 그는 이탈리아 자동차 산업의 역사에 뚜렷한 발자취를 남겼다. 천재적인 자동차 튜닝 엔지니어이자 열렬한 모터스포츠 애호가였던 그는 언제나 직접 프로토타입의 운전대를 잡고 신기록에 도전했다.

카를 아바스는 오늘날까지도 이어지는 '프리미엄 튜닝'이라는 개념을 창안했다. 이는 차량의 성능을 강화하고, 특히 배기음을 더욱 강렬하게 만드는 기술이다. 그는 여러 자동차 제조사와 협업해 기존 모델의 고성능 버전을 개발했고 오늘날 수집가들 사이에서 열광적인 인기를 끄는 독특한 디자인의 소형 스피드카를 무려 115종이나 제작했다. 그중에는 기존 모델을 변형한 파생형도 있고 단 한 대뿐인 희귀 모델도 있었다.

그의 삶은 한 편의 소설 같았다. 20세기의 대부분을 오스트리아와 아버지의 모국인 이탈리아를 오가며 보냈고, 결국 이탈리아에서 전설로 남았다. 그의 별자리는 전갈자리였고, 훗날 이 '전갈'

은 그의 브랜드 로고가 된다. 카를 아바스는 1908년, 빈에서 태어났다. 어린 시절부터 그는 바퀴 달린 모든 것에 남다른 열정을 보였다. 여덟 살 무렵부터 차고를 들락거리며 기계와 시간을 보냈고 열한 살이 되기도 전에 그의 재능은 이미 또래를 훌쩍 뛰어넘었다. 자신보다 훨씬 나이가 많은 형들과 킥보드 경주를 하며, 바퀴에 가죽끈을 감아 마찰력을 높이는 기발한 발상으로 승리하기도 했다. 열다섯 살이 되던 해 그는 모터클럽에 가입하며 처음으로 공식 경기에 출전했다. 이후 이탈리아로 건너가 밀라노의 자동차 부품 제조사인 카로체리아 카스타냐Carrozzeria Castagna에서 일하게 된다. 이 회사는 이륜차를 비롯해 다양한 자동차 부품을 생산하던 곳이었다. 이후 오스트리아로 돌아온 그는 모터 제조업체인 모터 툰Motor Thun에 입사하며 본격적으로 모터스포츠 세계에 발을 들인다.

그는 경주에 완전히 매료됐고 위험도 마다하지 않았다. 과감한 도전은 때때로 대가를 치르게 했다. 1933년, 린츠 서킷에서 그가 큰 부상을 입고 만 것이다. 긴 회복 기간 중에도 그는 자동차에 대한 열정을 놓지 않았고 혁신적인 사이드카를 설계해냈다. 그리고 1934년, 그 사이드카를 타고 오스트리아 빈에서 벨기에 오스탕드까지 1,375km를 달리는 도전에 나섰다. 그의 상대는 다름 아닌 오리엔트 급행 열차였다. 이 말도 안 되는 대결에서 그는 승리를 거뒀고, 이를 계기로 이름을 알리기 시작했다.

이후 이탈리아로 돌아간 아바스는 페르디난트 포르셰Ferdinand Porsche의 사위이자 당시 자동차 산업계의 핵심 인물 중 한 명이었던 안톤 피에히Anton Piëch와 가까워지며, 피에히의 비서였던 여성과 결혼까지 한다. 이후 그는 포르쉐의 기술력을 바탕으로 한 이탈리아 개발팀에 합류해 새로운 레이싱카 프로젝트에 참여했고 총 22대의 포르쉐 레이싱카를 설계했다. 하지만 그의 마음 한켠에는 여전히 모터사이클 서킷에 대한 열망이 남아 있었다. 1938년, 무솔리니 정권은 그에게 이탈리아 국기를 달고 경기에 출전할 것을 요구했고 그는 이를 수락했다. 하지만 이듬해인 1939년, 슬로베니아 류블랴나에서 또 한 번의 큰 사고를 당해 중상을 입었다. 슬로베니아의 병원에 입원해 있는 동안 제2차 세계 대전이 발발했고 그는 전쟁이 끝날 때까지 그곳에 머물며 현지의 이그나츠 복Ignaz Vok 공장에서 일했다.

이 모든 경험은 카를 아바스를 최고 수준의 기술 엔지니어로 성장시키는 밑거름이 됐다. 전쟁이 끝나고 평화가 찾아오자 자동차 산업은 급격한 성장기에 접어들었고, 카를 아바스 역시 그 기회를 놓치고 싶지 않았다. 그의 머릿속에는 아이디어가 끊임없이 샘솟았다. 1949년, 그는 인생의 제2막을 여는 중대한 결단을 내린다. 이탈리아 국적을 취득하고, 카를Karl에서 카를로Carlo로 개명하며 새로운 시작을 선언한 것이다.

그리고 오스트리아 국경과 가까운 쥐트티롤Südtirol(남 티롤)의 작은 도시 메라노에 자신의 회사를 설립했다. 이때 그는 레이싱 드라이버를 아들로 둔 아르만도 스카글리아리니Armando Scagliarini와 손을 잡았다. 두 사람의 초기 목표는 소량 한정으로 제작되는 레이싱카를 만드는 것이었다. 그리고 그 꿈은 곧 현실이 됐다. 1950년, 전설적인 드라이버 타치오 누볼라리Tazio Nuvolari가 운전한 아바스 204AAbarth 204A가 시칠리아에서 열린 힐 클라임 레이스에서 첫 승리를 거뒀다. 하지만 그들은 단순히 레이싱카를 제작하는 데 그치지 않고 엔진 밸브, 스티어링 기어 레버, 배기 시스템 등 자동차 성능을 극대화할 수 있는 다양한 부품의 제작에도 본격적으로 뛰어들었다.

그리 오래 지나지 않아 아바스의 회사는 '이탈리아 자동차 산업의 챔피언'이라 불리는 피아트와 손을 잡는다. 1951년, 아바스는 회사를 피아트의 본거지이자 이탈리아 자동차 산업의 심장부인 토리노로 이전한다. 그곳에서 그는 피아트의 의뢰를 받아 실험용 프로토타입 차량을 제작하기 시작했고 1952년 토리노 모터쇼에서는 독창적인 디자인의 실험적인 차를 처음 선보인다. 그것이 바로 아바스 1500 비포스토Abarth 1500 Biposto였다.

이 시기, 아바스는 순풍을 타고 빠르게 성장했다. 피닌파리나Pinin Farina, 자가토Zagato, 베르토네Bertone, 기아Ghia 등 당대 최고의 카로체리아들과 협업하며 명성을 쌓았고, 기존 엔진의 성능을 극대화하는 데 몰두했다. 그 대표적인 사례가 알파 로메오의 1,900cc 4기통 엔진이다. 이 엔진은 기아가 디자인한 쿠페 모델 아바스 알파 2000Abarth Alfa 2000에 탑재되며 1954년에 출시됐고, 압도적인 성능으로 큰 반향을 불러일으켰다.

하지만 아바스가 전설로 자리매김하게 된 결정적인 계기는 피

아트와의 협력과 피아트 600의 출시였다. 아바스는 피아트 600을 기반으로 다양한 고성능 파생 모델을 개발했고, 이 차들은 수많은 레이스에서 우승을 거머쥐었다. 이어서 그는 피아트 500을 토대로 아바스 595와 아바스 695 모델을 탄생시켰다. 이 시기, 카를로 아바스는 단순한 자동차 제작자를 넘어 기록을 세우는 인물로 역사에 자신의 이름을 남기고자 했다. 그의 레이싱카들은 24시간 주행 거리 세계 기록을 여러 차례 갱신했으며, 500km와 1,000km 구간 경주에서 최단 시간 기록도 세웠다.

1960년대에 접어들며 아바스는 더 큰 꿈을 품기 시작했다. 그의 아바스 850TC는 전 세계 서킷을 누비며 수많은 승리를 거뒀고,

그 자신감은 점점 더 대담한 계획으로 이어졌다. 1966년, 그는 무려 610마력의 V12 엔진을 설계해 르망 24시간 레이스 우승에 도전하려 했다. 당시 모든 스포트라이트는 포드와 페라리의 대결에 집중돼 있었고, 아바스 역시 그 치열한 경쟁 무대에 서고자 했다. 하지만 국제자동차연맹FIA이 엔진 배기량을 제한하는 새로운 규정을 도입하면서 그는 어쩔 수 없이 그 야심 찬 계획을 접어야 했다.

설상가상으로 경영 환경도 점차 악화됐다. 늘어나는 사업 비용과 재정 압박은 회사를 위태롭게 만들었고, 결국 1971년 그는 피아트에 회사를 매각하게 된다. 하지만 그 이후에도 그는 몇 년간 경영진으로 남아 회사를 이끌었고, 특히 같은 해 토리노 모터쇼에서 발표된 소형차 아우토비앙키 A112 아바스Autobianchi A112 Abarth의 성공에 크게 기여했다.

그 무렵부터 그의 자유에는 점차 한계가 생기기 시작했다. 점점 늘어나는 제약 속에서 그는 결국 경영 일선에서 물러났고, 이탈리아를 떠나 고향 빈으로 돌아갔다. 그리고 1979년 10월 24일, 그곳에서 생을 마감했다. 그의 죽음 이후 피아트의 라인업에서 아바스 모델은 빠르게 자취를 감췄다. 토리노 본사의 경영진은 자동차 경주에 더 이상 투자할 생각이 없었고, 그룹 내에 독립적인 브랜드를 육성하는 일에도 부정적이었다. 그 결과, 아바스는 피아트 티포Fiat Tipo 같은 일부 모델에 부착되는 단순한 '엠블럼'으로 전락하고 말았다.

내 생각에 그것은 큰 실책이었다. 2002년, 내가 피아트 그룹에 합류하면서 상황은 바뀌기 시작했다. 나는 란치아Lancia, 피아트, 알파 로메오 브랜드의 총괄 책임자로 임명됐고, 아바스를 반드시 부활시키고 싶었다. 그래서 그룹의 최고경영자 세르지오 마르키온네에게 레이싱 팀을 다시 인수하자고 제안했다. 이후 우리는 미라피오리 공장 내에 새로운 아바스의 본거지를 마련했다. 이탈리아 랠리 챔피언십 출전을 결정하면서, 경주용 차량을 제작하는 정비 공장을 중심으로 아바스의 본사를 새롭게 지었다. 나는 심지어 아바스의 세 번째 부인과 협상해 그의 옛 사무실과 작업 장비, 그가 직접 사용하던 전화기까지 매입했다. 그리고 우리는 하나의 규칙을 세웠다. 그 공간은 회의실로 사용하되 아바스가 앉았던 의자에는 그 누구도 앉을 수 없다는 것이었다.

아바스의 진정한 부활은 2008년, 도심형 스포츠카 시장에서 이뤄졌다. 그 첫 결실이 바로 아바스 695였고, 이후에는 피아트 500 기반의 고성능 100% 전기차 버전까지 출시됐다. 이러한 행보는 한 가지 사실을 증명한다. 특별한 개성을 가진 브랜드는 절대 사라지지 않는다는 것이다.

아바스로부터 남은 것은 무엇일까? 전갈을 형상화한 강렬한 로고가 상징처럼 남았지만, 내 마음에 가장 깊이 각인된 것은 카를 아바스라는 천재적인 인물이 자동차 산업과 모터스포츠에 남긴 위대한 유산이다. 그는 말수가 적은 인물이었다. 언론 인터뷰도 거의 하지 않았지만, 자신이 튜닝한 소형차들의 성과에 대해서는 이런 농담을 즐겨 하곤 했다. "평범한 해치백으로 더 크고 비싼 차들을 굴복시킬 때 느끼는 만족감이란, 이루 말할 수 없습니다." 그가 입을 열면, 언제나 전갈처럼 날카로운 한마디가 따라왔다.

칼 벤츠

말 없는 마차로 시대를 움직인 발명가

독일 친구들은 기회만 나면 이렇게 말하곤 한다. 자동차를 발명한 건 바로 '그'였다고. 1886년 1월, 독일 남부 카를스루에 출신의 엔지니어 칼 벤츠Carl Benz는 '말 없는 최초의 마차'라 부르던 것에 대한 특허를 출원했다. 그는 처음에 삼륜차에 자전거 안장을 얹고 그

뒤에 엔진을 장착하는 방식으로 시작했다. 그렇게 탄생한 것이 바로 벤츠 페이턴트 모터바겐Benz Patent-Motorwagen이다. 목제 바퀴에 고무를 덧댄 이 차량은 언뜻 보면 작은 마차처럼 보였다.

당시 그의 첫 시도는 세간의 관심을 끌지 못했다. 완벽주의자였던 벤츠는 자신의 발명품이 아직 개선해야 할 부분이 많다고 판단해 조심스러운 태도를 유지했고, 상업화도 망설이고 있었다. 그러자 남편보다 더 확신에 찼던 그의 아내 베르타 벤츠Bertha Benz가 직접 나섰다. 1888년 8월의 어느 날, 그녀는 두 아들인 열다섯 살 오이겐과 열세 살인 리하르트를 태우고 만하임에서 포르츠하임까지 왕복 106km에 달하는 여정에 올랐다. 물론 도중에 몇 차례의 작은 기계적인 문제가 발생하기도 했지만 세 사람은 해 질 무렵 무사히 귀환했고, 이 사건은 훌륭한 홍보 효과를 불러왔다. 마침내 벤츠의 자동차는 판매되기 시작했다.

하지만 칼 벤츠가 이 분야에 뛰어든 유일한 독일인은 아니었다. 그가 특허를 낸 지 몇 달 뒤 고틀리에프 다임러Gottlieb Daimler와 빌헬름 마이바흐Wilhelm Maybach라는 두 엔지니어도 자신들만의 '말 없는 마차'를 선보였다. 1890년, 두 사람은 함께 다임러 모토렌 게젤샤프트Daimler-Motoren-Gesellschaft, DMG를 설립했다. 다임러는 회장, 마이바흐는 수석 엔지니어를 맡았다. 하지만 벤츠가 점차 성공을 거두는 동안 DMG는 내부 경영 갈등으로 약화하고 있었다. 1900년에 다임러는 심장마비로 세상을 떠났고, 경영은 두 아들 파울과 아돌프가 이어받았다. 바로 이 무렵 한 인물이 등장한다. 프랑스 남부에 거주하던 자산가 에밀 옐리네크Emil Jellinek는 아름다운 스포츠카에 남다른 열정을 가진 사람이었다. 그는 다임러사의 지역 판매 대리인이 됐고, 1900년에는 회사의 감사위원회에까지 합류했다. 그는 다임러 차량 36대를 주문하면서 한 가지 조건을 내걸었다. 차량에 자신의 딸 이름인 메르세데스Mercedes를 붙여달라는 것이었다. 또한 그는 유럽 여러 국가와 미국에서 '메르세데스' 브랜드의 독점 판매권을 요구했고 결국 이를 성사시켰다.

벤츠와 다임러, 평행하던 두 개의 운명은 결국 하나로 이어진다. 제1차 세계 대전 이후 독일 경제는 큰 위기에 빠졌고, 1926년 두 회사는 합병했기 때문이다. 그리고 얼마 지나지 않은 1929년, 칼 벤츠가 세상을 떠난다. 새롭게 탄생한 회사의 이름은 다임러-벤츠Daimler-Benz였지만, 시장에 출시된 차량은 모두 메르세데스-벤츠Mercedes-Benz라는 이름이 붙었다. 미래 자동차 산업을 이끌 거대한 브랜드는 이렇게 탄생했다.

콘셉트카

먼저 도착한 미래의 디자인

2020년 7월, 내가 르노에 합류한 직후 가장 먼저 한 일은 기앙쿠르 테크노센터를 방문해 디자인팀이 진행 중인 프로젝트들을 살펴보는 일이었다. 그곳에서 다른 모형들과 다소 떨어져 있는 형광

 오렌지색 모델 하나가 눈에 띄었다. 1970년대 출시된 브랜드의 상징적인 모델, 르노 5를 떠올리게 하는 디자인이었다. 동료들은 르노 5의 귀환을 염두에 두고 만든 디자인 베이스이지만 앞선 경영진에 의해 이미 폐기된 상태라고 설명했다. 나는 현장에 있던 팀원들에게 그 결정을 즉시 번복하고 이 디자인 그대로 '100% 전기차' 르노 5를 출시해야 한다고 말했다. 이 프로토타입은 사실상 쇼카 show car였다. 쇼카는 사람들이 실제로 구매할 수 있는 양산차에 비교적 가까운 형태를 가진 콘셉트카를 말한다. 이는 외형이 훨씬 더 미래 지향적인 일반적인 콘셉트카와는 다른 유형이다.

 나는 콘셉트카의 열렬한 팬이다. 콘셉트카는 한 기업의 브랜드 정체성을 대중에게 강렬하게 각인시키는 역할을 한다. 모터쇼나 쇼룸에 전시되는 콘셉트카는 제조사의 비전과 꿈을 소비자와 공유하는 소통의 수단이다. 이는 마치 오트 쿠튀르 haute couture와 프레타포르테prêt-à-porter의 차이와도 비슷하다. 오트 쿠튀르는 비현실적인 체형의 모델을 통해 구현되는 예술적이고 아름다운 옷이지만 실용성과는 거리가 있고, 프레타포르테는 일상에서 실제로 입는 옷이다.

콘셉트카의 역사는 1938년 미국에서 처음 등장한 뷰익 Y-Job 모델에서 시작됐다. 이 모델은 1950년대 시장에 출시될 미래형 자동차의 전조로 기획된 것이었다. 이듬해인 1939년, 제너럴 모터스는 퓨처라마Futurama라는 이름의 순회 전시회를 후원하게 된다. 전시의 목적은 미래 자동차의 모습을 상상하고 제시하는 것이었다. 이 전시에 등장한 콘셉트카들은 우주선이나 로켓을 연상시키는 독창적인 형태로 주목을 받으며 큰 반향을 일으켰다.

유럽도 곧 이 흐름에 동참한다. 디자인의 본고장이라 할 수 있는 이탈리아가 1952년 이 움직임의 선두에 섰다. 알파 로메오는 당대의 대표적인 디자인 하우스인 투어링Touring과 베르토네Bertone에 의뢰해 공기역학적 차체, 이른바 '공기저항 감소형' 디자인 개발에 착수했다. 투어링은 C52 디스코 볼란테Disco Volante를 선보였고, 베르토네는 BATBerlina Aerodinamica Tecnica라는 이름으로 일련의 콘셉트카 시리즈를 제작했다. BAT 시리즈를 디자인한 피렌체 출신의 디자이너 프랑코 스칼리오네Franco Scaglione는 1939년부터 만화에 등장한 '배트모빌'에서 영감을 받았다. 1953년 토리노 모터쇼에서 공개된 BAT 5는 차량 전면의 이중 공기흡입구, 덮개로 감싼 바퀴, 곡선형 전면 유리, 박쥐를 연상시키는 후방 핀(날개) 디자인으로 큰 주목을 받았다.

　1960년대부터는 수많은 독창적인 콘셉트카들이 등장해 자동차 디자인사의 한 획을 그었다. 특히 기억에 남는 네 가지 모델이 있다. 첫 번째는 1962년 도쿄 모터쇼에서 공개된 토요타 퍼블리카 스포츠Toyota Publica Sports로, 슬라이딩 루프가 인상적인 소형 쿠페였다. 두 번째는 1972년 뮌헨 올림픽을 기념해 제작된 BMW 터보로, 전투기에서 영감을 받은 디자인이 특징이었다. 세 번째는 1970년 제네바 모터쇼에 등장한 페라리 512 S 모듈로 콘셉트Ferrari 512 S Modulo Concept로, 마치 UFO를 연상케 하는 미래 지향적인 외관이 인상적이었다. 마지막으로 가장 최근의 모델은 2016년 공개된 메르세데스-마이바흐 비전 6Mercedes-Maybach Vision 6이다. 6m에 달하는 이 대형 카브리올레는 현대적이면서도 레트로한 요트를 연상시키는 디자인에 네 개의 전기 모터로 구동되는 모델로, 캘리포니아에서 열리는 세계적인 클래식카 행사인 페블비치 콩쿠르 델레강스Pebble Beach Concours d'Elegance에서 큰 화제를 모았다.

　이 분야에서 르노 역시 경쟁사들과 어깨를 나란히 하며 경쟁하고 있다. 르노의 디자인 부서는 파트릭 르 퀘망을 거쳐 2009년부터는 라우렌스 판 덴 아커가 이끌고 있으며, 이들은 단지 르노 그룹의 역사뿐만 아니라 콘셉트카의 역사에도 의미 있는 족적을 남긴 모델들을 선보였다. 예를 들어, 1990년의 강렬한 로드스터 라구나Laguna, 1991년에 등장해 이후 메간 세닉Megane Scenic으로 시장에 출시된 르노 세닉Renault Scenic, 1994년에 공개된 부드러운 곡선미를 지닌 오픈카이자 이듬해 등장한 아우디 TT와 매우 유사한 디자인으로 회자되던 아르고스Argos, 1995년 F1 엔진을 장착해 프랑스식 럭셔리카 탄생을 예고한 이니셜이 있다. 이어 2009년 금융위기 이후 새로운 서사를 제시하며 과감하게 등장한 트위지Twizy, 그리고 2012년 르노의 스포츠 브랜드 부활을 알리는 신호탄으로 알핀 A100-50 등이 있다.

자동차 제조사는 사람들이 욕망하고 매력을 느낄 수 있는 제품을 만들어낼 수 있다는 것을 증명해야 한다. 제품은 우리의 생명줄이고 창의성은 우리의 동력이기 때문이다.

클랙슨

감정의 버튼, 도시의 언어

클랙슨은 1908년 미국에서 처음 등장했다. 빈치 오토루트 재단의 조사에 따르면, 적어도 유럽 내에서는 스페인 사람들이 클랙슨을 가장 자주 그리고 가장 격하게 사용하는 것으로 나타났다. '클랙슨'이라는 이름은 '울부짖다'라는 의미의 고대 그리스어 'klázō'에서 유래했지만, 정작 '클랙슨' 하면 많은 이들이 늘 이탈리아를 먼저 떠올린다. 마치 우리가 그 분야 세계 챔피언이라도 되는 양 말이다. 아마도 이탈리아인들이 클랙슨을 남다른 방식으로 울릴 줄 아는 타고난 재능을 지녔기 때문일 것이다. 가볍고 유쾌하며, 마치 코메디아 델라르테에서 막 튀어나온 몸짓처럼 말이다. 이탈리아인은 손으로 말하고 클랙슨으로도 말하는 민족이다.

다른 나라 사람들이 클랙슨을 공격적으로 사용하는 편이다. 예컨대 파리에서는 도로가 막히자 한 운전자가 손바닥으로 클랙슨을 쾅 내리치는 모습을 본 적이 있다. 아무 효과도 없었지만 스트레스 푸는 데는 제법 괜찮은 방법이었다. 프랑스에서 발견한 또 다른 클랙슨의 용도는, 가수 르노Renaud의 찬가에 담겨 있었다. 그는 르노 8 고르디니에 헌정한 노래 〈데데의 차〉에서 이렇게 노래한다. "지붕과 보닛 위엔 흰색 줄무늬 두 개 / 가짜 나무 핸들, 진짜 스카이 가죽 시트 / 그리고 '콰이강의 다리'를 연주하던 클랙슨." 데데Dédé는 안목이 있었다. 데이비드 린 감독의 영화 〈콰이강의 다리〉 주제곡은 유럽에서 가장 많이 팔린 '맞춤형 클랙슨 멜로디' 톱 3에 당당히 이름을 올렸다. 나머지 두 곡은 세 음으로 된 '투르 드 프랑스'와 흥겨운 멕시코 민요 '라쿠카라차'였다.

한편 브뤼셀은 훨씬 조심스럽다. 보행자 보호를 위해 저속 주행할 때 전기차에 경고음을 의무화했기 때문이다. 이 분야의 선구자는 르노였다. 조에Zoe 출시 초기부터 보행자용 차량 사운드VSP를 도입했다. 르노는 거기서 멈추지 않았다. 최근에는 작곡가 장미셸 자르와 손잡고 각 모델에 고유하고 독창적인 사운드 디자인을 입히는 실험을 이어가고 있다.

우리는 이제 아주 멀리 와 있다. 19세기 말, 영국의 도로를 떠올려보자. 자동차가 지나가기 전 깃발을 든 한 남자가 앞장서 걷고,

입으로는 나팔을 불며 '차가 간다'고 외쳐야 했던 시절에서 말이다. 클랙슨의 먼 조상일 그 대신 이제는 운전자의 감정이 드러나는 소리가 도시를 울린다.

클리오

같지만 다른, 작지만 강한 르노의 뮤즈

스타의 뒤를 잇는다는 것은 독이 든 성배를 건네받는 것과 같다. 영화계든, 정치든, 비즈니스 세계든 예외는 없다. 선택지는 단 세 가지뿐이다. 전설적인 선배의 발자취를 충실히 따르거나, 그 유산과 조심스럽게 결별하거나, '아버지를 죽이고' 과감히 단절의 길을 택하는 것이다.

이 같은 고민은 1980년대 말에도 반복됐다. 전 세계에서 900만 대 이상 판매되며 '슈퍼 5'라 불릴 정도로 성공을 거둔 르노 5의 후속 모델을 결정해야 했기 때문이다. 논쟁은 당연히 뜨거웠다. 비양쿠르 본사는 물론 전국의 대리점과 작업장까지 모두 각자의 의견과 예측을 쏟아냈다. 계속 이어갈 것인가 아니면 판을 뒤엎을 것인가? 그리고 마침내 결론이 났다. "판을 뒤엎자!"

그 결정은 어쩌면 당연한 일이었다. 당시 르노 수장이 레몽 레비Raymond Lévy였기 때문이다. 그는 프랑스 최대 정유회사 엘프 아키텐과 철강회사 위지노르를 거친 이공과대학 출신으로, 극좌 테러단체 악시옹 디렉트에 의해 암살당한 조르주 베스의 뒤를 이은 인물이었다. 레몽 레비는 산업적 비전, 주체적인 리더십 그리고 단호한 경영 스타일로 명성을 떨친 거물급 경영자였다. 그는 르노를 살리기 위해 보다 과감하고 단호한 충격 요법을 준비하고 있었다. 그만큼 상황은 절박했다. 여전히 국영기업이었던 르노는 깊은 침체의 늪에 빠져 있었다. 적자는 눈덩이처럼 불어났고, 신차의 신뢰성이 바닥이라는 평가가 지배적이었다. 레비는 르노를 다시 달리게 만들기 위해 구조적 개혁에 착수했다. 비용 절감, 무재고 생산 방식 도입, 공기업 체제 탈피 등 근본적인 변화가 이어졌다.

무엇보다 그는 품질 개선을 최우선 과제로 삼았다. 첫날부터 임원진 앞에서 그는 거침없이 말했다. "코케릴상브르Cockerill-Sambre(역주 - 벨기에 철강 기업, 이후 아르셀로미탈에 편입)에서 근무하던 시절 내가 업무용으로 타던 르노 25는 한 달에 한 번꼴로 정비소에 들어갔습니다. 그건 도저히 용납할 수 없는 일이었습니다." 그는 즉시 개혁 프로그램을 가동했다. 직속으로 품질 담당 이사를 임명하고, 전 부서에 정량화된 성과 목표를 부여했으며, 일본 자동차업계가 강조하는 '카이젠(지속적인 개선)' 철학을 전 직원에게 교육하기 시작했다.

개혁의 바람 속에서 가장 먼저 혜택을 본 모델은 1990년에 출시된 클리오Clio였다. 개인적으로도 이 이야기는 각별하다. 1992년 내가 르노에서 커리어를 시작했을 때 클리오 마케팅팀에서 일했기 때문이다. 클리오에는 르노가 되찾은 대담함과 철저함, 그 두

가지 정신이 고스란히 담겨 있다. 이 차가 탄생한 지 33년이 지난 지금까지도 수많은 상을 휩쓸고 있는 것은 절대 우연이 아니다. 클리오는 유럽 올해의 자동차에 두 차례나 선정됐고 역대 프랑스 자동차 중 가장 많이 팔린 모델이자 수년간 판매 1위를 지켜온 차다. 오늘날에도 하루에 1,400대씩 생산되고 있다.

이 놀라운 성공은 당시 경영진이 내린 과감한 결단 덕분이었다. 가장 먼저 내린 결정은 신차 이름을 르노 4, 르노 5, 르노 19 등 숫자와 문자 조합으로 짓던 전통을 과감히 버리고 쉽게 인식되고 세대를 넘어 확장할 수 있는 고유 이름을 도입한 것이었다. 오늘날 '네이밍'이라 부르는 이 전략은 브랜드 구축에 있어 핵심적 요소로 자리 잡았다. 르노에서는 네이밍 작업이 글로벌 마케팅 본부 산하의 전담 부서에서 체계적으로 이뤄진다. 이 부서는 기존 상징적 이름을 재사용하거나 필요에 따라 구매할 수도 있다. 혹은 2005년에 상표 등록된 오스트랄Austral처럼 그룹이 이미 소유하고 있는 수백 개의 이름 중에서 선택하거나 아예 새로운 이름을 창조하기도 한다. 어떤 경우든 사전 선정된 이름들은 철저한 언어적·문화적 테스트를 거쳐야 한다. 즉, 해당 모델이 판매될 모든 국가에서 오해나 부정적인 연상을 불러일으키지 않아야 한다는 뜻이다.

최종 후보는 보통 세 가지로 압축되고 최종 결정을 최고경영자의 몫이다. 클리오와 조에처럼 짧고 간결한 이름은 소형 모델에 주로 부여된다. 이러한 이름은 젊음과 즐거움을 연상시킨다. 반대로 대형차는 탈리스만Talisman, 에스파스Espace, 사프란Safrane처럼 복수

음절의 무게감 있는 이름을 부여받는다. 1990년, 미래의 스타 차량은 결국 '클리오'라는 이름을 얻었다. 그리스 신화에서 클리오는 제우스의 딸로, 역사의 뮤즈다. 이 이름이 선정된 이유는 '기념하다', '노래하다'라는 고대 그리스어 의미를 담고 있어 어감이 좋고, 무엇보다 듣기에 좋았기 때문이다. 다만, 일본 시장에서는 클리오 대신 루테시아Lutecia라는 이름으로 판매되고 있다. (역주 - 이는 혼다가 과거 보유하고 있던 동명의 대리점과의 상표권 분쟁을 피하기 위한 조치였다.)

디자인 측면에서도 르노는 과감한 승부수를 던졌다. 기존에 익숙했던 각진 직선 위주의 디자인을 과감히 버리고, 곡선과 부드러운 라인이 강조된 스타일을 채택한 것이다. 이 최종 디자인은 내부 팀의 작업물이었지만, 그에 앞서 르노는 외부 디자이너들에게도 조언을 구했다. 그중 한 명이 바로 이탈리아의 거장 주지아로Giugiaro였다. 그는 훗날 피아트 푼토Fiat Punto에 가까운 형태의 스케치를 제안하기도 했다.

클리오라는 모델의 개념 자체도 완전히 새로웠다. 더 이상 단순한 도심형 소형차가 아니라 장거리 주행도 가능한 다용도 차량으로 포지셔닝된 것이다. 경쟁 모델보다 넉넉한 실내 공간, 더 넓은 트렁크, 상위 세그먼트에 견줄만한 주행 성능 그리고 매우 충실한 기본 사양까지 갖췄다. 다시 말해 클리오는 대형차의 요소를 모두 지닌 차량이었다. 그것도 합리적인 가격에 말이다.

이 콘셉트는 몇 년 후 광고 캠페인에서도 다시 등장했고, 그 광고들은 지금까지도 전설로 회자된다. 내가 특히 좋아하는 것은

1993년에 퍼블리시스가 제작한 광고다. 한 부유한 에미르(아랍 군주)는 아들에게 권력과 재산을 물려주기 전 단 하나의 조건을 제시한다. 바로 클리오를 더 이상 타지 말라는 것. 클리오는 대형차의 모든 요소를 갖췄지만 에미르의 눈에는 치명적인 결함이 있었다. "너무 싸구나, 아들아." 품위를 유지하기 위해 후계자는 결국 크고 음울한 리무진을 타야만 한다. 광고는 아랍어로 진행됐고 프랑스어 자막이 덧붙었다. 배경 음악은 〈아라비아의 로렌스〉(1962)를 연상시키는 분위기로 연출됐다. 당시 예산 책임자였던 베르나르 시기에는 훗날 이렇게 회상했다. "광고 대행사 측에서는 정치적, 외교적으로 논란이 되지 않을까 우려했었죠." 하지만 그 걱정은 기우에 불과했다.

반면, 영국 시장을 겨냥한 또 다른 광고는 그런 운이 따르지 못했다. 2013년, 성차별적이라는 이유로 방송 금지 처분을 받았기 때문이다. 광고에서는 클리오 대시보드에 바바붐Va Va Voom이라는 버튼이 등장한다. 시승 중이던 고객에게 딜러가 버튼을 눌러보라고 권유한다. 버튼을 누르는 순간 마법처럼 눈앞에 현수막으로 재현된 가짜 파리 풍경이 펼쳐진다. 에펠탑, 비스트로, 바게트 그리고 란제리 차림의 여성 댄서들이 익살스럽게 춤춘다. 하지만 영국 광고 심의 기관은 이를 지나치게 선정적이라고 판단했다. 결국 바바붐은 대중의 관심을 끌 기회를 잡지 못한 채 조용히 퇴장하고 말았다.

　클리오는 출시 이후 곧바로 다양한 버전과 한정판 모델로 차별화를 시도하며 주목을 받았다. 누구나 자신에게 꼭 맞는 모델을 찾을 수 있었다. 예를 들어 16V 모델은 137마력의 출력을 바탕으로 최고 시속 210km를 기록하며 젊은 고객층에게 짜릿한 주행의 즐거움을 선사했다. 1993년에는 훨씬 더 강력한 윌리엄스 에디션이 등장했다. 2.0리터 147마력 엔진을 탑재한 이 모델은 르노 엔진을 장착한 윌리엄스 F1 팀의 드라이버 알랭 프로스트가 F1에서 네 번째 월드 챔피언 타이틀을 차지한 것을 기념해 제작된 스페셜 에디션이었다. 어두운 남색 차체, 금색 휠, 세미 버킷 시트 등으로 무장한 윌리엄스는 곧바로 전설이 됐고 오늘날에는 소장 가치 높은 클래식카로 자리 잡았다. 실제로 2022년 6월, 상태가 양호한 한 대의 클리오 윌리엄스가 경매에서 75,880유로에 낙찰되기도 했다.

　또 하나의 괴물도 뒤따랐다. 1998년에 출시된 V6 버전은 차체

뒤쪽에 탑재한 255마력 엔진과 과감하게 확장된 휀더 덕분에 마치 보디빌더 같은 인상을 풍겼다. 한편, 분위기를 완전히 바꿔 우아함을 극대화한 모델도 있었다. 1991년 2월에 출시된 클리오 바카라 Clio Baccara는 차분함, 고급스러움 그리고 관능미를 모두 아우른 모델이었다. 도어 안쪽까지 가죽으로 마감됐고 월넛 우드가 대시보드부터 기어 노브까지 이어졌으며, 후면 수납 공간에는 양복 보관함까지 마련돼 있었다.

요컨대 클리오는 무엇이든 될 수 있었다. 연령대나 가족의 라이프스타일에 따라 자유롭게 변신하는 카멜레온 같은 존재였다. 이러한 이미지는 각 세대의 모델이 스위스 열차처럼 일정한 주기로 출시되면서 더욱 강화됐다. 1998년 클리오 2, 2005년 클리오 3, 2012년 클리오 4, 2019년 클리오 5가 차례로 등장했다. 각 세대는 혁신, 디자인, 품질 면에서 새로운 기준을 제시하며 기대를 넘어섰다. 그리고 2023년 여름, 전문 언론의 찬사를 받은 5세대의 페이스리프트 모델이 출시됐고, 특히 145마력의 E-테크 풀 하이브리드 엔진을 탑재한 버전이 주목을 받았다. 한 시승자는 이를 두고 이렇게 표현했다. "어느 모델보다 클리오답지만, 클리오 그 이상이다." 시인 폴 베를렌이라면 이렇게 말했을지도 모른다. "완전히 같지도, 완전히 다르지도 않다."

타이어

도로를 잡는 마지막 접점, 펑크 없는 미래로

Written by 플로랑 메네고 Florent Menegaux, 미쉐린 그룹 최고경영자

어쩌면 이것이야말로 세계에서 가장 복잡한 제조법일지도 모른다. 무려 200가지에 가까운 성분이 조합·가공돼, 각 타이어에 고유한 성능 특성을 부여한다. 기본 재료는 고무지만, 그 안에는 카본 블랙과 같은 성분도 포함된다. 마모 저항을 높이기 위해 첨가되는 이 물질 덕분에 본래 라텍스의 흰색이 아닌 오늘날 우리가 익숙한 검은색 타이어가 만들어진다.

정밀하게 배합된 고무 혼합물은 섬유 및 금속 보강재와 결합되고, 그 다음엔 정교한 금형 속으로 들어간다. 승용차용 타이어는 약 10분간 구워지지만, 농업용 트랙터 타이어는 1시간 넘게 걸리는 경우도 있다. 고치처럼 생긴 틀에서 나온 타이어는 손으로 그 곡선을 따라 만져볼 수 있고, 새겨진 트레드 무늬와 옆면까지도 확인할 수 있다.

이처럼 밀리미터 단위로 이어지는 정밀 공정은 전 세계의 타이어 공장에서 매일 반복되고, 덕분에 우리는 195/65 R15, 235/55 R20, 205/45 R17 같은 타이어 규격을 접하게 된다. 참고로 205/45 R17이라는 표기에서 205는 타이어의 단면 폭(밀리미터), 45는 타이어 측벽 높이와 폭의 비율(백분율), R은 레이디얼(radial) 구조, 17은 타이어가 장착될 휠의 직경(인치)을 뜻한다. 이 표시는 예컨대 르

노 클리오 E-테크 140 하이브리드의 타이어에서 찾아볼 수 있다.

타이어의 여정은 꽤 흥미롭고 때론 감동적이기까지 하다. 오랜 세월 동안 타이어는 늘 우리에게 존재감을 각인시켰다. 펑크는 흔한 일이었고, 바람은 금세 빠졌으며, 수명도 길지 않았다. 휴가를 떠나기 전 타이어 점검은 일종의 의식처럼 여겨졌고, 도로 위를 달린다는 것은 마치 바다로 나서는 일처럼 신중한 준비가 필요했다. 구명 튜브를 챙기듯 스페어타이어는 반드시 실어야 했다. 로버 P6처럼 우아한 차들은 스페어타이어를 트렁크 뒤에 고정해 외부에 드러내기도 했는데, 마치 하나의 예술 작품처럼 보였다.

오늘날은 어떤가? 타이어는 이제 제 역할을 너무나도 잘 해낸 나머지 운전자들은 그것의 존재를 거의 잊고 산다(반면, 점점 더 정교해지고 있는 알루미늄 휠은 전혀 다른 이야기다. 많은 차량 소유자들이 이에 큰돈을 기꺼이 지불하려 하니까 말이다). 최악의 경우라 해도 계기판에 공기압 경고등 하나가 깜빡일 뿐이다. 스페어타이어는 이제 대부분의 차량에서 사라졌다.

타이어에 너무 익숙해져 있다 보니 그것이 매 순간 만들어내는 기적을 종종 잊고 지낸다. 타이어에는 서로 상충하는 특성이 동시에 요구된다. 유연하면서 단단해야 하고, 접지력이 뛰어나면서도 마모에 강해야 하며, 가벼우면서도 튼튼해야 한다. 한 번 생각해보자. 타이어는 과연 얼마나 가혹한 조건을 견뎌야 하는가. 자동차 하중은 물론이고 극한의 온도, 거친 포장도로와 비포장도로까지 모두 감당해야 한다. 어떠한 상황에서도 타이어는 우리의 안전을 책임지고 있다.

하지만 자세히 들여다보면 지금처럼 타이어가 주목받는 때도 드물다. 환경 보호를 위한 싸움의 최전선에 있기 때문이다. 타이어의 구름 저항rolling resistance(역주 - 노면에서 타이어가 회전할 때 발생하는 저항)은 차량 연료 소비의 약 20%를 차지하며, 이는 곧 이산화탄소 배출량의 20%에 해당한다. 물론 제품에 따라 차이는 크다. 지금까지도 진전은 꽤 있었다. 1992년 이후 동일한 중량 기준으로 타이어의 구름 저항은 60%나 감소했다. 하지만 이 정도로는 부족하다. 그 사이 SUV의 유행과 각종 안전 및 편의 장비의 추가로 차량 무게가 크게 늘어났기 때문이다. 실제로 1960년 이후 자동차의 평균 중량은 40%나 증가했다.

타이어는 전기차의 성공을 좌우하는 핵심 요소이며, 전기차는 타이어에 한층 더 높은 성능을 요구한다. 배터리 탑재로 인해 차량 무게는 기존보다 250kg에서 많게는 700kg까지 증가하며, 이 하중을 고스란히 타이어가 감당해야 한다. 또한 회생 제동 시스템은 마모를 가중하기에 마모 저항도 강화돼야 한다. 특히 구름 저항은 전기차 제조사들이 가장 민감하게 주시하는 항목 중 하나인데, 이는 주행 거리에 직접적인 영향을 미치기 때문이다. 타이어 기술에 진전이 없다면, 전기차는 내연 기관 차량보다 타이어 소비가 20~30% 늘어날 수 있다. 그리고 누가 알았겠는가. 타이어가 구를 때 나는 소리가 불쾌한 요소가 될 줄이야. 전기차에서는 엔진 소음이 없다 보니 주행 중 들리는 소리의 상당 부분이 바로 타이어에서 비롯된다. 이제 타이어는 탑승자의 음향적 안락함을 좌우하는 핵심 요소로 떠오르고 있다.

타이어는 이제 개인 승용차를 넘어 항공, 농업, 광산, 건설 현장 등 다양한 분야로 진출해 있다. 이른바 특수용 타이어라 불리는 녀석들은 지름이 무려 5m에 달하는 거대한 몸집을 자랑하며 극한의 환경에서도 당당히 제 몫을 해낸다. 그 존재만으로도 하나의 실험실이라 할 만하다. 접지면에는 복잡한 트레드 패턴이 정교하게 설계돼 있어 주행 중에도 타이어 내부 온도를 100도 이하로 유지한다. 측면은 20cm가 넘는 변형을 견디도록 설계됐으며 일련의 센서들은 아주 미세한 이상도 감지해 선제적인 정비를 가능하게 한다.

요즘 타이어는 그야말로 혁신의 한복판에 서 있다. 이를 직접 확인하고 싶다면 클레르몽페랑 근교 라두에 자리한 미쉐린 연구개발센터를 방문해보라. 새로운 제품 개발에 매진하는 연구자들과 테스트 드라이버들이 땀을 흘리는 모습을 보면 금세 납득이 갈 것이다.

미쉐린은 이미 우리의 '북극성', 즉 궁극적 목표를 '비전Vision 타이어'로 명확히 정해뒀다. 이 타이어는 한 인간의 생애 안에 100% 재활용 또는 재생 가능한 소재로 만들어질 예정이다. 재충전이 가능하고 접지면인 트레드를 교체할 수 있어 수명 역시 획기적으로 늘어난다. 여기에 도로와의 접촉을 통해 얻은 데이터를 차량에 실시간으로 전달할 수 있도록 연결성과 지능까지 갖추게 된다. 공기가 없는 구조이기 때문에 펑크라는 개념 자체가 사라지고 극도의

신뢰성을 보장한다. 우리는 매일 이 목표를 향해 한 걸음씩 나아가고 있다. 그리고 이 비전은 더 이상 상상 속에만 머무르지 않는다. 이미 일부 도로 위에서 현실이 돼 달리고 있다.

오늘날 타이어라는 작은 기적은 많은 이들의 부러움을 사고 있다. 탁월한 내구성과 탄성 덕분에 여러 다른 분야에서도 타이어의 특성을 활용하고 싶어 한다. 그 예로 전통 벨트나 씰(패킹)은 이미 타이어의 먼 친척이라 할 수 있을 정도로 유사한 기능과 소재를 공유하고 있다. 또한 도심용 그늘막, 응급 의료용 텐트 그리고 외부 정전기를 막아주는 패러데이 케이지 같은 팽창형 구조물들 또한 마찬가지다.

타이어는 여전히 모든 가능성을 드러낸 것이 아니기에 앞으로도 우리를 계속해서 놀라게 할 것이다.

테슬라

선두에 섰지만 결승선은 아직 멀다

내가 테슬라Tesla를 처음 접한 건 지금 생각해도 웃음이 나오는 해프닝이었다. 2011년, 나는 폭스바겐 마케팅 부서를 이끌고 있었다. 어느 날 저녁, 그룹 차원의 세미나가 열린 호텔에서 제품 전략 책임자였던 마티아스 뮐러Matthias Müller가 등장했다. 뮐러는 훗날 포르쉐를 거쳐 폭스바겐 그룹의 수장이 된 인물로, 그날은 언제나 그랬듯 경쟁사의 신차를 소개했다. 그때 등장한 꽤 괴상하고 믿기 힘든 물건이 바로 테슬라의 첫 모델이었다. 사실 그 차는 로터스 엘리스를 개조해 뒤쪽에 배터리를 잔뜩 실은 전기차에 불과했다. 우리는 그 차를 타고 호텔 주변을 한 바퀴 돌았고 의외로 뛰어난 가속력과 반응성에 적잖이 놀랐다. 하지만 폭스바겐식 사고방식에 익숙해 있던 우리는 곧 조립 상태, 승차감, 마감 품질 등을 꼼꼼히 따지기 시작했다. 역시 사람은 쉽게 바뀌지 않는다. 우리의 평가 태도는 다소 거만했고, 코멘트에도 살짝 빈정거림이 묻어났다. 솔직히 말하자면 그 차는 우리에게 낯설고 이질적인 존재였다.

불과 2년 후인 2013년, 상황은 완전히 달라졌다. 더 이상 농담으로 넘길 수 있는 문제가 아니었다. 완전히 다른 국면으로 접어들고 있었다. 나는 원래 호기심이 많고 혁신을 향한 갈증이 큰 사람이다. 그래서 테슬라가 모델 S를 출시하자마자 주의 깊게 지켜보기 시작했다. 그 순간 내 머릿속에 경고등이 켜졌다. 연례 임원 회의에서 나는 다가오고 있는 이 현상의 중요성에 대해 경고했다.

나만 그런 생각을 한 건 아니었다. 2014년, 나는 아우디로 옮겨 영업 및 마케팅 책임을 맡고 있었다. 어느 날 이사회가 열리던 자리에서 당시 폭스바겐 그룹 이사회 회장이었던 페르디난트 피에히는 모두를 놀라게 했다. 평소처럼 V10 엔진을 장착한 아우디 R8 쿠페가 아닌, 뜻밖에도 테슬라를 타고 회의장에 등장한 것이다. 독일제 고배기량 차량들이 줄지어 늘어선 주차장 한가운데 테슬라 모델 S는 유난히 돋보였다. 피에히는 원래 말수가 적은 인물이었다. 그는 늘 말 대신 행동으로 메시지를 전했다. 그가 전하고자 했던 메시지는 분명했다. "정신 차려라." 나는 그 순간 확신했다. 뭔가 거대한 변화가 일어나고 있다는 것을.

그 예감은 적중했다. 테슬라는 눈부신 속도로 성장했다. 거의 무無에서 출발한 이 브랜드는 불과 몇 년 만에 전기차 시장의 절대 강자로 떠올랐다. 일론 머스크가 창립한 이 브랜드는 자동차 산업 전체에 전기충격과도 같은 존재였다. 테슬라는 여전히 수익성 있는 새로운 자동차 개념이 가능하다는 사실을 몸소 증명했다. 반면 우리는 125년 가까이 거의 변함없는 내연 기관 기술에 안주하고 있었다. 그런데 갑자기 쾅! 언뜻 보기엔 괴짜처럼 보이는 한 인물이 나타나 자동차 산업 전체에 도전장을 내밀었다. 누군가 이제 자동차로는 돈을 벌 수 없다고 말하면, 나는 세계에서 가장 부유한 사람 중 한 명이 자동차를 만들고 있다고 답한다. 2023년, 모든 에너지원 차량을 통틀어 유럽에서 가장 많이 팔린 모델은 테슬라 모델 Y였다.

이 놀라운 성과는 실리콘밸리 특유의 파괴적 비즈니스 접근 방식을 상징하며 그들이 만들어낼 수 있는 혁신의 힘을 보여준다. 일론 머스크는 기존 내연 기관차에 억지로 배터리를 얹으려 하지 않았다. 그는 완전히 백지상태에서 출발했다. 단순히 자동차에 소프트웨어를 이식하지 않고 스마트폰을 중심에 두고 자동차를 다시 설계한 것이다. 테슬라 차를 산다는 건 단순히 차를 사는 것이 아니라 애플이 만든 것과 같은 하나의 완결된 생태계에 진입하는 것이다.

사용은 직관적이고 재미있으면서도 매우 단순하다. 운영 체제는 원격으로 자동 업데이트되고 경로 계획 기능은 슈퍼 차저의 위치와 이용 가능 여부를 매우 정확하게 안내한다. 차량의 잔여 전력과 운전 습관을 기반으로 예상 소비량도 계산하고, 센티넬 모드 Sentinel Mode는 촬영 및 기록해 집 경보 시스템처럼 작동한다. 옵션은 언제든 온라인에서 구매할 수 있고, 충전 요금은 자동으로 결제된다.

한마디로 테슬라는 기술에 익숙한 운전자들의 마음을 단숨에 사로잡았다. 동시에 지구의 미래를 걱정하면서도 주행의 즐거움을 포기하고 싶지 않은 이들에게도 어필했다. 테슬라는 실제로 주행의 즐거움을 제공하며 배터리 충전에 대한 스트레스도 최소화했다. 많은 이들에게 테슬라를 운전한다는 것은 하나의 열정적인 커뮤니티에 합류하는 일이다. 마치 바이크 동호회나 맥 사용자 커뮤니티처럼 말이다.

하지만 일론 머스크는 단순한 마케팅의 귀재가 아니라 본질적으로 엔지니어다. 그렇기 때문에 그는 산업 공정 자체를 혁신하며 생산성 면에서도 비약적인 성과를 거뒀다. 예를 들어, 그는 섀시와 운전자 보조 시스템을 제어하는 전자 제어 장치ECU의 수를 대폭 줄이는 데 성공했다. 기존에는 수많은 소형 부품을 용접해 조립했지만, 그는 이를 대체할 수 있는 모듈화된 부품들을 고안해 단순 조립만으로 가능하게 만들었다. 배터리 공급을 안정적으로 확보하기 위해 그는 최초로 기가팩토리를 구축했으며 그 속도 또한 경이로웠다. 2022년 베를린 인근에 문을 연 공장은 단 2년 만에 완공됐고, 이곳에서는 단 10시간 만에 차 한 대가 완성된다. 이는 기존 자동차 제조업체들보다 2~3배 빠른 속도다. 전통적인 제조사들은 이러한 대규모 조치를 경악과 부러움이 뒤섞인 시선으로 바라보고 있다. 그들로서는 역사적 유산이 깃든 기존 공장을 단번에 전기 중심의 산업 체제로 바꾸는 일이 불가능하기 때문이다.

이러한 테슬라의 '무에서의 창조'는 수십억 달러에 달하는 자금이 끊임없이 투입되지 않았다면 불가능했을 것이다. 머스크 특유의 카리스마와 설득력 덕분에, 2010년대 말 회사가 파산 직전까지 몰렸을 때조차도 주주들은 끝내 등을 돌리지 않고 버텼다. 실제로 테슬라가 첫 흑자를 기록한 건 2020년에 들어서야 7억 2,100만 달러라는 수치로 나타났다. 이쯤 되면 우리는 미국 경제, 특히 실리콘밸리 시스템의 절대적인 위력을 마주하게 된다. 금융 시장이 '파괴적 기술'에 신뢰를 보낼 경우 그 지원은 사실상 무제한에 가깝다. 이 구조는 전통적인 자동차 제조사들에게는 본질적으로 불리한, 비대칭적인 경쟁 환경을 만들어낸다.

이런 질문을 던질 수 있다. 일론 머스크는 과연 이토록 열광적인 투자자들의 지지를 받을 자격이 있는가? 분명한 것은, 그가 전기차라는 사회적 흐름을 기가 막히게 타고 있다는 점이다. 오늘날 전기차는 마치 만병통치약처럼 교통이 일으킨 모든 문제의 해결책으로 떠받들어진다. 하지만 현실은 그렇게 단순하지 않다. 전기차로의 전환은 가치사슬 전체는 물론 원자재를 둘러싼 지정학, 재활용 산업까지 전방위적인 변화를 불러오고 있다. 앞으로 그 성과

에 대한 종합적인 평가가 이뤄지겠지만, 일론 머스크는 진보를 향한 문화와 미래에 대한 신념이라는 미국적 꿈을 완벽히 구현한 인물이다. 그는 진정한 '게임 체인저'이며 그의 브랜드는 이제 전기차의 기준으로 자리 잡았다.

이런 흐름이 언제까지 계속될까? 이 거대한 물결에 맞서 저항할 길은 아직 남아 있을까? 나는 그렇다고 본다. 그 가능성을 가장 먼저 입증해 보인 것은 바로 중국 자동차 제조사들이다. 이들이 선보인 모델들은 놀라울 만큼 빠르게 발전했고, 어떤 면에서는 테슬라조차 구식처럼 느껴질 정도다. 상하이, 베이징, 광저우의 거리를 걷다 보면 미국산 테슬라는 이미 한물간 듯한 인상을 준다. 한때 앞서갔던 이미지와 독창성은 희미해졌고 오히려 꽤 단조롭다는 생각마저 든다. 참 아이러니한 일이다. 이런 변화가 유럽에도 영향을 미칠까? 의심할 여지없이 그렇다. 유럽에서도 테슬라가 일상화되면 여러 브랜드에 부정적 영향을 미칠 수 있다. 한편으론 일론 머스크는 "테슬라에 대한 수요는 무한하다"라고 말하지만 나는 회의적이다. 실제로 판매량을 확보하기 위해 그는 가격을 인하해야 했고, 이에 따라 영업 이익률은 20%에서 7%로 하락했다.

확실히 기술 산업에는 '승자 독식'이라는 고질적인 특징이 있다. 하지만 자동차 산업은 그 공식이 꼭 들어맞지 않는다. 예컨대 테슬라의 천문학적인 시가총액을 정당화하려면 매년 전 세계 자동차 시장의 4분의 1, 즉 2,000만 대 이상을 팔아야 한다. 참고로 테슬라의 2023년 판매량은 180만 대였다. 무엇보다 자동차 시장에는 수십 개의 강력한 경쟁자가 존재한다. 언젠가 거리마다 테슬라가 넘쳐나기 시작하면 사람들은 슬슬 다른 브랜드를 원하게 될지도 모른다. 역사와 개성, 디자인과 스타일 그리고 다시금 놀라움을 줄 수 있는 그런 브랜드 말이다. 그리고 미래의 테슬라가 꼭 그런 존재일 거라고 장담할 수는 없다.

토요타

잠잠하고 깊은 물 같은 원칙과 조직의 힘

우등생의 숙명이라는 게 있다. 조금이라도 흔들리는 기색이 보이면 다들 기다렸다는 듯이 달려들기 마련이다. 토요타Toyota를 보라. 이 브랜드는 수많은 '1위' 타이틀을 거머쥐고 있다. 2022년에는 다이하쓰와 고급 브랜드 렉서스를 포함해 1,045만 대를 판매하며 세계 최대 자동차 제조사에 올랐고, 프랑스 북부 발랑시엔 공장 덕분에 해마다 프랑스산 자동차 생산량 1위 또는 2위를 차지한다. 게다가 대부분의 신뢰도 순위에서도 부동의 1위를 지킨다.

하지만 2023년 1분기, 불변의 강자였던 토요타 코롤라가 세계 베스트셀링카의 왕좌를 테슬라 모델 Y에게 내주고 말았다. 이 충격 이후 이런 말들이 흘러나오기 시작했다. 하이브리드 구동의 선구자였던 토요타가 그 영광에 안주하다가 자동차 역사상 가장 큰 혁명인 전기차 전환에서 뒤처질지도 모른다는 것이다. 실제로 유럽 NGO인 유럽운송환경연합T&E이 발표한 에너지 전환 대비 지수에서 토요타는 100점 만점에 35점을 받았다. 반면 상위권 제조사들은 70점을 넘겼다. 르노, 폭스바겐, 스텔란티스, 메르세데스 등 주요 유럽 제조사들이 2030년부터 유럽 내 내연 기관 차량 판매 중단을 선언한 것과 달리 토요타는 유럽연합이 강제하는 최종 마감 시점인 2035년까지 기다리려는 태도를 보이고 있었다.

동력이 떨어졌다고? 천만에. 토요타와 관련해서는 늘 고요한 물이 깊다는 말을 새겨들어야 한다. 나 역시 그 점을 몸소 체험했다. 나는 브뤼셀에 근무하며 야리스의 유럽 출시를 총괄했던 다섯 해 동안 토요타라는 브랜드가 얼마나 열정과 배움이 가득한 곳인지 깊이 깨달았다. 그래서였을까, 2023년 6월 깜짝 발표가 나왔을 때 나는 반쯤만 놀랐을 뿐이었다. 토요타는 신세대 배터리를 곧 선보일 것이라고 예고했다. 2026년이면 한 번 충전으로 1,000km(파리-파르마, 리옹-로마에 이르는 거리)를 달릴 수 있는 수준에 도달한다고 한다. 그리고 몇 년 안에는 주행 가능 거리가 1,500km로 늘어나고, 충전 시간 역시 비약적으로 단축돼 단 10분 만에 배터리 잔량 10%에서 80%까지 충전이 가능한 기술도 구현될 전망이다.

이 시점에서 새롭게 알려진 사실이 하나 더 있었다. 토요타가 수년 전부터 이른바 '전고체 배터리' 또는 '고체 전해질 배터리'로 불리는 차세대 배터리 기술을 꾸준히 연구해왔다는 점이다. 이 기술은 현재 대부분의 전기차에 사용되고 있는 리튬이온 배터리보다 훨씬 높은 에너지 밀도를 구현할 수 있어 미래 전기차의 핵심으로 주목받고 있다. 하지만 기술적 장벽도 만만치 않다. 고체 전해질은 충전과 방전 과정에서 반복적으로 팽창과 수축을 일으키며, 이로 인해 양극과 음극 사이에 균열이 발생하고, 그 결과 이온의 이동이 방해받기 때문이다. 이에 대해 토요타 탄소중립 연구개발 센터장인 가이타 케이지 Keiji Kaita는 프로젝트 발표 당시 "이온 이동을 막는 균열이 생길 수 있다"라고 설명한 바 있다. 바로 이 기술적 난제를 토요타의 엔지니어들이 마침내 극복한 것으로 보인다.

물론 아직 기술적 검증이 더 필요하겠지만, 이 극적인 '대역전극'은 토요타라는 이름이 가진 특별한 여정을 다시금 떠올리게 한다. 그 이야기는 19세기 말, 천재 발명가의 손에서 시작된다. 토요다 사키치 Sakichi Toyoda. 그는 방직 공장의 생산 효율을 높이기 위해 실이 끊어지거나 문제가 생기면 자동으로 멈추는 방직기를 고안했다. 겉보기에 소박해 보일 수도 있는 이 발명은, 훗날 토요타는 물론 전 세계 제조업 전반을 바꾼 두 가지 핵심 원칙을 낳았다. 첫째, 제조 공정 중에 문제를 실시간으로 감지할 수 있어야 한다는 점이다. 이는 불량률을 획기적으로 낮추는 데 결정적 역할을 했다. 둘째, 기계가 사람 없이도 문제를 스스로 인식하고 멈출 수 있어야 한다는 점이다. 덕분에 공정에 투입되는 인력을 줄이고 비용을 절감할 수 있었다.

1933년, 사카치의 아들 토요다 기이치로 Kiichiro Toyoda는 유럽과 미국을 돌며 영감을 얻은 뒤 가족 기업을 전혀 다른 차원으로 이

끌기 시작한다. 그는 섬유 산업은 과거의 것이고 미래는 자동차에 있다고 확신했다. 수차례의 시행착오와 시제품 개발을 거쳐 마침내 첫 양산차가 탄생했는데, 그 이름이 바로 'AA'였다. 이 시점에서 당시 회사명인 토요다Toyoda의 발음이 좋게 들리지 않는다는 이유로, 전국적인 공모가 열렸고 무려 2만 7,000여 명이 참여했다. 그 결과 토요타Toyota로 바뀌었다. 당시 '다'를 '타'로 바꾼 데에는 상징적인 이유도 있었다. 일본어로 '토요타'는 여덟 글자로 구성되는데, 숫자 8은 '부'와 '번영'을 상징하는 길한 수로 여겨진다. 토요타의 첫 양산 모델인 AA는 총 2,000대가 생산됐다.

하지만 제2차 세계 대전은 토요다 기이치로의 모든 계획을 송두리째 무너뜨렸다. 1950년, 토요타 자동차는 결국 법정 관리에 들어가기에 이른다. 회사는 가까스로 두 축에 의해 살아남는다. 하나는 일본 정부의 보조금 지원, 다른 하나는 한국 전쟁에 참전한 미군의 대규모 주문이었다. 미군은 토요타에 수천 대의 소형 트럭과 지프 라이선스 차량을 주문했고, 이 덕분에 토요타는 기사회생하며 본격적인 재도약에 나선다.

회사의 부활은 눈부셨다. 그 출발점에는 1960년부터 '랜드크루저'라는 이름으로 출시된 사륜구동 차량이 있었다. 랜드로버보다 저렴하면서도 동등한 성능과 더 높은 신뢰성을 자랑하며 전 세계 시장에서 큰 성공을 거뒀다. 튼튼한 기계 구조, 트럭 같은 범퍼, 두꺼운 장화를 신고도 운전할 수 있도록 간격을 둔 페달 덕분이다. 그 뒤를 이은 모델은 콤팩트카 코롤라Corolla. 현재까지 12세대, 총

5,000만 대 이상이 생산된 이 차량은 자동차 역사상 가장 많이 팔린 모델로 등극했다. 1967년에는 재규어 E-타입과 페라리 250 GTO의 장점을 절묘하게 섞어낸 2000 GT가 등장한다. 그 차량의 아름다움은 영화계에서도 주목받아, 영화〈007 두 번 산다〉에서 '제임스 본드카'로 등장하며 상징성을 획득했다. 이후에도 포드 머스탱에서 영감을 받은 쿠페형 셀리카, 현대 SUV의 원조 격인 RAV4, 하이브리드 시대를 연 혁신 모델 프리우스 그리고 국민차 야리스 등 수많은 베스트셀러들이 줄지어 출시된다. 이 모든 모델에는 늘 변치 않는 토요타의 철학이 담겨 있다. 바로 신뢰성, 서비스 품질 그리고 합리적인 가격.

    이 성공 뒤에는 겉으로 보기엔 단순해 보이는 무언가가 자리하고 있다. 토요타에 대해 이렇게 말할 수도 있다. "모든 면에서 나무

TOYOTA 2000 GT

랄 데 없는 모범생 같은 회사." 튀는 행동도, 격정적인 위기도 없다. 하지만 이를 평범함으로 착각해서는 안 된다. 왜냐하면 이미 1950년대부터 이 일본 기업은 세계에서 가장 정교하고 효율적인 조직 시스템 중 하나를 구축해왔기 때문이다. 나는 그것을 몸소 목격했다. 토요타 유럽 총괄 이사로 재직하며, 그 조직이 실제로 어떻게 작동하는지를 직접 보았다. 그 정교함은 경이로울 정도였다.

토요타 안에는 겸손이 뿌리처럼 자리 잡고 있었고, 고객의 목소리를 경청하고 존중하는 태도야말로 그 어떤 기술보다 우선하는 가치였다. 나는 직접 주차장으로 나가 평범한 운전자들과 이야기를 나눴고 그들의 의견을 경청했다. 경쟁사 차량 수십 대를 직접 몰아보며, 우리 차를 어떻게 개선할 수 있을지 영감을 얻으려 했다. 그곳의 기본 철학은 '자기 세계에 갇히지 말고, 현장으로 나가라'는 것이었다. 일본의 경영자들은 내게 다음과 같은 사고방식을 가르쳐줬다. "어떤 주제든 제대로 이해했는지 확인하기 위해, 부끄러워 말고 같은 질문을 다섯 번 반복하라. 그래야 본질에 닿을 수 있다."

전 세계의 경영대학에서 '토요타 방식'을 연구하고, 수십 권의 책이 쓰였으며, 수많은 경영자들이 이를 해부하듯 분석해왔다는 사실은 전혀 놀랍지 않다. 이 방법론의 핵심은 토요타 생산 방식 Toyota Production System, TPS으로, 주문형 생산을 가능하게 하려고 고안된 시스템이다. 주문이 들어오면 곧바로 생산에 들어가는 적시 공급Just-in-time 방침이 그 골자다. TPS에는 또 하나의 중요한 개념이 포함돼 있다. 바로 지도카jidoka, 즉 생산 과정에서 문제가 발생하면 그것이 즉시 눈에 띄도록 만드는 방식이다. 공정에 참여하는 모든 직원은 이상이 발견되면 즉시 생산을 중단할 권한을 가진다. 핵심은 문제의 근원지로 바로 가서 원인을 신속하게 파악하고 해결하는 것이다. 이러한 지속적인 개선을 추구하는 일본식 접근법을 카이젠kaizen이라 부른다.

이처럼 거대한 시스템을 몇 줄로 요약하기란 쉽지 않다. 그 본질을 이해하려면 나는 종종 『익스트림 토요타: 세계 최고 제조사의 성공을 이끈 급진적 모순Extreme Toyota: Radical Contradictions That Drive Success at the World's Best Manufacturer』(2008)의 공저자 세 명이 2008년 《하버드 비즈니스 리뷰》에 기고한 한 편의 글을 추천한다. 지금 읽어도 전혀 시대에 뒤떨어지지 않는 글이다! "토요타만큼 테일러주의를 잘 실천한 기업은 없다. 토요타가 다른 점은, 직원들을 단순한 노동력으로만 보지 않고 현장 최전선에서 경험을 통해 지혜를 축적해가는 지식 노동자로 여긴다는 것이다. 토요타는 작업장, 사무실, 현장 등 어디서든, 누구로부터든 아이디어를 수집한다."

저자들은 또 한 가지 중요한 점을 강조한다. 토요타는 의도적으로 서로 충돌하는 관점을 장려하고, 직원들에게 이러한 긴장을 넘어선 해법을 찾도록 격려한다. 타협이 아닌 초월적 해답을 찾게 하려는 것이다. 바로 이런 '긴장의 문화'가 혁신적 아이디어를 만들어내는 동력이 된다는 것이다. "직원들은 서로 소통할 때 항상 단순한 언어를 사용해야 한다. 토요타 내부에서는 발표 시에도 모든 정보, 목표, 분석, 실행 계획을 단 한 장의 종이에 요약해 전달한다. 동시에 경영진은 모든 구성원이 모든 것을 알 수 있도록 복잡하면서도 개방된 내부 소셜 네트워크를 적극 장려한다." 이러한 열린 의사소통은 실수나 어려움에 대해서도 솔직히 말할 수 있는 문화를 조성한다. 그 덕분에 토요타는 실패에 너그러운 조직 문화를 갖출 수 있었다.

《하버드 비즈니스 리뷰》에 기고한 저자들은 토요타의 조직 문화를 이렇게 분석한다. "세계 최대의 자동차 제조사인 토요타는 엄격한 위계질서를 유지하면서도 서로 다른 의견이 자유롭게 오갈 수 있는 분위기를 보장한다. 상사의 명령을 무조건 따르기보다는 필요하다면 반대 의견을 제시하는 것이 허용되는 문화다." 또한 승진한 직원에게 무작정 박수를 보내기보다는 현실을 일깨우는 방식을 택한다. "축하하네. 하지만 자네 말고도 거의 선정될 뻔한 후보들이 여럿 있었어. 그 점을 잊지 말고 일하게." 이처럼 토요타는 겸손을 가르친다. 성공은 절대 한 사람의 공으로만 이뤄지는 것이 아니라 함께 일한 동료들의 기여 덕분이라는 점을 끊임없이 상기시키는 것이다.

토요타의 조직 운영에서 또 다른 흥미로운 점은 많은 업무 목표가 의도적으로 모호하게 설정된다는 사실이다. 이는 각자의 역량이 다양한 방향으로 발산되도록 유도하고, 부서 간 협업을 장려하여 '사일로', 즉 폐쇄적인 부서 중심 문화를 탈피하기 위한 전략이다. 예를 들어 과거 그룹 회장이었던 와타나베 가쓰아키Katsuaki

Watanabe는 다음과 같은 목표를 제시한 바 있다. "공기를 정화하고, 사고를 예방하며, 한 번의 주유로 대륙을 횡단할 수 있는 자동차를 만든다." 추상적이지만 매혹적인 이 목표는 곧 프리우스Prius라는 전설적인 하이브리드 차량의 탄생으로 이어진다. 물론 초기에는 적잖은 실패와 시행착오를 겪어야 했다. 《하버드 비즈니스 리뷰》의 칼럼에서 저자들은 토요타의 이러한 접근을 다음과 같이 설명한다. "토요타는 실현 불가능해 보이는 말도 안 되는 목표를 과감히 제시하지만, 그에 이르는 과정은 늘 작고 조심스러운 걸음으로 시작된다." 이른바 토요티즘Toyotism이라 불리는 방식이다.

토요티즘은 하나의 거대한 비전을 수많은 작고 관리 가능한 과제로 나누고, 각 과제에서 가장 어려운 구간을 돌파하기 위해 끝없는 실험과 시도를 반복하는 방식이다. 이 접근법의 대표적인 사례 중 하나가 렉서스 브랜드의 탄생이다. 1983년 당시 회장이던 토요다 에이지Eiji Toyoda가 로스앤젤레스를 방문했을 때 일이다. 현지에서 그를 예우하기 위해 불러온 차량은 토요타가 아닌 메르세데스였다. 이유는 간단했다. 토요타에는 고급 세단이 없었기 때문이다. 그것은 토요타에 있어 치욕이자 수모였다. 에이지 회장은 곧바로 'F1 프로젝트'에 착수할 것을 지시했다(F는 'Flagship', 즉 토요타의 기함이 될 모델을 의미했다). 목표는 독일의 고급 차 브랜드들이었다. 그리고 6년 뒤 렉서스 LS 400이 등장한다. 이는 토요타가 고급 차 시장에서 확고한 입지를 구축하는 결정적 계기가 됐다.

토요타 경영 방식에서 놀라운 점 중 하나는 다양한 해외 시장에 맞춰 유연하게 적응할 수 있다는 것이다. 치즈만 해도 258종이 넘는 문화적으로 복잡하기 그지없는 나라, 프랑스조차 예외는 아니다. 대표적인 사례가 프랑스 북부의 발랑시엔 공장이다. 이곳은 2023년 한 해 동안 무려 27만 4,000대에 달하는 야리스와 야리스 크로스를 조립해냈다. 그 결과, 토요다 기이치로가 창립한 이 그룹은 마침내 'B 세그먼트의 저주'를 극복했다. 다시 말해 프랑스 본토에서 소형차를 수익성 있게 생산하는 건 불가능하다는 통념을 깬 것이다. 물론 야리스 크로스의 엔진은 폴란드에서, 하이브리드 시스템과 전자 부품은 일본에서 들여온다. 결국 발랑시엔 공장이 차 한 대에서 창출하는 부가 가치는 전체의 10~15% 수준에 불과하다. 그렇다 해도 공정하게 말하자면, 토요타 발랑시엔 공장은 오늘날 프랑스에서 가장 큰 자동차 공장으로 당당히 자리 잡았다고 할 수 있다.

트라반트

계획 경제가 만든 국민차의 역설

트라반트Trabant의 역사는 교과서에 실릴 만한 사례다. 자본주의와 자유시장 체제가 공산주의 체제보다 얼마나 더 나은지를 보여주는, 아마도 가장 설득력 있는 증거 중 하나 아닐까 싶다. 트라비Trabi라는 애칭으로 동독(독일민주공화국) 주민들에게 사랑받았던 이 차는 1957년부터 1991년까지 약 300만 대가 생산되며 긴 수명을 누렸다. 그동안 여러 버전이 출시됐지만 철의 장막 너머의 다른 서구의 자동차들과 달리 뚜렷한 기술 발전은 거의 없었다. 생산이 종료될 무렵에도 트라반트는 처음 출시됐을 때의 모습과 별반 다르지 않은, 기술적으로 뒤처진 차량이었다.

그럼에도 불구하고 사람들은 이 차를 간절히 원했다. 실제로 차량을 받기 위해 10년을 기다릴 정도였다. 이는 당시 동독 시민들 역시 자유롭게 이동하고 싶은 욕구가 강했다는 걸 보여주는 단적인 예다. 단지 인내심이 엄청나게 필요했을 뿐이다.

사실 트라반트는 1950년대 중반, 순전히 정치적인 결정에서 태어난 자동차였다. 당시 유럽 전역의 자동차 산업은 급속히 팽창했고 새 차들이 쏟아졌다. 가정마다 자동차를 소유하기 시작했고, 특히 여름휴가용 차량 수요가 크게 늘던 시절이었다. 프랑스에선 4CV의 뒤를 이어 도핀이 나왔고, 이탈리아에선 1955년에 피아트 600이 등장한 후 1957년엔 전설적인 피아트 500이 등장했다. 그리고 서독에서는 1938년 히틀러의 지원 아래 페르디난트 포르셰가 설계한 폭스바겐 비틀이 다시 생산되며 큰 성공을 거두고 있었다.

이런 상황은 동독 공산 정권에 자극이 됐다. 그들 역시 자신만의 '국민차'를 만들고 싶었다. 이때는 아직 베를린 장벽이 세워지기 전이라 동서독 주민들 사이의 교류가 가능했고, 열망도 어느 정도 공유되고 있었다. 문제는 체제였다. 이미 동독의 경제는 소련식 중앙계획 체제로 전환돼 있었고, 산업 전반이 국가의 완전한 통제 아래 있었다. 자동차 생산에 관한 결정도 철저히 '위에서' 내려와야만 했다. 결국 1954년, 국가 기계산업부가 나서서 명령을 내렸다. 폭스바겐처럼 2도어 소형차를 만들라는 지시였다. 좌석은 2+2 구성, 총중량은 600kg 안팎 그리고 차체는 강철 대신 플라스틱으로 만들어야 했다. 동독은 강판을 확보할 수 있는 능력이 없었기 때문이다. 가격도 계획경제 체제답게 애초에 고정됐는데, 한 대에 4,000 동독 마르크였다. 서구 환율로 환산하면 터무니없이 낮은 수준이었다.

동독이 완전히 무無에서 출발한 건 아니었다. 작센의 심장부 츠비카우에는 이미 제2차 세계 대전 이전부터 아우토 우니온(후일 아우디로 발전한 회사)이 세운 대규모 자동차 공장이 자리하고 있었다. 전쟁 이후 이 공장은 국유화되어 'VEB 작센링 자동차 공장'이라는 이름으로 다시 문을 열었고, 과거 DKW 브랜드의 소형차를 생산하던 경험을 바탕으로 1948년부터 '츠비카우'와 '작센링'이라는 이름으로 조립을 재개했다. 곧바로 프로토타입 차량이 제작됐지만 결함투성이었고, 엔지니어들은 처음부터 다시 설계에 착수해야 했다.

최초의 모델 P50은 1957년 11월 7일에야 공장에서 출고됐고 양산이 본격화한 건 1958년 8월이었다. 이 차량은 4년 전 국가 기계산업부가 요구했던 사양을 충실히 따랐지만, 기술적 제약이 많아 엔지니어들은 임기응변을 발휘해야 했다. 애초에는 목재 프레임 위에 차체를 붙이는 방식이 구상됐지만, 접착 기술이 따라주질 않

아 결국 섀시는 철제로 변경된다. 반면 차체는 원래 계획대로 플라스틱으로 마감됐는데, 이 플라스틱은 페놀수지에 면섬유를 섞어 만든 다소 실험적인 복합 소재였다.

    트라반트는 500cc 2행정 엔진을 탑재했고, 출력은 겨우 18마력에 불과했다. 폭스바겐 비틀과 달리 엔진은 전면부에 탑재됐고 전륜구동 방식을 채택했다. 특이한 건 연료 탱크가 엔진 바로 위에 있어서, 연료가 자연 낙하 방식으로 흐르도록 설계됐다는 점이다. 덕분에 연료 펌프는 필요 없었지만 연료를 넣으려면 보닛을 열어야 했다. 최종 조립을 마친 차량은 길이 3.36m로 크지도 않고 무게도 가벼웠다. 약간의 가속만 붙으면 시속 95km까지는 무난히 도달했다. 다만, 문제는 자재였다. 사용된 일부 소재는 화재 시 유독

가스를 방출할 수 있어 사고가 나면 상황이 심각해질 수 있었다.

남은 과제는 이름을 붙이는 일이었다. 회사 경영진은 이 새 자동차에 '트라반트'라는 이름을 붙인다. 독일어로 '트라반트'는 '위성'을 뜻하는데, 이 명칭은 당시 냉전 시기 우주 개발 경쟁과 무관하지 않았을 것이다. 공교롭게도 공산주의의 맏형 소련이 세계 최초의 인공위성 스푸트니크 1호를 쏘아 올린 직후였다.

트라반트는 품질 면에서 평범한, 솔직히 말해 그 이하였지만 가격이 아주 저렴했다. 게다가 단순하면서도 쉽게 눈에 띄는 외형 덕분에 동독 시민들의 호감을 샀다. 겉보기에는 서구의 몇몇 경쟁 차들과 비교해 그리 뒤처진 것처럼 보이지 않는다. 마땅한 대안이 없었기에 동독 시민들은 결국 이 '서민의 차'를 받아들일 수밖에 없었다. 한편, 지도자들은 소련산 볼가Volga나 체코슬로바키아산 타트라Tatra 같은 대형 고급 세단을 타고 다녔다. 공산주의가 모든 특권을 없앤 것은 아니었다.

동독의 엔지니어들은 서구처럼 트라반트를 조금씩 개량했다. 가장 먼저 콤비Kombi라는 이름의 소형 밴 모델이 출시됐고, 투톤 컬러에 선루프까지 갖춘 고급 왜건 모델도 선보인다. 기술진은 특히 엔진 성능 개선에 집중했다. 1960년, 출력이 20마력으로 올라갔고, 1962년 10월에는 다시 23마력으로 향상된다. 이에 맞춰 P60이라는 새로운 버전이 출시됐고, 경량 섀시와 개선된 변속기 덕분에 최고 시속 100km를 넘기는 것도 가능해졌다. 하지만 이 모델의 수명은 짧았다. 1964년 3월, 보다 둥글둥글한 디자인과 넓은 유리창을 갖춘 P601이 등장하며 P60을 대체했기 때문이다. 하지만 본질적으로는 여전히 같은 차였다. 외형만 바꿔 민간용, 군용 등 다양한 버전으로 확장해 썼을 뿐이다.

P601 모델은 무려 26년이나 생산됐다. 하지만 그 긴 세월 동안 수요는 늘 생산 능력을 훨씬 웃돌았다. 특히 1980년대에 이르러서는 차를 받기까지 최대 15년을 기다려야 하는 지경에 이르렀다. 약삭빠르고 여유 있는 이들은 뒷돈을 찔러 넣어 순번을 당기는 편법을 쓰기도 했다. 한편 부품 시장은 호황이었는데 생산된 부품의 약 35%가 결함으로 인한 교체용이었다. 참고로 서구 자동차 제조사들의 평균 부품 교체율은 10%를 넘지 않는다.

이처럼 기약도 없이 오랜 세월을 기다려야 하는 현실 속에서 동독 시민들은 체념 섞인 유머로 일상을 버텼다. 트라비를 둘러싼 농담은 사회적 해학으로 자리 잡았다. 이를테면 이런 식이다. "트라비가 최고 속도에 도달하는 순간은 언제일까? 견인될 때!", "트라비 조립에는 몇 명이 필요할까? 두 명. 한 사람은 접고, 한 사람은 붙여야 하니까", "산 정상에 있는 트라비란? 기적!"

구조적으로 비효율적이고 조직 능력이 부족했던 동독 자동차 산업은 점점 무너졌다. 1985년, 모스크바에서는 고르바초프가 권력을 잡고 '페레스트로이카(재건)' 정책을 시작한다. 하지만 베를린에서는 에리히 호네커 정권이 이런 개방의 유혹에 저항한다. 그 대신 서독이 제안한 기술 이전 제안에는 손을 내민다. 1984년에는 트라반트에 폭스바겐 폴로의 1리터 4기통 엔진을 이식하는 협정에 합의하기도 했다. 하지만 이 프로젝트는 완전한 실패로 끝났다. 차체 구조 전반에 걸친 대대적인 수정을 전혀 고려하지 않았던 것이다. 결국 사업은 폐기됐고, 이는 동독 산업 체제가 얼마나 비효율적으로 작동하고 있었는지를 또 한 번 여실히 드러내는 계기가 됐다.

끝이 가까워지고 있었다. 1989년 베를린 장벽이 무너졌을 때 자유롭게 서독으로 달려가는 트라반트들의 모습은 전 세계에 방송됐고, 이 장면은 되찾은 자유의 상징이 됐다. 그것은 마치 죽음을 앞둔 백조가 마지막으로 가장 아름다운 노래를 부른다는 전설, 백조의 노래 같았다. 독일은 통일됐다. 물론 츠비카우 공장에서 여전히 자동차가 생산되고 있었지만, 그 차량들은 공장 옆 넓은 주차장에서 먼지만 쌓인 채 방치되고 있었다. 결정적인 변화는 헬무트 콜 총리가 내린 역사적 조치였다. 그는 동독 화폐 오스트마르크를 서독의 도이치마르크와 1:1 비율로 교환하도록 결정했고, 이로 인해 동독 시민들은 마침내 폭스바겐 골프, 오펠 카데트 같은 서독제 차량을 살 수 있게 됐다. 트라반트와 이 차들 사이에는 넘을 수 없는 기술의 벽이 있었다. 결국 1991년 5월, 트라반트의 생산은 완전히 중단된다.

하지만 죽음 이후의 삶이 이어졌다. 서독에서는 이 자동차가 하나의 '컬트' 아이템으로 떠오른다. 어떤 사람들은 수집하고, 어떤 이들은 전기차로 개조하기까지 한다. 베를린 체크포인트 찰리 인근에는 트라반트 박물관까지 생겼다. 과연 트라반트는 무엇을 남겼을까? 기술적으로 남긴 것이 거의 없다. 하지만 감정적으로는 아주 많은 것을 남겼다. 그 나름의 방식으로, 트라반트는 자동차 역사에서 놀라운 한 페이지를 써 내려간 존재였다.

트윙고

웃는 얼굴 뒤, 결단과 본능으로 만든 작은 혁명

1992년 10월 5일, 파리 모터쇼는 말 그대로 인산인해였다. 그중에서도 르노 부스는 그야말로 발 디딜 틈조차 없었고 그 중심엔 막 베일을 벗은 트윙고Twingo가 당당히 자리 잡고 있었다. 사람들은 서로 밀치고, 까치발을 들고, 어떻게든 이 신차를 직접 보고 만져보려 애를 썼다. 모노볼륨형 차체, 네 바퀴를 최대한 바깥으로 밀어낸 독특한 실루엣, 감각적인 실내 디자인, 슬라이딩 방식의 뒷좌석, 동급 최고 수준의 실내 공간까지 이 모든 요소가 트윙고를 단숨에 모터쇼의 주인공으로 만들어버렸다. 그리고 이 인기는 숫자가 증명했다. 단 일주일 만에 현장에서 2,000건 이상의 계약이 체결됐다. 그날 이후 트윙고는 멈추지 않는 신화를 써내려가기 시작했다. 출시 이후 31년 동안 전 세계에서 250만 대 이상이 팔렸다.

둥근 눈망울 같은 반달형 헤드 램프와 웃는 입처럼 보이는 전면 그릴 덕분에 '개구리'라는 귀여운 별명도 따라붙었다. 이렇게 사랑받는 트윙고가 처음부터 순탄하게 태어난 건 아니었다. 세상에 나오지 못할 뻔한 위기를 여러 차례 넘긴 끝에 비로소 탄생한 자동차였다. 그래서인지 탁월한 완성도와는 별개로 왠지 모르게 정이 가는 차다. 트윙고는 개발팀의 끈질긴 집념, 직관을 믿고 밀어붙인 리더십 그리고 무엇보다 결단력 있는 경영자의 용기가 만들어낸 결과물이다. 당시 르노 CEO였던 레몽 레비Raymond Lévy는 내부의 거센 반대에도 불구하고 'X06 프로젝트'를 밀어붙였다. 빌랑쿠르 본사 내부에서도 이 프로젝트에 확신을 가진 사람은 드물었지만 단 한 집단만큼은 예외였다. 바로 노동총동맹CGT. 그들은 1980년대부터 꾸준히 외쳤다. "우리는 단순하고, 믿을 수 있으며, 저렴한 소형차를 원한다!"

모든 것은 사실 1970년대부터 순탄치 않았다. 르노는 르노 4의 후속이자 르노 5와는 시장에서 충돌하지 않을 보급형 소형차를 개발하려 했다. 프로젝트명은 무미건조하게도 VBGVoiture Bas de Gamme, 즉 '저가형 차량'. 기대감이라고는 찾아보기 어려운 이름이다. 수많은 프로토타입이 개발됐지만 어느 것도 수익성이 보이지 않아 줄줄이 폐기됐다. 1980년대에도 상황은 크게 다르지 않았다. 연구는 이어졌지만 결과물은 자꾸 흩어지기만 했다. 흡사 모래 위를 걷는 기분이었다. 그 와중에도 몇몇 경영진의 눈을 사로잡은, 유난히 독창적인 콘셉트 모델이 하나 있었다. 문제는 돈이었다. 당시 르노는 심각한 재정난에 시달리고 있었고, 이 프로젝트는 더 이상 진전되지 못한 채 그대로 '차고행'을 피하지 못했다. 정확히는 베르사유 인근의 한 차고였으며 그 열쇠는 단 두 사람, 르노 회장과 디자인 책임자만이 갖고 있었다.

전환점은 1988년에 찾아왔다. 파트릭 르 퀘망Patrick Le Quément이 르노 디자인 책임자로 부임하면서 분위기가 완전히 바뀌었다. 당시 회장이던 레몽 레비는 그를 르노 재건의 핵심 인물로 보고, 산업디자인과 품질 총괄이라는 중책을 맡기게 된다. 르 퀘망 팀은 곧바로 회장 직속 조직이 됐다. 이는 곧 르노 내에서 '디자인'이 단순한 기술적 포장 이상, 전략적 우선순위로 격상됐다는 신호였다. 이전까지만 해도 르노 디자인 부서는 기술부가 만들어놓은 결과물에 옷을 입히는, 말하자면 '꼽추에게 옷을 입힌다'라는 자조 섞인 표현이 쓰일 만큼 부차적인 역할에 머물러 있었다. 하지만 레비는 이 관행을 정면으로 뒤집었다. 이제 디자인 책임자가 먼저 평가하기 전까지 누구도 디자인을 판단할 수 없다는 원칙을 세운 것이다. 이 조치는 디자인팀에 창의력이라는 날개를 달아줬다. 엔지니어링이나 마케팅 부서의 간섭에서 벗어나 진짜 혁신이 가능해졌다.

이것은 진정한 혁명이었다. 그리고 그 첫 번째 수혜자는 다름 아닌 트윙고였다. 먼지 쌓인 프로젝트들 속에서 파트릭 르 퀘망은 이 도발적이면서도 친근한 작은 차에서 그 가능성을 단박에 알아봤다. 그는 곧바로 회장 레몽 레비에게 이 모형을 들고 갔고, 대다수의 반대에도 불구하고 회장은 X06 프로젝트라는 이름의 이 개발을 승인했다. 몇 달 뒤인 1988년 11월, 더욱 다듬어진 디자인과 확실한 개성을 갖춘 프로젝트가 다시 제안됐다. 반응은 여전했다. 회장은 흡족해했고 일부 경영진은 여전히 고개를 갸웃했다. 테스트 결과는 극단적으로 갈렸다. 소수는 열광했고 다수는 탐탁지 않아 했다. 하지만 레비는 늘 그 '소수'의 편이었다.

르 퀘망은 훗날 이렇게 회고한다. "트윙고가 활짝 웃고 있는 모습을, 그리고 그 안에 탄 운전자도 웃고 있는 작은 스케치를 회장님에게 보여드렸어요. 바로 그 순간 '웃는 차', 장난기 가득한 차라는 테마가 태어난 겁니다." 그리고 실제로 모형의 덮개를 벗겼을 때 "차가 회장님을 향해 웃고 있었고, 회장님도 차를 보고 웃으셨어요." 그 순간 게임은 끝난 셈이었다. 다만 승인에는 하나의 조건이 붙었다. 원가를 20% 삭감할 것. 수익성을 확보하려면 어쩔 수 없는 요구였다.

이 중대한 임무는 당시 구매본부장이던 이브 뒤브레유Yves Dubreil에게 맡겨졌다. 그는 곧바로 회장 직속의 전담 태스크포스를 꾸렸는데, 이는 의사결정의 속도를 높이기 위한 목적도 있었지만, 여전히 트윙고 프로젝트에 미온적이었던 이사회 일부를 우회하려는 전략이기도 했다. 뒤브레유는 흔들림이 없었다. 그는 '라인업 확장'이라는 자동차업계의 전통적 사고를 과감히 버리고 단일 모델 전략으로 방향을 틀었다. 왜일까? 대부분의 자동차는 상위 모델의 설계 비용까지 감당해야 한다. 그러다 보니 섀시부터 차체까지 고급 사양을 수용할 수 있게 설계되곤 한다. 하지만 X06 프로젝트에서는 과감한 단순화를 시도했다. 엔진은 하나, 트림도 하나, 옵션은 최소한만 제공하는 방식으로 생산 효율을 극대화하려 한 것이다.

이 '이단적인' 결정에 영업 부서는 아연실색했고, 실패를 기정

사실처럼 여겼다. 하지만 뒤브레유는 물러서지 않았다. "이 차는 호불호가 분명합니다. 어떤 고객은 완전히 빠져들 것이고, 어떤 고객은 아예 관심조차 없을 겁니다. 후자의 고객은 다양한 옵션을 늘린다고 해서 마음을 돌리진 않을 겁니다." 따라서 중요한 것은 이 콘셉트에 매력을 느끼는 고객을 단단히 붙잡는 것이었고, 그러려면 합리적인 가격 안에 최대한 많은 기본 사양을 담아야 했다. 그렇게 해서 탄생한 트윙고는 '싼 차'가 아니었다. 디지털 계기판, 선팅된 창문, 앞좌석 헤드레스트 등 작지만 알찬 기본 사양이 알뜰히 챙겨진 차였다.

필요하다면 르노는 비용이 더 드는 결정도 기꺼이 감수했다. 대표적인 예가 대시보드를 중앙에 배치한 것이다. 이 구성은 트윙고의 개성을 가장 잘 드러내는 핵심 요소로 평가됐고, 기존 방식보다 제작비가 120프랑 더 들었지만 회장이 직접 승인했다. 또 하나의 상징적인 결정은 시가잭을 기본 사양으로 넣는 것이었다. 뒤브레유은 훗날 이렇게 회고했다. "그건 고작 1프랑밖에 안 했어요. 하지만 그건 일종의 '넉넉함의 기준'이었죠. 매일 아침, 운전자가 대시보드에 뻥 뚫린 구멍을 보며 '나는 시가잭 하나 살 여유도 없는 가난한 사람이구나' 하고 느낀다면 자존감이 꺾입니다. 그러니 애초에 그걸 기본으로 넣는 게 돈보다 더 큰 가치를 주는 셈이죠."

이렇게 해서 트윙고는 다치아 열풍이 일어나기 이전, 르노 최초로 DTC$_{\text{design-to-cost}}$ 방식이 적용된 모델이 됐다. DTC란 차량 설계 초기 단계부터 목표 원가를 설정하고 그 틀 안에서 제품을 개발하고, 공급업체도 설계 단계부터 협력 파트너로 참여시키는 전략이다. 예를 들어 X06 프로젝트에서 난방 시스템의 목표 원가는 257프랑으로 책정됐지만, 르노는 이를 210프랑 이하로 맞춰달라고 협력업체에 요구했다. 결과적으로 두 업체가 이 목표를 실제로 달성했다. 또한 시트 구조도 대폭 단순화됐는데, 기존처럼 철제 프레임에 스펀지와 천을 따로 조합하는 방식이 아니라 몰딩 기반의 새로운 공정을 통해 더 빠르고 저렴하게 제작할 수 있었다. 트윙고는 출시 당시 단 네 가지 색상만 제공됐고, 심지어 우측 운전석 모델은 아예 생략됐다. 이 때문에 영국 시장은 과감히 포기했다.

이처럼 고강도 긴축 전략 덕분에 트윙고의 개발 예산은 37억 프랑 선에서 마무리됐다. 동급 모델에 일반적으로 들어가는 비용의 절반 수준이었다. 하지만 외관 디자인은 여전히 논란의 중심에 있었다. 시장 테스트 결과는 처참했는데, 응답자의 절반 가까이가 트윙고를 '장난감 같고 진지하지 않다'라고 평가했고 반응은 '매우 격렬하게 부정적'이었다. 파트릭 르 퀘망은 그날의 분위기를 이렇게 회고했다. "매우 고립감을 느꼈습니다." 일부 임원들은 "르노 역사상 이런 혹평은 처음"이라며 강하게 반발했다. 논쟁은 급기야 심리학적, 젠더적 해석으로까지 번졌다. 모노볼륨 구조 특성상 보닛이 작아지고, 그에 따라 엔진 역시 작아질 수밖에 없었는데, 이것이 '남성성이 부족한 여성 전용 차량'이라는 인식을 낳은 것이다. 분위기가 심상치 않자 르 퀘망은 회장 레몽 레비에게 서신을 보냈다. "기업에 있어 가장 큰 위험은, 위험을 감수하지 않는 것입니다. 죽어가는 마케팅이 아니라 살아 숨 쉬는 본능의 디자인을 택해주시길 부탁드립니다." 이에 대한 레비의 답장은 간결했다. "전적으로 동의합니다. 진행합시다." 1989년 7월 10일, 마침내 트윙고의 최종 디자인이 확정됐다. 프로젝트명 X06은 공식적으로 트윙고라는 이름을 부여받았다. 트위스트, 스윙, 탱고, 이 세 가지 리듬감 있는 단어를 조합한 이름이었다.

그리고 3년 뒤인 1992년 10월, 그 사랑스러운 '개구리' 트윙고는 드디어 대중 앞에 모습을 드러냈고 곧바로 마음을 사로잡았다. 성공의 무대가 활짝 열린 것이다. 르 퀘망은 훗날 이렇게 말했다. "그 프로젝트만큼은 감정이 결정적인 역할을 했습니다." 출시 이후 트윙고는 네 세대에 걸쳐 진화를 거듭해왔다. 이제는 전기차 버전으로도 출시되면서 르노의 가장 작은 모델은 여전히 자리를 굳건히 지키고 있다. 일본의 대도시에서 사랑받는 경차Kei car처럼 트윙고는 우리에게 그런 존재다.

페라리

붉은 신화를 달리게 한 네 남자

빨간색을 보면 누구나 페라리Ferrari를 떠올린다. 하나의 색을 완전히 자기 것으로 만든 브랜드가 또 있을까? 이는 마케팅 역사상 전례 없는 현상이자 마라넬로에 본사를 둔 이 기업의 눈부신 경제적 성공을 상징적으로 보여준다. 최첨단 생산 설비를 갖춘 페라리는 2023년에 1만 3,500대 이상의 차량을 출고하며, 2002년 대비 생산량을 세 배 가까이 끌어올렸다. 세계적으로 수요가 워낙 높아 스트라달레Stradale, 데이토나Daytona, F40 같은 인기 모델의 경우 차량을 인도받기까지 2년 이상을 기다려야 할 정도다.

불과 30년 전만 해도 우아한 이탈리아의 중소기업에 불과했던

페라리는 이제 글로벌 럭셔리 시장의 거물로 성장했다. 오늘날 페라리는 롤렉스, 루이비통과 어깨를 나란히 하는 진정한 럭셔리 아이콘으로 자리매김했으며, 그 위상은 밀라노와 뉴욕 증시에서 고공행진 중인 주가를 통해서도 확인할 수 있다. 덕분에 주요 주주들, 특히 엑소르Exor 지주회사를 통해 지분 24%를 보유한 아녤리 가문은 막대한 수익을 올리고 있다.

이 비범한 성공의 이면에는 각기 다른 개성과 능력을 지닌 네 명의 인물이 있다. 이들은 모두 '도약하는 말(카발리노 람판테)'을 세계적인 브랜드로 성장시키겠다는 열정을 품고 있었다.

그 첫 번째 인물은 물론 페라리의 창립자 엔초 페라리Enzo Ferrari다. 1898년 이탈리아 모데나에서 태어난 그는 자동차 정비업을 하던 아버지 밑에서 자라며 어린 시절부터 자동차 경주에 매료됐다. 그의 꿈은 레이싱 드라이버가 되는 것이었다. 운명은 때로 예상치 못한 방향으로 흘러간다. 그의 꿈을 실현시켜 준 것은 다름 아닌 알파 로메오였다. 1920년대 초, 네잎클로버 마크로 유명한 이 브랜드는 타르가 플로리오Targa Florio 같은 주요 대회에 그를 공식 드라이버로 발탁했다.

엔초 페라리는 여러 차례 인상적인 성적을 거뒀으나, 빠르게 부상하는 젊은 드라이버들의 등장에 밀려 1931년 선수 생활에서 은퇴를 결심한다. 하지만 모터스포츠를 완전히 떠난 것은 아니었다. 이미 1929년, 그는 '스쿠데리아 페라리'라는 이름의 레이싱 팀을 창립해 알파 로메오 차량으로 유능한 드라이버들이 활약할 수 있도록 지원했다. 그는 이 팀을 이끌며 수많은 대회에서 우승을 거뒀고 사람들은 그를 그를 '일 코멘다토레Il Commendatore(사령관)'라 부르기 시작했다. 이 별명은 그의 생애 끝까지 따라다녔다.

스쿠데리아 페라리 창립 초기부터 알파 로메오는 지분을 보유한 주요 후원자였으나 양측의 관계는 늘 순탄치 않았다. 특히 1937년, 무솔리니 정권의 지시로 알파 로메오가 팀의 운영권을 전면적으로 장악하려 하면서 갈등 상황은 극단으로 치달았다. 이에 반발한 엔초 페라리는 자유를 택해 팀에서 물러났고, 그 과정에서 일정 기간 독자적으로 경쟁 팀을 설립할 수 없다는 '경쟁 금지 조항'에 서명하게 된다. 그는 이어서 제2차 세계 대전 기간 자동차 및 항공기용 부품을 생산하는 새로운 회사를 설립했다.

전쟁이 끝나자마자 엔초 페라리는 다시금 자신의 진정한 열정인 경주용 자동차 세계로 돌아왔다. 1947년, 모데나에서 약 15km 떨어진 마라넬로에 직접 세운 공장에서 최초의 페라리 모델인 125 S가 탄생했다. 그는 이 차량들을 당시 막 출범한 F1을 비롯한 모든 레이스에 출전시켰다. 엔초 페라리에게 양산차는 어디까지나 레이싱 활동을 지속하기 위한 재정적 수단에 불과했다. 그는 비교적 이른 시기부터 제품을 적게 만들어 희소성을 높이고, 이를 근거로 가격을 높게 책정하는 전략을 구상했다. 예컨대 피닌파리나 디자인의 2+2 쿠페 모델인 250 GTE는 1960년부터 1963년까지 단 950대만 생산됐다. 하지만 이처럼 고급 소량 생산만으로는 갈수록 불어나는 레이싱 비용을 감당할 수 없었다. 1963년, 포드는 페라리에 협력 제안을 했으나 협상은 끝내 결렬됐다. 자존심 강한 엔초 페라리는 경영권을 절대 넘길 수 없다는 입장을 고수했기 때문이다.

그러다 1969년, 그가 보기에 훨씬 '받아들일 만한' 이탈리아식 해법이 등장한다. 바로 잔니 아넬리Gianni Agnelli가 이른바 '사령관'을 구원하기 위해 나선 것이다. 피아트는 페라리의 지분 50%를 인수하되 회사 운영에는 일절 간섭하지 않겠다고 약속했다. 단, 창립자 사후에는 지분을 90%까지 확대할 수 있다는 조건이 붙었다. 1988년 2월 18일, 엔초 페라리가 세상을 떠나자 피아트의 경영진이 마라넬로로 본격적으로 투입됐고, 그 순간부터 문화적 충돌이 시작됐다. 조직은 불안정해졌고 기업은 곧 위기 국면에 접어든다. 차량 판매량은 거의 절반 가까이 급감했다.

바로 이 시기에 두 번째 핵심 인물이 무대에 등장한다. 그의 이름은 루카 코르데로 디 몬테제몰로Luca Cordero di Montezemolo. 1991년 잔니 아넬리는 그를 페라리 회장으로 발탁하며 단 하나의 임무를 부여했다. 회사를 다시 성장 궤도에 올려놓는 것이었다. 피에몬테 귀족 가문 출신으로, 볼로냐에서 태어난 몬테제몰로는 1970년대 초 피아트에 입사하며 커리어를 시작했다. 모터스포츠에 대한 열정이 남달랐던 그는 1973년 상부의 신임을 받아 페라리에 첫발을 들였고, 곧 엔초 페라리의 보좌관으로 발탁된다. 엔초 페라리는 그의 리더십 감각에 깊은 인상을 받아 그를 F1 팀의 총괄 책임자로 임명했다. 당시 그의 나이는 겨우 26세에 불과했지만, 그는 이 역할을 완벽히 수행했다. 오스트리아 출신 드라이버 니키 라우다Niki Lauda와 함께 1975년과 1977년에 두 차례의 F1 월드 챔피언 타이틀을 거머쥔 것이다. 이후 그는 아넬리 그룹 내 다양한 주요 직책을 두루 거치며 경력을 쌓았다. 주류 브랜드 친자노Cinzano의 대표를 역임하기도 했고, 1990년에는 이탈리아 월드컵 조직위원회의 위원장으로 활약하기도 했다.

몬테제몰로는 페라리에서 무려 23년 동안 회장직을 맡았다. 그의 재임 동안 페라리는 눈부신 성과를 거뒀다. 그는 신차 출시 주기를 단축하는 한편 연간 생산량을 제한하는 전략을 통해 브랜드의 희소성과 수익성을 동시에 끌어올렸다. 또한 2억 유로 규모의 생산 체계 현대화 계획을 추진해 불과 몇 년 만에 마라넬로 공장을 최첨단 미래형 공장으로 탈바꿈시켰다. 이탈리아의 세계적인 건축가 렌초 피아노Renzo Piano를 비롯한 거장들이 설계에 참여했으며 핵심 조립라인이 위치한 건물은 프랑스 건축가 장 누벨Jean Nouvel이 맡았다.

돈을 버는 것도 물론 중요하지만 페라리를 이끄는 인물에게는 F1에서도 반드시 우승해야 한다는 사명이 따랐다. 루카 디 몬테제몰로는 회장 취임과 동시에 이 과제에 즉시 착수했으나 시작은 순탄치 않았다. 1990년대는 맥라렌McLaren과 특히 윌리엄스-르노Williams-Renault가 전성기를 누리며 네 차례나 세계 챔피언 타이틀을 차지한 시기였다. 이러한 강력한 경쟁자들을 상대로 페라리는 한동안 포디움 복귀에 어려움을 겪었다. 하지만 끈질긴 노력은 결국 결실을 맺었다. 전환점은 바로 세 번째 핵심 인물, 프랑스 출신의 장 토드Jean Todt의 영입이었다. 1993년 마라넬로에 합류한 그는 푸조에서 랠리, 파리-다카르, 르망 24시 등 주요 대회에서 수많은 승리를 끌어낸 전략가로서 페라리 역사상 외국인으로서 처음으로 높은 직책을 맡았다.

당시 장 토드가 지휘하게 된 팀은 무려 400명의 기술진으로 구성된 대형 조직이었다. '작은 나폴레옹'이라는 별명답게 그는 내부 갈등으로 흔들리던 팀을 신속하게 재정비했다. 불과 몇 년 만에 승리를 양산하는 조직으로 탈바꿈시켰다. 이를 위해 그는 세 가지 방식을 고수했다. 최고의 인재를 영입할 것, 현재의 성과에 안주하지 말 것 그리고 강력한 리더십을 발휘할 것. 그리고 1995년에는 결정적인 한 수를 둔다. 독일 드라이버 미하엘 슈마허Michael Schumacher를 팀에 영입한 것이다. 당시 그는 베네통-르노에서 이미 두 차례 월드 챔피언에 오른 슈퍼스타였다. 동시에 슈마허와 함께 F1 최고의 엔지니어 두 명도 합류했다. 이 조합은 이후 페라리 역사상 가장 찬란한 황금기를 이끌었다. 그 결과는 놀라웠다. 월드 챔피언십 14회 우승, 그랑프리 116회 승리라는 대기록을 남긴 것이다. 장 토드는 2009년 페라리를 떠나 국제자동차연맹 회장에 취임했고 루카 디 몬테제몰로 역시 몇 년 뒤 회장직에서 물러났다.

이야기는 거기서 끝나지 않는다. 네 번째 인물, 세르지오 마르키온네가 등장한다. 그는 2002년부터 2014년까지 피아트 그룹의 CEO를, 그리고 2014년부터 갑작스러운 사망을 맞은 2018년까지 피아트 크라이슬러 오토모빌스FCA의 수장을 맡았다. 마르키온네는 흔히 피아트를 회생시킨 인물로 알려졌지만 페라리의 재도약에도 깊이 관여한 인물이다. 2014년 루카 디 몬테제몰로가 물러난 직후 그는 곧바로 페라리의 회장직을 맡았다.

나는 2002년부터 2009년까지 피아트와 알파 로메오 브랜드를 총괄하며 마르키온네의 곁에서 일할 기회를 가졌고, 그가 페라리에 얼마나 깊은 애정을 품고 있었는지 직접 목격할 수 있었다. 마르키온네는 생애 마지막 4년 동안 페라리의 매출 성장을 가속화하며 브랜드를 명실상부한 글로벌 럭셔리 기업으로 탈바꿈시켰다. 전 세계 시장에서 페라리에 대한 열망을 증폭시킨 주역도 바로 그였다. 특히 그는 페라리를 피아트 그룹으로부터 분리해 독립된 상장사로 전환하며, 금융 시장에 '글로벌 비즈니스의 보석'이라 불릴 만한 가치를 드러냈다.

2015년 10월 21일 오전 9시 30분, 월스트리트가 붉은 물결로 물들었다. F1 머신을 포함한 여러 대의 페라리 차량이 뉴욕증권거래소 앞에 집결했고, '도약하는 말' 문장이 새겨진 거대한 붉은 깃발이 건물 정면을 장식했다. 그 속에서 언제나 그렇듯 단정한 라운드넥 스웨터 차림의 세르지오 마르키온네가 등장했다. CEO라기보다는 오히려 할리우드 감독을 연상케 하는 모습이었다. FCA 회장 존 엘칸과 함께 뉴욕증권거래소의 상징적인 발코니 위에 나란히 선 그는 당당히 벨을 울리며 페라리의 상장을 알렸다. 같은 장면은 이듬해 2016년 1월 4일, 밀라노 증권거래소에서도 재현됐다. 이번에는 존 엘칸이 벨을 울렸고, 그 옆에서 마르키온네는 늘 그렇듯 스웨터 차림으로 박수를 보내며 응원했다. 이로써 페라리는 레이싱 성적에 상관없이 하이퍼 럭셔리 시장에서 독보적인 경제적 성공을 거둘 수 있는 구조를 갖추게 됐다.

오늘날의 F1은 투우사의 무레타muleta 같은 역할을 한다. 강렬한 붉은색을 휘두르며 시선을 사로잡는 것이다. 그리고 빨간색을 보는 순간 사람들은 곧바로 페라리를 떠올린다. 이는 단순한 색채의 연상이 아니라, 수십 년 동안 서킷 위에서 쌓아온 전설과 감정이 응축된 결과다. 붉은색은 곧 페라리이며, 페라리는 다시 그 붉은 빛으로 자동차 역사와 문화의 상징이 됐다.

포르쉐

세대를 이어 달린다

Written by 볼프강 포르쉐Wolfgang Porsche, 포르쉐 감독위원회 회장

우리 집안에서 스포츠카에 대한 열정은 대를 이어 내려오는 일종의 가족사다. 할아버지 때부터 모든 것이 자동차를 중심으로 돌아갔고, 그 흐름은 세월이 흘러도 절대 바뀌지 않았다. 2023년, 우리는 포르쉐 브랜드 75주년을 맞았고, 수많은 행사를 통해 우리 브랜드가 그 어느 때보다도 젊고 역동적이라는 사실을 실감할 수 있었다. 1948년, 내 아버지가 세운 작은 스포츠카 제조사는 이제 전

세계적인 성공 신화가 됐다.

가장 인상 깊었던 행사는 2023년 가을, 캘리포니아 라구나 세카 서킷에서 열린 대규모 모임이었다. 이곳에 모인 9만 명 이상의 포르쉐 팬들 사이에서 나는 아들 페르디난트와 함께 356 No.1 로드스터를 타고 트랙을 몇 바퀴 돌았다. 말 그대로 감동의 순간이었다. 이 2인승 오픈 모델은 바로 포르쉐의 시작을 알린 상징적인 차이기 때문이다. 전쟁 이후 아버지는 스포츠카에 대한 꿈을 품었고, 1948년 그 꿈을 실현해 세상에 내놓았다. 그리고 75년이 지난 오늘날에도 그 꿈은 포르쉐에서 변함없이 이어지고 있다.

나는 가끔 상상한다. 아버지가 지금 이 광경을 본다면 무슨 말

씀을 하셨을까. 356 모델의 양산을 시작할 당시만 해도 몇백 대가 팔릴지 조심스레 예측하셨던 분이다. 그런데 불과 몇 년 뒤 내가 열세 살이던 1956년, 주펜하우젠의 조립 라인에서 1만 번째 포르쉐 차량이 출고되는 순간을 직접 지켜보는 영광을 누렸다. 그 전날 밤 나는 들뜬 마음에 거의 잠을 이루지 못했고, 행사 당일에는 아버지와 알로이지아 할머니 사이에 앉아 화려하게 장식된 자동차를 숨죽여 바라봤다. 그때는 1만 대 생산이 대단한 사건이었지만 지금은 주펜하우젠과 라이프치히 공장에서 2주도 채 걸리지 않아 같은 수의 차량을 만들어낸다.

내게 중요한 것은 우리가 세계적인 성장과 성공 그리고 기업 상장을 거쳤음에도 불구하고 문자 그대로 그리고 비유적인 의미에서도 여전히 '가족 기업'이라는 정체성을 잃지 않았다는 점이다. 여기서 말하는 '가족'은 혈연에만 국한되지 않는다. 브랜드에 흔적을 남기고 회사를 함께 이끌어온 이들은 우리 가족뿐만이 아니다. 전 세계 곳곳에서 우리의 친구들, 고객들, 파트너들 그리고 직원들이 하나의 열정을 품고 '포르쉐 신화'를 함께 써 내려가고 있다.

포르쉐는 언제나 미래를 내다보면서도 자기 뿌리를 절대 잊지 않는다. 전통과 진보, 지속성과 혁신은 우리 브랜드에 있어 떼려야 뗄 수 없는 가치다. 그 상징적인 예가 바로 포르쉐 911이다. 60년 동안 정체성을 잃지 않고 진화한 이 모델은 현재 8세대에 이르렀으며, 여전히 콤팩트한 스포츠카로서 자동차 기술의 정수를 구현하고 있다. 오늘날의 911은 포르쉐의 디자이너와 엔지니어들이 완벽을 향한 끝없는 도전 속에서 어떻게 한계를 넘어서 왔는지를 잘 보여준다. 그들은 수십 년 동안 모든 것을 되묻고, 다시 설계하고, 재구성하며 끊임없이 진화했다. 그것이 바로 911이 영원히 젊음을 유지하는 비결이다.

포르쉐 911은 나에게 브랜드의 핵심이자 기업과 그 창립자들의 정신을 상징하는 존재다. 진정한 예술이란 브랜드의 정체성을 고수하면서도 성능, 효율, 디자인 면에서 그 분야의 기준으로 남는 것이다. 우리는 지금까지 그 목표를 충실히 실현했고, 그 점에 대해 큰 자부심을 느낀다. 포르쉐의 DNA에는 견고함과 강인함, 사람 중심의 크기와 실루엣, 기능을 중시한 형태, 절제된 디자인, 시대를 초월하는 실용주의가 깊이 새겨져 있다. 이러한 철학은 911 이래 2도어와 4도어를 막론하고 우리의 모든 스포츠카에 일관되게 담겨 있으며, 순수 전기차 모델인 타이칸Taycan과 마칸 일렉트릭Macan Electric에서도 예외 없이 이어지고 있다.

포르쉐는 과거의 영광에 안주하지 않는다. 이는 모터스포츠 분야에서 우리가 쌓아온 전통과도 깊은 연관이 있다. 1920~1930년대, 내 조부는 레이스 역사에 한 획을 그은 경주용 자동차들을 제작했다. 1951년에는 경량 버전의 356 쿠페가 처음으로 르망 24시간 레이스에 출전했고, 오귀스트 뵈이예Auguste Veuillet와 에드몽 무슈Edmond Mouche가 몰았던 356 SL은 그해 클래스에서 즉시 우승을 거머쥐었다.

어린 시절의 나는 학교 수업에 지장을 주지 않는 한 아버지를 따라 르망이나 뉘르부르크링 서킷에 함께 다녔다. 학교를 빠지는 일은 절대 있을 수 없는 일이었기 때문이다. 나는 예나 지금이나 서킷에 매료돼 있다. 진정한 팬으로서 2023년 대형 모델 포르쉐 963이 데뷔했을 때 포르쉐 펜스키 모터스포트Porsche Penske Motorsport 팀과 함께 피트에 서 있었던 그 순간의 벅찬 감정은 잊을 수 없다. 내게 중요한 것은 단지 얼굴만 비추는 것이 아니라 팀 전체를 진심으로 응원하는 일이다. 우리가 실패하면 함께 아파하고 성공하면 진심으로 기뻐한다.

모터스포츠는 그 자체로 훌륭한 배움의 장이다. 그곳에서는 겸손함과 건강한 자기 절제를 배울 수 있다. 승리와 패배, 영광과 비극은 머리카락 한 올 차이일 뿐이며, 단 한 순간에 모든 것이 뒤바뀔 수 있다. 2016년 르망 24시 레이스의 마지막 순간은 믿기 어려울 만큼 극적이었다. 선두를 달리던 토요타 차량은 마지막 랩을 시작하기 위해 스타트라인을 통과하려던 찰나에 트랙을 벗어났고 결국 순위에서 제외됐다. 모두가 우리의 패배를 예상하는 상황에서 우리는 극적으로 마지막 몇 미터를 남겨두고 우승을 거머쥐었다. 그 순간 나는 주저 없이 토요타 팀의 피트로 향했다. 훌륭한 퍼포먼스를 보여준 라이벌에게 축하의 인사를 전하고 싶었다. 진정한 스포츠 정신이란 경쟁자를 존중하는 데서 비롯된다고 믿기 때문이다. 페어플레이는 모터스포츠에서 가장 소중한 가치다.

모터스포츠는 포르쉐에 여전히 핵심적인 요소이며, 과거에도 그랬고 앞으로도 우리 DNA의 일부로 남을 것이다. 실제로 우리는 모터스포츠를 통해 수많은 기술 혁신을 시험하고, 이를 양산 모델에 도입해왔다. 그 대표적인 사례가 1976년 르망 24시 레이스에 출전한 포르쉐 936이다. 이 차량은 이 대회 역사상 최초로 터보 차저를 장착한 모델이었다. 당시 세계는 석유 파동의 여파로 에너지 위기 속에 있었고, 그 상황에서 이룬 승리는 더욱 각별한 의미를 지녔다. 우리는 이 레이스를 통해 터보 기술이 효율적이면서도 고도로 정교하다는 사실을 입증했고, 이는 포르쉐 양산 모델의 성공에도 결정적인 기여를 했다.

모터스포츠는 양산차 기술의 선구자이기도 하다. 그런 맥락에서 우리는 2014년, 세계에서 가장 혹독한 내구 레이스의 최상위 클래스인 LMP1에 새로운 팀과 함께 다시 도전장을 내밀었다. 그리고 2015년, 2016년, 2017년 르망 24시 레이스에서 3년 연속 종합 우승을 달성했다. 하지만 이는 단지 24시 레이스에서의 성공사를 쓴 것만은 아니다. 포르쉐 919 하이브리드는 파나메라Panamera와 카이엔Cayenne 같은 하이브리드 양산 모델 개발에 매우 귀중한 정보를 제공했으며, 포르쉐 최초의 순수 전기차인 타이칸의 탄생에도 크게 기여했다.

포르쉐는 비교적 이른 시점부터 전동화의 길을 택했고, 그 전략적 결정은 동시에 상업적 위험을 감수하는 일이기도 했다. 우리는 슈투트가르트 주펜하우젠에 타이칸 전용의 완전히 새로운 공장을 건설하며 수많은 일자리를 창출했다. 이를 통해 포르쉐는 전기 모빌리티의 미래에 얼마나 확고히 투자하고 있는지를 세상에 입증했다. 타이칸과 타이칸 크로스 투리스모는 이미 시장에 안착했고, 포르쉐 최초의 순수 전기 SUV인 신형 마칸 일렉트릭은 2024년 초에 모습을 드러냈다.

포르쉐는 지금, 120년 전 내 조부가 몸담았던 바로 그 기술 분야에서 새로운 시대의 여명을 맞이하고 있다. 나에게 '전통과 진보'라는 순환의 고리는 이제 비로소 완성된 셈이다. 우리는 뿌리를 잃지 않으면서도 앞으로 나아가야 한다. 특히 요즘처럼 개인 이동성에 대한 논쟁이 거세지는 시대에는 더더욱 그렇다. 나는 포르쉐는 물론 독일 자동차 산업 전체가 위대한 전통과 끊임없는 혁신의 능력을 바탕으로 밝은 미래를 가지고 있다고 확신한다.

자동차는 앞으로도 사회에서 그 자리를 지킬 것이다. 전 세계 수많은 이들에게 자동차는 독립과 자유에 대한 꿈과 연결돼 있기 때문이다. 언젠가 아버지는 이런 말을 남기셨다. "마지막까지 남는 자동차는 스포츠카일 것이다." 포르쉐는 이 꿈이 오래도록 이어질 수 있도록 최선을 다할 것이다.

푸조

자동차를 넘어선 유산, 푸조 가문의 연대기

200년이 넘는 역사를 지닌 푸조Peugeot는 프랑스에서 가장 오래된 기업 가운데 하나다. 이 기업이 존경받는 이유는 단순한 생존력 때문만은 아니다. 오늘날 PSA와 피아트·크라이슬러의 합병으로 탄생한 스텔란티스 그룹 내에서도 여전히 푸조 가문이 주요 주주로 남아 있다는 사실만 봐도 알 수 있다. 게다가 프랑스 동부 몽벨리아르 지역에 대한 애착과 자동차 산업에 대한 헌신 역시 변함이 없다. 푸조 가문의 행보는 산업이야말로 경제 번영의 주춧돌임을 몸소 보여주는 사례라 할 수 있다. 실제로 이들은 오랜 세월 동안 프랑스 생산 경제에 크게 기여해왔다. 물론 2014년 중국의 둥펑자동차가 프랑스 정부의 지원 아래 자본에 참여했을 당시처럼 가문 내 이견이 있었던 적도 있지만, 늘 합의점을 찾아내며 흔들림 없이 이어왔다.

푸조의 시작은 1810년 나폴레옹 시대까지 거슬러 올라간다. 장 프레데릭Jean-Frédéric과 장 피에르 푸조Jean-Pierre Peugeot 형제가 프랑스 동부 두 지역의 에리몽쿠르에 있던 가족 소유의 곡물 방앗간을 제철소로 개조하면서 푸조의 역사는 시작된다. 19세기 내내 푸조는 톱날, 태엽, 코르셋용 철심, 커피 그라인더 날 등 실로 다양한 제품을 만들어냈다. 1847년에는 프랑슈콩테 지역의 문장紋章에서 착안해 사자를 브랜드 로고로 채택했고, 1885년에 이르러서야 비로소 이동 수단에 관심을 두기 시작했다. 가문 3세대인 외젠Eugène과 아르망 푸조Armand Peugeot는 벨로시페드(초기 자전거)를 개발했고, 1889년에는 보일러로 구동되는 증기 삼륜차, '푸조 타입 1'을 선보였다. 아르망 푸조는 유럽에서 막 시도되기 시작한 내연 기관 방식이 미래라는 것을 직감했다. 그는 독일 다임러사에서 엔진을 들여

와 1891년, 푸조 최초의 '말 없는 마차', 즉 자동차를 개발했다. 이후 다양한 모델들도 빠르게 뒤를 이었고, 1898년에는 두 지역 오댕쿠르에 1897년에 세워진 공장에서 500대의 차량이 출고됐다.

하지만 19세기 말에서 20세기 초에 걸쳐 푸조 가문 내부에서는 '사이클'과 '자동차'를 두고 의견이 갈리며 분열이 생겼다. 이 갈등은 1910년, '푸조 자동차 및 사이클 주식회사' 설립으로 봉합된다. 1912년에는 소쇼Sochaux에 대형 공장이 들어섰고, 이곳은 주로 트럭 생산에 집중했다. 제1차 세계 대전 직전 푸조는 프랑스 전체 자동차 생산량의 절반을 차지했던 것으로 추정된다. 1920년대 들어 시트로엥이 화려하게 등장해 시장을 요동치게 했지만 푸조를 무너뜨리기엔 역부족이었다. 1930년대의 세계 경제 대공황 역시 푸조엔 큰 타격을 주지 못했다. 제2차 세계 대전 중에는 여느 자동차 기업들과 마찬가지로 독일군을 위한 강제 생산에 투입됐고, 구급차와 트럭, 전차용 캐터필러, 항공기 엔진 등 다양한 군수 물자를 제조하게 된다.

전쟁이 끝난 뒤 푸조는 본격적인 부활에 나선다. 1948년의 203, 1955년의 403, 1960년의 404는 '영광의 30년'을 살아가던 프랑스 가정의 마음을 차례로 사로잡았다. 하지만 푸조를 진정 시장의 중심에 되돌려놓은 건 1964년에 출시된 소형차 204였다. 푸조 최초의 전륜구동 모델이기도 했다. 1974년 시트로엥 지분을 사들이며 두 브랜드의 연결 고리를 만들었고, 1976년에는 시트로엥을 완전히 인수했다. 이 기세를 몰아 1978년엔 크라이슬러 유럽Chrysler Europe까지 인수했다. 같은 해, 푸조는 유럽 최초의 터보 디젤 엔진 차량인 604 D 터보를 선보이며 기술력을 과시했다.

이륜차 시장에서도 푸조는 전성기를 맞이했다. 1974년에는 55만 대의 소형 모터사이클이 판매됐고, 특히 103 모델은 상징적인 존재로 자리 잡았다. 소형차 부문에서도 두각을 나타내며, 206은 총 840만 대가 생산됐고 207은 2007년 유럽에서 가장 많이 팔린 차에 등극했다. 모든 것이 순조롭게 흘러가던 가운데 2008년 6월 20일, 소쇼 공장에서 푸조의 5,000만 번째 자동차 생산을 기념하는 행사가 열렸다. 그 주인공은 바로 푸조의 새로운 주력 모델 중 하나인 308 SW였다.

그 사이 푸조는 모터스포츠 분야에서도 강렬한 족적을 남겼다. 결정적인 '신의 한 수'는 겸손한 코드라이버였던 장 토드Jean Todt의 비범한 리더십을 일찌감치 알아본 것이었다. 그의 지휘 아래 푸조 205 터보 16은 1985년과 1986년 월드 랠리 챔피언십WRC을 연속 제패했고, 1987년 파리-다카르 랠리에서도 우승을 거머쥐었다. 뒤이어 405 터보 16 역시 전설적인 아프리카 랠리에서 두 차례나 우승을 일궈냈다. 그리고 결정적으로 2009년 르망 24시 레이스에서는 푸조 908이 더블 포디움에 오르며 세계 무대에 존재감을 각인시켰고, 2011년에는 아우디와의 숨 막히는 접전으로 팬들의 뇌리에 깊은 인상을 남겼다.

하지만 영광의 이면에는 시련도 있었다. 2008년 글로벌 금융위기는 푸조에도 심각한 충격을 안겼다. 2012년에는 23억 유로, 2013년에는 50억 유로가 넘는 적자를 기록하며, 2014년에는 파산 위기까지 몰렸다. 결국 프랑스 정부가 나서 푸조를 구제하기로 했고, 당시 경제부 장관 아르노 몽트부르와 푸조 주주 간의 날 선 공방이 언론을 통해 적나라하게 드러났다. 그 결과 프랑스 정부와 중국 둥펑자동차가 각각 푸조 가문과 동일한 14%의 지분을 보유하는 새로운 자본 구조가 마련됐고, 푸조 가문은 최대 주주 자리에서 물러났다.

이 시점에서 르노 출신의 카를로스 타바레스가 전격 영입됐다. 그의 리더십 아래 푸조는 점차 회복의 길로 나아갔다. 오펠Opel 인수와 함께 3008, 5008 모델을 선보이며 시장에 강렬한 존재감을 다시 한 번 각인시켰다. 이 두 모델의 성공은 경쟁사들조차 벤치마킹에 나설 정도였다.

2021년 1월, PSA(푸조-시트로엥-오펠)와 FCA(피아트-크라이슬러)의 합병으로 스텔란티스가 출범하면서 새로운 시대가 열렸다. 이는 2019년 말부터 추진된 통합 논의의 결실이었다. 현재 푸조 가문은 스텔란티스의 지분 7%를 보유한 두 번째 주주이지만, 14.4%를 가진 아녤리 가문의 엑소르에는 영 못 미친다.

푸조는 이제 스탈란티스의 14개 브랜드 중 하나에 불과하다고 볼 수도 있겠지만, 산업적 노하우와 혁신 역량 그리고 충성도 높은 인력을 바탕으로 그 어느 때보다도 확고한 존재감을 드러내고 있다.

품질

완성이란 없다

"그 사람이 아니라고 하면, 그건 정말 아니란 뜻이다." 1988년, 르노는 인상적인 광고를 선보였다. 검은 정장을 입고 두 손을 등 뒤에 모은 채 서 있는 남성의 실루엣을 통해 묵직한 메시지를 전달한 것이다. 당시 국영기업이었던 르노는 만성적인 품질 문제로 고전하고 있었고 레몽 레비 회장은 마침내 본격적인 개혁에 착수했다. 그 중심에 새롭게 임명된 품질 책임자 피에르 조쿠 Pierre Jocou가 있었다. 그는 '전사적 품질'을 위한 조직 개편을 맡았고, 필요하다면 신차 출시에 제동을 걸 수 있는 전례 없는 권한까지 부여받았다. 임명 직후 그는 과감히 르노 19 모델의 출시를 수개월 연기했다. 사내에서는 반발이 컸지만 그는 회장의 전폭적인 신뢰를 등에 업고 흔들리지 않았다.

동시에 레몽 레비 회장은 회사 전 직원에게 여섯 가지 원칙이 담긴 선언문에 친필 서명해 배포했다. '전사적 품질은 우리의 최우선 과제입니다. 이는 우리의 성공을 좌우하는 결정적 요소이며, 우리의 태도, 협업 방식, 조직 구조 전반에 이정표를 제시합니다. 우리 각자는 개인이든 집단이든, 자신의 업무와 결정 그리고 행동 하나하나에 있어 처음부터 실수하지 않겠다는 각오로 임해야 합니다. 우리는 회사 안에서 동시에 공급자이자 고객이며, 그에 따른 권리와 책임을 성실히 이행해야 합니다. 우리의 모든 노력은 곧 회사의 성공을 위한 것이며, 성과가 바로 그 척도가 됩니다.'

이 선언은 르노 역사에서 결정적인 전환점이었다. 그리고 여러 면에서 나는 내 선임자들이 했던 말을 지금도 반복하게 된다. 품질을 위한 싸움은 끝나지 않기 때문이다. 물론 1988년 이후 르노뿐 아니라 대부분의 자동차 제조사가 상당한 발전을 이뤘다. 하지만 언제든 품질은 다시 무너질 수 있다. 최근에도 유럽 내 몇몇 브랜드가 출시한 차량에서 문제가 발생해, 고객이 차를 다시 딜러에게 가져가야 하는 일이 있었다. 이건 명백히 용납될 수 없는 일이다.

우리는 이 분야의 절대 강자, 일본 토요타에 최대한 가까이 다가가기 위해 계속 나아가야 한다. 이미 모든 생산 현장에서 토요타 생산 방식TPS의 원칙이 도입됐다. 이 방식은 린Lean 경영에 기반을 두고 있으며, 두 가지 측면에서 탁월한 효과를 발휘하고 있다. 자재 낭비와 제조 오류를 줄여 비용을 절감하고, 무엇보다 처음부터 제대로 만드는 것을 원칙으로 삼는다. 자동화가 확대되면서 생산 라인 간의 중간 재고는 사라졌다. 최종 공정에서 결함을 고치던 비효율적인 공정, 즉 부가 가치를 만들지 못하는 작업도 없앴다. 과거 르노는 조립 라인 끝에서 발생한 결함을 수리하는 전용 공장을 운영했지만, 그 공장은 1992년에 문을 닫았다.

  1986년, 토요타의 작업 조직에도 깊은 영향을 미친 일본 컨설턴트 이마이 마사아키Masaaki Imai는 이런 접근을 이론화하며 카이젠kaizen이라는 개념을 제시했다. 이 용어는 전 세계 산업계의 핵심 철학으로 자리 잡았다. '카이'는 변화, '젠'은 더 나음을 뜻한다. 즉, '더 나은 방향으로의 변화'라는 의미다. 구체적으로 말하면 끊임없는 개선의 문화가 다른 모든 것을 압도한다는 뜻이다. 그 결과 품질 관리 책임자의 역할 또한 본질적으로 달라지고 있다. 품질이 제조 과정의 모든 단계, 모든 행위에 통합되어 있기 때문에 더 이상 품질을 '통제'하는 것이 아니라 '구축'하는 것이 핵심이 된 것이다. Work in progress. 품질에 완성이란 없다.

프랑수아즈 사강

차와 사랑에 빠진 소설가

200마력 이하의 차는 거들떠보지도 않았던 프랑수아즈 사강Sagan, Françoise. 첫 책 『슬픔이여 안녕』의 성공 덕분에 손에 넣은 재규어 XK140을 시작으로, 재규어 E-타입, 애스턴 마틴 DB2, AC 브리스톨, 페라리 250 GT 캘리포니아, 메르세데스 SL까지 사강은 고성능 스포츠카들을 열렬히 사랑했다. 생제르맹데프레의 친구들과 함께 도로 위를 거침없이 질주하며 속도감을 만끽하곤 했다. 키는 1m 65cm에 불과했지만, 파워 스티어링도 없던 시절에 묵직한 대형 핸들과 싱크로나이저조차 없던 뻣뻣한 기어 레버를 단단히 움켜쥔 채 그녀는 도로를 지배했다. 그리고 속도에서 얻는 아드레날린을 이렇게 찬미했다. "속도를 사랑해본 적 없는 사람은 삶도, 누군가도 사랑해본 적 없는 사람이다."

전쟁 직후 수많은 참화를 겨우 이겨내고 살아남은 사람들은 잃어버린 시간을 되찾고 싶어 안달이었고, 인생을 불태우며 무적이라도 된 듯 질주했다. 하지만 이런 폭발적 에너지가 결국 사고를 불러왔다. 1957년 4월, 에손 주 밀리라포레 인근에서 애스턴 마틴을 몰던 사강은 시속 150km를 넘게 달리다가 차가 전복되는 사고를 당했다. 온몸이 골절됐지만 기적처럼 목숨은 건졌다. 하지만 그런 행운을 누리지 못한 이들도 있었다. 제임스 딘은 1955년에 포르쉐 956을 몰다 목숨을 잃었고, 알베르 카뮈도 1960년, 친구 미셸 갈리마르가 몰던 파셀 베가 안에서 세상을 떠났다.

"운전할 때면 나는 기계와 하나가 되고 싶다"라고 사강은 고백했다. 그녀는 또 이렇게 말하기도 했다. "자동차는 단순한 교통 수단이 아니라 신화적인 요소다. 우리 운명의 도구가 될 수 있으며 우리를 파멸시키기도 하고 구원하기도 한다…." 프랑수아 모리아크도 자신의 차를 '매혹적인 작은 괴물'이라 부르며 이렇게 평했다. "악마는 스포츠카를 타고 지상에 내려오는 게 아닐까?" 반면 이런 즐거움을 공유하지 못하는 자들은 불행할 수밖에 없었다. 사강의 소설 『한 달 후, 일 년 후』에서 차를 가지지 못한 인물은 '무장해제된 정복자'로 묘사된다. 사강은 작품 전반에 걸쳐 기계적 은유를 즐겨 사용했다. 그리고 대부분이 자동차 안에서 한 번쯤 겪어봤을 법한 그 사소한 순간들을 아주 섬세하게 포착했다. "그는 혼자 운전할 때의 몸짓을 되찾고 있었다. … 한 손으로 운전하며 담배에

불을 붙이던 동작, 도로 위를 스치고 지나가는 헤드라이트의 움직임, 상향등과 하향등을 주고받으며 밤의 운전자들 사이에 오가는 일종의 경계이자 우정의 신호들….”

사강이 약물과 술을 공공연히 찬미했다는 사실은 그녀가 교통안전의 상징이 되기엔 치명적인 결격 사유였다. 하지만 신사 운전자들은 그녀의 모든 것을 기꺼이 용서했다. 그녀는 아메데 고르디니의 회사를 파산 위기에서 구해내며, 사랑의 가장 아름다운 증거를 보여주지 않았던가? 1956년, 사강은 고르디니가 떠안고 있던 빚과 같은 정확한 액수로 24S 8기통 경주용 바르케타 중 한 대를 사줬다. '마법사'로 불리던 고르디니는 이 빚을 청산하고 1957년 르노와 손을 잡아, 전설이 된 도핀과 르노 8 고르디니를 탄생시켰다.

1968년 5월, 좌파 지식인들과 친분이 있던 사강은 자신의 스포츠카를 몰고 오데옹 극장에서 열린 집회에 참석했다. 하지만 학생들의 반응은 차가웠다. “동지 사강이 혁명을 응원하러 페라리를 타고 왔다는 건가?” 그러자 그녀는 태연하게 받아쳤다. “아니, 이건 마세라티야.”

한편, 사강은 《파리 마치》 기자가 보도한 '자동차와 교감하기 위해 맨발로 운전한다'라는 이야기를 끝까지 부인하지 않았다. 사실은 순전히 허구였지만, 그녀도 그 이야기를 꽤 마음에 들어했던 듯하다.

피아트

이탈리아의 심장, 산업의 영광

이탈리아인들에게 피아트Fiat는 사랑한다는 말로는 부족한 존재다. 나부터가 그렇다. 나는 2007년 피아트 500의 재출시 당시 브랜드 대표를 맡았다. 1899년 토리노에서 탄생한 피아트와 이탈리아 국민 사이에는 단순한 제조업체와 소비자의 관계를 넘어선 혼연일체의 정서적 유대와 열정이 존재했다. 실제로 수십 년 동안 자국 시장을 이토록 철저히 장악한 자동차 브랜드는 세계적으로도 찾아보기 어렵다. 1970년, 석유 파동이 닥치기 3년 전, 피아트의 이탈리아 내 시장 점유율은 무려 64%에 달했다!

물론 이후 상황은 급변했다. 강력한 해외 경쟁자들이 본격적으로 이탈리아 시장에 진입하면서, 아넬리 가문은 피아트의 경쟁력을 강화하고 세계화를 추진하기 위해 PSA 그룹과의 합병을 선택했다. 이로 인해 피아트는 스텔란티스라는 글로벌 그룹 내에서 정체성이 다소 희석됐지만, 우리 이탈리아인들에게 피아트는 여전히 피아트다. 그 이름 아래에는 아바스, 알파 로메오, 란치아처럼 여전히 잠재력을 간직한 보석 같은 브랜드들이 있다.

내가 오랫동안 매료된 것은 이 기업이 걸어온 놀라운 산업적 여정이다. 창립자 조반니 아넬리는 일찍이 미국의 산업 모델에서 영감을 받아 매우 경쟁력이 있는 산업 기반에 과감히 투자했다. 그 상징적 산물이 바로 링고토Lingotto다. 1916년 토리노에서 착공된

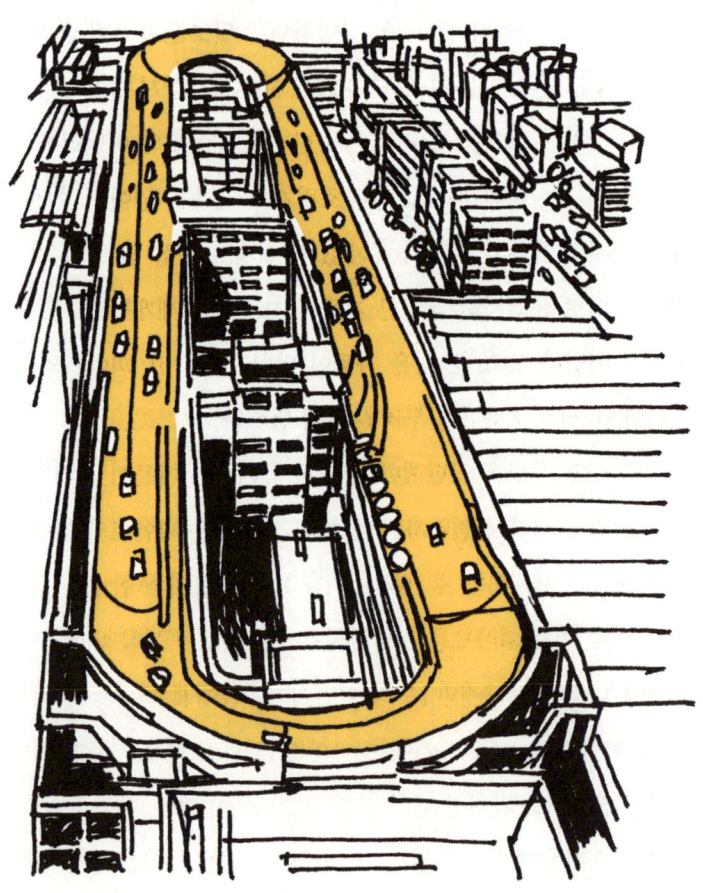

이 건물은 총 5층, 길이 500m에 달하는 거대한 '주괴' 형태의 공장이다. 당대 유럽 산업 건축의 상징이자, 피아트 야망의 결정체였다. 이 공장은 건축가 자코모 트루코Giacomo Trucco의 설계로 1922년에 완공됐다. 당시 링고토는 세계에서 가장 현대적이고 혁신적인 공장이었다. 부품은 1층으로 반입됐고, 차량은 위층으로 올라가며 단계적으로 조립됐다. 완성된 차량은 지붕 위에 설치된 1.5km 길이의 타원형 주행 테스트 트랙에서 시험 주행을 거쳤다. 이 트랙에는 두 개의 포물선 곡선 구간도 포함돼 있었다. 시험을 마친 차량은 경사로를 따라 아래로 내려와 주차장에 보관됐다.

약 1만 명의 노동자가 링고토 공장에서 일했고, 30년 동안 피아트의 주요 모델 대부분이 이곳에서 생산됐다. 대표적으로는 1932년 밀라노 모터쇼에서 선보인 피아트 508 발릴라Balilla, 1936년 단테 지아코사가 설계한 미니 발릴라와 피아트 500 토폴리노Topolino 등이 있다. 1982년 최종적으로 폐쇄될 때까지 링고토에서는 총 80종의 자동차가 생산됐으며, 마지막으로 생산된 모델은 란치아 델타Lancia Delta였다.

그 사이 피아트는 1937년에 토리노에 또 다른 공장인 미라피오리 건설 프로젝트를 착수하며 한발 앞서 나갔다. 이 공장은 링고토보다 더욱 진보된 산업 조직 체계를 갖추고 있었으며, 1939년에 완공돼 초기에는 전차를 생산했다. 하지만 제2차 세계 대전 중 폭격으로 파괴됐고 1956년에 재건됐다. 피아트는 유럽의 다른 자동차 제조사들과 마찬가지로 '영광의 30년'이라 불리는 시기의 흐름을 영리하게 타며 성장했다.

피아트는 일찍이 세계 각지에 생산 거점을 세우고 과감한 투자를 단행하며, 시장의 세계화를 내다본 선구적 제조사 중 하나였다. 하지만 곧이어 대규모 노동 운동이 이어졌고, 기업은 장기적인 위기 국면에 접어들게 된다. 그리고 그다음의 이야기는 많은 이들에게 익숙하다. 화려한 카리스마로 시대를 풍미했던 잔니 아넬리의 시대가 막을 내리고, 천재적인 금융가 세르지오 마르키온네가 등장해 피아트를 다시 일으켜 세운다. 현재는 아넬리 가문의 지주회사 엑소르의 수장이자 스텔란티스 최대 주주인 존 엘칸이 그 바통을 이어받고 있다. 이탈리아는 이들 한 사람, 한 사람에게 언제나 큰 기대와 깊은 존경을 보내왔다. 그럴 만한 이유가 있다. 이 경영자들은 피아트가 그 위상을 지켜낼 수 있도록 싸워왔고 지금도 싸우고 있기 때문이다. 이탈리아 사람들은 그들에게 이렇게 말한다. "리스페토Rispetto(존경을)!"

하이브리드 카

엔진과 모터, 두 심장이 만드는 미래

Written by 르노 그룹 엔지니어 니콜라 프레모Nicolas Fremau, 아메드 케트피-셰리프Ahmed Ketfi-Cherif, 앙투안 비뇽Antoine Vignon

내연 기관과 전기 모터를 결합한다는 아이디어는 자동차 역사만큼이나 오래된 개념이다. 이미 1894년 프랑스 릴 출신의 발명가 폴 푸솅Paul Pouchain은 여섯 명이 탑승할 수 있는 차량을 고안했다. 이 차량은 시속 16km로 최대 70km를 주행할 수 있었으며, 전기 모터와 내연 기관을 동시에 탑재한 '하이브리드 시스템'을 갖추고 있었다. 이 시스템에서 가솔린 엔진은 축전지를 충전하는 발전기 역할을 하며 주행 거리를 늘릴 수 있도록 설계됐다. 얼마 지나지 않아 1899년 벨기에 리에 주에 있는 회사 파이퍼Piper 역시 유사한 구성을 갖춘 자동차를 개발했다. 이 회사가 보유한 특허를 바탕으로 오토믹스트Auto-Mixte라는 이름의 회사가 1905년부터 1914년까지 하이브리드 모델을 양산하게 된다.

같은 시기 독일에서는 페르디난트 포르셰 역시 비슷한 기술에 주목했다. 그는 바퀴 허브에 소형 전기 모터를 장착하고, 배터리를 가솔린 엔진으로 충전하는 방식의 차량을 개발했다. 하지만 제1차 세계 대전이 이러한 초기 실험들에 마침표를 찍었다. 전기 구동 기술은 버려졌고, 열기관 기반의 연소 방식이 자동차 구동 시스템의 유일한 지배자가 됐다.

1997년, 토요타가 프리우스Prius를 출시하면서 자동차 산업은 전환점을 맞게 됐다. 프리우스는 하이브리드 시너지 드라이브HSD 시스템을 통해 가솔린 엔진과 전기 모터가 연동돼, 연료 소비를 줄이는 기술을 세계 최초로 상용화한 모델이었다. 1999년에는 혼다도 자체 하이브리드 모델을 출시하며 이 흐름에 동참했다. 이후 반복되는 석유 파동, 환경 보호에 관한 관심 고조 그리고 2008년 글로벌 금융 위기가 맞물리면서 전 세계 자동차 제조사들은 본격적으로 전기 에너지 기반 기술 개발에 착수하게 된다. 그중에서도 보다 대담한 제조사들은 100% 배터리로 구동되는 순수 전기차 모델 개발에 나섰다. 르노는 그 가운데 가장 먼저 나선 브랜드 중 하나였다. 2005년 제네바 모터쇼에서 전기차 조에의 프로토타입을 공개했고, 이 모델은 훗날 2012년에 정식 출시됐다.

한편, 토요타 프리우스는 2008년까지 누적 판매량 100만 대를 돌파하며, 하이브리드 기술이 에너지 절약을 위한 여정에서 필수적인 과도기적 단계임을 입증했다. 유럽의 엔지니어들 역시 이 일본 차량에 깊은 인상을 받아 그 기술을 철저히 분석하기에 이른다. 프리우스는 외형이 다소 투박하고, 고속 주행 시 반응이 둔하다는 평도 있었지만 소비자들의 마음을 사로잡았다. 기본 원리는 감속 시 배터리를 충전해 일정 시간 동안 전기 모드로 주행할 수 있게 하는 것이었으며 무엇보다도 연료 소비를 줄일 수 있었다. 평균적으로 약 10%의 연료 절감 효과가 있었다.

설계 부서들은 전기 주행 시간을 늘릴 수 있는 해결책을 모색해왔다. 가장 먼저 독일 브랜드들이 제안하고 이후 다른 제조사들도 채택한 첫 번째 방법은 플러그인 하이브리드 방식이었다. 사용자가 차량을 전력망에 직접 연결해 배터리를 충전함으로써 더 긴 전기 주행 거리를 확보할 수 있도록 하는 방식이다. 하지만 이 방식에는 중대한 단점이 있다. 배터리 크기와 두 번째 클러치 같은 추가 장비가 필요해 차량이 복잡해지고 무거워지며, 그로 인해 가격이 상승하고 충전을 잊을 경우에는 연료 소비가 오히려 증가할 수 있다. 이러한 이유로 더 근본적인 대안을 모색하는 작업이 자동차 업계에서 점점 더 중요해지고 있다.

전기차와 F1 분야에서 축적된 경험을 바탕으로, 르노는 고객에게 전기차에 가까운 주행 경험을 제공하는 것을 목표로 독창적인 방식의 하이브리드 기술 개발에 나섰다. 그 핵심 아이디어는 간단하다. 전기 모터를 주된 동력원으로 설정하고, 차량의 출발을 항상 전기 모터가 담당하도록 한 것이다. 이는 F1에서 유래한 기술을 기반으로 하며, 이 구조 덕분에 클러치나 변속기의 동기화 장치 없이도 차량을 단순하게 구성할 수 있었다. 또한 변속 시 부드러운 주행을 위해 두 번째 전기 모터가 보조 역할을 수행하며 운전자는 이를 거의 인식하지 못한다. 그럼에도 불구하고 주행 중 선택 가능한 기어비 조합은 열다섯 가지에 이른다. 여기에 F1에서 얻은 경험을 바탕으로 한 에너지 관리 알고리즘이 더해지면서 전기 모터의 활용이 극대화됐다. 그 결과 탄생한 것이 바로 'E-테크 하이브리드 시스템'이다. 이 기술의 개발에는 10년 이상의 시간이 소요됐지만 그 성과는 실로 혁신적이다.

일반적인 내연 기관 차량의 평균 연비 효율, 즉 연료 소비 중 실제 차량 구동에 사용되는 비율은 25~27% 수준에 머무른다. 반면 최신 세대 E-테크 하이브리드 모델은 거의 40%에 달하는 효율을 자랑한다. 이는 평균적으로 약 25%, 도심 주행 기준으로는 최대 40%까지 연료 소비를 절감할 수 있다는 의미이다. 이러한 비약적인 진보는 내연 기관의 경량화와 배터리와의 정교한 통합 설계를 통해 실현됐다. 르노는 이 기술을 통해 하이브리드 기술의 절대적 선도자였던 토요타에 맞설 수 있는 기술적 역량을 입증했다. 이는 프리우스 출시 이후에도 지속적으로 기술을 개선해온 토요타의 성과를 고려할 때 더욱 주목할 만한 성취다.

또한 모두가 반가워해야 할 진보이기도 하다. 전기차로의 완전한 전환이 이뤄지기 전까지 이러한 기술 혁신은 자동차의 이산화탄소 배출 감축에 중대한 기여를 하고 있기 때문이다.

핸들

'누가 운전대 잡을래?'라는 말도 사라질까?

일부 운전자들은 핸들이 사라질 날이 점점 가까워지고 있다는 사실에 불안을 느끼기도 하고, 반대로 반기기도 한다. 어느 쪽이든 틀렸다고 하긴 어렵다. 자율주행차 시대가 본격화하면 핸들의 존

재감은 점점 작아질 수밖에 없다. 좁은 주차 공간, 교통 체증, 고속도로 주행처럼 단조롭고 피곤한 일들은 인공지능이 맡고 우리는 두 손을 다른 데에 쓸 수 있게 될 것이다. 결국 언젠가는 핸들이 완전히 사라지는 날도 올지 모른다. 그건 아마도 적잖은 충격일 것이다. 운전이라는 행위와 그 즐거움을 이토록 상징적으로 담고 있는 부속품은 핸들밖에 없기 때문이다. 무엇보다도 운전자와 자동차 그리고 도로를 가장 직접적으로 이어주는 것도 바로 핸들이다.

거의 완벽한 원형을 지닌 이 장치의 역사는 의외로 직선적이지 않다. 그 시작은 1894년, 프랑스 파리-루앙 자동차 경주로 거슬러 올라간다. 이 대회에서 알프레드 바슈롱Alfred Vacheron은 당시 사용되던 핸들 바 대신 처음으로 조향용 원형 핸들을 도입했다. 비약적인 진보였지만, 문제는 조작이 만만치 않았다는 점이다. 웬만한 이삿짐센터 직원 수준의 팔 힘이 아니면 돌리기 어려웠다. 차량 무게도 점점 늘어나면서, 조작 부담을 줄이기 위해 핸들의 지름과 기어의 비율gear ratio도 함께 커졌다. 그렇게 해서 1940년대 말쯤엔 핸들이 거의 훌라후프 수준으로 커져 버렸다. 당시 유행한 디자인 중에는 핸들 안쪽에 또 하나의 링을 달아 경적을 울리는 방식도 있었는데, 프랑스에서는 1949년 포드 베데트Ford Vedette가 처음 이를 채택했고, 이후 심카 아롱드Simca Aronde, 르노 프레가트Renault Frégate, 푸조 403 등으로 퍼져나갔다.

 핸들의 크기를 다시 합리적인 수준으로 줄일 수 있었던 건 파워 스티어링 덕분이었다. 하지만 이 혁신적인 장치는 한동안 일부 고급 차의 전유물이었다. 대중화되기까지는 시간이 좀 걸렸다. 특허는 1932년에 출원됐고, 이를 최초로 장착한 차량은 1951년 크라이슬러 임페리얼Chrysler Imperial이었다. 이후 거의 모든 자동차에 기본으로 탑재되기까지는 15년 남짓밖에 되지 않았다. 그 짧은 시간 동안 이 장치는 핸들 조작의 방식 자체를 완전히 바꿨다. 이제는 폭풍우 속에서 조타기를 틀듯 힘겹게 핸들을 쥘 필요가 없다. 팔을 창틀에 걸치거나 아예 창밖으로 툭 내민 채로도 운전할 수 있다.

 덕분에 운전자의 성격은 손의 위치만 봐도 대강 짐작할 수 있다. 여유로운 사람인지, 도발적인 사람인지, 성실한 사람인지 혹은 예민한 사람인지 말이다. 여성 운전자는 대체로 '10시 10분' 또는

'9시 15분' 자세를 유지하며 운전에 더 신중하고, 실제로 통계상 운전 실수도 더 적다. 반면, 자신감 넘치는 남성 운전자들은 종종 한 손, 심지어 손가락 몇 개만으로도 핸들을 조작하려 한다. 그리고 파워 스티어링의 보급과 함께 등장한, 일명 '허세 자세'도 있다. 좌석을 끝까지 뒤로 밀고 거의 누운 자세로, 손바닥 하나로 핸들을 돌리며 저속으로 유유히 주행하는 모습이다.

핸들이 사라지면, 많은 남성은 또 하나의 '토템'을 잃는 듯한 상실감을 느낄 것이다. 이미 자동 변속기의 대중화로 인해 '기어봉'이라는 토템이 사라졌고, 이제는 핸들마저 위태롭다. 이 변화는 전기차와 하이브리드 차량의 부상과 뗄 수 없는 흐름이다. 심리학자들의 말처럼 기어봉은 단순한 조작 장치를 넘어 손을 둘 곳이자 '운전의 주인'이란 감각을 실감하게 하는 남성성의 상징이었다.

그렇기에 핸들 없이 운전하게 될 남성들은 소설가 크리스티안 콜랑주가 1981년에 묘사한 모습과 점점 더 닮아갈지도 모른다. "남자들은 자동차 안에 혼자 있을 때 코를 후비며 자신이 영웅이라면 어떻게 할지를 상상한다. 하지만 그들은 영웅이 아니다." 이 문장을 살짝 비틀자면 이렇게도 말할 수 있을 것이다. "여자들은 자동차 안에 혼자 있을 때 손에 메이크업 브러쉬를 쥐고…."

그리고 언젠가, 이렇게 말하는 시대도 끝날 것이다. "누가 운전대 잡을래?"

허세

브랜드로 랩하고, 슈퍼카로 질주한다

2023년 10월, 한 TV 방송에서 전설적인 브라질 축구선수 하이Rai가 놀라운 고백을 털어놓았다. 1993년부터 1998년까지 파리 생제르맹PSG에서 활약하던 시절, 하이는 훈련을 마친 뒤 크로아시-쉬르-센에서 광역 급행열차를 타고 파리 도심으로 프랑스어 수업을 들으러 가곤 했다. 어느 날 그를 알아본 한 승객이 조심스럽게 물었다. "차 없으세요?" 지금 같은 시대에 이런 장면이 상상이나 될까? 이제 선수들에게는 '눈에 띄는 것'이 새로운 기준이 됐다. 조금이라도 이름 있는 선수라면 남들보다 더 튀는 존재여야 한다. 가장 빠른 길은 역시 자동차다. 단 몇 대만 한정 생산되는 슈퍼카, 500마력에서 800마력의 성능을 뿜어내며 가격이 50만 유로를 훌쩍 넘는 그런 차를 모는 것이다.

허세, 사치, 겉치레. 이것이 오늘날 스타디움의 신들, 즉 축구 스타들의 무언의 만트라다. 이들의 가치는 마치 자신이 몰고 다니는 차량의 가격과 성능에 정비례하는 듯하다. 리오넬 메시만 해도 그렇다. 그는 약 130만 유로로 추정되는 파가니 존다 트리콜로레를 비롯해 마세라티 스트라달레, 메르세데스 SLS AMG, 캐딜락 에스컬레이드를 보유하고 있다. 크리스티아누 호날두는 이보다 훨씬 더 화려하다. 그는 부가티 시론, 베이론, 약 800만 유로에 달하는 센토디에치를 포함해 맥라렌 세나, 롤스로이스 컬리넌 등 슈퍼카

를 다수 소유하고 있다. 카림 벤제마의 차고 또한 만만치 않다. 약 250만 유로에 달하는 부가티 베이론 퓌르상, 람보르기니 우루스, 우라칸 스파이더, 포르쉐 911 터보 등이 줄지어 있다. 그 뒤를 잇는 앙투안 그리즈만은 롤스로이스 레이스, 맥라렌 675LT, 페라리 F12 베를리네타를 보유 중이다. 그렇다면 킬리안 음바페는 어떨까? 그는 약 50만 유로로 추정되는 페라리를 타는 모습이 종종 포착되곤 하지만 직접 운전하지는 않는다. 프랑스 봉디 출신의 이 슈퍼스타는 운전면허가 없어 운전기사를 두고 있다.

물론 이 모든 슈퍼카들은 일상용 차량이 아니다. 훈련장, 고급 저택, 유명 클럽 그리고 인스타그램 피드에서 존재감을 과시하기 위한 전시용에 가깝다. 이 '허세의 왕자들'은 확실한 취향을 갖고 있다. 자동차 부품 판매 사이트 오토독이 최근 월드컵을 맞아 공개한 순위에 따르면, 축구 스타들이 가장 선호하는 브랜드는 단연 메르세데스였다. 그 뒤를 이어 아우디, 랜드로버, 페라리, 벤틀리, 람보르기니, 포르쉐, BMW, 애스턴 마틴 순이었다. 모델별 순위도 흥미롭다. 가장 인기가 높은 모델은 벤틀리 컨티넨탈로, 24명의 축구 스타가 이 차를 소유하고 있다. 그다음으로는 랜드로버 레인지 로버 스포츠(20대), 람보르기니 가야르도(8대), 포르쉐 파나메라 터보 S(8대), 아우디 R8(7대) 순이었다. 이 외에도 부가티 베이론(5대), 페라리 458(8대), 페라리 베를리네타(4대), 람보르기니 아벤타도르(4대) 등이 뒤를 이었다.

축구 스타들의 슈퍼카에 대한 매혹은 사실 래퍼들의 영향과 무관하지 않다. 전혀 놀랄 일은 아니다. 랩과 축구, 이 두 세계는 서로 어울리고 뒤섞이며 끊임없이 영향을 주고받는다. 그리고 말할 것도 없이 화려한 자동차는 랩 가사에 영감을 불어넣는 상징적인 존재이다. 예컨대 마르세유 출신의 래퍼 줄은 무려 115곡에서 자동차 브랜드를 언급하며 세계 기록을 세웠다. 그중에서도 34곡에 아우디가 등장한다. 2위는 독일 래퍼 콜레가로, 그는 112곡에서 자동차 브랜드를 언급했고, 이 가운데 37곡에 메르세데스가 등장한다. 실제로 메르세데스는 전 세계 래퍼들에게 가장 선호하는 자동차 브랜드이다. 총 1,180회 언급되며 BMW를 간발의 차로 앞선다. 그 뒤를 페라리(844회), 캐딜락(824회), 람보르기니, 벤틀리 등이 따른다. 포르쉐는 11위에 머문다. 전반적으로 구찌, 롤렉스, 루이비통, 펜디 같은 명품 브랜드보다 자동차 브랜드가 래퍼들의 가사에 더 자주 등장한다. 마치 커스터마이즈된 고성능 차량이야말로 궁극의 환상이라도 되는 듯하다.

사회학자들과 럭셔리 브랜드 전문가들은 이 현상을 다음과 같이 설명한다. "래퍼나 축구 선수들은 대부분 빈곤층 출신인 경우가 많다. 어린 나이에 큰돈을 손에 쥐게 되면, 과거엔 감히 넘볼 수 없었던 브랜드들을 통해 자신의 꿈을 부분적으로 실현하게 되는 것이다." 그래서 그들은 이제 마음껏 즐긴다. 그리고 그들 사이에서는 펀치라인과 뮤직비디오를 통해 과시 경쟁이 펼쳐진다. 날카롭고 때로는 성적으로 과감한 표현들은 모두 자동차를 향한 일종의 헌사다. 일례로 프랑스 래퍼 SDM과 부바는 아우디에 대한 찬가를 랩으로 풀어낸다. '그녀는 날 대디라고 불러 / 반지를 줄 거라고 / 네 개의 링에 태워줄 거라고 생각하지('대디', 〈Ocho〉 수록, 2021). SCH는 페라리로 응수한다. '샹젤리제에 페페Féfé, 렌트 아냐('샹젤리제', 〈A7〉 수록, 2015).' 김스는 람보르기니를 가사에 넣는다. '머리엔 A급 화기. 기니, 기니, 람보르기니. 그래, 탄내가 나('GJS', 〈L'Empire de Méroé〉 수록, 2021).' 베납도 아우디로 합류한다. 'RS3를 타고 난폭한 드라이브 / 내 손엔 대마, 핸들엔 패들 시프트('RS3', 〈Au clair de la lune〉 수록, 2020).'

그렇다면 래퍼들의 도발적인 뮤직비디오에 자주 등장하는 자동차 브랜드들은 이에 대해 어떻게 생각할까? 대부분의 브랜드는 마지못해 웃으며, 이를 하나의 홍보 수단으로 받아들이는 분위기다. 단, 페라리만큼은 예외이다. 페라리는 과도하게 허세를 부리는 유명인에게 자사 차량 판매를 금지한 것으로 잘 알려져 있다. 그 명단에는 가수 저스틴 비버와 래퍼 50센트도 포함돼 있다. 50센트가 그 명단에 오른 이유는 자신의 페라리를 샴페인으로 세차했기 때문이다.

현대

가장 한국적인 기업의 가장 글로벌한 성공

한국 자동차 챔피언의 성과는 정말 인상적이다. 현대자동차는 현재 자국 시장의 80%를 점유하고 있는데, 이는 1960년대 이탈리아에서 피아트가 기록했던 점유율에 맞먹는다. 그뿐만 아니라 현대차는 2024년 700만 대 이상의 판매량으로 토요타와 폭스바겐에 이어 세계 3위 자동차 제조사로 자리매김했다. 이 성과는 단 세 개의 브랜드, 즉 현대, 1999년에 인수한 기아 그리고 고급 차 부문에 비교적 최근에 진출한 제네시스만으로 거둔 것이다.

현대차의 가장 큰 강점은 탄탄한 산업적 기반에 있다. 전 세계에 걸쳐 20개의 공장을 보유하고 있으며, 그중 두 곳은 유럽에 있다. 이는 각 시장에 경쟁력 있는 가격으로 접근할 수 있는 강력한 무기다. 하지만 이 눈부신 성과는 무엇보다 자동차의 품질 덕분이다. 현대차는 첨단 기술력과 현대적이고 때로는 대담한 디자인으로 구매자들의 마음을 사로잡으며 경쟁사와 차별화되고 있다. 현대 투싼과 기아 스포티지는 전 세계적으로 엄청난 성공을 거뒀고, 2022년 '올해의 SUV'로 선정된 아이오닉 5 같은 최신 모델들도 이러한 흐름을 이어가고 있다.

더욱 놀라운 것은 현대자동차가 비교적 젊은 기업이라는 사실이다. 1967년에 설립됐으니 일본의 주요 경쟁사들보다 훨씬 늦게 출발한 셈이다. 현대자동차의 역사는 그 자체로 흥미로운 여정이다. 창업주 정주영은 농부의 아들로 태어나 16세에 집을 떠나 홀로 삶을 개척했다. 허드렛일을 전전하던 그는 쌀장사와 자동차 수리업에도 손을 대며 경험을 쌓았다. 그 경험을 밑거름 삼아 1947년에는 건설업체 '현대토건사'를 세웠다.

이후 1960년대까지 현대는 국내 시장에 주력하며, 삼성, 대우, LG와 함께 한국 경제 발전을 견인하는, 이른바 '재벌'이라 불리는 한국형 대기업 그룹으로 성장하게 된다. 현대는 철강업, 조선업, 토목 공사 등 다양한 분야로 사업을 확장했고, 한국 전쟁 중 미군이 사용했던 포드와 지프 차량을 정비하면서 자동차 정비 분야에서도 실력을 쌓았다. 자동차 제조업 진출은 현대의 역사적 전환점이었다. 울산에 공장을 세우고 포드 코티나를 조립하면서 첫발을 내디딘 뒤, 1973년에는 첫 독자 모델 포니Pony를 출시했다. 이 모델을 위해 현대는 처음부터 경쟁력을 갖추는 데 필요한 전문 인력을 해외에서 영입했다. 이탈리아 디자이너 조르제토 주지아로의 디자인, 영국 오스틴 모리스의 전직 경영자 조지 턴불의 노하우를 결합했다. 그 결과 포니는 출시 직후 대중의 큰 호응을 받으며 곧 기업의 상징적인 모델로 자리매김했다. 이 성공은 현대그룹의 자동차 산업 진출 의지를 더욱 확고히 했다.

1980년대와 1990년대에 들어서면서 현대는 빠르게 해외 시장으로 눈을 돌렸다. 일본 기업들의 전략을 본받아 소나타 1세대를 앞세워 미국 시장에 진출했고, 미쓰비시 엔진을 장착해 경쟁력을 높였다. 이후 2000년에 출시된 SUV 싼타페와 2004년에 출시된 투싼은 소비자들로부터 폭발적인 호응을 얻었다. 현대는 판매를 가속화하기 위해 강력한 글로벌 생산망을 구축했다. 울산 공장은 1만 3,000헥타르 규모로, 세계 최대 규모의 자동차 공장으로 손꼽힌다. 최근에는 미국 조지아 주에 전기차 전용 공장까지 열었다. 그 사이 현대는 1997년 동남아시아 금융 위기로 파산한 경쟁사 기아를 인수했는데, 이 결정은 옳았다. 오늘날 기아 역시 괄목할 만한 성장을 이어가고 있기 때문이다.

정주영 창업주는 그룹 경영권을 아들에게 물려준 지 10년 만인 2001년 세상을 떠났다. 살아 생전 그는 폐자재로 지은 집에서 살며 매일 새벽 세 시에 일어나 5km를 걷는 소박한 삶을 살았다. 1992년 대통령 선거에 출마했지만 득표율은 16%에 머물렀다. 노동조합에 강경했던 이미지가 영향을 미친 것일 수도 있다.

오늘날에도 현대는 여전히 가족 경영을 유지하면서도 세계 최고 수준의 인재들을 적극적으로 영입하고 있다. 벨기에 출신 디자이너 루크 동커볼케가 디자인 총괄로, 닛산 출신의 스페인인 호세 무뇨스는 최근 현대차 사장 겸 CEO로 임명됐다. 무뇨스는 최근 몇 년간 글로벌 판매 신기록을 달성한 공로를 인정받아 현대의 첫 외국인 CEO로 자리 잡았다.

국제적인 경영진과 수직 통합 전략을 바탕으로 현대는 자사 차량에 필요한 강철을 100% 자체 생산하고, 모든 물류를 자사 선박으로 처리한다. 이 모든 요소는 현대가 앞으로도 계속 성장할 것임을 예고한다. 이제 누구도 이 한국의 거대 기업을 과소평가하지 않는다.

혼다 소이치로

침묵의 나라에서 가장 또렷이 목소리를 낸 이름

그는 여느 일본인과는 달랐다. 1991년, 향년 84세로 세상을 떠난 혼다 창업주 혼다 소이치로Honda Soichiro는 평생 자신만의 개성을 지켜낸 인물이었다. 그는 모든 면에서 놀라웠다. 우선 조용하고 신중하다는 이미지로 대표되는 전통적인 일본 기업인들과 달리 그는 언론과의 대화를 즐기는 인물이었다. 또한 그는 오토바이와 자동차 생산 모두에서 뛰어난 성과를 거둔 몇 안 되는 제조업자 중 하나였다. 무엇보다 중요한 것은, 혼다가 F1에서 자력으로 우승한 역사적인 기록을 보유하고 있다는 사실이다. 1965년, 혼다 로고를 달고 출전한 순수 자체 제작 차량이 첫 승리를 거뒀고, 이후에는 세계 챔피언 브라질 드라이버 아일톤 세나Ayrton Senna의 엔진 공급 업체로서 세계적인 명성을 쌓았다.

혼다 소이치로는 다른 위대한 자동차 개척자들과 마찬가지로 스스로 길을 만들어 나간 인물이었다. 어린 시절부터 엔지니어를 꿈꿨던 그는 15세에 도쿄에서 수습 정비사로 일을 시작했고, 1920년대 말부터는 직접 경주용 자동차를 제작하며 도전에 나섰다. 한 일본 TV 방송과의 인터뷰에서 그는 이렇게 회상했다. "젊었을 때 저는 제가 직접 만든 자동차를 운전했습니다. 어떤 때는 문제를 해결하려고 일주일 동안 한숨도 자지 못한 적도 있었습니다. 마치 아기를 돌보는 엄마처럼 말이죠."

그의 산업 모험은 제2차 세계 대전 이후인 1948년, 혼다 모터 컴퍼니를 창립하면서 본격적으로 시작됐다. 그는 현대 오토바이의 발명가 중 한 명으로, 천재적인 창조자이자 대담한 기업가로 평가받았다. 누구보다 앞서 수출 시장의 중요성을 인식했고, 특히 미국 시장에서 눈부신 성공을 거뒀다. 1950년대 말 혼다는 이미 오토바이 분야에서 세계 선두 자리에 올랐다. 자동차 분야에서는 닛산이나 토요타만큼 대량 생산되지는 않았지만, 시빅Civic부터 CR-V에 이르기까지 항상 뚜렷한 개성을 지닌 모델들을 선보였다.

혼다 소이치로는 세계와의 교류에도 열린 태도를 지닌 인물이었다. 각국 정상과 유명 인사들과의 만남은 물론, 종종 흰색 작업복 차림으로 스즈카 공장을 직접 안내하기도 했다. 1973년에는 모든 경영 직책에서 물러나 '최고 고문'이 됐으나 여전히 활발한 활동을 이어갔다. 예를 들어, 영국 왕립박물관 소장품 중 오래된 자동차를 직접 복원해 런던-브라이튼 경주에 출전했고 은퇴 후에는 일본 전통 화풍으로 그림을 그리기도 했다. 그는 이렇게 말했다. "나이가 들수록 더 많은 꿈을 꾸게 됩니다. 꿈이 사라지면 인생도 의미를 잃게 되죠." 그는 진정한 낙천주의자였다.

1988년, 세상을 떠나기 3년 전에 그는 일본인 최초로 자동차 명예의 전당에 올랐다. 이는 그에게 마땅히 돌아가야 할 정당한 찬사였다. 그는 누구보다 독창적이었고 누구보다 자신이 만든 차를 사랑했던 발명가였다. 그는 내가 그토록 사랑하는 이 자동차 산업을 만들어낸 위대한 기업가 중 한 사람이다. 경의를 표합니다, 혼다상.

감사의 말

이 책이 세상에 나올 수 있었던 것은 레미 데사르Rémy Dessarts의 탁월한 편집 역량 덕분입니다. 진심으로 감사의 마음을 전합니다.

또한 집필과 조사 작업에 함께해준 프랑수아 장티알François Genthial, 패트릭 메네이Patrick Meney, 빅토르 드미오Victor Demiaux에게도 깊은 감사를 드립니다.

아울러 기고문을 통해 귀중한 의견을 나눠주신 자동차업계 관계자 여러분께도 감사의 뜻을 전합니다.

장 알레시Jean Alesi, 전 F1 드라이버
올리버 블루메Oliver Blume, 폭스바겐 그룹 회장
뤽 샤텔Luc Chatel, 프랑스 자동차플랫폼PFA 회장
스테파노 도메니칼리Stefano Domenicali, F1 CEO
루크 동커볼케Luc Donckerwolke, 현대자동차그룹 사장
짐 팔리Jim Farley, 포드 CEO

재키 익스Jacky Ickx, 전 레이싱 드라이버

장미셸 자르Jean-Michel Jarre, 작곡가

모리스 레비Maurice Lévy, 퍼블리시스 그룹 전 회장

프레데릭 마젤라Frédéric Mazzella, 블라블라카 창립자 겸 회장

플로랑 메네고Florent Menegaux, 미쉐린 그룹 회장

리샤르 밀Richard Mille, 리샤르 밀 창립자

미셸 무통Michèle Mouton, 전 랠리 드라이버

순다르 피차이Sundar Pichai, 구글 CEO

볼프강 포르셰Wolfgang Porsche, 포르쉐 감독이사회 회장

장 토트Jean Todt, 유엔 사무총장 도로안전 특사

우치다 마코토Makoto Uchida, 닛산 CEO

또한 전문성과 통찰을 아낌없이 나눠준 르노 동료들에게도 감사의 마음을 전합니다.

니콜라 프르모Nicolas Fremau, 아메드 케트피 셰리프Ahmed Ketfi-Cherif, 앙투안 비뇽Antoine Vignon, 질 르보른Gilles Le Borgne, 티에리 샤르베Thierry Charvet, 드니 르보Denis Le Vot, 라우렌스 판 덴 아커Laurens van den Acker, 뤽 쥘리아Luc Julia, 장필립 바우오Jean-Philippe Bahuaud, 로베르 라사르테스Robert Lassartesses, 비르지니 소베구아숑Virginie Sauvet-Goichon, 파트릭 바스타르Patrick Bastard, 카트린 그로Catherine Gros.

역자 유상희

이화여자대학교 통번역대학원 한불번역학과를 졸업했다. 현재 번역 에이전시 엔터스코리아에서 출판 기획 및 프랑스어 전문 번역가로 활동하고 있다.
주요 역서로는, 『마이크로키메리즘: 내 안에서 나를 만드는 타인의 DNA』, 『그녀가 최초였다: 세상을 바꾼 우먼 파워 100』, 『니꼴라드바리의 예술적 향수: 세계적인 조향사 니꼴라드바리만의 향수 세계로 떠나는 특별한 여정』, 『축구의 신, 리오넬 메시: 리오넬 메시의 첫 공식 전기』, 『샤를로트 페리앙(출간 예정)』 등이 있다.

자동차에 관한 거의 모든 이야기
벤츠에서 테슬라까지, 150년 역사에 담긴 흥미진진한 자동차 문화사전

초판 1쇄 발행 2025년 9월 29일

지은이 루카 데 메오
옮긴이 유상희
감수자 르노코리아 기업커뮤니케이션팀

펴낸이 성의현
펴낸곳 미래의창

주간 김성옥
편집장 정보라
편집 이은규
디자인 공미향·강혜민
홍보 & 마케팅 권장규·정명진·이건효

출판 신고 2019년 10월 28일 제2019-000291호
주소 서울시 마포구 잔다리로 62-1 미래의창빌딩(서교동 376-15, 5층)
전화 070-8693-1719 **팩스** 0507-0301-1585
홈페이지 www.miraebook.co.kr
ISBN 979-11-93638-84-2 (13690)

※ 책값은 뒤표지에 표기되어 있습니다.

> 본서의 판매 수익금 중 일부는 저자의 뜻에 따라 국내 한부모 가정을 돕기 위해 사용할 예정입니다.